メディア・美・教育
現代ドイツ教育思想史の試み
今井康雄——［著］

東京大学出版会

Media, the Aesthetic, and Education
Essays on the History of Educational Thoughts
in Modern Germany
Yasuo IMAI
University of Tokyo Press, 2015
ISBN 978-4-13-051330-2

I. I. に

メディア・美・教育——現代ドイツ教育思想史の試み　目次

凡　例　v

プロローグ …………………………………………………………………… 1

ナチズムはなぜ勝利したのか（1）／ナチズムの教育学（5）／「民衆」の時代（12）／ジレンマの再来——教育学の袋小路（15）／〈美〉と〈メディア〉と〈教育〉（19）

第Ⅰ部　美と教育, そしてメディア——不透明性の浮上　1795〜1895

第Ⅰ部　序　25

第1章　美的教育の条件変化 …………………………………………… 27

古典的人間形成論における美と教育（27）／市民的生活様式と芸術（41）／〈美と教育〉の20世紀的編成に向けて（44）

第2章　教授メディアの機能変化 ……………………………………… 47

シュミットとイッテン——不透明な身体の浮上（48）／ペスタロッチからヘルバルトへ（53）／ニーチェとレトリック（56）／〈教育とメディア〉の20世紀的編成に向けて（63）

第Ⅱ部　映画と教育——メディア教育事始め　1895〜1918

第Ⅱ部　序　67

第3章　映画改良運動の形成と展開 …………………………………… 69

映画改良運動の出発点（69）／映画改良運動の映画史的文脈（70）／映画改良運動の展開（73）／教員新

聞における議論（80）／映画改良運動の教育的モチーフ（82）

第4章　20世紀初頭ドイツにおける映画と教育 …………………… 89
　　　　――雑誌『映像とフィルム』（1912-15）の分析

雑誌『映像とフィルム』（89）／映画劇の否定から肯定へ（91）／映画問題の新たな地平（94）／映画と教育（98）／教育の20世紀的状況（103）／付論　芸術論の文脈と教育への架橋（104）

第5章　芸術教育と映画批判 …………………………………………… 109
　　　　――コンラート・ランゲの場合

ランゲの二つの顔（109）／ランゲと芸術教育（110）／ランゲと映画批判（117）／ランゲにおけるメディア・美・教育（124）

第Ⅲ部　知覚と教育――教育の感性論的展開　1918～1933

第Ⅲ部　序　　129

第6章　教育問題としての「注意」 …………………………………… 131
　　　　――その歴史的文脈と1910～20年代ドイツの映画教育論

注意――現代教育論の隠れた焦点？（131）／「注意」の歴史的文脈（134）／教育における「注意」概念（138）／映画教育論における「注意」（141）／注意――介入を亢進させる虚焦点（150）／付論　感情教育の系譜・点描（152）

第7章　ワイマール期ドイツにおける
　　　　アカデミズム教育学と芸術教育 ……………………………… 155

「教育運動」という枠組み（155）／アカデミズム教育学としての精神科学的教育学（156）／芸術教育とその理論（160）／「教育運動」に限界を設定する――〈嚙み合わせ〉の図式（171）／「教育運動」の急進的主張――ノール，フリットナー，そしてクリーク（182）／「教育運動」の袋小路（196）

第 8 章　バウハウスの教育思想・試論 …………………………… 201
　　　──イッテンとモホイ=ナジ

バウハウスの教育思想への問い（201）／イッテンと新教育（205）／モホイ=ナジの教育理論（215）／〈メディア・美・教育〉の新たな配置（233）

第Ⅳ部　政治と教育──プロパガンダに抗して　1933〜1945

第Ⅳ部　序　　241

第 9 章　メディアを通しての美的影響行使 …………………… 243
　　　──映画『ヒトラー青年クヴェックス』の分析

『クヴェックス』紹介（243）／同一化のメカニズム（245）／知覚の操作（248）／自由の動員（253）／資料（259）

第 10 章　アドルフ・ライヒヴァインのメディア教育学 ………… 269
　　　──教育的抵抗とは何か

ナチズムと教育と抵抗（269）／ティーフェンゼー実践とその評価（272）／「美化された現実」とプロパガンダ（280）／教育的抵抗の現場（287）／感性の自由空間へ（299）

第 11 章　ナチズム期映画教育論における「事物」と「メディア」……………………………………… 301

「驚くべき中立性」？──導入に代えて（301）／「教育」と「プロパガンダ」（305）／授業映画における事物とメディア(1)──ナチズムイデオロギーと即事性の相補的関係（308）／映画教育論的な反省（318）／授業映画における事物とメディア(2)──事物へのメディア的接近の試み（327）／「即事性」イデオロギーを超えて（336）

エピローグ ……………………………………………………………… 339

〈メディア・美・教育〉の変遷（339）／経験の可能性を求めて（345）／遺贈されたもの（350）

補論　「過去の克服」と教育——アドルノの場合　1959〜1969 …… 353

『アンネの日記』とアドルノ（355）／アドルノと教育と「過去の克服」（356）／「集団実験」のプロジェクト（358）／「過去の総括」講演（366）／「過去の克服」から連邦共和国の「知的建国」へ（370）／アドルノの教育論再考（376）／アドルノの教育論と戦後西ドイツ（386）

謝　　辞　389
初出一覧　395
引用文献　397
索　　引　423

凡　例

　文中で参照した文献は巻末の引用文献表に掲げ，文中では［　］内に著者名・発行年・頁数を挙げて表示する。発行年の後の（　）内の数字は全集等を参照した場合の原著の発行年を，頁数の後の（　）内の数字は邦訳の頁数を，それぞれ示す。文脈に合わせるために邦訳の文言を変更した場合があることをお断りしておきたい。

　引用文中の圏点は，特に断りがない限り原文中の強調（傍点，イタリック，ゲシュペルト等）に対応する。

プロローグ

1. ナチズムはなぜ勝利したのか

〈ナチズムはなぜ勝利したのか〉——この単純素朴な問いが、本書の出発点であり、また本書の叙述を導く遠い目当てでもある[1]。この〈なぜ〉は、ドイツ現代史を少しでもかじった人なら大方が抱く疑問であろう。「詩人と哲学者の国が裁判官と処刑吏の国と化した」などと言われることもある。イギリスやフランスに比べて議会制民主主義がうまく根づいていなかったとはいえ、自治的な市民文化の伝統をもち、カントに代表される自律と啓蒙の哲学をも生み出したドイツ。第一次世界大戦による瓦解を経て民主的なワイマール憲法を手にし、時代の先端を行く思想、芸術、科学技術を花開かせたドイツ。そのドイツで、再度の戦争と民族差別へと人々を駆り立てる政党が権力を握り、しかも持続的に人々の支持を獲得する。なぜそんなことが起きてしまったのか。——これはドイツ現代史のまさに中心問題であり、多様な解答が試みられてきた。この大問題に、教育思想史の観点からささやかな接近を試みたい、というのが本書の目論見である。

「ナチズムと教育学」——その三つの焦点

この目論見は「責任者探し」に帰着するものではない。上の〈なぜ〉への教育思想史的な接近は、主に「ナチズムと教育学」という問題設定のもとでこれまでもなされてきた[cf. Herrmann/Oelkers 1989]。しかしそこでの議論はどうしても責任者探しに傾きがちである。「ナチズムと教育学」をめぐる議論には三

[1) 「ナチズム(Nazism)」という言葉を、本書ではドイツ語の Nationalsozialismus(国民社会主義)に対応するものとして使用する。この Nationalsozialismus は、-ismus という接尾語からもうかがえるように、文字通りにはナチ党つまり国民社会主義ドイツ労働者党(Nationalsozialistische Deutsche Arbeiterpartei、普通 NSDAP と略記)を支えた思想を意味する。しかしドイツ現代史の文脈では、たとえば『ナチズム(*Nationalsozialismus*)』と題したバウアーの大著[Bauer 2008]がそうであるように、より広く、NSDAP の展開した政治運動や、政権掌握の結果作られた国家体制も含めて使用される傾向がある。本書でも、こうした広い意味で「ナチズム」という言葉を使用したい。

つの焦点を指摘できる。

(1) 一つは，当時の代表的な教育学者たちのナチズムとの関係を問う議論である [田代 1995; 坂越 2001; Klafki/Brockmann 2002; Bremer 2005; Ortmeyer 2010]。とりわけ俎上に載せられるのは，ワイマール期に大学に講座を獲得し支配的な学派となった——そしてナチズム下での中断をはさんで戦後西ドイツでも支配的な学派であり続けた——精神科学派の教育学者たちである。明確な反対を貫いたリットは別として，シュプランガー，ノール，フリットナーらのナチズムに対する対応は妥協を含む曖昧なものであった。その対応が詳細に跡づけられ，彼らの教育学構想のなかにナチズムを容認してしまうような要素がなかったのか，厳しく問われることになる。

(2) 第二は，19世紀末からワイマール期にかけてドイツでも盛り上がった新教育の試みとナチズムとの関連を問う議論である。新教育 (Reformpädagogik) の主唱者たちは，旧来の学校の権威的で硬直したあり方を批判し，子供の活動を中心に据えた新しい学校を実現しようとした[2]。ところが，米国ではデューイの民主主義思想と深く結びついていたこの種の新教育の試みが，ドイツでは非合理主義的な共同体志向や指導者信奉と結びつき，ナチズムを受容する精神的な土壌を作ってしまった，というのである [Kunert 1973; Schonig 1973]。近年で

---

[2] 本書では「新教育」を，旧来の教育を批判して出てきた新しい教育，という一般的な意味でではなく，歴史的な概念として使用する。欧米においても日本においても，近代的な学校教育システムが完成するのは19世紀も終わりに近づいた頃のことである。ところが，全員就学というコメニウス以来の大目標が達成されたとき，この近代的な学校システムのもつ弊害——カリキュラムや教育方法が画一的で子供の自発性を損い「勉強嫌い」を作ってしまっていること——が強く意識されるようになった。こうして，19世紀も終わりに近づく頃から，従来の学校教育のあり方を「旧教育」として批判し教育の新しいあり方を模索する試みが目立って現れるようになる。本書で言う「新教育」とは，19世紀末から20世紀初頭にかけて展開された，近代的な学校教育システムに対するこうした批判と改革の試みの総称である。新教育において教育の大前提として重視されたのが子供の自己活動であり，それを支える子供の活動的な生 (Leben＝生活，生命) であった。自己活動の尊重というこの原理は，ロマン主義的な子供賛美へと向かうこともあったが，同時に，子供の自己活動という事実を科学的に探究するという方向でも展開された。新教育においては，教育は〈子供の自己活動の目的合理的統御〉として理解されるのであり，この〈目的合理的統御〉のためにも子供の生の科学的解明が求められたのである。私の見るところ，こうした新教育の時代に作られた教育理解は，現在に至るまで，何が〈良い〉教育であるかについてのわれわれの規準であり続けている [cf. 今井 1998, 2009]。

は，こうしたイデオロギー上のつながりにとどまらず，新教育からナチズムへの教育実践レベルでの連続性が実証的に解明されつつある[Lehberger 1994; Link 1999; Hansen-Schaberg 2000; Döpp 2003; Horn/Link 2011]。

(3) 第三は，ナチズムを支えた教育学構想についての議論である。クリークとボイムラーの二人が代表的な「ヒトラーの教育学者」[Giesecke 1999]としてしばしば取り上げられる。特にクリークについては多くの研究がある[Thomale 1970; Müller 1978; 新井 1980; Hojer 1997; Wojtun 2000]。クリークはすでにワイマール期に精神科学派に対抗する独自の教育学構想を打ち出していた。彼の「純粋教育科学」の構想は，「教育」の概念を従来のように意図的な作用に限定せず無意図的な影響にまで広げ，教育を共同体の一機能として捉えるという，当時においてそれなりの先進性と説得力をもったものであった。その彼がいち早くNSDAP(ナチ党＝国民社会主義ドイツ労働者党の略称。注1参照)支持を打ち出し(そのことで左遷されもした)，NSDAPによる政権奪取後は党御用達の教育学者となって権勢をふるう。このような展開を可能とも必然ともした要因が彼の教育学構想のなかに探られることになる。

構造的布置への問い

本書での私の議論は，以上のような「ナチズムと教育学」をめぐる議論とはかなり趣を異にしたものにならざるをえない。「ナチズムと教育学」をめぐる議論は，「責任者」を絞り込み特定するという方向に向かっている。教育学のなかでナチズムの勝利に一役買ったであろう要因が上の三つの場所に特定され，さらに，精神科学派のなかの，新教育のなかの，クリークのなかの，何がいったい悪かったのか，と問うことで要因の絞り込みが図られる。ここには，自らの過去を真摯に反省し，反省することで克服しようとするドイツ教育学における「過去の克服」のモチーフが多分に働いている。自らの伝統のなかに存在する克服すべき要素を，できる限り画然と特定し取り出すことがめざされるのである。しかしこのようなモチーフゆえに見えにくくなるものもある。教育学の門をナチズムの方へと開くに至らしめた構造的な布置，がそれである。本書での私の大まかな見通しを言えば，〈メディア・美・教育〉という，本書の表題ともなっているこの三者の関係として，問題の構造的布置を描き出すことがで

きる，と考えられる。この構造的布置に対する対応の不出来・不十分が，ナチズムに対する教育学の無血開城をもたらしたのである。したがって私の問いは，教育学のなかに存在した何かにではなく，むしろ欠けていた要因，存在しなかった何か，に向かうことになる。

このような不在の何かを取り出すことに，〈ナチズムはなぜ勝利したのか〉をドイツ人ならざる私があえて問うことの意味はある，と考えたい。というのも，構造的布置との関係ではじめて特定可能になるこの空白部分こそが，上の〈なぜ〉を教育思想史的に問うことに，ある一般的なアクチュアリティを与えているように思えるからである。存在している何かなら，それを特定し，場合によっては改善したり除去したりすることもできるだろう。しかし不在の何かは，「過去の克服」をめざす炯眼をもすり抜け，新たな構造的布置のなかでも空所として残存してしまうということがありうる。しかもこの空所は，ドイツ的な文脈に限定されない一般性をもっているように思われる。ドイツ教育学が有していた諸々の要因はたしかにドイツ的文脈に組み込まれたドイツ特有のものであったかもしれない。しかしそれが外部に取り残した空所は，ちょうど内海を別々の岸が共有するように，われわれもまた別の角度から共有している欠損部分である可能性がある。もしそうだとすれば，〈ナチズムはなぜ勝利したのか〉を構造的布置の方向に向けて問うことは，ドイツにおける「過去の克服」に限定されない，現代における教育学の責務を問うことにつながるだろう。

しかし私はすでに，あまりに抽象的に，かつ仮定につぐ仮定で語りすぎた。「空所」ということで私が何を具体的に念頭に置いているのかを，暫定的にでもまず述べておくべきであろう。そのための最も手っ取り早い方法は，ナチズムを支えた教育学構想を概観することである。話の結末を最初から明かすような仕儀にはなるが，上に触れたクリークやボイムラーの主張は時代に対する教育学的対応の不出来・不十分の集大成と見ることもできる。この両人を軸にしてナチズム下の教育学を概観した優れた先行研究もある [Lingelbach 1970; 宮田 1991]。それを手がかりにしながら，以下，何が不出来・不十分であったかを粗描しておきたい。

2. ナチズムの教育学
市民的教養の凋落

　クリークとボイムラーの主張に共通するのは，19世紀に作り上げられた市民的な教養(Bildung)の世界に対する強烈な批判である。ドイツでは19世紀前半，ギムナジウムの卒業資格が大学入学の要件となる，という形でエリート養成の学校制度が確立する[望田 1998]。ギムナジウムのカリキュラムの柱となったのは，古典語，とりわけラテン語の訓練であった。その背後には，古典古代の文芸を学ぶことによってこそ個々人のなかに潜在する人間的なものは形を与えられ完成へと至る——なぜなら古典古代の文芸のなかには普遍的な人間性が最も豊かに表現されているのだから——と考える新人文主義の人間形成論(Bildungstheorie)がある。古典語の習得はそうした古典古代との取り組みの前提であり，かつ中核であった。こうした古典語中心のカリキュラムは，長期間の非実用的勉学を支えるだけの資力をもたない庶民の子弟を，中・高等教育の門前ではじき飛ばす強力なバリアーの役割を果たした。他方，その門をくぐり，大卒の資格を得て社会的地位を築いた人たちにとって，古典古代に関する知識はエリートとしての教養を誇示するためのお飾りになっていった。のちにニーチェが厳しく批判，というか罵倒したのは，こうした形骸化した教養の姿であった。とはいえ，実用性からいったん切り離された自律的な教養の世界の成立は，アカデミックな研究・教育の自由を支え，ドイツにおける学問の興隆をもたらすことにもなった。「教養」を内容的規準として成立する学校制度，そして学校制度を基盤として形成される資格社会は，近代的な官僚機構や企業経営の展開とも不可分の関係にあった。「市民的教養」というとき，その担い手たる「市民」としては，このように学校での学業によって得た資格をもとに社会的地位——法律家，医師，牧師，高級官僚，大学やギムナジウムの教師，といった地位——を築いた，いわゆる教養市民層(Bildungsbürgertum)を想定することができる[3]。

　クリークとボイムラーにとって，今まさに凋落の過程にあるのが以上のような市民的教養の世界——その具体的な姿については第1章で論じる——なのであった。彼らにとって，大恐慌とそれに続くワイマール共和国の破綻は，個々人の自由を前提にするリベラルな社会の根本的欠陥を示す動かぬ証拠，したが

ってまた個々人の自由を良しとしてきたリベラルな思想の現実離れを示す動かぬ証拠であった[4]。「政治的指導の時代の到来によって，リベラルな中立性は［……］あらゆる領域で終焉を迎えている」［Krieck 1932: 12］。今や終焉を迎えつつあるそうしたリベラルな構想と，市民的教養は切っても切れぬ関係にある。

---

3) ドイツ語の「市民(Bürger)」という語は，もともとの都市市民(Stadtbürger)という意味(i)に加えて，国家市民(citoyen, Staatsbürger)という政治的意味(ⅱ)，有産市民(bourgeois, Besitzbürger)という経済的意味(ⅲ)，市民的中間層(Mittelstand)という身分的意味(ⅳ)を重層的に含み込んでおり，一筋縄ではいかぬ複雑性をもつ［松本 1981］。コンツェとコッカ［Conze/Kocka 1985］によれば，18世紀における「市民」は初期近代以来の都市市民(i)，あるいは特定の政治的参加権をもった「第三身分」(ⅱ)という意味で明確に画定可能な概念であったが，19世紀になるとこうした「市民」概念の輪郭が曖昧になり，貴族，農民，下層階級などに対置される都市の中間集団，というかなり広い意味をもつようになる。そこには，狭い意味での「ブルジョア」である経営者や資本家などの有産市民(ⅲ)や，大学などでの高度の教育を前提にする職業集団(つまりは「教養市民層」)が含まれるが，もともとこの概念の中核をなしていた都市市民(i)——職人親方，小商人，飲食店主，など——は今や周縁的な位置づけを与えられることになる[9]。なお，「教養市民」という概念が使われ始めたのは1945年以降であるが，「教養の市民(Bürgertum der Bildung)」といった「教養」と「市民」を結びつける用語法はすでに19世紀初頭から現れていた，という[11]。

4) 以下で主に参照するのは，クリークについては『国策的教育』[Krieck 1932]，ボイムラーについては『男子結社と学問』[Baeumler 1934]。どちらも，ワイマール期——といっても，大統領内閣の登場によって共和国の破綻が誰の目にも明らかになったその末期——に起点をもちつつナチズム体制開始期の教育学に大きな影響を与えた著作である。『国策的教育』はNSDAPによる政権獲得前の1932年に出されているが，政権獲得後も，序文を付し本文はそのままで版を重ねた。この著作は初期のナチズム体制における教育政策の指針となり，「この著作によってクリークの成功は頂点に達した」[Ortmeyer 2006: 47]と言われる。他方，『男子結社と学問』は，クリークの著作のような体系性をもたない講演・演説集であり，1929年から33年にかけて行われた講演・演説を，ナチズム体制成立前・後での彼の思想の一貫性を誇示するかのように時系列どおりに配列している(ナチズム期のボイムラーの教育学関係の著作は，他の2冊[Baeumler 1942, 1943]も体系性をもたない講演・論文集である)。「男子結社」と「学問」とはいかにも唐突な組み合わせであるが，戦争を賛美し，ドイツは「詩人と哲学者の国」ではなく「兵士の国」になるべきだ(「世界大戦の意義」)，あるいは男子と女子は年に数回の祝祭においてのみ交わるべきだ(「ドイツ式身体訓練の意義と構成」)，といった極端な主張と，論理実証主義からハイゼンベルクやゲーデルにまで説き及ぶ学術的講演(「数学と物理学に見る精神史的状況」)が同居する本書の性格をよく表している。なお，本書には，ベルリン大学に新設された「政治的教育学」の講座にボイムラーが招聘された際の就任講演も収められている(これについては後述)。この講座新設とボイムラー招聘は，シュプランガーのベルリン大学辞任事件(その後辞任を撤回)の引き金となったものである[cf. 田代 1995: 92ff.]。

市民的教養の理念は，リベラルな社会を構成する個々人を，個別具体的な共同体を超越する理性への関与を通して形成しようとする——「理性を分け持つことで，個々人の誰もが自己決定，自由，自己充足，完成へと至る」と考える[ibid.: 106]——ものだったからである。一方に普遍的な理性を，他方に個別的な個人を置き，この両者を対置する市民的教養の構図は，とりわけクリークに顕著に見られる否定的な近代社会像——合理化の進展によって伝統的な結合を失いバラバラの個人の群れへと解体されてしまった社会としての近代社会——に，ぴったりと重なるものであった[5]。

市民的教養のこうした構図が現実に引き起こしている問題として，民衆（Volk）と教養人（die Gebildeten）の間の深い亀裂がある。教養の理念は，万人が関与すべき理性の世界への信頼を前提にしている。クリークに言わせればそれは，「文化と教養と人間性を伴って民衆の生活現実の上空に浮かぶ独立した成層への，凝り固まった信仰」[ibid.: 112]にすぎない。見通しがたい現実を高みから見下ろすこうした「精神的なものの固有の領域」[ibid.]への関与ゆえに，教養人には民衆では及びもつかないような思慮や判断が可能になる，と信じられてきた。しかし，「その活発な政治活動によって現代のわが民衆が示しているのは，教養人のサークルよりも民衆の方が[……]歴史的現実に対する正しい関係をもっているということである」[Baeumler 1934: 95]。亀裂を解消する方策は，したがって，民衆にアカデミックな教養への道を開くという方向に求めることはできない。むしろ市民的教養の理念の方を民衆の現実へと引き戻す必

---

5) 自律化した諸個人のアモルフな集合としての近代社会に対して，クリークは，諸個人が中間的な諸団体——家族，青年団体，職業団体，政党，等々——の一員となることを通して重層的・有機的に共同体へと組み込まれていくような社会を対案として構想していた。そうした重層的・有機的秩序を統合する全体が「民族（Volk）」であり[Krieck 1932: 42f.]，国家もまた，そうした民族共同体のなかで政治という機能を担う一団体として位置づけられる[ibid.: 79ff.]。この種の近代批判や対案提示のモチーフはボイムラーには——議会制民主主義に対する批判は随所になされるものの——希薄である。ボイムラーはむしろ総力戦の時代の無慈悲な現実を認めた上で，その現実に耐えうる「政治的兵士」[Baeumler 1934: 129]の錬成という問題に集中する。こうした違いが，ナチズム下での両人のキャリアにも影響したように思われる。ボイムラーが時々の教育的課題にフットワーク軽く対応できたのに対して，クリークの場合にはその議論の体系性ゆえに時局的要請に臨機応変には応えられなかった。彼の理論は次第に政権内で疎まれるようになっていく[Lingelbach 1970: 184ff.]。

要がある。「民衆的(völkisch ≒ ナチズム適合的)な文化と教養への道は，理念性と人間性の「高等」な世界の，教養と文化のあらゆる「高等」な価値の，根本的な解体によって開かれる」[Krieck 1932: 129]。

「政治的人間」の優位

　こうした「民衆」の名による市民的教養理念の批判に，ボイムラーはある種の——ハイデッガーの現存在分析や後期ウィトゲンシュタインの言語ゲーム論にも通じるような——哲学的な根拠を与えている。「人間はまず黙想し，価値を考察し，そしてその後に行為する存在ではない。人間は，高等な「精神的世界」に関与することによってそのあり方を規定されるような存在ではない。[……]人間は根源的に，行為する存在である」[Baeumler 1934: 94]というのである。このように見れば，教養人に対する民衆の優位は現今の政治情勢に条件づけられた一時的なものではない。それはむしろ，活動的な「政治的人間」の，「理論的人間」に対する原理的な優位なのである。行為から距離をとり，中立的な理性の領域にとどまって，まずは思慮を働かせることで行為を適切に指導できると考えるのが「理論的人間」の立場である。しかし，行為は理性的な思慮以前に常にすでに行われてしまう一種の「賭け(Einsatz)」なのであるから，「理論的人間」という人間像は一つの「フィクション」であり教養人が抱く「妄想イメージ」にすぎないのである[ibid.: 94-96]。

　ボイムラーの構想は，教養や学問の世界それ自体を「政治的人間」の優位のもとで組み替えようとするものだったと言えるだろう。ボイムラーによれば，「理論的人間」が拠り所にする学問的認識も，実は行為の契機を核心部に組み込んでいる。「認識するとは，本来，何かに関心をもつということ」[ibid.: 98]だからである。学問研究を可能にするのは手つかずの事実ではなく方法であり，方法は最初から事実を取捨選択する，つまりまさに一面的であることによって，創造的な認識を可能にする。そして，「行為はすべて，学問においてであれ政治においてであれ，全体をつかみ取ろうとすること(Griff nach dem Ganzen)である」[107]。政治と学問は，一面的であることを恐れずあえて全体を代表しようとする「敢行(Wagnis)の概念」[107]において重なる，ということになろう。「学問を創造したのは戦士的なタイプの人間」[112]なのである。このよう

に見ることで，教養の理念を「理論的人間」へと収斂させるのではなく，「政治的人間」の方へ取り戻すことが可能になる。「精神的に振る舞っていると言えるのは，精神的な財に関与している者のことではなく［……］偉大な目標に向けて現実にその全存在を賭けている者のこと」[117f.]なのだから。――同様の行動至上主義的な「政治の優位」[Krieck 1932: 80]，そして知が「現実を見通し，認識し，処理する仕方」[78]であるべきだとするある種プラグマティズム的な学問観は，クリークにも見られる。

政治と教育の融合

　以上のような政治優位のもとでの市民的教養理念の解体によって，政治と教育の区別も意味を失う。精神科学派の教育学者たちが政治や経済など教育外の諸勢力に対して教育と教育学の相対的な自律性を確保しようと努めたのとはまさに対照的に，政治の領域で実証されている(と両人が考える)手法が積極的に教育の領域に導入されることになる。クリークによれば，「ナチズムの大衆煽動と大衆運動の技法のなかには，今後の国民的・政治的教育のための，最も強力な端緒や刺激や原動力が存在する」[Krieck 1932: 38]。大衆煽動(しかもナチズムの)と教育をポジティヴに結びつけるこの主張から，今日のわれわれの耳はどうしてもシニカルな――悪と知りつつあえてそれを善と言いくるめているような――響きを聞き取ってしまう。しかし当時のクリークにとってこれがごく真面目な主張であったことは確実である。というのも，この主張は上に見てきた市民的教養に対する批判と正確に対応しており，その一つの論理的帰結といえるものだからである。市民的教養に対する批判の重要なモチーフとして主知主義に対する批判があった。行為を導くべき知識を行為に先立って形成しておくという，「理論的人間」を前提にした方策はもはや信憑性をもちえない。かわって教育において中心的な課題となるのは，行為や意志，さらにはその根底にある感覚・感情への，直接的な働きかけである。このように見たとき，政治的な大衆動員の技法が教育学的に見て特別に価値あるものとして浮かび上がってくることになる。

　クリークはさらに，彼の考える大衆動員的な教育方法を，なんとペスタロッチのなかに見出している(ここでは教育と政治の境界は教育の側から破られることに

なる)。「教育学者たちがもしペスタロッチを真に[……]彼の存在と作用の核心において捉え，合理的なものや知的なものへと解釈し直すことがなかったとすれば，彼らはペスタロッチの教育的行為の力，彼の成果の秘密を，彼自身のぎこちない理論や著作よりも彼の訪問者たちの叙述の方から一層明瞭に浮かび上がってくるように，こうした基礎的な大衆煽動や大衆運動の技法との類縁性のなかに認識していたに違いない」[ibid.: 39] というのである。クリークはペスタロッチの「秘密」を，「数・形・語」を始めとする教育内容構成の原理——これが普通ペスタロッチの「方法(メトーデ)」ということで理解されているものであろう——にではなく，それ以前のレベルに，つまりそうした「方法」の受容へと子供たちを誘導する技法に，見ようとする。「ペスタロッチは，単純な手段によって彼自身と彼の子供集団を緊張感に満ちた高度に受容的な精神状態へと高める方法を発明した。主に使われるのはシュプレヒコールに類する方法である。[……]こうした方法によって，彼は要素的な印象を強力に定着させ深部に及ぼすだけでなく，持続的なリズムの連鎖を作ることで，感覚と感受性を望みどおりの方向へと調律し，鋭敏化し，そうすることによってまったく機械的に生徒の活動性を増大させ，自己活動を刺激し，そして何よりも，これは教示的な教授によってはまったく不可能だったことであるが，子供たちを精神的に高められ活気づけられた感情統一体へと，共同体へと，融合させたのである」[39f. (強調引用者)]。——クリークはまた，感覚や感情に作用するためのより純化された技法を，美的教育の領域に見出している。リズミカルな身体表現を基盤とする「ミューズ的教育」がそれである（クリークの「ミューズ的教育」論について第7章で論じることになる）。「全体のなかへの部分の有機的な組み込みは，とりわけ態度の訓練を，直接的な心の錬成(Seelenformung)を要請する。その手だてとなるのは，リズムによる対処であり，真のミューズ的な教育である」[92]。

シンボルによる統合と排除

　同様の直接的な作用の技法を，ボイムラーはシンボルの作用のなかに見出した。このことを強く打ち出しているのが，ベルリン大学での彼の「政治的教育学」講座就任講演（注2参照）である。この講演でボイムラーは，「理論的人間」に対する彼の批判を想起すれば当然予想されるように，政治的現実から距離を

とろうとする大学と大学人を厳しく批判する。そして彼はこの批判を，言葉や概念に対するシンボルの優位へと収斂させていく。概念から出発する「イメージなき理想主義の思考体系」が民衆の現実から切り離された抽象的な理念の世界にとどまるのに対して，「アドルフ・ヒトラーに従う者たちは，一人の人間において，一竿の旗においてなされる理念の表現を，つまりシンボルを知っている」[Baeumler 1934: 126]というのである。

　〈言葉・概念 vs. シンボル〉という対置の背景には，「われわれの時代は言葉の無力化の時代である」[ibid.: 133]というボイムラーの現状認識がある。「どんな講演もアピールも，言葉による相互了解可能性がますますわずかになってしまっているという現実は欺けなかった」[133]。ところが，「言葉が無価値となった時代のただなかで，シンボルが再生しわれわれを結合させた」——「シンボルは沈黙したまま，その理解は直接に生じる」からである[132]。言葉を介しない直接的な理解がシンボルに可能なのはなぜか。シンボルは一つの現実であり，しかも共同の現実だからである。「一つのシンボルのために，人は生きることも死ぬこともできる。それは一つの現実であり単なる記号なのではない。／シンボルは決して個々人に属するものではない。それは一つの共同体に，一つの〈われわれ(Wir)〉に属する。[……]シンボルにおいて個々人と共同体とは一体である。共通のリズムのなかで躍動する現実の〈われわれ〉が，シンボルのなかに自己を再認することになるのである」[134]。

　言語的了解に先立つ「共通のリズム」の次元で個々人を共同体へと融合させるシンボルは，そのシンボルを共有しない者たちを排除する強力な作用をもつであろう。ボイムラーはこのことを積極的に肯定している。「シンボルは限定する。それは排除する。シンボルは，それを根本から理解し熱狂によって満たす者のためにのみある。これが人間性についてのわれわれの理解である。人間性は，人間がシンボルを信じシンボルに自らを賭けるところに[……]存在する」[ibid.: 135]。この就任講演の末尾近くで，ボイムラーは，理論も一種の行為なのだという彼自身の主張に忠義立てするかのように，異質なものの排除を自ら実践している。以下の引用でボイムラーが具体的に念頭に置いている「シンボル」は，ハーケンクロイツの旗であり，「ハイル・ヒトラー！」というあのナチス式敬礼である。

「われわれは，われわれの一体性を啓示してくれているシンボルを攻撃し非難する自由を個々人に与えはしない。諸君は今，書物を焼き捨てるために行軍しようとしているが，その書物のなかでは，異質な精神がわれわれに戦いを挑むためにドイツ人の言葉を利用しているのである。諸君が作る薪の山の上で焼かれるのは異端者ではない。政治的な敵は異端者ではない。われわれは闘争のなかで敵に対するのであって，敵は闘争という栄誉に浴することになろう。われわれが今日除去しようとしているのは，誤った寛容の時代のなかで堆積した精神の材料なのだ。そうした材料が二度と堆積することのないように，われわれのなかのドイツ精神を強く鍛えることこそわれわれの課題である」[137]。

この講演のあと，実際に学生の一団が焚書のために隊伍を組んで講義室を後にしたといわれる[宮田 1991: 315]。ボイムラーの就任講演が行われた1933年5月10日は，ベルリン大学に隣接するオペラ座広場で2万冊を超える「非ドイツ的」書物が闇夜のなか，学生たちによって火に投じられ，学生団体主導で始められた「非ドイツ的精神に抗して」のキャンペーンが最高潮を迎えた日として歴史に刻まれている。同様の焚書はドイツ全土の大学で行われた。

3.「民衆」の時代

異質なものの物理的排除というこうした帰結は，「不出来」「不十分」などと呼ぶことがはばかられるほどに深刻かつ不吉である。しかし，こうした不吉な帰結に至った，その出発点に，市民的教養理念のいきづまり，そしてその顕著な兆候としての民衆と教養人の分断という，同時代の多くの論者が共有していた難題があったことを見逃してはなるまい。

名望家政治から大衆民主主義へ

民衆と教養人の亀裂が難題として浮上してきた背景に，「名望家政治から大衆民主主義へ」[飯田他 1966]——マックス・ヴェーバーに起源をもつこの見方は，近年の研究でもその有効性が確認されている[cf. Gall 2003]——という19世紀から20世紀初頭にかけてのドイツ政治の大きな変化を想定することができる。議会制と結びついた19世紀的な名望家政治は制限選挙を前提としている。選挙人となるのは基本的に「財産と教養」に恵まれた階層の人々である。彼らによって選ばれるのは，その地位によって信望を集めるとともにその経済

力によって名誉職的に政治に携わる——ヴェーバーの言葉で言えば，「政治によって」ではなく「政治のために」[ヴェーバー 1980: 21]生きる——ことのできる名望家たち(Honoratioren)であった。階層的に同質的な彼らの間では基本的な利害に対立がないため，議会においては理性的な討論や合意が可能であった。ドイツでは1871年のドイツ帝国の成立とともに帝国議会にはすでに25歳以上の男子による普通選挙が導入されており，帝政末期には社会民主党が第一党となる事態さえ生じた。しかし帝政下では，議院内閣制ではなく宰相は皇帝によって任命されるなど，政治的決定に対する帝国議会の権限は狭く限定されていた。議会制民主主義はワイマール憲法のもとではじめて制度的に確立する(20歳以上の男女による完全普通選挙も実現した)。民衆が政治の表舞台に登場し大衆民主主義の状況が全面的に現出することになる。教養人のサークルだけで政治を取り仕切れる状況ではもはやなくなったのである。国民の間の利害対立が直接議会に反映されて政党間の対立が抜き差しならぬものとなり，議会での理性的な討論や合意はますます困難となる。「言葉の無力化の時代」というボイムラーの時代認識は決して的外れではなかった。民衆と教養人の間の亀裂はすでに長らく存在してきたが，それが今や国運を左右するような重大問題として意識されるようになる。民衆に「国民」としての自覚を植えつけようとする「公民教育」が重要な教育課題として浮上する。利害対立を越えていかに国民的統合を可能にするか，という問題が，19世紀末から20世紀初頭にかけて——つまりは新教育の時代ということになる——のドイツ教育学を駆動する重要な底流となっていたように思われる。

議会制民主主義への懐疑

　大衆煽動の方法に依拠したクリークの，シンボル利用に依拠したボイムラーの，それぞれ提案は，大衆民主主義状況へのドイツ的対応の一変種として解釈することができる。イギリスやフランスと比べた場合のドイツの特質は，大衆民主主義が議会制に対する不信へと結びついていった点にある。イギリスやフランスでも同時期にやはり大衆民主主義的状況が現出した。しかし両国では，国民的合意を演出する場としての議会への信頼は失われなかった。まずイギリスの場合と比較してみよう。第一次世界大戦直前の時期には，イギリスでもド

イツでも、「いわゆる大衆の、支配的政治秩序への儀礼的・パフォーマンス的統合」[Kroll 2013: 311]を可能にしてくれる存在として王室への期待が高まった。ヴィルヘルム2世は、この好機を捉えて、新聞などを利用して自らの大衆的人気をかき立て[6]、君主制を脅かしかねないドイツ社会の民主化傾向を押しとどめようとした。「イギリスにおける君主制が合意による正統化戦略に立脚しており、結果的に——その反民主主義的傾向にもかかわらず——議会制のシステムを安定化させることになったのに対して、ドイツにおける君主制のカリスマ化は、改革の妨害と一種の大衆デマゴギーへと至った」[328]といわれる。——フランスの場合はどうか。戦間期のドイツとフランスにおける議会内リベラル派を比較した研究によれば、議会制に対する不満は1920年代半ばには全ヨーロッパ的現象になっていたものの[7]、フランスでは市民層が反議会派に惹かれることは少なかったし、右派がナチズムのような大衆運動に走ることもなかった[Grüner 2002: 219f.]。フランスでは共和主義的伝統の強固な持続性ゆえに議員個々人の独立性が強く、戦間期においても「熟議的な議会制の基本的性格は全体として維持された」[246]という。これに対してドイツでは、政党中心の議会制民主主義が一挙に導入されたため、19世紀的な熟議を理想とするリベラル派の間では議会における党派闘争に対する拒否反応が強かった。破綻に瀕したワイマール体制を前に、彼らは「国家」「国民」といった超党派的(と信じられた)理念を掲げて議会制そのものの自己否定へと突き進むことになる[242f.]。

---

6) 19世紀末に登場してまたたく間に普及していった映画にも、ヴィルヘルム2世はしばしば登場した[cf. Klebinder 1912]。普及当初においては実写映画は劇映画と同等あるいはそれ以上に優勢なジャンルであり(この点については第3章・第4章参照)、皇帝のような貴顕の士が登場するニュース映画は観客を引きつける格好のアトラクションであった。

7) 1920年代のドイツにおける代表的な議会制批判としてカール・シュミットの『現代議会主義の精神史的地位』[Schmitt 1926]がある。このなかでシュミットは、公開性と討論によって担保される諸意見の均衡によってこそ真理と正義は見出される、という議会制を支える信念をリベラリズムの形而上学だと断じ、そうしたリベラルな議会制が民主主義と重なるように見えたのは歴史的偶然にすぎない、言い換えれば民主主義は議会制に反する形ででも——たとえば、真に人民の意志を代表すると称する独裁によっても——実現しうる、とした。このシュミットの議論は、クリークやボイムラーの議会制批判・リベラリズム批判の理論的な後ろ盾になっていたように思われる。

国民の錬成

　クリークとボイムラーは，議会制民主主義の自壊へと向かうこうしたドイツ政治の趨勢に，まさに棹さす議論を教育領域において展開していた。彼らの提案は，言葉や概念のレベルでの対立を無化するような感覚・感情の共通のパターンを，感覚・感情のレベルに直接作用することであらかじめ形成しておこうとするものであった。そうした直接的作用のために彼らが着目したのが，シンボルやリズムにおいて，あるいはミューズ的教育において典型的に現成するような，「錬成的美学(formative Ästhetik)」[Herrmann/Nassen 1993]の働きであった。そして，シンボルやリズムのもつ美学的な——感性に直接働きかけて知覚の特定のパターンを個々人のなかに作り出すような——作用を，国民的なレベルでの「錬成(Formung)」へと結びつけることを可能にしたのが，映画やラジオをはじめとするマスメディアであった。クリークやボイムラーの提案は最初からこうしたマスメディアの作用を予定していたとも言えるだろう。

4. ジレンマの再来——教育学の袋小路

社会統合と能力付与

　時代の流れに乗って社会統合(Integration)という課題に応えようとした彼らの議論は，しかし，能力付与(Qualifikation)という教育のもう一つの基礎的な課題との間で構造的な困難をかかえていた[宮田1991: 283ff.]。リンゲルバッハによれば，「男女を問わず高度な能力をもった労働力を求める経済界からの需要の増大に応えようとすれば，ナチズム国家は，青少年組織における身体トレーニングや「政治的修練」に重点を置いて学校における教授を軽視したり，女子教育の指針をヒトラー自身の考えである「英雄的で母親的」な女性という理想像に求めたりということを，長期にわたって続けることはできなかった」[Lingelbach 1970: 160]という。このことは，政権運営が次第に軌道に乗り，戦争遂行が視野に入ってきた「建設の時代」[Baeumler 1942: 111]にはなおさら当てはまる。当初ナチズム政権は，伝統の「重荷」ゆえに改革が容易ではない学校教育よりも，ヒトラー青年団などNSDAP主導の青少年組織に教育政策の重点を置いていた。学校外の組織によって教育の実権を学校から奪うとともに，青少年を動員して旧態依然の学校制度をいわば包囲し，改革を促そうとしたの

であった。先に見た焚書への学生たちの動員はその一例である。クリークとボイムラーの提案もこうした路線に沿ったものであった。ところが，こうした学校批判路線は，まさに所期の目的を達成し学校の権威を低下させることによって，学校の能力付与機能をも弱体化させる結果を招いた。このことは，一国の産業や技術の「総動員」が求められる「総力戦」[ibid.: 32]を視野に入れるナチズム体制にとって，致命的となる可能性があった。一時は権勢並びもなかったクリークの理論が次第に批判にさらされるようになった背景には，おそらく以上のような事情がある[Lingelbach 1970: 180-187; 宮田 1991: 308f.]。

ボイムラーの軌道修正

　ナチズムの教育政策が直面したこうした難題に，臨機応変に対応したのがボイムラーであった。彼は市民的教養に対するかつての全面否定を一部撤回し，学校，わけてもそこで行われる教授に，「教養」のための特別の役割を認める。「学校が民族共同体から与えられた責務は教養」であり「学校に特有の教養の手段は教授」[Baeumler 1942: 114]だというのである。ヘルバルトに由来する「教授(Unterricht)」と「訓練(Zucht)」という伝統的な概念区分に依拠して，教授を学校に，訓練を学校外教育に配分することでボイムラーは政権発足当初の教育政策上の混乱の収束を図った[Lingelbach 1970: 195f.]。こうした役割分担の構図によって，理論的人間に対する活動的・政治的人間の立場からのあのラディカルな批判も緩和される。「造形する存在としての人間が必要とする諸能力は，あれこれの実践的必要の圧力のもとでは形成することができない」のだから，「特定の実践的目的のための早すぎる教練(Abrichtung)ほど，学校が細心の思慮と注意とをもって避けるものはない」[Baeumler 1942: 115]とボイムラーは言う。今やボイムラーは，教育への行動至上主義的なアプローチを，むしろ抑制する側に回るわけである。実践を通して実践へと導こうとする徒弟修行的なやり方は学校にふさわしくないものとして退けられ，生活に奉仕するためにこそ一旦は生活現実から遠ざかる「迂回路」としての学校の意義が強調される[118f.]。こうした「迂回路」によって学校が個々人のなかにあらかじめ形成する教養は，単に指示に従って行為するのではなく根拠に基づいて課題解決ができるという理知的な能力を，支えるはずなのである。こうした理知的な行為能

力に，ボイムラーは時代が要請する「高い価値をもった労働者」[121]の中核的な要件を見ていた。

> 「学校を通して正しく教育された者は[……]個々の課題を，熟慮をもって，つまり一般的な立場から，解決することができる。彼は根拠に基づいて事柄に接近する。つまり，彼は個別的なもの・特殊なものをその一般的な根拠から理解するのである。[……]良き学校で人が学ぶのは，特定の行為ではなく行為の能力である。[……]知識は，そうした能力のための単に一つの，しかし本質的な前提である」[121f.]。

機能性への解消

以上のようなボイムラーの一見臨機応変で理に適った対応に，先に示唆した不出来・不十分がかえって明瞭に露呈している。一つにはもちろん前言撤回という誰の目にも明らかな事実がある。しかも彼の場合，ここには実情に応じた怜悧な方向転換というだけでは解決できない問題が含まれている。行為と知を一体的に捉えるというかつての彼の哲学的な立場が撤回され，行為に先立って「行為の能力」や「知識」を形成しておくという，彼が原理的に退けたはずの立場が再導入されているからである。もっとも，ボイムラーは市民的教養の立場に回帰してしまったわけではない。彼は依然として市民的教養を批判する。市民的教養の欠陥は教養が目標となり所有物のように考えられてしまった点にあった。民衆と教養人の分断がその帰結であった。これに対して，「ナチズムの教育科学は教養のなかに業績(Leistung)への道程を見る」[ibid.: 115]。したがって「教養とは，共同体における全面的な自己投入(zum vollen Einsatz)に至るために個々人が通らねばならない道程を指す言葉」[116]なのである。このように，「業績」も，したがってまた「教養」も，ボイムラーにおいては共同体の内部での機能性に解消されてしまう。宮田が的確に指摘するように，ボイムラーにおける学校の能力付与機能の強調は，「いっそう高いレベルでの《統合化》機能を確保する努力と不可分のものであった」[宮田 1991: 312]。能力付与の必要から「行為の能力」や「知識」が求められ，それらは「一般的な立場」や「一般的な根拠」の洞察を要請するものと認識されてはいる。しかしそうした要請は結局，社会統合の機能によって限界づけられ，そこに回収されてしまうのである。こうして，市民的教養理念のいきづまりという一般的な状況

認識から出発して異質なものの物理的排除へと至るような思考回路が再度確認・固定されることになる。こうした思考回路へとボイムラーを閉じ込めたのは，社会統合と能力付与という自らに課した二つの課題を，ある場合には分裂させ，ある場合には癒着させるしかなく，いずれにしても適切に処理できないままに放置せざるをえないという，教育学的な不出来・不十分だったように思われる。

埋められぬ空所

　以上のような不出来・不十分は，たしかにナチズムの教育学において顕著な形で現れたが，そこで浮き彫りになった欠落部分は，新教育の時代のドイツ教育学全般にとっても，埋めようとして埋められぬ空所にとどまった。ナチズムの教育学は社会統合の課題を大衆動員へと解消し，能力付与の課題を機能性へと解消した。こうした解消路線に対抗しつつ社会統合と能力付与の要請に対処しうるような教育学構想は，後世への投瓶通信のような人知れぬ例外――これについても本書で取り上げたいと思うが――を別にすれば，結局見出されないままにとどまった。ドイツ教育学の主流は，市民的教養という理念と大衆民主主義状況という現実の狭間で進路を狭められ，袋小路に追い込まれたように見える。普通に考えれば，大衆動員に対しては熟議的な民主主義が，機能性への解消に対しては真理や正義といった普遍的な価値が，有効な対抗策としてすぐにも思い浮かぶだろう。しかしこの二つの対抗策は，これまで説明してきたようなドイツ社会の政治的条件のもとでは，広範な説得力を獲得することが困難であったと考えられる。前者の熟議的な民主主義について言えば，大衆動員という方向は，大衆民主主義の下での，まさに熟議の困難という現実に直面して浮上してきたものであった。また後者の普遍的な価値について言えば，機能性への解消は普遍的な価値を掲げた市民的教養理念の凋落と表裏一体であった。「民衆の生活現実の上空に浮ぶ独立した成層」への信頼が失われることで，「民衆」への奉仕が至上の価値として他を圧することになったのである。こうして，単純な解消路線を突き進むナチズムの教育学が，袋小路を突破する唯一の――決して望ましくはないが他に手だてのない――選択肢として浮上することになった。

唯一の選択肢？

　しかし，ナチズムの教育学は実際に唯一の選択肢だったのだろうか。ドイツ社会の政治的条件が上に述べたような困難をはらんでいたとしても，こうした外的条件をドイツ教育学の袋小路状態へと直結させるのは短絡である。社会的・政治的条件と教育学構想は一対一で対応しているわけではない。そもそも，社会統合や能力付与という教育に期待される機能，さらには〈社会統合／能力付与〉という社会学的な図式自体が，歴史的所産なのである。こうした図式や機能を前提にした上でそれを歴史的過程に適用するのは，実は逆立ちした議論と言わねばならない。こうした図式や機能自体を歴史的具体性のなかに差し戻し，歴史的具体性のなかから議論を再構築する必要がある。そのことによってはじめて，19世紀末以後の新教育の時代のドイツ教育学が身を置いていた歴史的空間の構造は明らかになるだろう。そうした歴史的具体性のなかでこそ，様々な教育学構想がナチズムの教育学へとなだれ込む蓋然性とともに，それ以外でありえたかもしれない理論的可能性が，析出可能になると思われる。

5.　〈美〉と〈メディア〉と〈教育〉

　19世紀末以後のドイツ教育学のそうした歴史的空間の構造，そしてその生成は，〈美〉と〈メディア〉という二つの観点を設定することでよりよく再構成できるだろう，というのが本書の見通しである。〈美〉は社会統合機能と，〈メディア〉は能力付与機能と，関係が深いと言うことは一応できるが，双方とも完全には重ならない。〈美〉の次元・〈メディア〉の次元——これは，〈美〉や〈メディア〉を，何らかの規準を含んだ審級として捉えることを意味するが——から見ることで，社会統合機能と能力付与機能の対立には解消できない複雑な布置を取り出すことが可能になるであろう。——このように言うことの信憑性は本論で示す他ない。しかし，〈美〉および〈メディア〉と〈教育〉との関係について最低限の注釈を加えておきたい。

〈メディア〉と教育

　まず〈メディア〉と教育の軸から見てみよう。〈間にあるもの〉という広い意味でのメディアは，もともと教育的コミュニケーションにおいてなくてはな

らぬ重要な意味をもっている[cf. 今井 2004, 2008]。ヘルバルトの言う「教授」——それは「訓練」とは違って教材を仲立ちとする教育的コミュニケーションである——の場面では，メディアは意図的な構成・操作の対象となる。その所産である教授メディアは，教育の能力付与機能の主要な担い手となってきた。19世紀末以降の変化，それは，必ずしも教育的な意図に服さないマスメディアが，大きな教育的影響力をもったものとして人々に意識されるようになった点にある。本書が中心的な対象とする映画はその典型である。これまであまり注目されてこなかったが，映画をどのように教育的コミュニケーションに組み込むかは，20世紀初頭の教育学の重要な論題の一つであった。こうして，マスメディアと教授メディアとの相互浸透が開始されることになる。

〈美〉と教育

他方，〈美〉もまた，19世紀末に教育学の中心的な論題として浮上した。芸術や美的経験に，特殊な鑑識眼の涵養にとどまらない一般的な人間形成的な意味が認められるようになるのである。こうした見方は，理論的にはシラーの美的教育論によって定礎され，市民的な教養理念の一部ともなっていた。しかし19世紀末，美的人間形成の理念は美術教育の改革運動を通して「民衆」のレベルにまで到達することになる。手先や認知の訓練から子供の創造性表現へと描画の意味を変更させた美術教育の改革は，ドイツでも（これは日本の場合も同様である）新教育運動において中核的な役割を果たした。美術教育のこうした意味変化は，先に見た大衆民主主義状況における社会統合の課題とも無関係ではない。クリークに関して示唆したように，新教育的に捉え直された芸術教育は，感覚・感情のレベルに直接作用するための格好の通路を提供していた。美や芸術のこうした作用は，映画をはじめとするマスメディアと結合して「錬成的美学」の領域を拓くことになる。メディアが内包する，感覚・感情へのこうした直接的作用の可能性は，実はすでに映画と教育をめぐる1910～20年代の議論において対象化されていたのであった。教育の社会統合機能と能力付与機能が映画というメディアをめぐって錯綜しているのを見ることができるわけである。

以下，本書では，以上のような美とメディアと教育をめぐる錯綜した関係を

解きほぐし，そのことを通して冒頭の〈ナチズムはなぜ勝利したのか〉という問いに接近していきたいと思う。本書は本論を四つの部分で構成している。目次からもおわかりいただけるとおり時代順の構成とはなっているが，通史的な叙述からはほど遠いものとなっていることをお断りしておかねばならない。それぞれの時代に関していくつかの展望高地を設定し，そこから見えてくる風景を交錯させることで，〈メディア〉〈美〉〈教育〉が織り成すそれぞれの時代に特有の地形を立体的に浮き彫りにすること――以下の各部が目論むのはこうした形での歴史記述である。

第Ⅰ部　美と教育，そしてメディア
―― 不透明性の浮上　1795〜1895 ――

第Ⅰ部　序

　第Ⅰ部では，〈教育〉を展望する観点ないし次元としての〈美〉および〈メディア〉を，プロローグで述べたように歴史的具体性のなかから抽出することを試みたい。対象となるのは18世紀末から19世紀末にかけてのドイツの歴史的文脈である。

　第Ⅰ部の「1795〜1895」という時期区分は，他の各部と違って政治史の時期区分と重ならないため，いささかわかりにくいかもしれない。「1795」はシラーの『人間の美的教育についての連続書簡』が発表された年を，「1895」はリュミエール兄弟によって映画という新発明が公衆の前にはじめて姿を見せた年を，それぞれ念頭に置いている。以下の第Ⅰ部で描かれるのは，映画登場以前の〈メディア・美・教育〉の構図ということになる。映画のようなマスメディアが教育の領域にも浸透を開始し，同時に大衆民主主義が次第に醸成されて「現代的」な状況が成立する以前の「古典的」な状況と言ってもよいが，その枠内ですでに生じていた変化に注目しなければならない。一言で言えばそれは，教育の対象が，教育的コミュニケーションに対して不透明な存在として立ち現れるようになる，という変化である。

　第1章では，〈美〉の観点からそうした不透明な存在の浮上を捉えようと試みている。シラーの議論においては，〈美〉の次元はそれ自体のうちに人間形成と社会構成の原理を含みもっていた。しかしその後〈美〉の次元は芸術作品との孤独な対峙へと収縮し，伝統的な意味での〈教育〉によっては到達できないような主体のあり方をそのなかに育むことになる。

　第2章では，同様の趨勢を〈メディア〉の観点から展望する。たとえばペスタロッチにおいて，子供の自発性は，人間自然に根ざした彼の「メトーデ」によってくまなく透視可能であり，したがってまた，言語や教材・教具など，広い意味でのメディアによって指導・操縦可能なものとして捉えられた。その自発性が次第に不透明な何ものかとして教育の前に立ち塞がるようになる。こうした事態はニーチェの教育論に典型的に見ることができる。そこでは，言語は

直截な表象や伝達のメディアとしてではなく，レトリックの力によって不透明な主体から能動性を引き出すメディアとして働いているのである。
　このように第Ⅰ部は，「プロローグ」ではもっぱらナチズム教育学の批判対象として言及した市民的な教養理念を主題的に扱うとともに，映画登場以前の〈メディア・美・教育〉の構図を描き出すことで，本書全体の実質的な序論となることを意図している。

第1章　美的教育の条件変化

1. 古典的人間形成論における美と教育

　市民的教養理念の理論的な支柱となった古典的人間形成論においては，〈美〉の領域が中心的な役割を担っていた。フンボルト研究で名高い教育学者クレメンス・メンツェによれば，「古典的なドイツ人文主義にとっては，美的教育は教育一般と同じであった」[Menze 1971: 2]。ルソーは，教育小説『エミール』のなかで，子供を堕落した既成秩序に順応させることなく独立自尊の人間へと形成するための教育を構想した。人文主義者たちは，そうした自由への教育の実現可能性を，カントの美学が根拠づけた芸術の自律性のなかに見たのであった。「芸術がこれほどまでに重要になるのは，芸術のみが人間の自己実現という偉大な課題を成就しうるがゆえである」[ibid.: 9]。芸術の享受は，人間の諸能力を，現実的な利害関係によって束縛されず，それでいて調和的に活性化した，自由な遊動状態に置いてくれるはずだからである。——ここには，「近代」に対するある屈折した態度を見ることができるだろう。美的教育のこうした構想は，メンツェが強調しているように，強制を排し自由の実現を求めるという「政治的契機」[18]を，その目標においては有していたかもしれない。しかし，こうした「政治的」な目論見を実現するために，なぜ，たとえば『エミール』第5篇で家庭教師とエミールが国政の研究に乗り出すとはおよそ対照的に，〈美〉の領域に退却する必要があるのだろうか。

1.1　「近代」への屈折した対応

　〈美〉の領域に重心を置いた人間形成論がドイツにおいて展開された背景に，フランス革命の衝撃を想定することができる。歴史において何が進んでいて何が遅れかは，簡単に言えることではない。しかし，この時代のヨーロッパは明らかに国民国家の形成という方向に向っていた。文化的なまとまり——たとえ

ば言葉が通じること——としての国民(nation)と，統治機構としての国家(state)が重なり合うのが国民国家(nation state)である。フランスでは，17世紀以来，「絶対主義」と呼ばれるような強大な君主権のもとで，国民と国家の統合が実現されつつあった。もっとも，絶対主義のもとでは，国民と国家の結びつきは君主を介した間接的なものにすぎない。フランス革命は，その君主を排除し，国民こそが国家を作るのだと宣言した。文字どおりの国民国家の出現である。人間一般の権利が宣言され，人権を保障し実現するための仕組みとして国家が捉え直される。そうした国家をともに構成する人間のまとまりが国民なのである。したがって市民(citizen，つまりnationを構成する一人ひとり)は，積極的に国家を支える必要がある。進んで国家を支える主体的な市民の育成が求められ，教育がその大役を任ぜられる。人権の保障と，そのために必要な国民の形成をめざして，公教育の制度が国民国家の枠内で整備されていく。公教育を通して，国民の文化的なまとまり——たとえば「国語」——が国民国家によって事後的に作り出されることにもなる。

　このように，もともと先進的であった隣国フランスが未来に向けてさらに躍動を始めたとき，ドイツはまだ「神聖ローマ帝国」という中世の名残を残す曖昧なまとまりのもとにあった。自分たちが置かれている状況の「遅れ」を，フランス革命はドイツの知識人たちにあらためて突きつけた。隣国で起った革命を，彼らの多くは，自分たちが進むべき方向を示してくれる道しるべとして，当初感激をもって受けとめる。しかし，革命が急進化し，ジャコバン派による独裁と恐怖政治の様子が明らかになるにつれて，疑念が頭をもたげてくる。国民国家を「革命」という手段で実現することへの疑念，さらには，フランス革命が推し進めている「近代」というもの自体に対する疑念，である。この疑念は，フランス革命が示したのとは別の道が自分たちにはある，という考え方へと導かれた。

　こうした考え方が出てきた背景には当時のドイツの文化的な盛り上がりがある。17世紀前半にだらだらと続いた三十年戦争で各地が戦場となって荒らされたのち，ドイツは文化的にも沈滞し，領邦君主の宮廷では当然のようにフランス語が話されていた。「大王」と呼ばれるプロイセン王フリードリヒ二世(在位1740-86)は，ヴォルテールを相談役にするなどフランス文化を崇拝し，ドイ

ツ語は馬丁の言葉だと馬鹿にしていた。その姿は国民国家的なナショナリストとはずいぶん違う。しかし大王治下のケーニヒスベルクではカントがドイツ語で哲学体系を構築し，ワイマールではゲーテとシラーがドイツ文学の古典を生む。ライプツィヒで大バッハが活躍したのもそれほど昔の話ではない。フルートの名手でもあったフリードリヒ大王がバッハを宮廷に招き，この出会いからバッハ晩年の傑作「音楽の捧げもの」が生まれた話は有名である。

　このようなドイツ文化の盛り上がりを背景に，国民としての文化的なまとまりの意識が強くなってくる。国民としてのまとまりを支える文化的な基盤は十分にある，しかしそれに対応する統一的な国家機構が欠けている——ドイツの苦境はこのように意識された。上に触れた別の道とは，この苦境を脱するために，国家機構という外面からではなく，文化によって育てられる内面から始めるという道である。フランス革命のように国家・社会を変革することで国民国家を作るのではなく，まず自立した個人を育てることが先決ではないか。そうすることで，国家・社会も，恐怖政治のような暴力的強制に陥る危険なしに改善できるのではないか。フンボルト，シラー，シュライアマハー，ヘーゲルらが展開した人間形成論は，この道筋の出発点たる個人の形成——人はいかにして成熟し大人になるのか——を，理論化しようとするものであった。

　彼らが展開した古典的な——現在の状況でそのまま通用するものではないが，現在の状況を考える上でも規準となる，という意味で「古典的」な——人間形成論が，すべてメンツェの言う「美的教育」の枠内に収まると考えることはもちろんできない。古典的人間形成論の基本となる考え方はフンボルトによって定式化された。フンボルトによれば，人間の中心課題は自己自身の純化と豊饒化にあるが，自己の純化・豊饒化のためにも人間は自己以外のものを，つまり世界を必要とする。自己を形成するために，われわれは世界との相互作用に入る必要がある。一旦は世界に没入して自己を失うという過程を経て再び自己へと還帰したとき，われわれは一段と豊かになった自己を見出すことができるのである[Humboldt 1968(1793)]。

　こうした自己喪失と自己還帰のサイクルを，『精神現象学』のヘーゲルは「絶望の道程」[Hegel 1986 (1807): 72(上81)]として描いている。世界を知り尽くす絶対知にまで意識が到達するためには，意識は，自分が手にしていると信じ

ていた真理を失い途方にくれるという絶望の局面を繰り返し通過せねばならない。このような絶望をくぐり抜けて意識が新たな真理を見出したとき，意識は変容し，それとともに世界もまた変容する。意識とその対象をともに動態化するこのような螺旋的な上昇の運動を，ヘーゲルは「経験」と呼ぶ。

> 「意識は自分自身において，即ち自分の知においても自分の対象においても弁証法的な運動を行うのであるが，この運動から意識にとって新しい真実の対象が発源するかぎり，この運動こそまさに経験と呼ばれているものである」[ibid: 78(上89)]。

このような経験が，感覚的確信という無垢な状態を出発点として，知覚へ，さらに悟性へと，意識を押し上げていくことになる。同様の経験の運動は，悟性に続く「自己意識」の章で描かれる「主人と奴隷の弁証法」にも見られる。そこでは，一方的な従属の状態に置かれた奴隷が，まさにその従属のしるしであった労働を通して自立性を獲得し，逆に主人の側は，奴隷の労働に依存することで非自立的な意識へと沈み込んでいく。この動的な逆転の構図がのちのカール・マルクスの思想に大きな影響を与えたことは良く知られている。ヘーゲルにおいて，人間形成論はリアルな労働や支配の問題を扱いうるまでに洗練・拡張された。

しかし，古典的人間形成論を土台として展開した市民的教養が，〈美〉の次元に拠り所を求めるものになっていったというのも事実である。フンボルトの場合，自己喪失と自己還帰のサイクルを駆動するための「世界」としてまず想定されたのは，言語，とりわけ古典語の世界であった。言語は，個々人の外にある客観的な世界であると同時に内なる思考や感情と一体でもある，という特別の地位をもつ。したがって，言語の世界への没入は自己喪失に終わらず確実に自己の豊饒化につながるはずなのである。加えて古典語は，「プロローグ」でも述べたように，人間性を最も純粋かつ豊かに表現した古典古代の文芸に，人を導き入れてくれるものと考えられた。言語の世界，とりわけ古典古代の文芸の世界を特権化するこのような新人文主義的な考え方が，古典的人間形成論の〈美〉への指向を支えていた。そして，人間形成論におけるこうした〈美〉への指向を全面的に展開したのが，次に見るシラーであった。

1.2 シラーの美的教育論における〈美〉の位置

シラーの『人間の美的教育についての連続書簡』[Schiller 2005(1795), 以下

『書簡』は，〈美〉をテコにして近代への「別の道」を開こうとする試みであった。それは教育一般を美的教育として構想した代表例と言えるもので，その構想はとうてい「芸術教育」の枠内に収まるものではない。シラーはまず，人格の全体性を失い，感性の命ずる欲望と理性の命ずる道徳の間で分裂状態に陥っている近代人の苦境を描き出す。「一個のアテネ人と人間性をかけて一騎打ちをしようと名乗り出る一個の近代人がどこにおりましょう」[ibid.: 319(103)]。こうした状態にある近代人に対して，理性的国家が道徳的要求を掲げても事態は改善しない。悪くすれば，「彼の原理原則が彼の感情を破壊する」ような「野蛮人」の状態[315(98)]に陥ってしまう（ここには，フランス革命後の恐怖政治の強烈な印象が反映しているだろう）。つまり，「国家は人間性の改善の基礎となることはできず，逆にこうした改善によってはじめて基礎づけられなければならない」[324(111)]のである。しかしここには明らかに論理的循環がある。「政治上の改善はすべて性格の高尚化から出発すべきです。――しかし野蛮な国家機構のもとでどうして性格が高尚になることができましょうか」[328(117)]。

　国家・社会の改革と人格の向上との間のこの循環論証を断ち切る切り札として出されるのが芸術である。芸術において，われわれは形式――たとえばメロディーという形式，色彩の調和という形式――に関する感覚的満足を得る。芸術にはわれわれの感性（欲望）を無理なく形式（道徳）の方向へと向けさせるような力が宿っており，しかもこの力は国家の制度的強制に由来するものではない。それは「どのような政治的な腐敗堕落があろうとも純粋無垢に保たれている」[329(117)]はずなのである。こうして，〈感性的状態→美的状態→理性的状態〉という段階的進行が浮かび上がる。美的状態は，人を欲望に支配された感性的状態から道徳法則に従う理性的状態へと移行させるための不可欠の中間状態として位置づけられ，美的教育は，「感覚的-受容的な状態から理性的-活動的状態への不可欠の「移行」を媒介する手助けをする」[Noetzel 1992: 88]という役割を与えられることになる。

　ところが，『書簡』の議論の進行とともに，美的状態は，単なる橋渡し役の中間状態から，次第に最終目標に近いものへとせり上がってくる[cf. 西村 1999: 139]。欲望に支配される感性的状態はもとより，理性的状態もまた，道徳的規則に従わねばならないという意味では強制の状態である。これに対して，美的

状態こそが両者のバランスの上に成り立つ自由の状態として描かれるようになる。

> 「心が自然的にも道徳的にも強制されないが、それにもかかわらず両様のかたちで活動しているという、この中間的な気分は、すぐれて自由な気分と呼ぶに値します。そして感性的規定の状態を自然的状態、理性的規定の状態を論理的ならびに道徳的状態と名づけるとすれば、実在的で能動的な規定可能性のこの状態は、美的状態と呼ばれなければなりません」[Schiller 2005(1795): 371f.(174)]。

「美的状態」のこうした最終目標としての位置づけは、「人間は言葉の完全な意味で人間であるときにのみ遊ぶのであり、遊ぶときにのみまったき人間なのです」[355(153)]という『書簡』中の有名なテーゼとも合致している。遊びこそ、シラーが芸術の根底に見た活動原理であった。こうした見方は、人間性と芸術の根源をともに「仮象の喜び、装飾と遊びへと向かう傾向」[395(205)]に求める彼の見解にもつながる。

遊びや仮象を原理とする「美的状態」がこのように最終目標の位置に据わることは、『書簡』全体の結構に深刻な困難を持ち込むように見える。美的状態が道徳的状態への単なる準備段階なのだとすれば、美的教育は芸術という仮象の世界に人を没入させることでその使命をまっとうできるかもしれない。それ自体はシラーが本来めざしていた「政治上の改善」とは無縁の世界であったとしても、美の世界に浸ることによって道徳的状態へと向かう構えが形成されると想定できるからである。しかしめざされるべき最終段階がそうした美的な状態なのだとすれば、国家・社会の非暴力的改革という本来の課題は、いったいいかにして満たされるのだろうか。

1.3 「美的国家」と公共性

この問いに答える一つの可能性として、シラーの構想に有機体論的な国家観を読み取るという方向が考えられる。水田によれば「美的思考が同時に政治的言説としても機能することに有機体のメタファーが貢献」しており、「それをもってはじめて、美的な国家という非常に奇妙な観念が発生する」[水田 1997: 45]という。カントの『判断力批判』は、第一部で美的なものの領域を、第二部で有機的なものとして捉えられるような自然の領域を扱っている。この一見

まったく異なった領域を通底するのが，対象の合目的性についての認識なのであった。シラーにおいては，一つの有機体のように各部分が緊密に結合した組織としてあるべき国家が思い描かれ，ここにカント的な意味での合目的性としての美の観念が重ねられた，と考えられるのである。

彼が理想的と考える古代ギリシアの国家が，腔腸動物（それはどこを切り取っても全体が再生する，つまり部分に全体が宿っているのである）にたとえられているように（第6書簡），シラーの叙述のなかにはたしかに有機体論的な解釈を許す要素が含まれている。しかし，有機体のメタファーとは相いれぬもう一つの観念にも着目すべきであろう。「社交」の観念がそれである。美の仮象性について論じた「書簡」中の箇所（第26書簡）を見てみよう。そこでシラーが美的仮象の例として想起させているのは，芸術作品ではなく「美しい交際（der schöne Umgang）」なのである。

> 「美的な仮象が道徳の真理を脅かすようなことは決してありません。そう見えるような場合には，その仮象が美的なものではなかったということがたやすく示されるでしょう。たとえば，美しい交際をよく知らない者だけが，一般的な形式となっている儀礼上の保証を，個人的な好意の印として受け取り，そして期待が裏切られるとその欺瞞性を訴えるのです。他方また美しい交際に不器用な者だけが，儀礼的であろうとして虚偽の助けを借り，人に気に入られようとして人に媚びることになるのです」［399 (210f.)］。

この引用箇所では「美しい交際」の仮象性が強調されており，「道徳の真理」との異質性を指摘することに主眼がある。しかし，このことは「美しい交際」が現実の社会から切り離されたフィクションにとどまるということを意味しない。最後の第27書簡で，シラーは「美しい交際の圏域」を「美的な国家」と等置している。しかも，そうした「美的な国家」においてこそ「社会（Gesellschaft）」は実現されるのであった。

> 「力動的な権利の国家において，人間は力としての人間と出会い，自らの作用を限定するとすれば——また倫理的な義務の国家において，人間は法則の権威をもって人間に相対し，自らの意欲を束縛するとすれば，美しい交際の圏域，つまり美的な国家においては，人間は人間に対して形態としてのみ現象し，ただ自由な遊びの対象としてのみ相対することが許されます。［……］美的な国家だけが社会を現実的なものにする

ことができるのですが，これは，美的な国家が全体の意志を個人の自然を通して実現するがゆえです。すでに欲求は人間を社会のなかへと強制しますし，理性は人間のなかに社交的な原則を植えつけますが，美だけが人間に社交的な性格(ein geselliger Charakter)を与えることができるのです」[406(220f.)]。

　このような交際における美的形式としての社交は，有機体的な国家よりも，むしろハーバーマスが『公共性の構造転換』[Habermas 1962]で描き出した「市民的公共性(bürgerliche Öffentlichkeit)」の概念によりよく対応するであろう[1]。ハーバーマスによれば，ヨーロッパ中世には古代ギリシア・ローマのモデルに従うような公共圏と私生活圏の対立は存在せず，公的であることは，祝典のような晴れの場で王侯貴族が示す威厳によって具現されていた。フーコー的に言えば，それは「見る」権力ではなく「見せる」権力である。こうした「代表的具現の公共性(repräsentative Öffentlichkeit)」は，絶対主義のもと，国王の宮廷へと縮減するとともに権力機構として組織化され，公権力の支配対象たる私人の群れと対峙するに至る。このように公権力から排除された私人たちが，公論の担い手として次第に自らを意識することで，市民的公共性の圏域は形成される。「公衆(Publikum)として集合した私人が，公権力を公論(öffentliche Meinung)の前へ引き出してその正統性の証しを求める」[ibid.: 40 (37)]という事態になるのである。このような公的な議論の空間をまず開いたのが，文芸を享受する公衆(読者・観客・聴衆)の登場であった。彼らは単なる受け身の受益者だったのではない。18世紀には様々な批評雑誌が創刊されるが，そうした初期

---

1) ハーバーマスは，『近代の哲学的ディスクルス』第2章「ヘーゲルの近代概念」への「付論」で，シラーの『書簡』について主題的に論じている[Habermas 1985: 59ff.(67ff.)]。ハーバーマスによれば，シラーは芸術の仮象性にあくまで踏みとどまり——つまり，美と生活の融合というのちの美的アヴァンギャルドが進む道を予め塞ぎ——つつ，そうした芸術のもつ「コミュニケーション的で共同体形成的で連帯生成的な力，つまりは芸術の公共的性格」[ibid.: 59f.(69)]に期待をかけた。そしてそのことによって芸術を「コミュニケーション的理性を純粋に体現するもの」[62(72)]として捉えた。この「コミュニケーション的理性」の構想という点で，ハーバーマスは「シラーに，自らの構想の先駆けを見出している」[西村 2009: 166]と言えるだろう。以下で私が試みるのは，「付論」でのハーバーマスのこうしたシラー解釈にあえて抗しつつ，ハーバーマスがかつて描いた公共圏の歴史的文脈——そこでは，美と生活が，美的アヴァンギャルドにおけるのとはまた違った仕方で，連結しているように見える——のなかにシラーの構想を位置づけてみる，という作業である。

の文芸ジャーナリズムは喫茶店やサロンにおける社交的な議論の延長線上にあった。裕福な市民の邸宅で開かれるサロンは，作家が出版前の自分の作品を朗読して読者の反応を試してみる場ともなった。そこでは，かつての宮廷における社交とは異なって身分や地位の違いは問題にならない。「地位の平等を前提にするというわけではなく，そうした地位一般を度外視するような種類の社会的交通が要求される」[52(56)]ことになる。美的な趣味のみが問われるような，権利上は万人に開かれた議論の場——というのも，事実問題として誰もがこうした議論に参加できたわけではもちろんなかったから——が成立するわけである。「議論に値する問題は，その重要性という点だけでなく，接近可能性という点から言っても「普遍的」となる。万人がそれに関与しうることが必要なのである」[53(57)]。

万人が関与しうるような社会的交通の空間を，美をめぐる議論がまず開いたということ，これおそらく偶然ではない。この背後には，美が感情の共有に関わり，したがって境遇の違いを越えて万人が共有可能な圏域を開く可能性をもつ，という考え方があったと思われる。カントによれば，趣味——英語風に言えば「テイスト」——という美に関する判定能力は，「われわれの感情を[……]概念の媒介なしに普遍的に伝達可能にする」[Kant 1957(1790): 177]はずなのである。こうしたものとしての趣味が人と人との具体的な交際のなかで試される場，それが社交だったと言えるだろう。『判断力批判』のなかでカントは以下のように美と社交との密接な関係を指摘している[2]。

「経験的には，美は社会(Gesellschaft)においてのみ関心を惹く。そして，社会へと向かう衝動が人間にとって自然的なものであることを認め，社会に対する適格性であるとともに社会を求めようとする性向でもある社交性(Geselligkeit)が，もともと社会を作るように定められている被造物としての人間の要件であり，したがってまた人間性に属する特性であることを認めるなら，趣味もまた，他の各人に対して自らの感情さえ伝達可能にしてくれるような，そうした物事一切についての判定能力であり，したがってまた各人の自然的傾向が要求するものの促進手段である，と見なして間違いないことになる」[Kant 1957(1790): 178f.]。

『書簡』のなかで，上に示したとおりシラーは社交について触れてはいるが主題的に論じてはいない。しかし，彼にとっておそらく自明の前提であったのは，〈美〉の次元が芸術作品と私との孤独な関係に尽きるものではないということ，

それはむしろ「社交的な性格」に基礎を置くような「美しい交際」の世界へと個々人をつなげていくべきものだということ，これだったのではなかろうか。

1.4 社交と社会——シュライアマハーによる展開

シラーが念頭に置いていたと思われる社交の理念を，主題的に論じたものとしてシュライアマハーの「社交的な振る舞いの理論の試み」[Schleiermacher 1984(1799)，以下「試論」]を解釈することができる[cf. 石村 1998]。シラーの『書簡』のおよそ4年後に書かれた，全集版で20頁足らずのエッセイである[3]。その冒頭部分で，シュライアマハーは人間にとっての社交生活の重要性を強調している。「人生のより高い目標」に向かうためには，親密だが単調に流れがちな家庭生活と，多彩に見えはするが利害関係というタガがはめられた職業生活との間の往復だけでは決定的に不十分であり，「互いをより理性的に形成しようとする人間同士の自由な交際」が何としても必要である。そのような交際において，人間は「その諸力の自由な戯れに委ねられ，その諸力を調和的に形成し続けることができ，自らが自分自身に課したもの以外にはいかなる法によって支配されることもない」[ibid.: 165]。——こうした言い回し(とりわけ「諸力

---

[2] 『判断力批判』の訳文に関しては，篠田英雄訳[カント 1964]と牧野英二訳[カント 1990]を参照した。——なお，「社交性」や「伝達可能性」に着目した『判断力批判』の解釈としては，アレントの『カント政治哲学の講義』[Arendt 1982]が著名である。アレントは，理性は個人の孤独な営為ではなく他者との公共的な議論に支えられている，というカントの基本的洞察に着目し，ここにカントの政治哲学の根源を見る。「社交性」や「伝達可能性」は，そうした人間の根本的に政治的なあり方の現われなのである。アレントによれば，「社交性」や「伝達可能性」の根底にカントは人間通有の「共通感覚」を見ていた。共通感覚を前提するがゆえに「人は判断を下すとき共同体の一員として判断を下す」[ibid.: 72(111)]。以下で引用する『判断力批判』の一節に関しても，アレントは「社交性」の前提に置かれた「人間性」という語に着目し，「社交性こそがまさしく人間の本質をなす」[74(113)]のだという。しかし，「共通感覚」や「社交性」がたとえ人間本性に属するものだったとしても，その事実は「共同体」の存立を保障するものとはいえないだろう。他人を当てにするからこそ，誤解も怨恨も起こるのである。人間通有の何かに共同性の保障を見るのではなく，社交という活動から出発する——そして美をそうした活動を可能にするメディアとして捉える——という方向もありうる(こうした解釈の方向の方が，差異の交錯として公共性を捉えるアレント自身の論脈には適っているだろう)。すぐあとに取り上げるシュライアマハーの議論は，まさにそのような方向で「社交的振る舞い」を捉えているように思われる。

の自由な戯れ」）は，クルツも言うように，「芸術作品についての古典的規準を社交生活に転用している」［Kurz 1996: 97］。社交の理論は「社交生活を一つの芸術作品として構成しようとする」［Schleiermacher 1984(1799): 167］のである。モレンハウアーによれば，この「試論」には，「ハレやベルリンの裕福な友人たちの家で午後や夜に開かれたパーティ（今様に表現すれば）の経験」が反映している。そこでは「市民的な生活における目的合理的行為の強制から自由になって，気楽な形式で世界や自己についての様々な考えが吟味され，したがって——少なくともそうした時間的・空間的飛び地のなかでは——受容的でもあれば活動的でもあるような諸個人の間の相互作用としての人間形成，という構想が［……］実現可能であるように見えた」［Mollenhauer 1986: 147(195)］のであった。

社交生活の意義を強調することで，シュライアマハーは，「社会はいかにして可能か」という18世紀ヨーロッパの重大問題に彼なりの解答を与えている[4]。彼は社交性を「なくてはならない自然な傾向」［Schleiermacher 1984(1799): 168］と見るが，この自然な傾向によって自ずと社会が可能になるとは考えていない。単に多数の人間が集合しているというだけでは「社会の軀体」が

---

3) 興味深いことに，このエッセイをシュライアマハーの著作として再発見したのはヘルマン・ノールであった。当初匿名で出されたこのエッセイは，ノールも編集に加わった著作集に収められて1913年にようやくシュライアマハーの著述として日の目を見ることになる［Hogrebe 1996: 1］。しかし，当時のノールにとっては，シュライアマハーのこの試論は，国民の一体性を形成すべき「社交性のドイツ的理想」にはそぐわぬものとして映った［ibid.: 3］。ノールは，講演「社交性のドイツ的理想について」［Nohl 1919(1915)］で，中世から現代に至るまでの社交性理論の系譜をたどり——これ自身は非常に読み応えのあるものである——，そのなかにシュライアマハーの「試論」を位置づけている（シラーの『書簡』も社交性理論の歴史的展開の一コマとして位置づけられている）。ノールによれば，「試論」は，それまでの社交理論の功利主義的性格を克服して社交を自己目的として捉えた点で重要ではあるが，そうした自己目的としての社交を実現する場として「通常の世界の内部に精神の純粋な王国」［ibid.: 51］を打ち立てようとした点で限界をもっていた。ノールがこれに対置するのが，青年運動が発見した新たな社交生活のあり方である。社交のこの新しい形態は，「シュライアマハーの世代におけるような，卑俗な生活からの高度な教養の分離」に立脚するものではなく，「民衆全体を捉えようとし，またそれゆえに民衆のあらゆる集団と「つきあう」ことを心得ているような社交性」なのである［55］。——ここには，「民衆」と「教養人」の分断に対する危機感と，この分断を克服するために教育が果たすべき社会統合的機能への彼の強い関心が表れている。これについては第7章を参照。

存在するというにすぎず,「この軀体は個々人の活動によってまず生命を与えられる必要がある」[ibid.]。「社会(Gesellschaft)」の概念を,シュライアマハーは「共同体(Gemeinschaft)」との対比で以下のように規定している。

> 「一つの外的目的によって結合され規定された社交的結合においては,何かしらのものが参加者に共有されている。こうした結合が共同体,つまりコイノニア(κοινωνιαι)である。ここ[「社会」]においては,参加者にとって本来何一つ共有されたものはなく,すべては相互的,つまり本来対立的である。これが社会,つまりスヌーシア(συνουσιαι)である」[169][5]。

ここには,同じ〈ゲマインシャフト／ゲゼルシャフト〉の図式でも,テンニースやマックス・ヴェーバーの名と結びついたそれ——伝統的共同態／近代的集合態——とはまた別の対置図式がある。参加者同士の間に共有部分がない,ということが「社会」の特徴なのである[6]。だからこそ,社会は「本来対立的」でさえあるような相互的な活動によって生命を与えられ維持される必要がある。というか,社会とはそうした相互的な活動以外のところにはないわけである。このような社会構成的な活動を最も純粋に体現するのが,家庭生活からも職業生活からも——上の規定ではこの両者はともに「共同体」の側に区分されるだろう——距離をとった社交生活だったということになろう。

美をモデルとする自由な社交,そしてそうした社交の精神による社会の構築,というシュライアマハーの構想は,個人と社会の間に生じる亀裂を社交という場面に持ち込む結果になるが,社交とはまさにこうした亀裂を機敏に調停する

---

4) クルツによれば,この問いに対して,18世紀のヨーロッパ知識人の前にはいずれも17世紀に由来する二つの解答が用意されていた。人間が社交的な存在であるがゆえに社会は可能である,というトマジウスの答えと,非社交的な存在であるがゆえに社会は可能である,というホッブズの答えがそれである[Kurz 1996: 91]。また,社交性をめぐる18世紀の議論にとっては,ルソーの『学問芸術論』(1750)——そこでは社交的儀礼は悪の根源として位置づけられる——の与えた衝撃も大きかったという[Kurz 1996: 93f.]。シュライアマハーの「試論」は,基本的にはトマジウス的な方向をとりつつルソー的洞察にも対応しようとする試みだったと言えるだろう。

5) この「スヌーシア」という語をケヴィン・ロップは"association"という英語で置き換えている[Robb 1993: 82]。ロップによれば,「スヌーシア」は主に年長者と年少者との日常的・持続的なassociationを意味しており,音楽や体育と並んで,伝統的なギリシア的教育の重要な柱の一つであった[ibid.]。

場でもあった。社交的振る舞いにおいては，「自らの個人性，自らの固有性を持ち寄る」ことが個々人に求められる。「個人性や固有性にのみ［……］思考と感情の自由な遊びは基盤をもつ」からである[ibid.: 172]。

> 「［……］めざされるのは，それを通してすべての参加者が互いに刺激し活性化し合うような，思考と感覚の自由な遊び以外ではありえない。自由な遊びとなることで，相互作用はそれ自身へと回帰し完成を見る。相互作用の概念には社交的活動の形式と目的がともに含まれており，そのような相互作用が社会の全本質を作り上げることになる」[170]。

ここでは，自己充足的な「自由な遊び」から「社会」への道が一直線に引かれているように見えるが，シュライアマハーの考察は実はそれほど単純ではない。というのも，社交は単なる仮象の世界ではなく，あくまでも現実の社会の枠内で行われる社会構築的な活動である。このため，「汝の社交的活動を，特定の社会がそのなかでのみ全体として存続しうるような限界の，内側にとどめるべし」[ibid.: 171]というのも社交の鉄則なのである。真実をついた率直な発言も，場違いであったり他者の感情を傷つけたりすれば効果を失う。そうした帰結を避けようとすれば，私は自分の個人性の一部を社会から撤収せざるをえない。これは私が「社会のなかで個人として存在することをやめる」[172]ことを厳密に言えば意味するだろう。

社交生活は，一方で個人であれと命じつつ，他方で個人であることを禁じる。ここにはあからさまな矛盾がある。しかし，この矛盾を性急に解消しようとするのは，社会の現状を無視して自己を押し通すにしても，あるいは逆に自己を殺して社会に服従するにしても，いずれも誤りだ，とシュライアマハーは言う。「矛盾を解消するのではなく，まずは矛盾をしっかりと保持する」[173]ことが

---

6) 再びクルツによれば，「18世紀において社交性(Geselligkeit)の概念はほとんど社会(Gesellschaft)の概念と同義に使用されていた」[Kurz 1996: 91]。シュライアマハーの「試論」においても，Gesellschaft という語は「集まり」「会合」などと訳した方が適切であるような意味で使われている場合も多い。Gesellschaft は，そうしたミクロ・レベルから，いわゆる「社会」の全体を指すようなマクロ・レベルにまでおよぶ意味の広がりをもって使用されているように思われる。――市野川は，social(社会的／相互扶助的)という語のもつ規範的・価値的含意にまで遡って社会＝society の意味を再構築する啓発的な議論を展開しているが[市野川 2006]，それと同様に，gesellig(社交的／相互歓待的)という語から出発して社会＝Gesellschaft の意味を捉え直すような議論も可能であろう。

肝要なのである。それにしても，保持した矛盾の両極はいかにして共存可能となるだろうか。シュライアマハーが着目するのは，「ある一人の人間をその思考と行為に関して特徴づけるとき，一般には素材によってではなく[……]その人が素材をいかに扱い，結びつけ，構成し，伝達するかという，その仕方によって特徴づけがなされる」[174]という点である。何を語るかでは社会の現状に妥協しつつ，いかに語り他者に対するかにおいて個人の固有性を確保する点に，社交的振る舞いの核心がある。社交的振る舞いにおいて，「私は[……]素材に関しては社会に従いその限定に服すことになるが[……]，そうしながらも，この範囲のなかで私の本来の流儀を完全に通用させるという自由を私の側に保持し続ける」[174]というのである。こうした「しなやかさ(Gewandtheit)」，つまり「いかなる空間にも自分を適合させ，それでいてどこにいようともまったく自分本来の姿のままに佇み振る舞うという能力」[176]こそ，社交生活が個々人にもたらす果実だったと言えるだろう。

個人と社会の間の基本矛盾に対するこうした「しなやか」な対応は，しかし単純に社会の現状維持に帰着するものではない——少なくともシュライアマハーはそう考えていた。というのも，社交の「素材」に限界を画するのは各々の社会で通用している基本了解，つまりは「社会の性格」なのだが，「この性格そのものが決して完全には規定されておらず，それをより厳密に見出すために絶えず何かをなすことがわれわれに課されている」[ibid.: 180]のだから。ここにも，矛盾する両極の，シュライアマハーに特徴的であるような相互依存の構図が見られる[7]。社交的活動を限定する限界線そのものが，当の社交的活動を通して見出される必要があるのであり，したがってまた当の社交的活動によって——全面的にではないにしても——引き直される可能性がある。ここに，シュライアマハーは「社会の性格」の漸進的な改善の可能性を見出していたように思われる。まただからこそ，現実的な限界を画されたなかでの社交的「流

---

[7] ノール——注3で見たようにシュライアマハーの社交性理論を再発見したのが彼であった——は，こうした弁証法的方法の方がむしろ社交性の問題との取り組みに由来するのだと見ている。「常に対立から出発するという彼の方法や[……]精神的な生活は常に受容性と自発性のアンチテーゼを含んでいるという彼の洞察を[……]シュライアマハーはとりわけ社交性をめぐる諸概念から得ていたものと私は確信している」[Nohl 1919(1915): 50]。

儀」の自由や，それによって可能になる「思考と感覚の自由な遊び」が，かくも重要な意味をもつことになったのだと考えられる。

　古典的な人間形成論において，メンツェが言うように〈美〉の次元が特権的な重要性をもっていたとして，その〈美〉の次元はしかし，現在のわれわれがこの言葉を聞いて思い浮かべる「芸術」の領域よりは余程大きな広がりをもっていたのではないか——以上によって示唆したかったのはこのことである。〈美〉の次元は，たとえば社交という，「思考と感覚の自由な遊び」を促すような自己充足的な対人関係の歓びのなかに実現されるのであり，それ自身のなかに社会構成と人間形成の原理を組み込んでいたと考えられるのである。

2．市民的生活様式と芸術

　美的なものが教育的な価値をもつという考え方は，単に人間形成論の掲げる理想の域にとどまらず，19世紀ドイツにおいて市民的な生活様式のなかに深く根づいていくことになる。文学の領域が典型的である。ゲーテとシラーがドイツ文学の発展の最終的な到達点として規準化され，今や古典古代の作家たちと同等の価値を付与されるに至る。そうした国民文学が，ギムナジウムでの教育を通して，あるいは各地の劇場の不動のレパートリーとなることによって，教養市民層の読書行動や思考様式を規定する[cf. Mandelkow 1990: 185f.; Bayerdörfer 1992: 45ff.]。「市民的な文化環境のなかでは，新古典主義的な美学の理想と市民的な生活様式の規範との共生が成立した」[Mommsen 1994b: 428]。このような「共生」は，ドイツ帝国成立以前には立憲的な国民国家を求める現状変革的な機能を，それ以後は既成の秩序を正統化する保守的で復古的な機能を果たしたとされるが[ibid.: 427f., 431ff.]，いずれにせよ，文学という美的な領域には明確な教育的な価値が期待されていたということができる。「学問や美術や音楽や，しかし何といっても文学に訴えることが，個人的・社会的・国民的アイデンティティを確固たるものにする」[Bollenbeck 1994: 203]という状況が生まれた。

　ここで注目すべきは，教育的な価値を有するとされる〈美〉の次元が，シラーの『書簡』やシュライアマハーの「試論」に見られたのとはかなり違ったものになっているということである。〈美〉の次元が芸術の領域に限定され，こ

の限定された領域に教育的な価値が求められている。より詳しく言えば，芸術作品と対峙する個々人の孤独な精神集中のなかに，教育的価値が求められていったように思われる。そのことを典型的に示すのはおそらく音楽の領域であろう。固定的な演目が「古典」となって規準的な意味を獲得し，そうした作品に聴き入るための場としてのコンサートの形式が確立するのは19世紀のことである。ダールハウスによれば，演奏会といっても，それまでは様々な交響曲のお好みの楽章がばらばらに演奏され，その合間に（ガラスのコップの縁を水で濡らして鳴らす）グラスハーモニカの演奏が入るといった状態であった。これが変化するのが1850年頃だという。「序曲・独奏曲・交響曲からなるシンフォニー・コンサートが現れてきたが，これはベートーベンの権威に——ということはつまり，ベートーベンの交響曲を切り刻んだり，その品位を汚すような環境に置いたりすることは許されないという教養市民層の意識に——由来する」[Dahlhaus 1990: 226]。器楽作品以外でも，シューベルトが歌曲をコンサート形式に耐えるものにしたし，オペラさえがコンサート形式に順応するようになった。18世紀には，オペラは「ユルゲン・ハーバーマスが「代表的具現の公共性」と名づけた社会的機能を果たしていた。オペラは宮廷社会の自己表現の本質的部分をなしていた」[ibid.: 227]。それは，シラーやシュライアマハーが構想した市民的な公共性としての社交の前形態たる宮廷的な社交の一部をなしていたわけである。ところがそのオペラ劇場が，「その中に，まるで神ででもあるかのように「芸術」が住まう一種の神殿」[ibid.]となっていく。オペラのこうした純粋芸術化を典型的に示すのが，ダールハウスの見るところヴァーグナーの楽劇である。

　『啓蒙の弁証法』でアドルノとホルクハイマーは，帆柱に自らを縛りつけたままセイレーンの歌を聴くオデュッセウスを，コンサート会場の聴衆の孤独な姿になぞらえて次のように描いている。「縛りつけられている者は，いわば演奏会の席に坐っている。後代の演奏会の聴衆のように，身じろぎもせずにじっと耳を澄ませながら。そして縛めを解いて自由にしてくれという彼の昂った叫び声は，拍手喝采の響きと同じく，たちまち消え去っていく」[Adorno/Horkheimer 1984(1944): 51(44f.)]。コンサート会場の椅子に縛りつけられて耳を澄ませる聴衆——同様の図は，ソファのなかで一人読書する読者にも，美術館

で画布と対峙する鑑賞者にも成立している。いずれにしても，芸術作品をそのようにじっくりと，精神集中して受容すること，このことがもつ教育的価値への，市民層，特に教養市民層の確信が，美と教育の共存を正当化する最終的な根拠となっていたと考えられる。

〈美〉の次元が芸術という対象化された形態に限定されたことによって，学校教育のなかで教材として伝達したり，シンボルとして政治的に操作することが容易になった一方，それはたやすく一種の装飾として利用されるようにもなった。つまり，〈美〉の次元に依拠して社会の改善を試みることではもちろんなく，芸術を受容することでさえなく，芸術について何事かを語れるということが，「教養」のしるしとなっていくのである。その典型を美術の領域に見ることができる。シュリンクによれば，教養市民層の間で美術史への需要が高まったことが，1860年から90年にかけての期間の特徴として挙げられるという。「造形芸術への教養市民層の要求は，絵画や彫刻よりも，体系的形式をとった美術史の著作によって，より容易に満たされた」［Schlink 1992: 67］。しかも，そこで言う「美術史」が扱うのは個々の作品の解釈ではなく芸術家をめぐる物語なのだ。たとえば当時の美術史の大家ヘルマン・グリムの場合，「芸術家の伝記は彼においては自動的に教養小説となる」［ibid.: 71］。ミケランジェロやラファエロが若い頃どんな苦労を積んで大芸術家になったか，といった物語が語られるのである。こうした芸術家の立志伝と並んで，美術史のハンドブックがベストセラーとなり，教養人とみなされようとする人々はそれを精読して美術史的知識の獲得に努めた。シュリンクはテオドール・フォンターネの小説『シュテヒリン』(1898)の一場面を参照しているが［Schlink 1992: 71］，そこではミレイ(John Everett Millais)をミレー(Jean-François Millet)と取り違えることが面目をつぶすような失態になってしまうのである。――1887年の講演「学校における芸術」で，リヒトヴァルクが次のように述べて「美術史的な知識」を批判したとき，彼の念頭にあったのは以上のような事態であったと思われる。

「美術史的な知識は，すぐに忘れられてしまい，益するところはほとんどなく，それどころか，場合によってはドイツ人にとって最高に有害なものにさえなりかねません。われわれは生徒に，失われることなくその後も作用し続けるようなものをもたせてや

らねばなりません。そのようなものとして，まず第一に何をおいても挙げるべきは，ものを見る能力であり，簡素なもの，手堅いもの，実際的なものへの喜びです。生徒が完全に自らのうちに取り込まねばならぬ少数の芸術作品をじっくりと観察することによって，生徒の関心を呼びさますことは可能になります。ものを眺めて楽しむというこの単純な刺激を与えるだけで，すでに無限に多くのことがなされているのです」[Lichtwark 1966(1887): 51(77)]。

3.〈美と教育〉の20世紀的編成に向けて

　芸術教育運動の先導役をつとめたリヒトヴァルクのこの言葉に，芸術に対する態度のある種の変化が示されているのは確かである。シュリンクによれば，1890年以降，美術史的教養を批判して，芸術を見ること，その形や色を体験することを重視する主張が力を増してくるという[Schlink 1992: 78]。この傾向は市民的な芸術受容の，先に述べたあの正統化の基盤への単なる回帰ではない。芸術受容の重点は，孤独な精神集中による作品の理解——理解重視が，美術史的「教養」が跋扈した理由の一つになっていると思われる——から，作品を見ること，「ものを眺めて楽しむというこの単純な刺激」それ自体に移動しているのである。しかし，芸術作品の鑑賞を通してなされるべき「趣味の形成」によってリヒトヴァルクがめざしたのは，「来るべき世代のドイツ人を，その固有の良風において，より古くからの，決して絶えることのない文化伝統を有する諸国民と対等の位置に立たせる」[Lichtwark 1966(1887): 45(66)]ということであった。一種の目的合理性をもったリヒトヴァルクのこうしたナショナリズムを，ハインは「プラグマティックな愛国心」と呼んでいる。「リヒトヴァルクは，芸術の新しい見方によって解き放たれたエネルギーを，ドイツ国民の，ホーエンツォレルン国家の枠内での政治的・経済的躍進に振り向ける」[Hein 1991: 189f.]。〈美〉の次元と教育との関連に限って見れば，リヒトヴァルクの主張は市民的な生活様式の構図にぴったりとおさまる。〈美〉の次元は，シラーやシュライアマハーが期待したように既成の社会や国家を変えていく力をもつがゆえに教育的なのではなく，既成の社会や国家——それこそが市民的生活様式の土台である——を支え強化する限りで教育的な価値をもつと考えられてい

るのである。

　市民的な生活様式と芸術との安定した構図を揺るがしたのは，アヴァンギャルド的な芸術であった。アヴァンギャルド芸術は，「工業化された社会の日常的現実からの離反と個人の内面や同志的小グループの内側への退却」[Mommsen 1994b: 440]を推進したからである。1901年に発表されたトーマス・マンの小説『ブッデンブローク家の人々』に，モムゼンは，「市民文化に対する芸術的アヴァンギャルドの，すぐあとにあますところなく表現されることになる反抗」[Mommsen 1994a: 48]の先取りを見ている。「芸術的アヴァンギャルド」の態度を象徴しているのは，モムゼンの見るところ，没落していくブッデンブローク家の最後の世代であるハノー・ブッデンブロークである。

　ハノーの父・トーマス・ブッデンブロークは，彼の父や祖父にとっては自明であった実業や市民的生活との自然な関係をすでに失い，意識的な努力によってそれを維持している人物である。その彼は，一人息子のハノーには，実業的な能力と性格を養って由緒ある商会の仕事を受け継いでもらいたいと願っている。ところが息子は，ヴァイオリンの名手でもある母・ゲルダの素質を受け継いで音楽とオペラに熱中する少年に成長する。「かつては，何かと言うとすぐ呆れてみせる俗物どもがみな首をひねったのも無視して，ゲルダ・アルノルトセンを娶ったのも，市民的な才能を損なうことなく世上一般の趣味とは際立った違いを見せる趣味を露呈できるだけの，力と自由とを備えているという自信があったからである」[Mann 1990: 508(400)]。──トーマス・ブッデンブロークにとって，ゲルダの音楽は，上述した市民的生活様式にとっての芸術がそうであったように，自分の実業的才覚や市民的地位を飾る添え物でしかなかった。ところが，母親の選んだ音楽教師・ピュール氏の高度なレッスンを吸収して音楽の世界深くに入り込んでいくハノーにとって，実業の世界に導き入れようとして父親がはらう努力も，彼が通う実科学校の授業や共同生活も，風変わりな伯爵の跡取りであるカイとの交友以外はすべてがいとわしい。

　ハノーは週末の宿題を後回しにする。日曜日の夜に市立劇場で見るヴァーグナーの楽劇『ローエングリーン』に向けて心は引きしぼられる。宿題はそのあとにすればよい。ところがその数時間の幸福が終わると，「ハノーはすでにおなじみのあの虚脱感の発作に襲われた。美というものがいかに苦痛を与えるも

のか，美は，いかに深く恥辱の淵に，憧れにみちた絶望の淵に人を落ち込ませ，しかも日常生活への勇気と能力を蝕むか，ハノーはそれを再び感じ取った」[702(552)]。結局ハノーは宿題を月曜日の朝に延期し，しかも，朝は朝でベッドから出るのを一時延ばししているうちに寝過ごし，遅刻寸前で，もちろん宿題には手もつけずに学校にかけ込むことになる。——美は「日常生活への勇気と能力を蝕む」のである。ここには，教育的な価値を担うことのできた市民的な芸術とも，また，シラーやシュライアマハーが考えたような，最初から社会的な関係を内に含んだ〈美〉の次元とも異質な，美に対する態度が現れている。

　ハノーに形象化されたような芸術についてのアヴァンギャルド的な態度が，〈美〉と〈教育〉との関係づけを困難にするであろうことは容易に想像できる。「教育理論が現代における美的経験の独自性に関われば関わるほど，教育理論の古典的要素は疑わしいものとなる」[Mollenhauer 1989: 288(321)]という事態がここには予告されている。しかし，こうした困難の起源は，モムゼンが言うような「工業化された社会の日常的現実」に背を向ける特権的なアヴァンギャルド的芸術や，それに対応する唯美主義的態度だけとは限らないのではないか。「工業化された社会の日常的現実」のまっただなかに，たとえば映画のような大衆文化のなかにも，困難の起源を見ることができるのではなかろうか。

　映画は，アヴァンギャルド的芸術や唯美主義的態度がつきつけた〈美〉と〈教育〉との乖離という構図を，はじめて集団的レベルで，ということは，個々人の意識や意図のレベルで進行する過程としてではなく一種の社会的過程として，組み立てていった。映画のなかには，シラーやシュライアマハーが想定したのとはおよそ違った仕方で，美のもつ社会構築的な側面が再浮上しているように思われるのである。そこには，〈美〉と〈メディア〉の交錯の原初的な姿を見ることができる。ドイツは，この〈美〉と〈メディア〉の交錯が教育学的問題設定のもとで主題化され議論されることの，おそらく最も盛んだった場所である。「映画改良運動」と呼ばれる，教育的立場からの映画批判の運動が展開され，しかも，この運動の機関誌的役割を果たした『映像とフィルム (*Bild und Film*)』誌は，同時に，ドイツにおける映画批評の，つまりは映画に関する美学的考察の，誕生の場でもあった[Diederichs 1986]。こうした経緯については第3章以降で主題的に取り上げることにしたい。

第 2 章　教授メディアの機能変化

　第 1 章での議論から浮かび上がってくるのは，古典的人間形成論を支えていた〈美〉の次元が，19 世紀の進行とともに教育との関係で困難を抱えるに至ったという事実である。19 世紀の美的教育論は，シラーやシュライアマハーにおいてそれが有していたような社会構築的な局面を手放し，芸術の領域に自己限定することで，市民的な生活様式や学校化された教育と補完関係に入った。ところがその芸術のただなかに，市民的生活様式とも学校教育とも対立するような唯美主義的な意識が育ってくる。他方，これはまだ予告の段階でしかないが，19 世紀末に登場した映画も，市民的な芸術享受の図式に抗する，したがってまたこの図式と同型的な市民的な教養理念に抗する，異物のようなものを育てていくことになる。ただし，孤独な唯美主義者とは対照的な大衆の集団的な享受が，その培地となるのであった。——本章では，以上のような教育をめぐる条件の変化を，教育的コミュニケーションの構造的な変化として捉え直してみたい。前章では理念的・抽象的なレベルで教育の外部から捉えた変化を，本章では教育的コミュニケーションという具体的なレベルで教育の内部から見通すことになる。具体的なレベルに定位するための立脚地となるのが——前章で〈美〉の次元が展望高地となったが——〈メディア〉の次元である。
　ここで言う〈メディア〉についての具体的イメージを得るために，いささか唐突ではあるが，100 年以上を隔てた二つの描画教育論を対比することから始めたい。対比するのは，ペスタロッチ派の描画教育論を代表する一人であるヨーゼフ・シュミット（Josef Schmid, 1785-1851）と，バウハウス教育の基礎を築いたヨハネス・イッテン（Johannes Itten, 1888-1967）の議論である。ペスタロッチの理論は，描画を「形」に関わる人間の基礎的な諸力に——したがってまた「書く」ことに——結びつけ，そのことによって特殊な手技としてではなく普通教育の一環として描画を位置づけた点で描画教育の歴史において画期をなす [cf. Kemp 1979: 154f.]。しかしその代償と言うべきか，ペスタロッチ派の描画教育論は，描画を認知的能力や身体的能力の訓練の場として捉えることになる。

こうした描画の捉え方が，のちに新教育の文脈で〈機械的〉と批判される手本重視の描画訓練(第5章，第7章参照)につながっていく[Richter 2003: 90]。他方，イッテンの方法は新教育の文脈から生れてこれをさらに深化させたと言えるものである(第8章参照)。もともとは美術家養成のために開発された彼の方法は，普通学校の美術教育にも大きな影響を与えた[cf. 鈴木 2001]。

シュミットとイッテンは，歴史的・理論的に見ればまさに対極に位置づく。ところが，個々の側面を取り上げると，この両者の描画教育論の間に実は驚くほどの並行性が認められるのである[Kemp 1979: 298]。しかし両者が与える全体としての印象は対照的である。何がその違いを作っているのか，を問題として提起したい(1)。——答えを先取りして述べておけば，両者の違いは，教育的コミュニケーションのなかに教育的コミュニケーションが見通せない不透明なもの——とりわけ不透明な身体——が登場しているか否かにある。そして，私の見るところ，こうした不透明なものを教育的コミュニケーションがいかに扱うかが，19世紀の教育論の主題として次第にせり上がってくる。こうした展開を，本章ではペスタロッチからヘルバルトへ(2)，さらにはニーチェ(3)への，教育論の変遷に即して確認していくことにしたい。

1. シュミットとイッテン——不透明な身体の浮上

シュミットとイッテンの描画教育論から，一見類似している徴候を拾い上げてみよう。たとえば，両者はともに，直線とその分割を描画の基本として位置づけている。シュミットとイッテンの言葉を並べて引用しておく。

 シュミット：「子供が同じ長さの直線をかなり正しく描けるようになったら，今度はその線を同じ長さの二つの直線に分割させる。/子供が一本の直線をかなり正しく二つの同じ部分に分けることができるようになれば，それを4，8，16等々の同じ長さの部分に分割することが次第に容易にできるようになる」[Schmid 1809: 7]。
 イッテン：「線，平面，立体に即して，プロポーションの問題が探究された。/それぞれの部分が特定の比例数をもつような線を描かせる。この比例数の並びは様々であってよい。たとえば1:2:4:8:16:32，あるいは1:3:9:81といった比率が表現されることになる。[……]こうした比率は，線，平面，立体のそれぞれによって構成し

対比しなければならない」[Itten 1963: 82(95)]。

生徒に対して課す課題にも類似性が認められる。両者はともに幾何学的な図形を重視しているのである。

> シュミット:「そこ[直線と点]から，次に平行線へと移行し，子供に次のような課題を与える。何本かの平行線を一緒にして美しいもの(etwas Schönes)ができ上るようにしなさい。——そこから角や三角形や方形に移り，それらを組み合わせて美しいものができ上るように子供たちに試みさせる」[Schmid 1809: 8]。
>
> イッテン:「4本のマッチ棒も学ぶ者にとって生き生きした体験となることができる。頭のついたこの小さな棒を，平行に，垂直に，あるいは斜めにずらしてみる。回転させ，反転させ，ずらしながら反転させ，逆転させ，交差させ，比率を変えてみる[……]。さらにはこうした様々なバリエーションを組み合わせて，数えきれないほどの新しい形態像を見つけ出させるのである」[Itten 1963: 82(95)]。

シュミットとイッテンの外見的な類似性の内側を探る上で重要なのは，身体に対する両者の態度である。実はここでも，両者の態度は一見類似している。両者はともに描画の前提として身体の調整を重視した。シュミットによれば，「この不可欠の目標[筆記具を使って指，手，腕を動かせるようになること]を達成するためには，身体全体を一般的に機敏に柔軟にすることが肝要である。このことは，一般的な体操(Gymnastik)によって，さらにはこの目的のために考えられた遊びによって可能になる」[Schmid 1809: 2]。イッテンもまた，「授業をたいてい体操(gymnastische Übungen)とともに始めた」[Wick 1982: 88]といわれる。こうした「体操」は，腕や手によって自在に形を作る技術につながると考えられた。

> シュミット:「第二の教育段階においては，指と手と腕を一定の形式のもとで動かすことができるし，またそうすべきである。たとえば，右の腕は，その運動によって直線，曲線，円形等々を描けるように，肩関節を使って動かすようにする。前腕と腕全体が同時に動くようにするのである」[Schmid 1809: 3]。
>
> イッテン:「体操(Turnübungen)をさせる[……]。最初のうちは，腕と体で多様な形を作ることができない。次第次第にそうした運動が展開してくる[必要がある]。二次元的な運動，次には直線的な運動，そして三次元的な運動，という具合に」[Itten 1990: 387(1918年3月2日の日記)]。

以上のように，シュミットとイッテンは，形式的に見ると類似した描画教育

の方法を構想している。両者はともに身体運動を描画に結びつけたし，描画において幾何学的な形を重視した。しかし両者の方法の与える印象は対照的といえる。形式的には類似した方法でありながら，シュミットの方法が著しく機械的であるのに対して，イッテンの方法は生徒の能動性を重視していると見える[1]。この印象はおそらく間違っていないし，美術教育史の通説にもかなっている[cf. Selle 1981: 107]。では何がこの両者の違いを作っているのだろうか。違いの説明として，〈それはイッテンが生徒の能動性を重視したからだ〉と答えるのはトートロジーであろう。教育的コミュニケーションを意図に還元するのではなく，そのような意図への還元をわれわれに可能にしている事態を浮き彫りにする，一種現象学的な見方がここでは必要になるだろう。

　上に示唆したように，身体に対する態度が両者の差異を考える際の手がかりとなる。シュミットとイッテンはともに描画の準備段階に体操を導入したが，体操という働きかけに対して現れてくる身体のあり方は両者間で大きく異なる。シュミットにとって体操は，身体を「一定の形式のもとで動かすことができ

---

1) スクラドニーによれば，シュミットの描画教育論は，ペスタロッチが描画を認知的な能力に従属させたのに対して美的な側面を重視している。またそれに伴って子供の自発性の重視がそこに見られる。シュミットは「子供が自分自身の力から出発して美しい形態を発展させるべきだ」[Skladny 2013: 50]と考えており，こうした点から見て，「彼において，芸術教育運動においてようやく再浮上するような諸立場が前もって定式化されている」[47]というのである。――しかし，こうした共通点を指摘すること以上に重要なのは，一見したところ目につく共通点にもかかわらず，シュミットの方法がやはり著しく〈機械的〉という印象を与える，その理由を考えてみることであろう。子供の自発性を重視することは，〈機械的〉方法と必ずしも矛盾しない。スクラドニー自身が〈機械的〉方法をとったとしてシュミットから区別しているペスタロッチは，言うまでもなく教育において子供の「自己活動」を尊重すべきことを主張してやまなかった。ペスタロッチの方法を支えていたのは，子供の自発的な自己活動を，彼の方法に従えば完璧に把握し指導できる，とする信念である。つまり，ペスタロッチにとって子供の自発性は，正しい方法によって見通し可能となるような何か，なのである。同様の信念はペスタロッチの忠実な弟子を自認していたシュミットも共有していたと思われる。だからこそ，シュミットは，「美の感覚は人間本性に固有の自立的な感覚である。それは外部から人間本性に持ち込むことはできないし，また持ち込むべきでない」と主張しつつ，そのすぐあとで次のように述べることができた。「子供の想像力は[……]根拠づけられた力[……]へと高められねばならず，そしてそれゆえに，まずは直線形の組み合わせによって訓練する必要がある」[Schmid 1809: 8]。――ペスタロッチの時代の「自己活動」から新教育的なそれへの意味転換については，拙著『ヴァルター・ベンヤミンの教育思想』[今井 1998: 23ff.]を参照。

る」よう訓練するための，一種の準備運動であった。これに対して，イッテンは次のように体操を意味づけている。

「あらゆる体操(Gymnastik)は身体に表現能力と体験能力を与え，そうした能力を身体のなかに目覚ますためのものであるはずだ。まず身体が体験をする必要がある。したがって私は，最初の体操(Turnübungen)を，体験し，感じ，渾沌とした運動を解き放ち，身体を徹底的に揺さぶるために利用すべきだろう」[Itten 1990: 387 (1918年3月2日の日記)]。

シュミットの場合，めざされているのは身体が透明になる——教育的作用の意図するとおりに動くようになり，それゆえ教育的作用にとって見通し可能になる——ような状態である。これに対して，イッテンの場合，身体はむしろ不透明なもの——揺さぶり解き放つべき「渾沌とした運動」——として現れてくるのである。

教育的作用の対象が不透明なものとして現れるという事態は，イッテンにおける能動性の重視と相関的であるように思われる。すでに見たとおり，シュミットもイッテンも，幾何学的な造形へとつながるような身体の調整を重視した。しかし教育的コミュニケーションに対して現れてくる身体のあり方は両者において大きく異なる。シュミットにとって，生徒の身体は，以下の引用に見るように，教師の指示どおりに動かされるべき対象として現れてくる。

「さらに，あらゆる方向に向けて，平行の線や平行でない線を描かせることができるようになり，そうすることで別の形を，たとえば角，三角形，方形等々を，次第次第に一気に描かせることができるようになる。つまり，角，三角形，方形等々ができ上がるまで手を停止させないようにして描かせることができるようになる」[Schmid 1809: 5]。

これに対して，イッテンにとって問題となるのは，教師の指示に従って動く身体を生徒が自分なりに体験することなのである。

「この三つの形[円形・方形・三角形]の特性を，私は学生たちにまず体験として伝えようとした。私は学生たちを立たせ，手で丸い線をなぞるようにさせて，ついには身体全体がリラックスした振子のような運動に一体化するまでにさせた。[……]このようにして，円形は，どこでも同じ曲がり方をした，たえず動いていく線として体験されることになった。／方形の体験を条件づけているのは角張って緊張した運動形態である。

これは同じ直角の角が繰り返し現れることから来る」[Itten 1963: 81(93)]。

イッテンにとって，生徒は，教師によって完全にはコントロールできない「体験」という厚みをもった不透明な存在として現れることになる。そして，彼にとっての描画は，まさにこうした不透明な体験の厚みを表現し可視化することに他ならない。

実はこの表現のレベルでもシュミットとイッテンの間には興味深い共通性がある。両者はともに柔らかい筆記具ないし絵筆の使用を勧めているのである。しかしここでも，それに期待される機能は対照的である。

シュミット：「もし柔らかい筆記具があれば，線は繊細にすることも粗くすることもでき，これは手を軽快かつ柔軟にするためにとりわけ重要である」[Schmid 1809: 6]。
イッテン：「以下の訓練を実行するためには，毛筆や柔らかい木炭のような，どんなわずかな手の動きにも直接反応する，柔軟性に富み表現力のある材料を選ぶことが必要である」[Itten 1965: 151(167)]。

柔らかい筆記具ないし絵筆は，手の動きを敏感に伝えるという点では同じでも，そのことの位置づけは両者において異なる。シュミットにおいては，それは手が意図通りに動くように訓練するためのてだてである。これに対して，イッテンにおいては，生徒の内部の体験をより繊細に表現するてだてとして柔らかい筆が選ばれている。イッテンにおいて毛筆は，不透明な身体から表現を，しかも体験のできるだけ直截な表現を，引き出すメディアとして投入されているのである（イッテンにおけるこうした表現の位置づけについては第8章で主題的に扱う）。投入されるメディア（この場合は柔らかい絵筆）の位置価の違いが，シュミットの〈機械的〉方法とイッテンの〈能動性重視〉の方法という印象の違いを作り出しているように思われる。

このように見るなら，イッテンの方法は，単なる能動性重視の方法であるにとどまらず，能動的な表現を引き出すことで原理的には不透明であるような身体を部分的に可視化し，そのことを通してこの不透明なものを迂回的にコントロール可能にする，極めて洗練された方法だったということもできるだろう。シュミットからイッテンまでの100年あまりの間に，教育的コミュニケーションは，身体の透明化を通しての主体のコントロールから，能動的な活動を引き出すことを通しての不透明な主体の迂回的コントロールへと，構造を大きく変

化させたように思われる。教育に関する議論のなかに，こうした構造変化はどのように映し出されているだろうか。

2. ペスタロッチからヘルバルトへ

2.1 ペスタロッチの「直観の ABC」

　シュミットの描画教育論の基盤ともなり，ヘルバルトがその教育学的考察の出発点ともしたペスタロッチの議論を，まず概観しておきたい。ペスタロッチによれば，「直観の ABC」は「他の教育上の手段のすべてを支える土台」[Pestalozzi 1932(1801): 285(142)] となるが，この「直観の術(Anschauungskunst)」は，「測定の術(Meßkunst)」，つまり長さや形やそれらの比率を目分量で捉える能力と不可分の関係にある[282(139)]。描画はペスタロッチにとって，こうした測定の能力を前提にするとともにそれを形成する手段として位置づけられる。したがって描画は読み書きと同様，「文明国に住む誰もが持つ権利」[284(140)] となるが，同時に，直観の「正しさ」という規準のもとに置かれることになり，著しく機械的な訓練の場ともなる。「描画とは，形の輪郭や内容を完全な測定能力によってあらかじめ正しく厳密に規定し，線によってその形を決定すること」[283(140)] なのである。そして「われわれは描画の術を書字の術にも応用する」[282(139)]。——このような描画の訓練が「芸術を普通一般の人々のものにする」[284(140)] のだとペスタロッチは述べるが，描画と芸術との関係はごく副次的なものにとどまっている。

　シュミットの描画教育論は，認知的な能力を重視するペスタロッチの路線に従いつつ，芸術や美を描画教育のなかに積極的に位置づけようとする試みであった(注1参照)。しかしシュミットも，以下の引用に見られるとおり，彼のめざす「美的趣味」がある種普遍的な段階を踏んで単純なものから複雑なものへと進行していくと考えている。

　「美的感覚は，あらゆる人間の力と同様形成可能であり，そこでは，あらゆる人間の力の場合と同様，その形成の手段には段階が存在する。この段階は，ここでも，他の力の場合と同様，単純なものから出発し，すき間なくより錯綜したものへと上昇し，錯綜したものの最も高度な単純さで終わる。この最高度に単純なものとは点と線であ

り，これが同時に美的感覚へと子供を形成するてだての出発点ともなる」[Schmid 1809: 8]。

2.2 ヘルバルトの「世界の美的表現」

万人共通の「直観」から出発して，認知的能力と同様の普遍的な道筋に沿って機械的に美的趣味を形成することが可能だ，というのが，ペスタロッチの理論から導き出された一つの帰結であった。これとは対照的に，ヘルバルトは「ペスタロッチの直観のABCの理念」(1802年，第2版1804年)で次のように主張する。

> 「感覚をまず精神において捉えるということがもし可能だとすれば，どうだろうか。この考えは矛盾を含むように見えるかもしれない。にもかかわらずわれわれは誰でも，精神の訓練(Disciplin des Geistes)がなければ目は無であるということを知っている。[……]感覚は，もし精神が探すということを心得ているなら，[めざすものを]たやすく見つけ出す。――人が違いを自分自身で鋭敏に捉えるのは，何が区別されるべきかを前もって知っている場合である」[Herbart 1887(1802/04): 162(第2版の追加部分)]。

ヘルバルトは，「直観可能な個々のものを単に示すだけでは直観の形成にとって十分ではない」と考えている[Asmus 1968: 275]。彼は，ペスタロッチ派の前提とは逆に，「感覚」に先立つものとして「精神」を出発点に据えようとする。この「精神の訓練」の拠り所としてヘルバルトが想定したのが――数学と並んで[cf. 杉山 2001]――〈美〉の次元であったと考えられる[cf. 鈴木 1991]。

「教育の中心任務としての世界の美的表現について」(1802年に書かれ「ペスタロッチの直観のABCの理念」第2版に「付録」として収められた)では，人を道徳性へと向かわせる力が「美的な必然性」に期待されている[Herbart 1887(1802/04): 264(19)]。このため，「世界の美的表現」によって子供を世界の「美的把握」へと導くことが「教育の中心任務」として設定されることになる[268(26)]。

この「美的表現」論文は，カント倫理学のありうべき帰結，つまり英知界と現象界の峻別によって教育的作用を構想することが不可能になる[Döpp-Vorwald 1962]，あるいは逆に不要になる[Langewand 1993]，という帰結に対して，教育的作用の領域を確保しようとする試みであった。ヘルバルトは，英知界と現象界を結びつける働きを，言い換えれば理性の要請に適うような仕方で

現実に人間を振る舞わせる力を,「美的な必然性」に求め,そこに教育的作用の可能性を見た。しかしなぜ〈美〉だったのか。「二世界論の「美的」な解消」[Langewand 1993: 152]はいかにして可能だったのだろうか。

「美的表現」論文において,ヘルバルトは以下のように,美的な判断が論拠 (Beweis) を必要としないという点を強調している。

> 「もし教師が通奏低音についてその論拠を尋ねられたとしたら,彼はただ笑うか,あるいは聴くことさえできない鈍感な耳を気の毒に思うしかないだろう」[Herbart 1887 (1802/04): 264 (19)]。

通奏低音という西洋音楽の一形式は,論拠を問いただすような反省的意識以前に,「聴くこと」においてすでに理解されていなければならない。「道徳性」という「教育全体の課題」[259(9)]との関係でヘルバルトが注目したのは,美的判断のこうした前反省的性格であったと思われる。道徳性が実現するためには,理性の要求する方向へと向かうように,意志が反省的理性とは別のレベルであらかじめ習慣づけられている必要がある。そのような「ハビトゥスとしての倫理性」[Buck 1985: 142]を支えるのが,倫理的に是認されるものを快と感じ,是認されないものを不快と感じるような知覚のパターン——『一般実践哲学』の用語法で言えば「倫理的趣味 (sittlicher Geschmack)」[Herbart 1887(1808): 347] ——である。

「倫理的趣味」は,通奏低音を聴く耳が通奏低音を含んだ音楽を実際に聴くことによってしか培われないように,倫理性という形式を知覚可能な形で経験することによってのみ形成されるであろう。知覚可能な具体性において抽象的な形式が経験されるというのはまさに〈美〉の要件であり,「世界の美的表現」はこうした経験をめざしている。以下の一節は「世界の美的表現」のひな形として捉えることができるだろう。

> 「[……]子供は自分が気づいたものを判断するだけなのであるから,また子供にとっては自分の見るものだけが模倣できる唯一可能なものであり,またそれが模倣の手本となるのであるから,母親のこまやかな心づかい,父親の情愛のこもったきびしさ,家族の結びつき,家の秩序といったものは,まったき純粋さと尊厳をもって子供のとらわれのない目に現れねばならない」[Herbart 1887(1802/04): 269(27f.)]。

感覚に先立つ「精神」という,本論(すでに触れたように「美的表現」論文は「ペ

スタロッチの直観の ABC の理念」第 2 版の「付録」である)で示された主張の具体的表現をこの一節に見ることができるだろう。ここでは,「子供のとらわれのない目」にまずもって示されるのは倫理的に是認されるべき家族関係の形式である。この形式が習慣化され,つまりは「精神」となるなら,それは感覚に先立って,感覚が何を「見つけ出す」べきか——たとえば家族において是認されるべきでない言動とは何か——を指定することになろう。ここでヘルバルトが要求しているのは,子供の知覚する具体的世界が倫理的に望ましい形式を同時に示すということである。

　以上のように,ヘルバルトにおいては,ペスタロッチ的な「直観」に対して論理的に先行し独立した次元として〈美〉の次元が現れる。しかしこの〈美〉の次元は,教育的作用にとって不透明なものを,イッテンの場合のように教育の領域に登場させるわけではない。むしろ逆であって,ヘルバルトにおいて〈美〉は,カント倫理学によって教育的作用の彼方に遠ざかる危険をはらむに至った主観性の領域を再度教育的作用の手中に収め,教育的作用にとって見通しのきく存在へとその対象を透明化する,そのための概念装置として働いているのである。

3. ニーチェとレトリック

3.1 〈美〉の優位

　〈美〉はヘルバルトにおいても独自の領域として現れていたが,それはまだ認識や倫理の領域と整合的な関係を保っていた。これに対して,ニーチェにおいては〈美〉が〈真〉や〈善〉から原理的に区別される独立した審級として現れる。しかもロマン主義の場合と違って,ニーチェは単に認識や倫理の領域から〈美〉の領域を独立させただけではなく,〈美〉の原理によって〈真〉や〈善〉を批判する[cf. Owen 1994: 20(33)]。「ただ美的な現象としてのみ,生存と世界は永遠に正当化されている」[1: 47(I, 1: 53), 悲劇, 5][2)]という『悲劇の誕生』(1872)の有名な言葉は,認識や道徳からの美の次元の独立を端的に表現している。「美的な現象」,つまり創作・創造された仮象の世界としてのみ世界と生存が正当化されるのだとすると,科学や道徳による正当化は根本的な疑問にさら

されることになる。初期ニーチェの文化批判・教育批判は，既成の科学や道徳に対するそのような〈美的〉な批判として捉えることができるだろう。この文化批判・教育批判はまた，ニーチェを新教育の先駆的思想家と位置づける場合の拠り所となってきたものでもある。典型的な例を，『反時代的考察』の第4篇「バイロイトにおけるリヒャルト・ヴァーグナー」(1876)から挙げておこう。

> 「[……]さて人間性がこんな風に傷つき病んでいるさなかにわがドイツの巨匠たちの音楽が鳴り渡るとき，そこに鳴り響いているのは一体何であろうか？ まさしく正しい感情(die richtige Empfindung)，あらゆるしきたりの敵であり，人間同士の間に生じた人為的な疎外と齟齬の敵である正しい感情に他ならない。この音楽は自然への復帰であり，同時にまた自然の浄化と変容である。なぜなら[……]彼らの音楽に響いているのは愛に変容した自然だからである」[1: 455f.(I, 5: 40f.)，ヴァーグナー，5]。

美と芸術を盤石の基盤として押し出すこのような立場は，しかし早々に撤回されることになる。ニーチェの初期著作においては，「美的な現象」は「自然」に合致した「正しい」感情や欲求を真正に表現しているがゆえに，批判の準拠点となる資格をもっていた。こうした想定の背後には，芸術を世界の究極的な根拠たる「根源一者(das Ur-Eine)」の表現と見る，ニーチェがショーペンハウアーから受け継いだ芸術形而上学があった。この形而上学的前提の放棄が著作において明示されるのは1878年の『人間的な，あまりに人間的な』においてである。「音楽は，それ自体としては，感情の直接的な言語(unmittelbare Sprache des Gefühls)とみなせるほどにわれわれの内面にとって意味深いものでも，深い興奮を与えるものでもない」[2: 175(I, 6: 197)，人間的I，215]と，それまでの自説が真っ向から否定されることになる。しかし芸術形而上学は実はニーチェ自身のなかでごく早い時期に掘り崩されていた。そのことをよく示しているのが，「秘密にしておかれた」[2: 370(I, 7: 12)，人間的II，序言(1886)，1]とニーチェ自身が言うエッセイ「道徳以外の意味における真理と虚偽について」

---

2) ニーチェのテクストに関しては，定評のある批判版全集(Kritische Studienausgabe)とその日本語訳である白水社版の全集[Nietzsche 1988(1979-1985)]から引用し，引用箇所はそれぞれの巻数と頁数で示したい。ここでは，批判版全集の第1巻47頁と，対応する白水社版第I期第1巻53頁から引用しており，それが「悲劇の誕生」の第5節に当たることを示している。

(1873)である。中期以降のニーチェは，根拠を失った美的創造を，まさに無根拠であるがゆえに「力への意志」の現れとして肯定するという方向に向かう。「真理と虚偽」の以下の一節にはその予兆がすでに見て取れるだろう。

「人間が主観であること，しかも芸術的に創造する主観(künstlerisch schaffendes Subjekt)であることを忘却することによってのみ，人間はいくばくかの安らかさと，確かさと，首尾一貫性をもって生きることができるのである。[……]そもそも正しい知覚——これはおそらく客観が主観において適切な表現を得ているということであろう——なるものが私には矛盾だらけの不合理にみえる。なぜなら主観と客観の間というような二つの絶対に相異なる領域の間には，いかなる因果性も，いかなる正しさも，いかなる表現もなく，たかだか美的な態度(ein ästhetisches Verhalten)があるにすぎないからである，という意味はつまり，まったく異質な言葉への暗示的移し替え，つかえつかえの翻訳，があるにすぎないからである」[1: 883f.(I,2: 479f.),真理と虚偽, 1]。

世界と生存が美的な現象としてのみ正当化可能であり，しかもこの美的な現象自体にはいかなる根拠もない——とした場合，教育はいかにして可能なのか。ニーチェの教育論をこのような問題設定のもとで捉えることができる。このような条件のもとでは，教育もまた，自らの根拠を遡及的に構築するようなフィクションとして現れざるをえないであろう。すでに1870年の段階でニーチェは次のように書いている。

「意志の自由もなく，思想の自由もなく，われわれはただの現象にすぎないのだとしたら，教育はいかにして可能か？／これに対しては，意志の自由は存在するし，同様の意味において教育も存在する——ただし不可欠の妄想として，われわれが全面的に喪失してしまった現象[=意志の自由，思想の自由]を説明するために差し出される説明の根拠として存在する，と言わねばならない」[7: 129f.(I, 3: 178f.), 1870末]。

3.2 教育論の構図

教育学におけるニーチェ受容では，ニーチェの教育論の「解放」指向と「規律」指向の両義性が絶えず躓きの石になってきた[cf. Hoyer 2002: 36ff.]。一方でニーチェは，「真の教育とは解放(Befreiung)である」[1: 341(I. 2: 219f.),ショーペンハウアー,1]と言うが，他方では「最も望ましいのはいかなる場合にも然るべ

き時期における厳しい規律(eine harte Disziplin)である」[13: 346(II, 11: 178f.), 1888春]とも言う。この二つの指向は時期的変遷には解消できない。全体として見れば「解放」指向が目立つ初期においても，たとえばこの時期における代表的な教育論たる「われわれの教育施設の将来について」(1872)では，以下でも見るように「規律」指向が強く出ている。「解放」指向と「規律」指向のいずれかにニーチェを解消する試みだけでなく，この両指向を何らかの仕方で統合しようとするような試みも，やはりニーチェの教育論の意味を捉えそこなうことになる。というのも，ニーチェの教育論の分裂と見えるものは，教育の領域に登場した不透明性――教育的作用の直進を妨げる障害――にニーチェが取り組んでいたことの帰結であって，上述のような試みはいずれもこの不透明性の登場を否認する結果になってしまうからである。

　例として，「教育施設の将来」においてニーチェが――老哲学者の口を借りて――展開するドイツ語作文に関する議論を取り上げてみよう。

「ドイツ語作文は個人に訴えかける。そして生徒が他人とは違った自分の特性をあらかじめ強く意識していればいるほど，彼はドイツ語作文を自分らしく造形するようになるだろう。[……]ほんとうの意味で自立的なものは，このように早すぎるうちから煽られたのでは，ただ不器用さのなかに，奇烈さとグロテスクな相貌のなかにしか表れえないのであって，これこそまさに個人というものなのだが，これが非難の対象となり，教師はおよそ独創性のない平均型の体裁を守らんがために個人を排斥するのである。[……]正しい教育とは，判断の自立性などという笑うべき要求を抑えつけ，天才の掲げる主旨への厳しい服従に若い人間が慣れるように，ひとえにその点にあらゆる熱意を傾けて努力するものであろう」[1: 678-680(I, 1: 360-362), 教育施設, 2]。

ここでは一見，「判断の自立性」を侮蔑し「厳しい服従」を要求する「規律」指向のニーチェが前面に出ているように見える。しかし，「平均型の体裁」を守るために個人を抑圧する教師に対しては明らかに批判的な目が向けられてもいる。したがってこの部分を取り上げてここにニーチェの「解放」指向を読み込むことも不可能ではない。問われるべきは，このどちらが本当のニーチェなのか，といった問題ではないだろう。

　上のドイツ語作文論が全体として表明しているのは，作文において個人を表

現させるという教育的作用が必然的に障害にぶつかるという事態，教育的作用が構造的に不透明なものを抱え込まざるをえないという事態であろう。表現されるべき当の「個人」が障害として現れる。個人は，それを表現させようとすれば「不器用さ」としてしか浮上しないような混沌とした何かなのである。しかし，つかみどころのないそれを「平均型の体裁」の型にはめてしまえば，個人は排斥され，ニーチェが肯定しようとする「芸術的に創造する主観」への道もまた失われてしまう。

　こうした不透明な「個人」を教育可能にする――「天才の掲げる王笏」に従わせる――ためのメディアとして想定されていたのが，レトリック的な側面において捉えられた言語であった [cf. 今井 2004: 26-31]。生徒たちの作文が，教育的に介入しようとすれば「平均型の体裁」を強いるしかないようなつかみどころのない混沌として現れるのは，あらかじめ存在するはずの個々人の特性の，表現として作文が捉えられるからだ。そこでは言語は個々人の世界の表象として意味論的な側面において捉えられるが，前提となる個々人の世界は不定形な混沌でしかない。これに対して，レトリックにおいて重要となるのは，語ることによって作用を及ぼし何かをなすという言語の遂行的な側面である。ここでは言語は，背後に個々人の世界を想定することなく，可視的な行為として――音声の抑揚やテンポといった身体動作として，比喩表現のような世界把握のパターンとして，あるいは約束のような言語行為として――把捉可能になる。教師の側は，このような可視的で遂行的な言語表現を手がかりとすることで，混沌として見通しがたい「個人」へと介入の手を伸ばすことができるようになる。以下の引用に見られるように，この介入は深く個々人の生理的な感覚・感情にまで及ぶことになろう。

「ギムナジウムは今まで，真の教養が始まる一番最初で一番近い場所，つまり母国語をなおざりにしてきたのである。［……］言語というものがいかに困難かは，誰もが自分で経験を通して知らなければならない。［……］こうした訓練を通じてはじめて，若い人間は，現代の新聞工場労働者や小説書きの，かくも好まれかくも賞讃された文体の「優雅さ」を前にして生理的な吐き気 (*physischer Ekel*) をもよおすようになる。［……］とはいえ，こういう生理的な吐き気を覚えるようになるまでに自分の感情を形

成していくのがたやすいことだなどと思わないでいただきたい。[……]言語の正しい歩き方(die richtige Gangart der Sprache)から始まるのが教養というものなのだ。そのように正しく始められさえすれば，後々教養は例の「優雅な」物書きたちに対しても，人が「吐き気」と呼ぶような生理的感情(eine physische Empfindung)を生み出すことになるのだ」[1: 684f.(I, 1: 367), 教育施設, 2]。

ここで想定されているような「訓練」は，個人を排斥するあの「平均型の体裁」の強制とは異なる。それはむしろ，個人が自分の足で「歩く」ことを前提にしている。個別的な表現は抑圧されるどころか推奨されるのである。ここでの「訓練」は，上にも述べたとおり，可視的となった表現を手がかりとして個人の深層へと探りを入れることになる。個別的な表現の解放は訓練の目論見にとって好都合であろう。表現が自発的で衷心のものであればあるほど，それを手がかりにする訓練は個々人の深層に及ぶことができる。しかしそのことによって個人の不透明性が解消されるわけではないし，不透明性の解消がここでの「訓練」の必要条件になっているわけでもない。ここでの「訓練」がめざしているのは，個々人は不透明なままで，つまり個々人が〈何を〉表現あるいは受容するかについては介入することなしに，特定の感覚・感情のパターンを個々人の身体に練り込んでいくことだ。「素材」に関しては社会に従いつつ「流儀」の自由を確保しようとしたシュライアマハーの場合とはまさに逆に，〈いかに〉感じ考えるかをあらかじめ決定することがここではめざされている。規律指向と解放指向は，このように，個別的表現の解放，知覚様式における規律化，という仕方で振り分けられていた。いずれにしても，不透明な「個人」は，レトリック的な言語において，身体のレベルで教育的作用の圏内に組み込まれることになるのである。

3.3　メディアの位置づけ・意味づけの変化

　身体の教育的対象化は上に見たシュミットが——さらに遡れば汎愛派が——試みたことである。ヘルバルトの「世界の美的表現」は，これも上に見たように，反省的理性以前に機能する趣味を，したがって一種の「生理的感情」の形成を，めざしていたと言えるかもしれない。しかし，ニーチェとの間にわれわれは連続よりも断絶を見るべきだろう。というのも，教育的作用の目標が美的

な趣味(Geschmack＝テイスト)の形成だという点は共通しているとしても，シュミットやヘルバルトにおいて当然の前提ないし権利とされていた教育的作用の可能性が，ニーチェにおいては根本的な疑惑にさらされているからである。

シュミットにおいては，美的趣味は，認知的に「正しい」比率の知覚を起点とすることが前提になっていた。身体的な訓練がこの起点から目標に至るまでの連続的発展を保証するはずであった。ヘルバルトにおいて，教育的作用は，道徳的に「正しい」形式を含んだ世界を子供に向けて提示することに収斂するが，その結果子供のなかには「道徳的趣味」という知覚と行為のハビトゥス(『一般教育学』の用語法で言えば「思想圏」の形成による「多面的で均等な興味」)が形成されるはずであった。ニーチェのラディカルな科学批判・道徳批判によって不可能になったのは，知覚や道徳の「正しさ」という規準だけではない。この規準に支えられて当然視されていた教育的作用の可能性もまた，疑惑にさらされることになる。具体的に言えば，教育的作用によって捕捉できず，科学や道徳によっても統御できない「個人」が教育的作用の視界に登場するのである。この不透明な「個人」を，にもかかわらず——つまり不透明なままで——いかにして教育的作用の圏内に組み込むか。これがニーチェの問題であり，そのために，ニーチェの教育論は，レトリック的な意味での言語によって「個人」を身体レベルで捕捉しようとしたのである。

ここでは，教育的コミュニケーションの存立にとって基底的と思える言語というメディアの，その機能に構造的な変化が生じている。言語は，世界を表象し，あるいは指示を伝達するという機能をもはや期待されていない。表象にせよ伝達にせよ，「真理と虚偽」の一節に端的に示されていたように，その正当性と実効性がともに幻想だと暴露されてしまっているのである。言語は，ニーチェの場合，生徒がそこにおいて「正しい歩き方」を訓練される場となる。「正しい歩き方」は，しかしそれとして表象されたり伝達されたりするのではない。言語がレトリック的に捉えられている以上，生徒に要求されるのは実際に「歩く」こと，つまり表現することである。したがって生徒もまた「芸術的に創造する主観」なのである。それが訓練であるがゆえに「創造」には「正しい歩き方」というタガがはめられるが，この訓練が「芸術的な創造」を挑発することには変わりがない。創造を駆り立てるがゆえに，訓練の作用は身体のレベ

ルから，さらにはその核にある「個人」にまで及ぶことになる。その帰結が「生理的吐き気」である。こうして，「正しい歩き方」の訓練は，その「正しさ」の根拠を自ら創出することにもなる(〈健康に悪い〉という以上に強力な根拠はそうあるものではない)。言語はこうして，個々人の主体性を駆り立て，駆り立てることを通して個々人を最深部において刻印するためのメディアとなる。そして，このようなメディアの機能は，とりわけ〈美〉の次元において——「芸術的創造」を駆り立てるという意味でも，その作用が「生理的感覚」にまで及ぶという意味でも——発揮されるのである。

4. 〈教育とメディア〉の20世紀的編成に向けて

ニーチェが認識した事態は，新教育の時代になると教育論の一般的条件へとせり上がる——最初に取り上げたシュミットとイッテンの描画教育論の差異は，そう見ることによって理解が容易になると思われる。彼らが構想した教育的コミュニケーションを，メディアの機能という視点から比較してみよう。たとえば画材については，両者はともに柔らかい道具を推奨しているが，それに期待されている機能はまったく異なる。シュミットが期待しているのは，軽快さや柔軟さといった「手」に要求される一般的技能の形成である。柔らかい道具は，描画のためのそうした一般的な技能を表象・伝達するはずなのである。これに対してイッテンが毛筆に期待しているのは，それが「どんなわずかな手の動きにも直接反応する」ということであって，イッテンはそれによって生徒の「体験」——たとえばある植物を前にして生徒が何を感じているか——がより直截に表現されると考えた(この点については第8章でより詳しく論じたい)。ここでは個々人の「体験」という不可視なものを可視化することがめざされているが，それができるのは体験している当人以外にない。毛筆というメディアはそうした自己表現を促すためにに投入されている。イッテンの方法がシュミットの方法に比べて能動性を重視している印象を与えるとすれば，その印象はここに由来するのであろう。

本章でわれわれは，画材や言語といった，教育的コミュニケーションのミクロレベルで投入されるメディアに着目し，そうしたメディアの位置づけ・意味

づけの変化に，教育的コミュニケーションの構造的変化を読み取ろうと試みた。そこで明らかになってきたのは，教育的コミュニケーションのなかに不透明な身体が浮上し，この不透明な存在から表現を引き出し統御可能にするためのてだてとしてメディアが位置づけ・意味づけされるようになる，という——おそらく1870年代のニーチェから1920年代のイッテンに至るまでの時期に生じた——変化である。

　19世紀末に登場した映画というマスメディアは，教育との関係で言えば，以上のような教育的メディアの機能変化の過程に結びついていったように思われる。当初「直観手段」としてのみ認知されていた映画が，次第にその美的な機能において，つまり〈美〉の次元で能動性を引き出すという側面において，教育的な機能を認められるようになっていく。これは，不透明な存在を相手にするようになった教育の作用様式と，映画というマスメディアの作用様式とが互いに収斂していった，そのことの現われと見えなくもない。さらに言えば，主体性を駆り立てることで〈美〉の次元において個々人を構成していくこうした教育およびメディアの作用は，同時代のプロパガンダにおけるマスメディアの機能様式——主体性の美的動員——と同型的である（これについては第9章で論じる）。教育の領域は，まさに自律的となることで，つまり不透明な「個人」の露呈を教育的コミュニケーションが直面する問題として知覚しメディアの機能変更によって処理しようと試みることで，同時代のメディア史的状況に順応していたとも言える。——こうした錯綜した展開の解明が，第Ⅱ部以降の課題ということになろう。

第Ⅱ部　映画と教育
　——メディア教育事始め　1895〜1918——

第Ⅱ部　序

　すでに繰り返し示唆したとおり，映画をめぐる議論を追うことで，ドイツ教育思想史のこれまであまり注目されてこなかった，しかし重要な側面に光を当てることができるだろう，というのが本書の見通しである。第Ⅱ部以降は，本格的にこの映画というメディアを軸にした叙述となる（第Ⅲ部ではこの軸は多少背景に退く形にはなるが）。好都合なことに，それぞれの時期に，その時期の映画と教育をめぐる議論を凝縮したと言えるような雑誌を見出すことができる。第Ⅱ部における『映像とフィルム(Bild und Film)』(1912～1915)，第Ⅲ部における『ビルトヴァルト(Der Bildwart)』(1923～1935)，第Ⅳ部における『フィルムと映像(Film und Bild)』(1935～1944)がそれである。これらの雑誌の読解が第Ⅱ部以降の叙述を貫く縦糸となっている。

　この第Ⅱ部では，第4章で『映像とフィルム』誌について主題的に検討することになるが，それに先立って，第3章では映画に対する教育の側からの最初の反応である「映画改良運動」の再構成を試みる。この二つの章で，ドイツにおける映画と教育の最初の遭遇がいかなるものであり，いかなる帰結をもたらしたかをおおよそ描き出すことができるだろう。この第Ⅱ部で扱う時期は，プロローグで述べたとおり，大衆民主主義の制度的条件はまだ整っていない。映画という新参者も，伝統的な「教育」の規準に従って，直観手段としての側面は評価されて教育への参入が認められ，娯楽手段としての側面は——「健全」とされた部分はお目こぼしにあずかるとしても——断罪され門前払いとなった。しかし，とりわけ第一次世界大戦の期間に，映画のプロパガンダ的な役割に注意が向けられることになる。映画の「芸術」としての認知の浸透とも相まって，これまで断罪され排除されてきた映画のもつ娯楽的・感情喚起的な側面が「教育的」な意味をもったものとして再認識される可能性が生じた。これは同時に伝統的な「教育」の規準の変更につながる可能性をはらむものであった。

　第Ⅱ部を締めくくる第5章では，映画を最も早くアカデミックな議論の俎上に載せた——ただし非-芸術として否定的にではあるが——美学者であり，か

つ同時代の芸術教育運動にも深くコミットしていたコンラート・ランゲ（Konrad Lange, 1855~1921）を取り上げ，彼の議論のなかで映画批判と芸術教育がどのように位置づけられていたかを検討する。彼の議論は映画が〈教育〉の規準を揺るがす以前の伝統的な枠組みに収まるものではあるが，それだけにまた，第一次世界大戦以後急速に崩れていくことになる〈メディア・美・教育〉の構図を，私たちはそこから再構成することができるだろう。

第3章　映画改良運動の形成と展開

1. 映画改良運動の出発点

　1907年1月，ハンブルクの教育団体「愛国的学校・教育制度友の会(Gesellschaft der Freunde des vaterländischen Schul- und Erziehungswesens)」の会合で，子供への映画の影響が話題となった[1]。「友の会」は15人からなる「「活動写真」委員会(Kommission für "lebende Photographie")」を設置してこの問題について検討することになる。「委員会」は同年5月に報告書を提出したが，この報告書は，ドイツにおいて〈映画と教育〉の問題に主題的に触れたおそらく最初の文書となった。その結論部分で，報告書は次のように述べている。

　「現在のところ，映画(活動写真)の多くは構成上不備があり，醜いもの，悪影響を与えたり道徳的に道を誤らせるようなものが支配的である。また，常設館の多くが適切な衛生上の要求を満たしていない。従ってわれわれは，活動写真の常設館へ観覧に行くことは子供にとって危険であると考える。この種の上映の観覧に対して，学校は教育的な見地から対抗措置を講じなければならない。/これに対して，技術的・内容的に問題のない映画による描写は，教示と娯楽の優れた手段となりうる。映画のより良い，より品位ある利用への転換を求めなければならないのであるが，そのためには，教育や芸術に関心をもつ人々が，この産業の主だった事業主たちを説得し，子供に適した

---

1) 「愛国的学校・教育制度友の会」は1805年，教師の教養と地位の向上を目的として設立され，浮沈はあるものの19世紀を通じてハンブルクの教育政策に影響力をもち続けた[cf. Bolland 1955]。ただし，会員の数は1856年に660人に達したのが最大であり[ibid.: 17]，教員組合のような大きな組織ではない。学校への公的補助の促進を支持し，19世紀末の段階で統一学校の導入を進めようとするなど[41f.]，「進歩的」な方向性をもった団体だったようである。「愛国的」という言葉の背後には，20世紀的な国粋主義よりは，第1章でも触れたフランス革命以後にドイツでも盛り上がった国民国家への志向を読み取るべきであろう。──ハンブルクはまた，リヒトヴァルクや，青少年の読書環境を教育的な観点から問題にしたヴォルガスト[cf. 吉本 2011]など，都市的環境のなかでの青少年教育の問題に対応しようとする点で先進的な都市であった[Popert 1927a, b]。こうしたハンブルクの文化的土壌が，「友の会」の映画との取り組みの背景にはあったと考えられる。

良質の上映を特別の子供向け上映会という形で行うように彼らを動かすことが必要である」[Dannmeyer 1907: 38f.]。

「「活動写真」委員会」の活動は，本章でわれわれがその形成と展開を描く「映画改良運動(Kinoreformbewegung)」の出発点となった。またその報告書は，その後の映画改良運動を方向づける二つの主題をすでに明確に定式化している。(1)映画の現状に対する批判と映画観覧の規制の要求，および(2)映画の目的利用への提言がそれである。以下に，この二つの主題が映画改良運動のなかでどのように展開されていったかを跡づけ，その背後にある教育的モチーフの内容を検討していきたいと思うが，その前に考えておかねばならないことがある。「友の会」の活動を出発点として映画改良運動が開始されるのが1907年，映画の発明から10年余りたったこの時期になぜこうした運動が形成されたのかという問題である。そこでまず，映画改良運動が形成されるに至った映画史的文脈を確認しておきたい[以下の叙述は主にAltenloh 1914; Warstat 1982; 小松 1991; Kracauer 2012(1947)に依拠している]。

2. 映画改良運動の映画史的文脈

映画改良運動が形成された1907年前後は，その内容，興行形態，社会的影響力といった様々な面で，映画が節目を迎えていた時期であった。これは他の諸国にも言えることであるが，ドイツにおいても，映画は最初，寄席(Varieté, Kabarett)のアトラクションの一つとして上映される以外は，フィルムや映写機をたずさえて各地を巡回して歩く興行師たちによって上映されていた。彼らは，縁日や市の立つ日に，町の広場の仮設小屋で，あるいはその町のホテルや酒場に場所を借りて，映画を上映した。一本の映画の長さはせいぜい1〜2分である。この長さにも制約されて，内容はワン・ショットのごくプリミティヴなものがほとんどであった。これを何本かつないでひとつながりのプログラムとし，さらにそれをループ状にして連続上映した。こうしたフィルムを，使い物にならなくなるまで各地を回って上映し続けることになる。したがって上映はひどい「雨降り」状態となるのが普通であった。ドイツで映画の配給会社が作られるのは1906〜07年頃のことである。それ以前は，興行師たちは製作会社から

直接フィルムを買い取るか，自分で実写映画などを撮影するしかなく，レパートリーはごく限定されざるをえなかった。このような巡回興行(Wanderkino)にも観客は集まり，彼らは写真が動くという事実を見るだけで十分満足した。もっとも，写真が動くだけで十分だとはいっても，同一の，しかもプリミティヴな内容のプログラムで長期間観客を集めることは不可能だったであろう。この点からいっても，新しい観客を求めて各地を転々とする巡回興行が初期においては合理的な興行形態であったと考えられる。

以上のような初期の映画の状況は，その観客層や社会的影響力をも決定づけた。映画は，もちろん運動の分析・総合というその原理的な部分については文化的な意味を認められていたとしても，巡回興行が多くの観客を集めていたその現実的な現象形態においては，せいぜい教養のない人々のための縁日の見せ物の一種程度にしか見られていなかった。料金も安く，演劇を観るのに最低でも75ペニヒが必要だった時代に，10～30ペニヒも出せば仮設小屋の暗闇のなかに身を浸すことができた。クラカウアーの比喩を借りて言えば，初期の映画は「浮浪児の顔立ち」をしており，「社会の低い階層のなかを荒々しく駆け回っている放任された生き物」［Kracauer 2012(1947): 26(22)］であった。初期の映画は，たしかに支配的な市民文化とは異質な，活気にみちた「悪所」を形作ってはいたが，市民文化に挑戦するまでにはまだ育っていなかった。市民文化を代表する知識人や学校・教会関係者らは，それを軽蔑をこめて無視しさえすればよかったし，実際彼らはそうしたのである。

このような映画をめぐる初期の状況が変化し始めるのが1907年前後である。まず興行形態についていえば，巡回興行にかわって映画常設館(Filmtheater)が続々と建ち始めるのが1906年頃であるといわれる。映画常設館は，その名(-theater)にも表れているように，興行の外観を演劇のそれに近づけようと努めた。たとえば，休憩時間には幕を下ろしてスクリーンを覆うという，少し前まではどこの映画館でも見られた習慣は，考えてみれば映画上映にとっては何の現実的必要もない。ドイツでこれが始められたのは映画常設館においてであった。客席は平土間(Parkett)，桟敷(Loge)といった具合に劇場風に等級分けされ，ロビーにはクロークが置かれた。興行形態のこのような変化は映画内容の変化とも対応していた。1906年以降，映画界に「芸術映画」への志向が現れるが，

この志向は，映画のモデルを演劇に求めるという形で具体化されたのである。その代表は，「映画による演劇」をめざして1908年に設立されたフランスのフィルム・ダール社であった。フィルム・ダール社は，当代一流の作家に脚本を依頼し，コメディ・フランセーズの一流俳優を出演者に得て，『ギース公の暗殺』(1908)を始めとする諸作品を送り出した。当時ドイツは，上映する映画作品の大部分を外国作品に頼っており，なかでもフランス映画の比率は高かったから，フランスにおける「芸術映画」の動きはドイツの映画興行にも大きく影響したことであろう。もっとも，フィルム・ダール社などの試みによって人々の観る映画が「高尚」な「芸術映画」に一変したわけでは決してない。むしろ人々は，「俗悪」な——しかし以前ほどにプリミティヴではない，15分程度の——犯罪ものやドタバタ喜劇に時を忘れるために映画常設館に足を運んでいたのである。1907年には，ドイツでも映画関係の団体が映画作品の俗悪さを批判し，作品の質を高めることが映画という新しい産業にとっていかに必要かをアピールしたが，ほとんど効果はなかったといわれる[Kalbus 1922: 2]。

「映画による演劇」という方向は，よく知られているようにその後の映画の主流とはならなかった。映画の「古典的システム」[小松1991]は，1910年代半ばにグリフィス，インスらによって確立されるに至るが，それを支えたのは，演劇をはじめとする既成芸術から借用された方法論ではなく，クロースアップ，モンタージュ等，「俗悪」な映画そのもののなかから生れた方法論であった。固定された視野のワン・ショットを基本とする初期の映画から，複数のショットをモンタージュすることで物語を描く「古典的システム」に向けての重要な転轍が行われたのが1908年前後であったと思われる。この頃から，映画は，「追っかけ」や「最後の瞬間の救出」といった特殊映画的な主題を意識し始める。1908年以降，マックス・ランデの喜劇やイタリア史劇など，今日のわれわれの目から見ても十分魅力的な諸作品が続々と現れる。グリフィスが処女作を撮ったのも1908年である。映画の長尺化も進み，1時間を超える作品もめずらしいものではなくなった。映画は，単に「写真が動く」という興味だけで人々を引きつけるのではなく，独自の方法論によって提示されるその内容によって人々を引きつけ始めたのである。ベルリンでは1908年を境にして演劇の劇場の観客数が減少に転じた。「それ以来劇場主たちは，年とともに自分の小

屋が荒廃し，背教者たちが群れをなして映画館に流れていく様を傍観するしかなかった」［Altenloh 1914: 100］といわれる。

　映画は，その興行形態や内容の変化とともに，「浮浪児の顔立ち」を残したままで既成文化の一角に食い込み，人々の意識に大きな影響を与える産業として自己主張を始めた。こうして，映画に対する何らかの積極的な対応が必要だとする認識が，知識人や教会・学校関係者の間に広まり始める。そしてその一つの帰結が，「友の会」の活動を始めとする映画改良運動の形成であった。――映画改良運動が形成されてくる文脈とは，およそ以上のようなものであった。映画改良運動は，映画に対する市民文化の側からの積極的・組織的な対応としては，ドイツにおいて最初のものだったことになる。以上からも明らかなように，映画に対する市民文化の側からの様々な反応のうちの一つとして，映画改良運動があったのではない。市民文化の側からの反応一般が映画改良運動という形をとってまず現れたのである。

3. 映画改良運動の展開

　映画改良運動は具体的にどのような活動として展開していったのか。まず目につくのは，1910年前後から，映画の現状を批判しその改善を要求する著作が目立って現れることである。この種の著作を著したのは，知識人や学校・教会関係者ら，一般に国民の文化と教養に責任と権限をもつと自認し，そうした立場に立って映画の「改良」を訴えた人々――仮に「映画改良論者」と呼んでおきたい――であった。彼らの映画批判は少なからぬ反響を呼び，「部分的には文化闘争の様相を帯びた」［Warstat 1982: 146］ともいわれる。しかし，ここでまず注目しておきたいのは，映画改良論者の主張に対応する形で実施された具体的な諸施策の方である。映画改良運動の出発点となった1907年の「友の会」の報告書についてはすでに述べた。そこでも示唆しておいたように，映画改良運動は，大まかに言えば(1)現行の映画に対する批判と映画の規制，(2)映画の目的利用，という二つの方向で展開された。

3.1 映画および映画観覧の規則

　映画という「放任された生き物」にも，公共の安寧秩序の維持を警察の任務と規定したラント法を法的根拠として，間もなく多くの邦で検閲の網がかけられるようになる。しかし最初のうちは，新しいプログラムが上映されるごとにその町の警察官が上映場所に出向いて上映を禁止するか否かを判断するという，かなり場当り的な事後検閲が行われていた。検閲の実施が明文化された規定という形で確認されるのは，1906年ベルリンの警察規定が最初である（ベルリンおよびプロイセンは，ドイツの諸邦のなかで映画検閲に関して最も「先進的」であったと推測される）。1908年1月，プロイセン内務省は警察による事前検閲を認める決定を行う。同年5月には，ベルリンで，組織的な事前検閲が初めて導入された。この1908年5月の警察命令によれば[Schultze 1911: 146f.]，映画館の経営者は，上映する映画が検閲済みのものであることを示す警察発行の証明書を一本一本の映画について用意し，要求があった場合にはいつでも警察官に提示できるようにしておくこととされた。検閲の実態は邦ごとに異なるが，1914年までの間にかなりの邦でベルリンやプロイセンと同様の事前検閲が導入されている。

　検閲に関係するもう一つの注目すべき事態として，子供の映画観覧の制限がある。この種の制限が実施され始めるのは1910年前後である。ベルリンでは1910年に，14歳以下の子供の映画観覧を夜9時以降全面的に――たとえ大人同伴でも――禁止するという警察命令が出されている。ついでに言えば，この全面禁止という措置には意味がある。親権観念が強い南部を中心とするカトリック諸邦では，制限が導入されても，保護者の同伴があればその限りでないとする規定を含む場合が多かった。当然ながら，適当な大人を映画館の外で見つけ，保護者同伴を装って入場する子供たちが後を断たず，規定が有名無実になっているとする批判が映画改良論者からさかんに出されることになるのである[Conradt 1910: 21; Sellmann 1912: 53f.; Brunner 1913: 19; Hellwig 1914: 136]。ともあれ，警察によるこうした制限は1914年までにはほとんどのドイツ諸邦で実施されるに至った。

　子供の観覧制限という問題は，ことがらの性質上教育関係者を一方の当事者の位置に置くことになる。実際，学校や学校当局は，警察の措置を補完ないし

先導する形でこの問題に積極的に関与したのであった。ヘルヴィヒの報告に従えば[Hellwig 1914: 87-92]，1909年から12年にかけての時期に，ドイツ各地の学校や学校当局が校則，親への通達等によって生徒の映画観覧の制限を試みている。学校の関与に見られる特徴は，単に生徒を映画から遠ざけるだけでなく，子供向け上映(Kindervorstellung)の機会を確保して映画観覧をそこに限定するという試みが多く見られることである。ハンブルクの「友の会」報告書が子供向け上映に言及していたことを想起してほしい。こうした子供向け上映の試みの例として特に興味深いのは，当のハンブルクの場合である[ibid.: 93f.]。ハンブルクでは学校当局と警察が協力し，両者の措置が補完的に作用するよう配慮がなされたという。具体的には，学校当局が中心になって50人の教師からなる委員会を作り，封切りされる全映画をこの委員会が検討して子供向け上映に適当か否かを判断した。適当と判断された映画のリストは警察によって公示され，子供向け上映を行おうとする映画館はこのリストからのみプログラムを組むことが許された。そして，子供向け上映の時間以外は，保護者を同伴しない子供の映画館入場は警察によって終日禁止されたのである。このハンブルクの例を見れば，映画および映画観覧の規制が教育的なモチーフを一つの核としていたことは明らかであろう。次に見る映画の目的利用の試みにおいては，映画改良運動の教育的モチーフはより明瞭になる。

3.2　映画の目的利用

　映画の目的利用の試みとして最も多く報告されているのは，子供向け上映の教育版とも言うべき利用形態である。当時，映画館以外のところで映画を上映することは技術的・経済的に困難であったから，実際に映画を利用しようとする場合映画館を利用するのが一般的であった。たとえばハンブルクでは，1914年1年間に，教師の引率で授業時間の一部として映画館に出かけた児童・生徒は3万人にのぼったという[Kalbus 1922: 14]。以下に示すのは，こうして生徒向け上映(Schülervorstellung)用として，1910年11月にハンブルクで試験的に行われたプログラムの一部である[Schultze 1911: 97]。

Ⅰ．高山　1. アイガーとメンヒ /2. グリンデルヴァルト氷河 /3. 映画の撮影 /4. ラウターブルンから北氷洋まで /5. ドロミテ山地を登る /6. ザクセン=スイスの岩石 /7. ザク

セン＝スイスの鷹岩 /8. 山くずれ /9. エトナ山の爆発 /10. 天然ガスの湧出地 / Ⅱ. 砂漠 1. 塩の砂漠 /2. オアシスに到着するキャラバン隊 /3. 揚水車 /4. ピラミッドとスフィンクス /5. ピラミッドに登る /6. ナイルの川船 /7. イナゴの害 / Ⅲ. 水の様子の様々 1. 静かな海 /2. 雲の上で /3. 滝 /4. 間欠泉 /5. 石灰華段 /6. 吹き上げる間欠泉 /7. ビクトリア滝 /8. 冬のナイアガラ滝 /9. ナイアガラ滝 /10. 氷採り /11. カナダの人々の冬の楽しみ /12. 海

この例からも分かるように，プログラムは，多少とも授業に関係のあるテーマを決め，このテーマに関係があると思われるかなり雑多な——しかし，子供向け上映の場合と違って娯楽的要素の少ない——フィルムを集めて構成するのが一般的であった。

この時期の生徒向け上映で最も組織的な試みの一つと思われるのは，1911年のセダン戦勝記念日の学校式典に映画を利用したマグデブルクの教師たちの実践である [Sellmann 1912: 39ff.]。マグデブルク市内の六つの学校が，各学校ごとに約2時間交替で映画館を利用して式典を行った。式典は，次のような3部構成で行われた。

> 第一部　軍隊行進曲の調べにのせて，セダン戦勝を描いた一流芸術家の絵をスライドで見せる。その後，セダン戦勝の意味について，簡単に説明する。/　第二部　ボーデン湖からはじまってライン川ぞいに北海まで，美しいドイツの国土を南から北へと旅する紀行映画を見せ，セダン会戦において父祖が守ったものが何であったかを知らせる。子供たちは熱狂して「世界に冠たるドイツ」を合唱。/　第三部　ドイツ軍の訓練の様子を写した映画を見せ，今も祖国を守る努力がなされていることを知らせる。「ラインの守り」を合唱，全員で皇帝万歳を叫ぶ。皇帝の肖像がスライドで浮かび上がるなか，「皇帝陛下に栄えあれ」を合唱，式典を閉じた。

この例にも示されているように，生徒向け上映においては，単に映画を見せるだけでなく，スライド，講話，朗読，合唱，等をそれに組み合わせることによって教育的効果を高める努力もなされた。認識の深化でなく感情の喚起を目的として映画が利用されていることも注目すべき点である。

この種の実践を試みる場合に障害となったのは，適切なフィルムをいかに調達するかの問題であった。この問題に関して最も重要な貢献をなしたのは，ドイツの教育映画運動における最初の確固たる組織とされるドイツ民衆教育普及

協会(Deutsche Gesellschaft für Verbreitung der Volksbildung)の活動であったと思われる。普及協会は，もともとはスライドを利用した講演会などを催していたが，次第に映画を活動に取り入れ，1910年には組織的に利用するに至った。普及協会は約7万メートルのフィルムを所有し(当時の映画は1本100メートル程度が普通であったから，相当多数のフィルムを所有していたことになる)，所蔵フィルムのカタログを発行した。映画を利用しようとする学校は，このカタログをもとに申請することによって，約800あった同協会の支部を通してめざすフィルムを調達することができた。映写機を借り出すことも可能であったが，普及協会の活動の中心は学校教育ではなく社会教育における映画の利用にあった。普及協会は，全国をいくつかの地区に分け，地区ごとに巡回上映会を組織して教育的・科学的な映画を上映して回った。普及協会の巡回上映会は，1912年に176回，1913年に696回，1914年には，第一次世界大戦が始まるまでの最初の7か月間に407回を数えた[Kalbus 1922: 9ff.; Ruprecht 1959: 28ff.]。

　社会教育における映画利用の有効性は行政の側も早くから認識しており，1910年には，プロイセン政府が社会教育振興のための村立映画館(Dorfkino)の設立を布告で呼びかけている。映画の目的利用のための映画館の設立という布告のめざした方向は，当時の映画改良運動の動向に対応していた。1910年前後から，映画改良の目的にかなった映画館を設立しようとする動きが現れてくるのである。こうした，いわゆる改良映画館(Reformkino)としては，1909年7月，館主のまったく個人的な努力でドレスデンに設けられたエルネマン映画館(Ernemann-Kino)が最初のものである。こけら落としにあたって館主エルネマンは，映画は優れた教育手段たりうるにもかかわらずそのことに注意が向けられていない状況であるから，これを正すために，エルネマン映画館では映画が教育手段として優れていることを実際に示してみせるのだ，と述べている[Terveen 1959: 21f.]。当日のプログラムは次のようなものであった。

　　竹づくりの家はどのようにでき上がるか/大砲の製造/木材を運ぶゾウ/白銀海岸/エジプトの旅/ヴィクトリア・レジアのにぎわい/一滴の水のなかに何があるか/蜜蜂/鳥から見た世界

　公的な基盤の上に改良映画館を設立しようとする動きも様々な市町村で現れてくる。その目的は，科学的・教育的な映画を上映することによって映画の悪

影響を食い止めると同時に，学校における映画利用に道を開くことにあった。最初にこうした計画を実現させたのは，ヴェストファーレンの町アイケルが1912年11月に開設した公立映画館であったが，その後の展開にとってより重要なのは，東プロイセンの町ステッティンで，1914年11月——つまり第一次世界大戦勃発後——に設立されたステッティナ・ウラーニアである。

　ステッティナ・ウラーニアは，一公立映画館として設立されたのではあるが，それにとどまらず，大戦勃発にともなう一時中断後に再び活発化し始めた映画の目的利用への諸努力の，いわば結晶核の役割を果たすことになった。1915年，ベルリンに政府機関として設立された中央教育研究所(Zentralinstitut für Erziehung und Unterricht)との密接な協働によって，映画の目的利用，特に教育目的での利用のための全国的な組織網がこの両者を中心として次第に形成されるのである。この点で重要なのが，ステッティナ・ウラーニアを会場に中央教育研究所が主催して1917年春に行われた，「学校と民衆教育のための映画館」をテーマとする大会である。文部省，内務省等の政府関係者や地方議会議員など，全国から241人が集まって意見交換が行われた。そこでの議論の特徴は，そもそも映画は善か悪か，映画は教育に利用可能か否か，といった類の，映画そのものの存在を問題にするような原理的で大ざっぱな議論が影をひそめ，映画の教育利用に関わる実践的・実務的な問題がもっぱら議論の対象になっていることである[cf. Ackerknecht 1918]。「映画改良」は，もはやここでの問題ではないということになる。映画改良運動の教育的モチーフは，映画そのものに立ち向かうことをやめ，劇映画を中心とする映画の主流を管轄外の事実として認めた上で，映画という現象のなかのごく限られた領域へ，つまり教育映画とその利用へと集中していくのである。こうした変化の背景には，この時期映画が娯楽装置として確固たる地歩を築いたという映画そのものの変化があったと思われる。『国民の創生』(1915)，『イントレランス』(1916)といったグリフィスの諸作品によって映画の「古典的システム」が確立した時期と映画改良運動の転換が符合していることは，おそらく偶然ではない。

　いずれにせよ，ステッティナ・ウラーニアと中央研究所の開設によって準備され，1917年春の大会において表面化した以上のような転換以後，テーマは「映画改良」から「教育映画(Lehrfilm)」ないし「学校映画(Schulfilm)」に移行

した，ということになる。「映画改良運動の形成と展開」をテーマとする本章が扱いうる時期的な上限にまで，われわれはこうして辿りついたことになる。しかし，節を改める前に，われわれがこれまで辿ってきた系列とは別の，映画の目的利用をめざすもう一つの系列を最後に一瞥しておきたい。これまで見てきたのは，民衆教育(Volksbildung)を中心とする学校外での映画利用の試みであったが，それとは別に，学校内での映画利用をめざす試みが存在したのである。

　映画利用に早くから取り組んだのは大学である。大学の講義での映画利用は映画改良運動の形成以前，1900年頃まで遡る。このことは，映画が運動の分析・総合という学術的側面を有していたことを考えれば，それほど不思議なことではない。大学の講義での映画利用は，学術研究のための映画利用の延長として始まったのである。すでに1900年に，講義用の映画製作のノウハウが植物学の専門誌に詳細に報告されている[Pfeffer 1900]。この報告の著者でもあるライプツィヒ大学の生物学教授ペファーは，微速度撮影や顕微鏡撮影による映画を彼の講義に実際に利用していたようである。1903年頃からは，彼の教え子たちがギムナジウムでの生物学の授業に映画を利用したといわれる[Ruprecht 1959: 10]。しかし，学校内での映画利用の問題が教育関係者らの関心を集めるようになるのは，やはり映画改良運動の形成以後，その枠内においてであった。

　映画教材の製作や授業へのその応用について，教師による実践報告が現れ始めるのは1909年頃からであるが[Ruprecht 1959: 53]，すでにそれ以前から，学校における映画利用の必要を強力に主張し，この問題をめぐる議論を主導したのがヘルマン・レムケであった。1907年10月，小学校の校長であった彼は，「映画改良同盟(Kinematographische Reformvereinigung)」を結成して学校教育への映画の利用に関心をもつ人々を糾合しようとした。レムケは，1908年には雑誌『学校と技術(*Schule und Technik*)』を創刊してもいる(1910年休刊)。そこに掲載された記事の内容は，スライド，顕微鏡から学校建築まで，学校に関わる技術一般を網羅している。しかし，創刊号の巻頭によせたレムケの一文「現代の図解用具」[Lemke 1908]が，当時実際にはほとんど使われていなかった映画に多くのスペースをさいていることからもわかるように，『学校と技術』誌

は映画の教育利用に特別の意を用いている。レムケは,『学校と技術』誌休刊後も著書などを通して活動を続ける。レムケによる改良同盟結成以後,各地に映画の教育利用に関心をもつ教師たちの団体が結成され,映画利用の実践も現れ始めた。しかし,映画が教材として学校のなかで日常的に使用されるようになるのは,16ミリフィルムと不燃性フィルムが開発される1930年代になってからである［Kempe 1976(1953): 18］。教師たちの努力と現実とのこのギャップは,映画を教育的意図のもとに組み入れようとする彼らの強力な欲求を暗示するものであろう。

4. 教員新聞における議論

　映画に対して教育関係者がどのような考えをもっていたかを探るのに格好の場として,ドイツ各地の教員連盟が発行していた教員新聞(Lehrerzeitung)がある。教員新聞は教員層の情報交換や世論形成の場として役立っていたと思われ,教員が直面する様々な教育問題についてのエッセイや記事をしばしば掲載している。教員新聞に映画関係の記事が現れるのは,管見の限りでは1907年が最初である。これは,ハンブルクにおいて「映画改良運動」の出発点となる「友の会」の報告書が出された年でもあり,この頃から映画が教育問題として意識されていったことがわかる。映画関係記事はその後増大し続け,1913年から14年にかけて一つのピークに達する。これらの記事を通覧して驚かされるのは,その一貫性,というか圧倒的なモノトーンぶりである。映画に関する教育的議論の大勢は,上に触れたハンブルクの報告書が設定した基本的な枠組みを一歩も出なかったという印象を受ける。その枠組みとは,(1)映画の教育的側面と非教育的側面を分離すること,(2)映画の非教育的側面——それは映画の娯楽的・美学的側面と大部分重なるのだが——を批判する一方で,(3)教育的側面に関しては,青少年教育へのその積極的利用を主張すること,である。

　(1)映画に関する教育的議論は映画の教育的側面と非教育的側面の分離から出発する。ベルリン教員連盟が発行し,ドイツ教員連盟全体の機関誌でもあった『教育新聞』からいくつかの例を挙げておこう。

第 3 章　映画改良運動の形成と展開　　　　　　　　　81

「彼［審査員ゲンシュ］は，意味ある文化領域の奉仕者としての映画と，自分の領土つまり映画娯楽における支配者としての映画を鋭く区別した」["Zur Kinematographenfrage" 1911]。

「議論は，動きのある事象の直観化手段としての映画の高度の重要性についてはまったく一致した。そして，ある映画館主が，教師は映画を拒否しているとしてそれに対する違和感を表明し，教師は映画を「侮辱」しているとさえ述べたとき，それに対しては，教師は単に映画の濫用に対して抗議しているにすぎないのだという反論が正当にもなされた」["Konferenz für Schul- und Volkskinematographie" 1911]。

「委員会［学校映画・青少年映画のためのベルリン教員連盟中央委員会］は，青少年の教化・娯楽を目的とした静止映像・運動映像（スライドと映画）の奨励・促進を目的とする。同時に委員会は，青少年に対する不適切な上映の害に対抗する努力をも行う」["Kinematographie und Projektion" 1913]。

　(2) 以上のような分離に基づいて，教育的議論は映画の非教育的側面を批判する。主に映画の娯楽的側面に向けられたそうした批判は，映画が提供する内容のみならず，以下の例に見られるように，映画が人を「表面的」にするという，その作用様式にも着目している。こうした批判は，市民的な生活様式の枠内で芸術の道徳的・教育的価値が主張された場合の正当化の根拠に，つまり，芸術受容が要求する孤独な精神集中への信頼に，立脚しているといえるだろう。

「ところが映画は，そのごった煮状態や，それが提供する知性を欠いたものによって，人を表面的にし知性を欠いたものにする。［……］目は欲望に満ちて見回すが，心は空っぽのままだ。［……］このあまりの慌ただしさや落ち着きのなさを前にしては，人は映画のなかでじっくり考えるわけにはいかない。青少年はもはや平静や静寂に至ることはない。ところがこの平静や静寂は高い道徳的価値をそれ自身のなかに有しているのである」["Kinematographenbesitzer und Lehrerschaft" 1914]。

　(3) このような軽蔑すべき側面にもかかわらず，映画は「本来」教育的な価値をもっている，という主張も，教育的議論の常套句である。映画のなかに，教育的議論は「最良の直観手段の一つ」を見出す。そのことによって映画は学校に導入可能となる。そして，次の引用にも見られるとおり，映画を教育の領域に導入しても，そのことによって「昔から守られてきた方法的原則」を見直

す必要はないことが強調される。映画を，最新式の教材教具として利用すべきことが主張されるのである。以下は，代表的な映画改良論者の一人ゼルマンが『一般ドイツ教員新聞』に寄稿した記事の一部である。

> 「映画は，多くの直観手段の一つであるにとどまらない。それは，われわれがこれまでもつことのできた最良の直観手段の一つなのである。[……]このようにして，非常に多くの教授領域にとって映画が強力な補助となることを証明することができるであろう。どれほど多くの時間を，われわれはこの最新の直観手段によって節約できることだろう。どれほど多くの力とエネルギーを，今やわれわれは本務に，根本的な問題に集中できることだろう。[……]とはいえ，もし映画が学校のなかで市民権を得ようと思うなら，それは教育の法則と要求に服従せねばならない。[……]われわれの昔から守られてきた方法の原則はここでも権利をもつ。教材を映画によって，たとえば五段階の形式段階に即して伝達することも可能である」[Sellmann 1913]。

5. 映画改良運動の教育的モチーフ

　映画改良運動は，映画に対する教育的モチーフを共通の核としながら，映画の検閲，子供の映画観覧の制限，子供向け上映，民衆教育・学校教育の場での映画の利用，そのための映画の製作，映画貸し出しの仕組みの整備，改良映画館・公立映画館の設立，等として多様な展開を見せた。すでに述べたように，映画改良運動は映画に対する市民文化の側からの最初の反応であった。市民文化の側からの反応は，まず教育的モチーフを核として編成されていったわけである。以下では，代表的な映画改良論者の主張を主題的に取り上げ，そこから映画改良運動の教育的モチーフをより立ち入った形で読み取っていきたいと思う。

　映画改良論者たちがまず力を入れたのは，すでに触れたように映画の現状を批判することであった。映画をめぐるほとんどすべての事柄が批判の対象となったが，最も熱心に批判されたのは，やはり映画作品の内容である。彼らはそれが「教育的な価値を何ら含んでいない」[Sellmann 1912: 18]として批判し，映画の検閲や観覧規制の強化を要求した。念のためにつけ加えておけば，こうした要求や批判は，映画一般，特に劇映画に関して言われているのである。映画改良論者の映画作品批判の規準になっていたのは，それが「教育的な価値」を

もつか否かであった。それにしても，映画が「教育的な価値」をもつとはいかなることか。

　この点で参考になるのは，映画改良論者が劇映画一般に対して特に厳しい態度をとっているということである。その理由はまず第一に，劇映画が——映画改良論者の考えによれば——現実を歪めて伝えているという点にあった。劇映画は，「現代の生活を映したものではなく，その奇形的で，異常で，人を興奮させるような，センセーショナルな部分を映したもの」[Conrad 1910: 33]だというのである。「あらゆる映画上映に対する第一の，最も重要な要請」として，「それが生き写しであり現実に忠実」であることを挙げるゼルマンの主張[Sellmann 1912: 31f.]は，程度の差はあれ映画改良論者に共通する見解であった。こうした観点から劇映画とはうらはらに高く評価されるのが「実写(Naturaufnahme)」である。シュルツェによれば，実写こそ「現代の映画上映の最も価値ある部分」である。「実写においては現実にあるがままの生活がわれわれに示される」[Schultze 1911: 56]のだから。映画改良論者は，この「現実にあるがままの生活」を示すという点に，映画の基本的な教育的価値を見ていたように思われる。実際，第3節で教育的な意図をもって映画を利用した例をいくつか見たが，利用された映画の多くが実写映画であったと思われる。また，映画を教材として利用するという構想において考えられていたのも，映画のこうした現実の代理としての側面，「あらゆる提示様式のなかで最も直観容易な様式」[ibid.: 10]としての映画であった。

　このような現実の代理としての映画の把握は，映画改良論者の劇映画批判を直接根拠づけているように見える。劇映画によって，歪められた〈もう一つの現実〉が作り出されてしまうことになると考えられるからである。特に現実の何たるかをまだ十分に知らない「子供たちは，映画の現実を道徳と取り違え，事実を許されたものと取り違える」[Conrad 1910: 38]おそれがあろう。ここから，一方では探偵映画や活劇映画など，犯罪と暴力と性をふんだんに盛り込んだいわゆる俗悪映画(Schundfilm)が口を極めて非難され，他方では青少年を一般向け上映から隔離することの必要が説かれることになる。しかし，「俗悪映画」は，たとえその内容が映画改良論者の言うように現実からかけ離れていたとしても，当の社会の様々な欲望をそれが反映しているという意味では大人の

社会の現実を表現したものに違いない。子供に対して隠蔽しておくべき大人の生活の俗悪な部分さえ、映画という「最も直観容易」な提示様式を通して子供は容易に「直観」してしまう。映画改良論者の一人ブルンナーの言葉を借りれば、「12,3歳の少年が、人間社会のかくも暗い像を自らのなかに受け入れてしまう」[Brunner 1913: 20]。――こうした事態は、映画改良論者に重大な問題として受け取られた。なぜなら、俗悪映画によって「子供の心の貴重な財産、つまり純粋さが破壊されてしまう」[ibid.: 38]と考えられたからである。代表的な映画改良論者シュルツェは、映画改良運動を「子供の世界を映画館のもたらす弊害から守る」ための運動として理解している[Schultze 1911: 114]。「子供の世界」を守ろうとする映画改良論者の一連の主張は、子供の世界と大人の世界の分離を前提とし、両者の接触を教育的な意図の統制下に置くことを要請するような教育意識なしには成り立ちえないものであろう。とすれば、「現実にあるがままの生活」を示すという、映画改良論者が高く評価した映画の機能を文字通りに受け取ることはできない。彼らの言う「現実にあるがままの生活」とは、すでに教育的な意図によって取捨選択されている限りでの「生活」であったと考えられる。

　映画は、教育的意図の手の届かないところで大人の世界の現実を子供の世界に大量流入させると考えられたがゆえに、映画改良論者にとって重大な問題となった。しかし、「映画の現実」は、必要とあれば手で触ることもできる生の現実と同じように体験されるのであろうか――映画改良論者は、「映画の現実」が表現している内容のみならず、その体験の質をも問題にしていた。たとえばゼルマンは次のように主張する。

　「映画には、冒険的なロマンティシズムや粗暴な空想が随所に詰め込まれているために、習慣的に映画館に行っている者は、劇映画の内容の影響で次第にあらゆる平静で明確な現実感覚を失い、まったく誤った空想的な世界像を考え出すようになる。ところがわれわれの必要とする人間は、冴えた明確な目と実践的な現実感覚をもち、生存競争を完全な冷静さと全エネルギーとをもって遂行するような人間であって、空想と願望を手に空中楼閣のような夢の世界にとどまっているごとき怠惰な連中ではない。もし彼らが、ムッとするようなサロン風の空気をもった映画という夢の世界から自分の味気ない作業場や工場に連れ戻されたら、不満とねたみが彼らの心を満たすにちがいない」[Sellmann 1912: 27]。

ここには，「写真が動く」という物珍しさによってではなく，映画がその内容によって人々をひきつけ始めた魅力の一端が，否定的な形で——「夢の世界」のなかで「平静で明確な現実感覚を失」うこととして——ではあるがたしかに捉えられている。ここで問題とされているのは，単に歪んだ「映画の現実」が作り出されるという事態ではなく，映画が「実践的な現実感覚」とは質的に異なる「夢の世界」の現実感を作り出しているという事態であろう。

映画体験はしばしば夢にたとえられてきた。映画の観客はそれが単なる映画にすぎないことを多くの場合意識しているのであるから，この比喩は完全に適切というわけではない。映画を観ている状態は，夢から醒めつつあるときにわれわれもよく経験する，それが夢であることを知りつつなお夢を見続けているという状態に似ているというべきかもしれない。夢と知りつつ，映画を観ている私は映画の世界と一体となり映画の世界のなかで一喜一憂する。ここで行われているのは，現実に働きかける積極的な活動でも，「冴えた明確な目」による合理的な認識でもない。それは，欲望が積極的な活動に転化する道を塞がれてスクリーン上に誘い出され，現実の試練を免れてそこで充足するに至るという，一種の退行過程であろう（この点について詳しくは第9章3.1を参照）。

ゼルマンが退けようと躍起になっていたのは，まさにこの退行の快楽であったにちがいない。ゼルマンによれば，「名のある学校関係者たちが懸念を表明してきたのも間違いではない。つまり，教育映画の単なる上映は，観客にとってあまりにも快適な形態で与えられ，その思考活動を，まったく，あるいはごくわずかしか要求しないために，軽薄さや思考の不活発へと至らしめる可能性がある，というのである」［Sellmann 1914: 50］。しかし，この退行の過程が十分に推し進められることによってはじめて，「観客は虚構を現実として生きうるようになる」［メッツ 1978: 109］のである。とすればゼルマンは，「古典的システム」の成立以後われわれが映画体験の当然の前提としている映画独特の——「虚構を現実として生きうるようになる」ような——現実感をも否定していたことになる。映画改良論者たちは，映画のもつ非合理的な力——映画の教唆力や感情への影響——を強調して映画批判の一つの論拠とするが，そのとき彼らが否定しようとしていたのも映画体験のこの独特の性質であったと思われる。

にもかかわらず，映画改良論者は映画一般を否定しようとはしていない。当

時すでに，映画体験の受動性や非合理性をとらえて，映画はその内容のいかんを問わず子供の思考活動を抑圧するとの意見があった。こうした意見に対して，映画改良論者の多くは批判的である。レムケとゼルマンの主張を掲げておこう。

> 映画によって「生徒は旅行を体験し自然のままの動物を見る」のであるから，見たものを生徒自身のことばで発表させることも容易になろう。「注意と観察と自己活動へと生徒を教育するこれ以上の方法があろうか」[Lemke 1911: 11]。

> 常に動く映画の画面を見る者は一つの対象に没頭することができず，したがって思考が表面的になるとの批判がある。しかし，「自然における運動の観察が人を表面的にするだろうか」[Sellmann 1914: 15]。

ここで追求されているのは明らかに映画体験と現実体験の同質性であるが，そのために映画改良論者がとった道は，当時「虚構を現実として生きうる」ようにするための諸技術の確立に向かって劇映画が進んでいたのとは違う方向を向いていた。劇映画に対立するジャンルとしての実写に特権的地位が与えられたというだけではない。映画改良論者にとっては，たとえそれが実写映画であろうと，映画が「面白く愉快」であること，「快適」であることは，そのことによって子供の思考活動が麻痺させられる可能性があるために，むしろ克服すべき事態なのである。彼らは，観客の欲望をスクリーンに誘い出すことを——のちの「ドキュメンタリー映画」の試みとは逆に——むしろ拒否しようとしていたように思われるのである。

映画改良論者の劇映画批判は，それが歪んだ「映画の現実」を作り出すという理由のみによるものではない。劇映画の生み出す「映画の現実」を支えているのが，合理的な認識や「実践的な現実感覚」ではなく，感情に働きかけて思考活動を麻痺させるような一種非合理的な過程だとする批判がその背後に存在していたと推測される。映画改良論者は，映画体験の独特の魅力を十分知りながらそれをあえて放棄するかのように，即事的な実写によって現実を再現し，映画による現実の代理体験を通して子供の思考活動を引き起こそうとした。言い換えれば，映画は，その類い稀な現実再現の作用によって思考活動を引き起こすきっかけを与えてくれればよいのであって，思考活動そのものに介入すべきではないのである（その部分はあくまで教育の手に委ねられるべきなのだから）。

映画改良論者の主張の背後に，私たちは，(1)大人の世界に対する子供の世界の保護，(2)子供の世界の保護という理念にかなう限りでの「あるがままの生活」の即事的提示，(3)それを通しての子供の思考活動の惹起，という三つの教育的モチーフを読み取ることができた。映画改良運動の諸施策の背後にもこれらの教育的モチーフを想定することが可能である。これらの教育的モチーフを活性化させ，それらを核として市民文化の側に映画改良運動を編成させたのは映画のもたらした衝撃であった。映画は，大人の世界の現実を奔流のように子供の世界に流し込むものとして，しかもその現実を，思考活動を麻痺させる退行の契機に変質させてしまうものとして，経験された。映画は，市民文化が構築してきた文化伝達と人間形成のシステム——上の(1)〜(3)が示しているような——に対する脅威として経験されたにちがいない。したがって，他でもない教育的モチーフこそが，活性化され動員されなければならなかったのである。

　もちろん，映画に関する初期の経験の実相は，本章で映画改良論者の主張を定点として整理したほどに単純ではなかった。セダン戦勝記念日の学校儀式に映画を利用したマグデブルクの教師たちの実践を想起すればよい。そこでは，他でもない映画の感情喚起的な作用こそが「教育的」に利用されていたのであった。つまりここでは，映画改良論者の表向きの論理を実践が追い越しているわけである。この実践を映画改良論者が好ましい例として紹介している以上，それは映画改良論者の論理自身のなかに対象化されぬままに浸透してもいる。本章で明らかにしえたのは，映画に関する初期の経験が活性化させた教育的モチーフの構造の，ごく一部にすぎない。

第4章　20世紀初頭ドイツにおける映画と教育
──雑誌『映像とフィルム』(1912-15) の分析──

　前章では，20世紀初頭のドイツにおいて展開された「映画改良運動」を概観し，映画改良論者の教育的モチーフを分析した。本章では，1912年から1915年にかけて発行された雑誌『映像とフィルム(Bild und Film)』に考察の対象をしぼり，映画改良運動の教育思想史的な意味をより詳細に解明することをめざしたい。映画改良運動についての教育学的観点からのまとまった研究としては，ルプレヒト[Ruprecht 1959]，マイヤー[Meyer 1978]，コマー[Kommer 1979]の研究がある。しかし，これらの研究によっては，映画改良運動の教育学的意味は十分に明らかにされていないように思われる。いずれの研究においても，映画改良運動の諸主張をひとまとまりの論理に再構成すること，再構成された論理をその後の展開──映画教育の発展であれ，メディア教育学の形成であれ，あるいはマスメディアに対する現代の教育的対応の問題点であれ──との関係で意味づけることがめざされており，この運動が20世紀初頭において有していた意味は視野の外に置かれているのである。しかし，この同時代的意味の解明を通してこそ，映画改良運動の教育思想史的な意味はより深い層において明らかになるに違いない。本章では，上述の諸研究とは逆に，映画改良運動内部の葛藤や変化に注目することによって，その同時代的意味の解明をめざしたい。雑誌『映像とフィルム』はそのための絶好のフィールドを提供してくれる。この雑誌は映画改良運動内部の葛藤や変化をかなり忠実に反映していると考えられるからである。

1. 雑誌『映像とフィルム』

　雑誌『映像とフィルム』は，映画改良運動の実践面での推進に中心的な役割を果たしたカトリック系の「写真映像社(Lichtbilderei G.m.b.H.)」が，1912年3月から15年10月にかけて発行した月刊誌である[cf. Schmitt 1979]。この雑誌

表 4.1 論文および「展望」欄で扱われたテーマ

	第 1 巻 (1912)	第 2 巻 (1912/1913)	第 3 巻 (1913/1914)	第 4 巻 (1914/1915)
映画批判・反批判	12 (4) 21%	18 (8) 17%	11 (5) 15%	4 (1) 6%
映画利用(1): 啓蒙	30 (6) 52%	42 (13) 41%	22 (6) 30%	3 (2) 4%
映画利用(2): 宣伝	-- --	1 (0) 1%	4 (0) 5%	33 (8) 49%
映画をめぐる法的問題	4 (2) 7%	10 (10) 11%	5 (5) 7%	3 (3) 5%
映画劇・映画美学の問題	7 (4) 13%	21 (14) 23%	23 (16) 34%	14 (10) 24%
その他	5 (0) 8%	11 (8) 10%	9 (6) 12%	10 (2) 16%
合計	58 (16) 100%	103 (53) 100%	74 (38) 100%	67 (26) 100%

(上段数字は論文と「展望」欄記事の本数。カッコ内は論文の数で内数)

は映画改良運動の機関誌的雑誌とみなされ、カトリック系のみならず映画改良に関心をもつ幅広い論者が寄稿した。またこの雑誌は、ディーデリヒスが明らかにしたように、「映画理論に関する戦前期の多様で膨大な議論のミクロコスモス」[Diederichs 1986: 15]でもあった。雑誌『映像とフィルム』は、映画改良運動が映画に関する理論的考察の深まりとともに原則的枠組みを越えて新たな局面へと移行する、その舞台ともなったのである。

『映像とフィルム』は各号約25頁、最初に基本的諸問題に関する数本の論文が掲げられ、以下は二段組となる。意見、報告、動向等を扱う「展望」欄、個々の映画作品を取り上げた「批評」(Ⅲ-3/4以後)、さらに「警察・法律」「文献」「技術」「法律相談室」「技術相談室」「ノート」(Ⅱ-1以後)と続く。「批評」欄にも相当の頁数がさかれたが、論文と「展望」で頁数の大半を占める。この両欄を見ることで、『映像とフィルム』誌全体の議論の傾向を把握することができる。論文と「展望」欄で扱われたテーマの概要は表4.1のとおりである。

以下では、まず映画劇(Kinodrama)をめぐる議論に考察の手がかりを求めた

い。映画劇の問題は，表に見るとおり，映画利用の問題と並んで『映像とフィルム』の全巻にわたって盛んに議論された中心テーマの一つであり，また，当時の映画をめぐる議論の焦点ともなっていた。前章でも見たとおり，映画改良運動が開始される1907年前後から，映画は，単に「写真が動く」という興味で人をひきつける縁日の見世物から脱皮し，その内容によって人々をひきつけ始めた。「映画による演劇」をめざす「映画芸術」の試みが始まり，固定された視野のワン・ショットを基本とする初期のプリミティヴなものに代って映画独自の主題やテクニックを意識した映画が現れる。さらに『映像とフィルム』が刊行される1912年頃ともなると，映画的な技術を駆使した高度な劇映画が登場し，独自の映画美学が模索されるまでになるのである。こうした劇映画をめぐる議論においても，『映像とフィルム』はその「ミクロコスモス」となっていたように思われる。

2. 映画劇の否定から肯定へ

2.1 映画劇否定の論理

『映像とフィルム』創刊号に，写真映像社の幹部であり『映像とフィルム』の編集長でもあったピーパーが「映画と演劇」と題する論文を寄せている[Pieper 1912]。この論文は映画改良運動の原則的枠組みから導かれる映画劇否定の論理をよく示している。彼によれば，映画の本来の使命は動く現実の忠実な再現にある。映画が映画劇の方向へ発展したのは「堕落」であり，この堕落によって映画は俗悪文学の兄弟になり下がっている。「映画の改良とは，したがって第一に映画劇の除去である」[5]。実写による現実描写という本来の領域に戻ることによってこそ，映画は教育・啓蒙の重要な手段となることができる，とされる。ここで注目したいのは，ピーパーの映画劇批判のきっかけとなったのが古典的な劇作品の映画化だったという点である。古典の映画化は，「シェイクスピア，シラー，ゲーテ，等の不滅の作品に対する暗殺行為」であり，「美的感受性や芸術に対する繊細な感覚と文学的な趣味を傷つける」[6]ものだとされる。映画劇批判は，市民文化の牙城たる演劇の領域にまで浸透してきた映画に対する，市民文化の側の防衛反応であったと考えられる。映画劇批

判の背後には，――ピーパーの言葉を借りれば――「その恐ろしいほどに歪められた趣味が俗悪ドラマ[……]を求めて飢え渇いている民衆(Volk)，この「大きな子供」」[5]に対する，市民文化の側の蔑視があったと考えられるのである。

　このことをよく示しているのが，同じく『映像とフィルム』編集部の一員であり，ピーパーと並んで映画劇批判の論陣を張ったレナートの，「架橋できない深淵」と題する文章である[Rennert 1912]。彼女は，俗悪な劇映画のみを求め実写映画には見向きもしようとしない民衆に直面して，次のように結論する。「一つの言葉や言い回しや間合いをわれわれにとってかくも高価なものにし，突如われわれをゆり動かす連想というものが，無教養な人(der Ungebildete)には所詮欠けているのである」[19]。俗悪な民衆文化に埋没した「無教養な人」と市民的教養を身につけた「われわれ」のこのような二分法が，映画劇批判を，また映画改良運動の原則的枠組みを，支えていたと考えられる。

　こうした二分法に立てば，映画に対する教育的対応は，市民的教養の高みから「無教養な人」を批判し啓蒙するという形を――教育が「教養」をめざす以上――とることになろう。ピーパーやレナート同様，徹底した映画劇批判の立場をとるムラフスキーの「ある教師の映画評」[Murawski 1912]によれば，「大衆(die Masse)は，良いものから組織的に切り離されているがゆえに俗悪ものを求める」のであるから，映画劇を批判し，「浄化された美的な趣味へと若い世代を教育」することが「われわれ」の課題なのである[44f.]。

2.2　映画劇の肯定へ

　第2巻の5号(1913年2月号)で，ピーパーとレナートは，ピーパーはゼルマンの著書『民衆教育者としての映画？』[Sellmann 1912]の書評において，レナートは「我発見せり」と題するエッセイにおいて，映画劇肯定の立場への転換を表明する。両者はともに，イタリア映画『父(Padre)』を観て，映画劇の可能性を確信したという。ピーパーは，その書評のなかで，この映画を根拠に，映画劇一般を拒否するゼルマンの主張だけは同意できない，とする[Pieper 1913: 124]。また，レナートによれば，「映画『父』[……]によって，教養ある人を魅了するとともに大衆にも強い影響を与えるような，芸術作品としての映画劇が可能であるという証拠が与えられた」[Rennert 1913a: 112]という。問題

はこうした映画評の当否ではなく[1]，映画劇肯定へのこの転換によって，レナートの主張の全体にかなり重大な変化が生じている点である。

　最も目立つ変化は，民衆貶価に代って，民衆とその文化を積極的に評価する観点が現れてきたことである。「我発見せり」に続いて第2巻6号に発表された「ヴィクトール・ユゴーと映画」[Rennert 1913b]で，レナートは映画『噫無情(Les misérables)』を，「強力で純粋で高貴な民衆芸術(Volkskunst)がそこに示されていた」[129]と評価する。「民衆の創造精神(Volksgenius)に根をもたないような芸術は長続きしない」とも主張される。このような民衆との結合，「全民衆への，道徳的な力としての影響行使」という点で，映画劇はギリシア演劇とさえ比較できる，という[ibid.]。映画劇の肯定に並行して，映画劇を支えていると考えられた民衆とその文化が積極的に評価されるに至っているのである。

2.3　映画劇肯定の意味

　ピーパーとレナートが示した通時的変化は，映画劇をめぐる議論の共時的構造をよく示しているように思われる。映画劇否定と民衆貶価，映画劇肯定と民衆評価とは，構造的関連を有しているように思われるのである。この前者の連関(映画劇否定＝民衆貶価)が映画改良運動の原則的枠組みを支えていたのであった。とすれば，映画劇の肯定とともに原則的枠組みの維持は困難となろう。たとえばレナートは，先に言及した「ヴィクトール・ユゴーと映画」のなかで，「映画を傲慢に拒否」し，「大衆が気にもかけないような科学的・啓蒙的映画のみを論ずる」ような「知識人サークル(die intellektuellen Kreise)」をむしろ批判する。大衆に支持される映画劇そのものが，「ドイツの青少年のなかに善き種子をまくべき」だというのである[ibid.: 130f.]。大衆に支持される映画にこそ教育的な意味を見出そうとするこのような志向は，大衆が支持する俗悪映画と，市民文化の規準に合致する望ましい映画とを排他的に対置する映画改良運動の原則的枠組みには，収まりきらない。これはまた，原則的枠組みの解体によっ

---

1) ディーデリヒスによれば，この映画『父』は，レナートとピーパーがともに所属し，『映像とフィルム』の版元でもあった写真映像社が配給した映画であり，両者はともに，この映画が当たりをとるか否かに利害関係をもっていたと考えられる[Diederichs 1986: 94]。

て，この枠組みの死角に入って従来視野にのぼらなかった類の映画問題が浮上してきたということでもある。

　映画劇の肯定は，映画自身の発展によって映画劇の廃棄といった主張が現実性を奪われつつあった当時の，映画をめぐる議論全体の傾向でもあった。『映像とフィルム』誌においても，編集部のピーパーやレナートの転換によって論調全体が一変したわけではないとはいえ，雑誌の全体的傾向としては，映画劇の是非をめぐる議論から映画劇の存在を前提とした議論へ，という傾向が認められる。そして，映画改良運動の原則的枠組みの解体は，『映像とフィルム』誌全体では，レナートにおけるよりもはるかに徹底して推し進められた。原則的枠組みのもとでは見えてこなかった様々な映画問題が浮上し，映画問題の新たな地平がそこに拓かれてくるのを見ることができる。

3. 映画問題の新たな地平

3.1 映画と現代社会

　映画劇を肯定する立場に立つ論者がまずもって探究したのは，映画劇を肯定するに足る根拠，言い換えれば，他の諸芸術に対する映画劇の積極的な独自性であった。その最も代表的な見解として挙げうるのは，外的な筋(Handlung)のスピーディな展開に，演技による人間心理の表現に重点を置く演劇と対比させて映画劇の独自性を見るものである。第一次世界大戦前の時期の最も優れた映画理論家の一人といわれるタンネンバウム[cf. Diederichs 1987]も，論文「映画劇の問題」[Tannenbaum 1914]でこの見解を支持している。彼によれば，「言葉が欠けているために，微妙な人間の性格を表現したり人間の問題を弁証法的に扱ったりする能力は映画劇からは奪われている」[ibid.: 60]。代って前面に出てくるのが，「急速調で絶え間なく展開する出来事の連鎖」である。この「出来事の連鎖」をいかに構成するかが映画劇の問題だということになる。この点で，映画は「映画のみに固有のスタイルをもった表現手段」であり，「映画芸術の発展に障害は何もない」のである[62]。

　心理的な深みを欠いた出来事の連鎖として世界を叙述するという映画劇の特質は，しばしば現代社会そのものの特質の表現として解釈された。たとえばフ

ォルヒ「映画，及びその他の場所におけるセンセーション」[Forch 1913]によれば，映画は，「外面的なものの価値をきりなく引き上げ，そのことによって事柄の内的な価値を等閑視する危険を冒している」この時代の，「まさしく時代の子」である[164]。また，アルテンローによれば，「映画による叙述の典型的な特徴である筋の急激急速な展開は，大都市居住者の欲求に完全に合致している」という[Altenloh 1913: 265]。同様のことはシェラーによっても主張されている。映画劇は，20世紀に生きる人間の必要性が生み出した「新しい芸術形態」である。それは，「時代のテンポに引き裂かれ[……]急かされ続ける人間」の「虐待された感性の休息」への欲求を，他の何物をもしのぐような強烈な印象を与えることでかえって鎮めようとするものである[Scheller 1913: 227f.]。

　ここに挙げた論者たちが彼ら自身の描く現代社会に対してとる態度，これは微妙である。少なくともフォルヒは，内面軽視の現代社会を，その「時代の子」たる映画もろとも否定しているように見える。しかし，シェラーとアルテンローの場合，現代社会の諸条件——都市化，産業化，機械化，等——は，単純に否定すべきものとして挙げられているのではない。両者はともに，「時代の子」たる映画，特に映画劇の芸術的価値を，明確に認めている。映画劇の価値を認め支持する以上，その映画劇を生み出している現代社会の諸条件を，まるで他人事のように断罪して済ますわけにはいくまい。映画劇の肯定によって，映画劇を生み出す現代社会の諸条件の外——たとえば大衆文化とは無縁の市民文化——から現代社会を断罪することは，おのずから困難となる。アルテンローにせよシェラーにせよ，現代社会の諸条件を賛美しているわけではない。しかしそれらを，彼らの考察の避けることのできない前提条件として容認してはいるのである。

3.2　大衆文化の可能性

　映画と現代社会の照応関係が意識されたのに伴って，伝統的な民衆文化(Volkskultur)の枠内で映画を捉えるレナートのような見方を一歩越え，現代社会が要求する大衆文化(Massenkultur)として映画を捉える観点が現れてくる。映画館が「庶民の劇場(Theater des kleinen Mannes)」などと呼ばれていたことからもうかがえるように，映画，特に映画劇を，本来の文化(映画劇に対しては

演劇や文学)への能力に欠ける大衆のための，一段劣った文化と捉える見方は広く流布していた。これに対して，映画劇の芸術としての独自性を主張する論者に特徴的といえるのは，映画を大衆文化として捉えながらも，大衆文化を必ずしも価値的に劣ったものとは見ていない点である。先にも言及したタンネンバウム「映画劇の問題」は，人間的な問題を深く扱いうるという点で演劇を映画劇の上位に置いている。そこではしかし，「高次の芸術と低次の芸術の一般的な区別を行うことはできない」とも主張される。映画劇の特質は現実との対決よりは現実からの浮揚にある。映画劇は，「日常の瑣事を超越する可能性」を庶民に与えるものだというのである[Tannenbaum 1914: 63]。

　アルテンローも映画と演劇を比較し，繊細・高度な演劇の世界によっては満たされなかった大衆の欲求が，映画によって満たされたのだとする[Altenloh 1913]。しかし彼女によれば，こうした演劇との比較では映画の本質は捉えられない。「映画は新しい法則を必要とするのであり，映画の本質を捉えるためには特別な構えが必要なのである」[ibid.: 226]。「『映画小屋』("Kientopp")」と題するピーチュの一文[Pietsch 1913]は，アルテンローの言う「特別の構え」の一例として挙げられるかもしれない。彼はそこで，「映画小屋とセンセーション(Sensation)とは同義である」としつつ，これまで映画批判の常套句であったこの「センセーション」なる語に，積極的な意味を付与しようとする。「あらゆる芸術が心のなかにセンセーションを引き起こすことをめざしている」のであり，映画は，現代の大衆が必要とするセンセーションを提供するものだ，というのである[313]。ここでは，映画が決定的に関与する文化全体の大衆文化化という現象が，大衆文化の側から積極的に捉え直されている。

　この同じ現象を，ピーチュとはいわば逆の方向，従来の市民文化の側から，しかしピーチュ同様積極的に捉え直したのがシェラーである。第4巻2号で，シェラーはアルテンローの学位論文『映画の社会学によせて』を批判的に書評している[Scheller 1914]。アルテンローの論文——映画に関する最も初期の社会学的研究である——は，アンケート調査に基づいて，映画観客の主力をなすのが都市の下層階層であること，映画観覧が彼らの生活条件と深く結びついていることを明らかにしている。ここからアルテンローは，映画は現代的な大衆文化の担い手となっていると結論づけた[Altenloh 1914: 95ff.]。シェラーはこの

結論を，映画は大衆のものである，と一般論を述べるだけでは不十分だとして批判する。「社会の上層・最上層の人々が，映画観客のかなりの，決して少なくない部分を構成している」からである。シェラーによれば，「映画の文化的意味を浮上させた真の内的連関」を，結局アルテンローは明らかにしえていないという[Scheller 1914: 47]。ここでは，従来の市民文化をも巻き込むような映画の文化的意味が強調されているのである。

　ピーチュにおいてもシェラーにおいても，大衆文化としての映画の擁護が市民文化と大衆文化といった二分法そのものを流動化させ，市民文化をも含めた現代文化全体の捉え直しを示唆するまでに至っている。ここに挙げたピーチュとシェラーの論は例外的であって，映画の文化的意味をこれほどまでに積極的に打ち出した論は『映像とフィルム』誌上では他に見当たらない。しかし彼らの主張には，映画問題を震源とする伝統的な文化理解の動揺が，極めて先鋭的に表現されているように思われる。

3.3　映画受容の特質

　映画が以上のように積極的に評価されることになると，映画受容を，他の芸術享受の枠組みに押し込むのでも最初から無価値と決めつけるのでもなく，その特質をより具体的・内在的に考察する可能性が生じることになる。映画改良運動の原則的枠組みのなかでは，映画観客は，映画作品の善し悪しに従ってその影響を受けるだけの受動的存在と捉えられる他なかった。これに対して，映画観客のより積極的な映画受容の様態を示唆する考察が，『映像とフィルム』誌上には現われてくる。

　たとえばシバースの調査報告「私の女生徒たちは映画作品をいかに評価しているか」[Schibas 1913]は，ヴァルター・ベンヤミンが「テストする態度」[Benjamin 1980(1936)b: 488(315)]と呼ぶことになる映画受容の特質を浮き彫りにしている。シバースによれば，映画芸術ほど「規律も能力もない大衆」を相手にしている芸術は他にない。演劇や絵画においては，観客はまず芸術自身に内在する規準や規範を苦労して学ばねばならない。ところが映画においては，「観客は映画をたしかに愛してはいるがそれに尊敬の念はもっていない。観客は自ら規範をたてようとしているのである」[37]。──グレンペ「動作劇から

映画劇へ」[Grempe 1915]は，シバースとは対照的な，映画が観客に感情移入を要請するという映画受容の特質を取り出している。演劇においては，ある完結した世界が観客に提示され，観客は知的にそれを理解する。ところが，映画劇を観るということは，知的な理解ではなく想像力を働かせてその劇の世界に参加するということなのである。したがって「そこでは，いわゆる教養のある人も，無教養な人と同じように予備知識なく映像的に，飛躍的に思考を始める」[124]。

　先にも触れたシェラーの論文「新しい幻想」[Scheller 1913]は，シバースとグレンペとがそれぞれ指摘した映画受容の特質を，統合する視点を示したものとしても解釈できる。シェラーによれば，映画においては，観客の感覚は視覚的刺激という一点に集中させられ，観客は，思考という迂回路を経ることなく視覚的刺激の受容を通して直接映画の内容を理解する。したがって，「観客の想像力はいかなる努力も感じることなく，充足のみを感じる」。しかし，これは「ぼんやりした安逸状態」を意味するものではなく，「観客の内なる視線」はスクリーン上の出来事の連鎖に釘づけにされる。こうして，「いかなる思考も押し付けられることなく，観客の感情は無心にそこに参加することが可能になる」のである。ここからシェラーは，「芸術」の伝統的な基準を映画に当てはめることを不適切として退ける。「そのようにまったく新しい心理的過程が問題となっているところでは，伝統的な規準はさしあたり適用できない」からである[229]。

4. 映画と教育

　以上のように，『映像とフィルム』誌上では，様々な点で映画改良運動の原則的枠組みを越え出るような映画問題が提出され，映画問題の新しい地平が画された。このことは同時に，原則的枠組みのなかで可能であったような映画に対する素朴な教育的対応が，困難になったことを意味するであろう。この新しい地平上では，市民文化と民衆文化・大衆文化の排他的対置という映画改良運動の原則的枠組みを支える図式は，もはや成立しえないからである。映画問題の新地平上ではいかなる教育的対応が構想されたのであろうか。

4.1 教育領域への自己限定

　まず注目すべきは，映画を漠然と現実の代用と見るような大雑把な映画＝教材論に代って，映画の教育利用に関するより精密かつ実践的な考察が『映像とフィルム』誌上では展開されたことである。そしてこのような考察は，議論の対象を，映画一般から，学校，特に授業における映画利用という限定された対象に集中させることになった。こうした傾向は，映画一般について語ることを管轄外の事柄と認めて，教育的考察を学校教育における映画利用の問題に限定するという，映画に対する新たな教育的対応を示している。

　ヴァルシュタートの論文「映画と学校」[Warstat 1912]はこのような対応の典型といえる。ヴァルシュタートによれば，映画の教育的利用が進まない原因は，学校よりむしろ，「授業の目的・目標への適応能力」を見せない映画製作者側にあるという。まるでモノのように，映画を「外から学校に持ち込もうとすることがあまりにも多かった」のである[60]。ヴァルシュタートは，映画改良運動が実現に努力してきた映画館での生徒向け上映について，学校は「その本来の目標を考慮すれば，この「生徒向け上映」にそれほど大きな関心を寄せることはできない」とする。映画の教育利用は，学校におけるカリキュラム進行から切り離された特別の機会となるのではなく，あくまでカリキュラム進行の枠内でなされるべきだからである[61]。学校の論理のなかに組み込まれた映画へと，このように考察の対象を限定した上で，ヴァルシュタートはより具体的な議論をこの限定された枠内で展開する。彼はたとえば，映画が直接生徒を教える状況を作り出すような映画利用を，「授業の機械化，産業化」であり，「現代の個人教育学(Individualpädagogik)の認識と進歩に対する，原則的な違反」だとして批判する[61]。また彼は，映画によって単なる現実の再現を見せるのではなく，典型的なものを見せることを重視する。単に何か興味を引くものを見せるということではなく，生徒が「学習すること，つまり把握と理解」が重要だからである。「映画も，授業のなかでは，思考の侍女以上のものであることは許されない」[62]——映画劇をめぐる映画一般の議論とは異質な論理をもった，教育映画に特化した議論の領域が，次第に分離独立しつつあると言えよう。

4.2 映画による戦争宣伝

　映画問題の新地平に対応するもう一つの可能性は，すでにレナートが示唆していたように，大衆的な映画劇そのもののなかに教育的意味を探ることであった。この可能性は，『映像とフィルム』においては，1914年8月に勃発した第一次世界大戦との関連ではじめて広く意識され議論されるに至った。戦争勃発後の第4巻になると戦争の問題が雑誌記事中に占める割合は極端に高くなるが，その大部分は，前掲の表にも表れているように，映画の広い意味での宣伝機能を論じるものであった。たとえばレナートは次のように主張する。「映画改良も決定的な歩を進め，あらゆる病的なもの，腐敗したもの，卑劣なものをその領域で殲滅せねばならない。ドイツ的たることが指針とならねばならない。ドイツ的とは，すなわち健全で高貴だということである」[Rennert 1914: 54]。「戦争映画」と題する別の論文[Rennert 1915]でレナートは次のようにも言う。「もし映画がそのなすべきことを適切になせば[……]ドイツの英雄的行為は全世界の上に[……]輝くだろう」[141]。

　ローゼンタール「映画政策」[Rosenthal 1915]が的確にまとめているように，映画が「多数の国民大衆の感情と気分を直接間接に決定」し，「新聞や雑誌よりも大々的かつ強力に「世論」をつくる」力をもつこと[259]，この事実が戦争の経過とともに認識されていった。映画そのもののなかに教育的意味を見出すという試みは，レナートに典型的に見られるように，映画による「健全」な国民意識の形成と戦意の昂揚という，戦争宣伝の潮流に流入ないし埋没していくのである。

4.3　宣伝と教育

　すでに見たように，ヴァルシュタートは授業における映画が「思考の侍女」たるべきことを主張していた。映画が思考の主人と化すかに見える戦争宣伝の潮流に対して，ヴァルシュタートはどのように対応したのだろうか。彼は，「愛国映画——その現状と可能性」と題する論文[Warstat 1915a]で，いかなる「愛国映画」が望ましいかを論じている。それによれば，現在望まれている「真に愛国的な映画劇」とは，「戦争がわれわれの精神的力を，麻痺させるのではなく豊かにしたのだということを示す」ような映画である[110]。そのため

には，戦争という状況のなかで個人的な幸福と全体への奉仕との葛藤に投げ込まれた人間をテーマに，この葛藤が英雄的な行為へと浄化されていくような筋が考えられねばならないという。こうした大筋さえしっかりしていれば，戦争の苦しみや，あるいは甘いロマンスが描かれていても一向にかまわないのである。また，こうした「リアリスティックな映画」とは別に，「象徴的な愛国映画」も考えられるという。これは，一般に通用している各国民のステレオタイプを利用して，「敵に対するわれわれの感情，彼らと彼らの卑劣な不法行為に対するわれわれの憎悪，われわれの軽蔑を表現する」ものである[111]。

　ヴァルシュタートもまた，戦争宣伝の潮流に棹さしていたわけである。しかしこのことによって，映画と教育に関する彼の基本的な考え方に変化が生じたわけではない。上述の論文の約半年後，ヴァルシュタートは，「世界戦争と学校映画」[Warstat 1915b] と題して，学校において現在の戦争を教える際にいかなる映画を利用すべきかを論じている。ここでも彼は，「映画と学校」同様，典型的なものを示すことの重要性を強調する。しかも，「象徴的な愛国映画」の場合とはおよそ対照的に，演出の入った戦争映画を教材とすることを拒否し，教材として使用可能な映画を，記録映画やアニメーション映画——戦線配置等を図示するためのもので，典型的なものの表示という彼の主張の具体化——に限定する。しかも，これら記録映画・アニメーション映画についてさらに，「異論の余地のない歴史研究の作業に基づくものでなければならない」[246] としている。

　ヴァルシュタートにおいては，映画劇における戦争宣伝と教育映画における教育学的要求は矛盾なく並行しているように見える。しかしより正確には，前者の戦争宣伝が後者の教育映画の自明の枠組みを構成しており，その限りでは両者は矛盾関係にない，と言うべきかもしれない。「世界戦争と学校映画」の冒頭，ヴァルシュタートは次のように述べている。「この戦争がわが民族のなかに動員した倫理的・精神的諸力を授業の充実のために取り入れるということを[……]わが学校はその自明の義務とみなしている」[ibid.: 244]。

4.4 戦争宣伝を超えて

ヴァルシュタートが戦争肯定のナショナリスティックな主張を掲げているということがここでの問題なのではない。宣伝映画によって彼自身が意図的に構成しようとした現実を，自ら「自明」の現実として受け入れるという，この循環構造が問題なのである。

戦争宣伝の熱狂に対して，『映像とフィルム』誌のなかで唯一批判的な態度表明を行なったのがミュラーである。彼の，一種の短編小説ともいうべきエッセイ「世界戦争」[Müller 1915]に注目したい。この一文は，夢・現実・映画の三者を入れ子構造のように配置することで，読む者の目を，上述の循環構造が隠蔽しているものに向けさせる。

そこに描かれるのは「私」の見た夢である。真夜中に目覚めた私が，戦争の行末を案じながら今見た夢を思い出す。——煙と炎の混沌とした風景。それは巨大な劇場で上映されている戦争映画であった。最初私はそれが他の映画では見られないほどリアルなことに感心する。突進する兵隊のすさまじい形相，敵方の兵士の恐怖の表情。「文句なしの映画」「実に完璧な役者だ」。銃剣が突き立てられ血が飛び散る。地下室に隠れたパルチザンの歪んだ顔。地下室の透き間から見上げる兵士たちの行軍，空の雲。——「ひどい。しかし見事な映画だ，そう言わざるをえまい。」しかし余りのリアルさに，私は金を払ったことを後悔し始める。修道院に押し入った兵士が僧侶を虐殺する，フランスの村人が怪我をしたドイツ兵を捕えて殺す。——とうとう私は叫ぶ。「もうこれ以上見てはいられない。これは身の毛もよだつ映画だ。」「こんな映画を上映するのは極悪人だ！」[90]

感覚を通しての直接的参加を保障することで観客の想像力を気軽に充足させてくれるはずの映画が，ここでは，まさにそうした映画の特質を通して，「私」にいわば復讐しているわけである。戦争宣伝が利用しようとしているストーリー——上に「映画化」されている出来事自体は，戦争宣伝が利用していた事件であったと思われる——の仮借のない現実の姿が「私」に突きつけられる。そのことを通して，戦争宣伝の裏にある現実を，ミュラーの「戦争映画」は一瞬照らし出す。しかし，ミュラーのこの戦争宣伝批判は，歪曲された現実に真正なる現実を対置することに立脚するものではない。突きつけられるのは

現実そのものではなく映画の映像であり，しかも浅い眠りのなかで夢見られた映画でしかないのである。彼もまた，映画劇を積極的に肯定する諸論者同様，現代社会の外部に足場を組むことを断念している。現代社会の諸条件を，この諸条件の内部から批判する可能性が，ミュラーの一文には暗示されているように思われる。

5. 教育の 20 世紀的状況

　『映像とフィルム』誌における映画をめぐる議論は，映画問題の注目すべき新地平を拓いたものの，最終的には映画による戦争宣伝の支持・推進へと収斂していった。自らが意図的に推進した，その戦争宣伝によって形成される現実が，『映像とフィルム』誌においては，議論の自明の前提，言い換えれば現実そのものになっていったのである。

　映画改良運動とその転変は，20 世紀的状況における教育の条件を象徴的に示しているように思われる。第一に，映画を支える社会的・文化的条件の外部に，そうした条件を批判するための教育学的規準を求めることは，映画改良運動において次第に困難になっていった。批判の規準を提供するかに見えた市民文化は，当の映画によって掘り崩され，大衆文化と排他的に拮抗する場ではありえなくなる。一方で映画劇の文化的価値が，他方で大衆文化による文化全体の浸潤が，否定しえない現実として認識されていった。

　しかし第二に，映画によって生み出された社会的・文化的条件を議論の出発点として認め，かつての市民文化的規準を放棄することによって，それに代る新たな規準が自動的に確保されるわけでは決してない。むしろ，教育的規準の確保は原理的な困難のもとに置かれることになろう。戦争宣伝の支持・推進において示されたように，映画がもたらした新しい状況についての認識は，内面でなく表層が重要となる大衆社会にせよ，センセーションを事とする大衆文化にせよ，あるいは思考よりも感覚に直接働く映画の作用にせよ，映画による戦争宣伝をより巧妙に組織する思想的・理論的基礎にこそなれ，それを批判する根拠をただちに与えるものではなかった。また，こうした現実を認めた上で教育学的規準を確保しようとする試みは，ヴァルシュタートに見られたように，

制度的な教育の領域へと自己限定していく。映画に関する，それ自身としては正当な認識が，新たな教育学的規準を生まぬままにかつての規準を無効化していったように思われるのである。

わずかにミュラーが，新しい条件の枠内で，不毛な教育学的文化批判を回避しながらなお批判的な規準の可能性を確保する道を暗示していた。彼は，映画によって作られた支配的イメージにもう一つの映画的イメージを衝突させ，支配的イメージによって形成された疑似現実の網目に亀裂を入れようとしていたのである。この戦略がどの程度の教育学的な可能性を現実にもっていたかについては，改めて論じる必要があろう。しかし少なくとも，雑誌『映像とフィルム』は，20世紀的状況において教育に課せられた条件を引き受けることによって，この条件に耐えうる新たな対応の試みをもめばえさせつつあった。

付論　芸術論の文脈と教育への架橋

本章で対象としたのはもっぱら『映像とフィルム』誌での議論であったが，そこから抽出した傾向は決して例外的なものではなかったと考えられる。そのことを示すために，娯楽としての，あるいは美的表現としての映画を主題にした同時代の一般的な映画批評に簡単に触れておきたい。ここでは主にアントン・ケースの編んだアンソロジー[Kaes 1978]に依拠させてもらおう。

当然予想されるように一般的な映画批評においても，映画に関する非難は枚挙にいとまがない。典型的な例を挙げておく。

> 「映画の作用は，思想と言葉の意識的で必然的な排除である。それは，空間と経過，イメージとその連続を与えるのみであり，数世紀にわたって天才的精神が関わってきた芸術形態を，図式的に外面化させるものである。大衆は思想の生まれながらの敵である。彼らを満足させるには，出来事の表面だけで十分，頭脳と魂を排除するようなイメージの論理的継起だけで十分なのだ[……]芸術的なものの最悪の敵は外面化であり，したがって演劇と映画は両極端にあって調停しがたく敵対している。というのも，前者は内面化を，後者は外面化をめざしているからである」[Osterhald 1978 (1913): 98]。

ここで注目すべきは，この批判が精神集中型の芸術受容の観念を自明の前提としているということである。このため，美学的立場からのこの種の映画批判

は，まるでアーチ橋の石積みが両岸から積み上げられて真ん中で支え合うように，教育的な立場からの映画批判とぴったりと補完し合うことになる。教育的立場は，美学的立場の出発点たる市民的な生活様式と結びついた芸術受容の構図を予想している。それに呼応するように，美学的立場は，教育的立場の出発点たる芸術の道徳的・教育的機能を予想しているのである。どちらの立場から見ても，映画はその精神や魂の欠如，その表面性ゆえに批判される。それに対して擁護されるのは，精神集中型の芸術受容が要求する「静寂」「精神」「思想」「内面化」「じっくり考えること」なのである。

ところが，映画に関する美学的な議論のなかには，市民的な生活様式と結びついた芸術受容の構図とはおよそ相いれないような映画理解も浮上している。たとえば，戯曲『息子』(1914)で父親世代に対する若者世代の反抗を描いて衝撃を与えることになる表現主義の作家ヴァルター・ハーゼンクレーヴァーは，映画を次のように讃えている。

> 「映画への敵対は誤解に基づいている。それは演劇の意味における芸術ではないし，不毛化された精神性でもない。それはそもそも理念ではない。[……]映画はアメリカ的で，思いつき的で，まがいもの的な部分をもち続ける。これが映画の大衆性であり，だからこそそれは善いのである。[……]この素朴さを，高貴な芸術の牧師的説教で台なしにすべきではない」[Hasenclever 1978(1913): 48f.]。

映画のもつ「アメリカ的で，思いつき的で，まがいもの的」な魅力と引き比べれば，「精神性」は「不毛」なものとして，「高貴な芸術」は「牧師的説教」として現れる。「精神性」や「高貴な芸術」とは無縁の映画のこうした魅力は，しばしば，それが現代の都市生活のありのままの特質を表現している点に由来するものと考えられた。

> 「おそらくベルリンは，それ自身，映画館のごとき生活，巧みに構築された「機械的人間(homo machine)」しかもっていないのである。[……]そしてベルリンの悪趣味は，少なくとも現代的な悪趣味である。それは，最も趣味のよい非現代性よりも常にましなのだ。なぜなら，そのなかには発展の可能性が眠っているのだから。／そうした発展可能性は，私の信じるところでは，悪評さくさくたる映画のなかにも眠っている。映画は，少しでも近づいて見れば，われわれの時代を特徴づける非常に含蓄のある表現であることがわかる」[Friedell 1978(1912): 43]。

以上のような映画擁護の主張においては，最初に挙げた映画批判とは対照的に，精神集中型の芸術受容の構図からはみ出るような映画の特質が積極的に評価されている。そうした特質，たとえば「思いつき的」であることや「現代的な悪趣味」であることは，精神集中型の芸術受容の構図と支え合っていた類の教育の概念とは，とうてい相いれないであろう。ここでもまた，第1章で『ブッデンブローク家の人々』のハノーに即して見たような，現代的な美的経験の浮上とともに「教育理論の古典的要素が疑わしいものとなる」という事態が生じているわけである。ただし映画の場合，教育的議論と美学的議論のアーチ型の補完関係をつき崩すようなこうした事態は，唯美主義の場合とは違って，ハノーのような特権的な個人のなかで生じているのではない。それは，個々人の選択とは別の場所で，映画というメディアがもたらした帰結として生じているように思われるのである。

　市民的な芸術受容の構図からも，唯美主義的態度からも逸れていく映画の特質を，美学的立場から考察した代表的な一例として，1913年のジョルジ・ルカーチのエッセイ「映画の美学についての考察」を挙げることができる。ルカーチはまず，映画が美学的な考察の対象となるべき問題であることを，次のように主張する。

　「このままでは私たちは概念混乱の状態から抜け出せない。何かしら新しくすばらしいものが私たちの時代に生まれたのである。ところが，それをあるがままに受け取る代りに，あらゆる可能な手段を使って寸法の合わぬ古いカテゴリーにそれをはめ込み，真の意味や価値を奪い去ろうとする努力がなされている。人々は今日，「映画」を，時には直観教授の道具として，時には演劇の新しい安価な競争者として理解している。つまり，一方では教育学的に，他方では経済学的に理解している。しかし，新しい美は美に他ならぬということ，その定義や評価は美学の役割であるということ，このことに思い至る人は今日ほとんどいない」[Lukács 1978(1913): 112]。

　では，映画独自の美学的特質とは何か。ルカーチによれば，役者の「現前（Gegenwart）」——役者が現にそこに存在するということ——の欠如が，映画の本質的な特徴をなしている。ところが，この役者の現前が，「演劇のあらゆる作用の基本条件」をなしているのである。演劇において描かれる運命がリアルなものとして経験されるのは，役者の現前によってその運命が体現されるか

らなのだ。映画にはそれがまったく欠けているために，ルカーチによれば，「「映画」の世界は，背景も深みも，重さや質の違いも欠いた生である。［……］それは，規準も秩序も，本質も価値も欠いた生であり，魂を欠いた，純粋の表面からなる生である」［113f.］。「魂を欠いた，純粋の表面からなる生」——市民的な芸術受容の構図に立脚する論者なら真っ先に断罪すること必定のこうした特質は，ルカーチにとっては，演劇のような従来から存在するジャンルとは異なる表現の可能性を映画がもつことの積極的なしるしとなる。彼は次のように言う。

　「「映画」は，単なる筋を表現するだけで，その根拠や意味を表現しない。その登場人物は運動をもつのみで運命をもたない。［……］人間はその魂を失ったのだが，その代りにその身体を獲得するのである」［115f.］。

　ここには，映画表現の特質と同時に映画受容の特質も語られているであろう。映画——ここで論じられているのは言うまでもなく無声映画である——の世界は，そこに登場する人物の運命や魂を精神集中によって理解せねばならぬ対象としては観客の前に現れない。表面的な——言い換えれば，身体運動以外を表出しない，不透明な——身体が生み出す無根拠な事柄の継起として映画の世界は受容される。他ならぬこの点に，映画の美学的な核心が認められているのである（これは，のちにバラージュが映画における「視覚的人間」の優位として展開した見方［Balázs 2001（1924）］と同型的である）。

　先のアーチ橋の比喩にあえて固執すれば，一方の美学的な岸から，市民的な芸術の観念とはおよそ異なる仕方で石積みが始められている。それに対応する（かもしれない）教育的な論理とはどのようなものであろうか。ルカーチ自身は，次のように述べて，自らの美学的考察が伝統的なタイプの教育学的な議論とは相いれないことを確認するのみである。

　「言うまでもなく，［映画は］自分に疲れた人の気晴しのための舞台であり，娯楽のための場所，最も巧妙かつ洗練されていると同時に最も粗野で原始的でもあるような娯楽のための場所であって，どんな形であれ教化（Erbauung）や高尚化（Erhebung）の場所では決してない」［117］。

しかし，映画の論理に対応するような教育の論理は，それと気づかれないだけですでに存在しており，場合によっては教育の実践を駆動していたかもしれな

い。——こう述べることで私が念頭に置いているのは先に見たニーチェの教育論である。ニーチェの教育論においては，教育的コミュニケーションのなかに不透明な個人が浮上していた。この不透明な存在を，不透明なままに統御可能にすることがメディアの課題であり，そのためにニーチェはレトリック的に理解された言語をメディアとして投入した。そしてそのことによって，感覚・感情のレベルにまで働きかけ，不透明な存在から能動性を引き出そうとしていたのであった。このような介入のパターンには，映画による作用と同期していく部分があるかもしれない。これについては第Ⅲ部以降で探りを入れていくことにしたい。

第5章　芸術教育と映画批判
―― コンラート・ランゲの場合 ――

1. ランゲの二つの顔

　コンラート・ランゲ(Konrad Lange, 1855-1921)は，芸術享受の本質を「意識的自己詐術」(bewußte Selbsttäuschung)に見る美学説を唱えて世紀転換期のドイツで名を知られた芸術学者であった。彼は，『ドイツ青年の芸術教育』[Lange 1893]，『芸術教育の本質』[Lange 1902]等の著作によって芸術教育運動に深く関与した。1901年の第一回芸術教育会議にも参加し，リヒトヴァルクと並んで大会全体を方向づける綱領的な講演を行っている[Lange 1966(1902)]。ランゲの名は，初期の芸術教育運動を代表する論者の一人として，ドイツ芸術教育運動史のなかで必ずと言ってよいほど言及される。他方，ランゲは映画についての批判的論評でも知られ，1920年にはそれまでの主張をまとめた大著『映画，その現在と未来』[Lange 1920]を著している。彼の名は，映画史・映画理論史においても，映画の芸術性を否定しようとした反動的な人物としてではあるがしばしば顔を出す。最近では，映画史家の小松弘がランゲの映画美学に注目し，反動的な映画芸術否定論者として簡単に片づけるわけにはいかない映画への優れた洞察がそこに見出されることを説得的に示した[小松 1986]。

　このように，これまでランゲについては，彼の芸術教育に関する活動と映画批判の活動とがそれぞれ別個に研究の対象となってきた。この両者の関連を扱った研究は管見の限りでは見られない。本章では両者の関連に注目したい。そして，両者の関連の解明を通して，20世紀初頭ドイツの教育論議において〈美〉の次元と〈メディア〉の次元がいかなる構造的配置のもとに置かれていたかについて一定の展望を得たいと思う。

2. ランゲと芸術教育

2.1 目標としての「美的享受能力」

　ドイツの場合——に限られないかもしれないが——，芸術教育運動の功績は，「子供のなかの創造的なもの」[Scheibe 1978: 143]や「子供独自の表現様式」[Flitner 1992: 62(64)]を発見した点に帰せられるのが通例である。そうした子供に内在する能力の発見によって，芸術教育運動は新教育一般の原理たる児童中心主義に具体的かつ実践的な根拠を与えたのだとされる。大人を凌駕する芸術的表現の能力が子供のなかに眠っているのだとすれば，芸術教育に必要なのは，その能力のできる限り素直な発現を助力するのみだということになる。〈知識伝達〉という問題と手を切りがたい他の教科に比べて，芸術教育の領域は，子供の表現を助力するという形で児童中心主義の原理を最もたやすくかつ純粋に実践に移すことができるように見えるのである。

　しかし，ドイツ芸術教育運動史のより詳細な研究が示してきたように，事態はそれほど単純ではない。子供の芸術的表現が中心テーマとなるのは，ほぼ第一次世界大戦後の時期に相当する芸術教育運動の「第二期」である[Hein 1991: 207ff.]。それ以前の時期——「第一期」——には，第1章で言及したリヒトヴァルクに典型的に見られるように[Lichtwark 1898]，芸術教育運動を支えた人々は芸術の世界に子供をいかに導き入れるかを芸術教育の中心問題と考えたのであり，こうした立場から，機械的な図画の授業や美術史的知識の伝達を中心とする芸術教育を批判した。

　リヒトヴァルクと並んで芸術教育運動「第一期」の代表的理論家と当時認められていたのがランゲであった。「彼[Lange]はドイツの芸術教育家の最前線に立っており，そのエネルギーと影響の大きさで彼をしのぐのはリヒトヴァルクのみである」——これは，ドイツ芸術教育運動の，おそらくは最初の歴史記述をものしたヨハネス・リヒターの証言である[Richter 1909: 99]。造形芸術をテーマに開かれた第一回芸術教育会議での講演で，ランゲは「第一期」の努力に綱領的な表現を与えた。つまり，「われわれの努力を統括する理念」は「美的享受能力(die ästhetische Genußfähigkeit)への子供の教育」[Lange 1966(1902): 21]だというのである。芸術を尊重しつつ享受することのできる「良き素人」の育

成が芸術教育の目標となる。そのためには「すべての人間のなかに萌芽として存在する芸術感覚を目覚まし育成する」[22]必要があるが，これを可能にするのは「手取り足取りの訓練や外面的な反復練習」ではなく，「事柄への喜びと愛」[24]である。美的享受能力への教育自体が享受(Genuß)，つまり楽しみとなるべきなのである。したがってランゲは，幾何学図形の模写を中心とする当時広く行われていた機械的な図画教育の方法を厳しく批判することになる。

　芸術教育の目標となる美的享受能力について，ランゲは芸術教育会議での講演では特別説明を加えていない。しかしこの概念が，彼の言う芸術享受の本質――意識的自己詐術――と深く結びついていることは疑いない。彼の主著『芸術の本質』によれば，芸術の直接の目的は快感情(Lustgefühl)を引き起こすことにあるが，芸術が引き起こす快感情は美食や香水が与えるような非芸術的な快感情とは明らかに異なる。これは，実際にはそうでないのにあたかもそうであるかのように感覚するという幻想(Illusion)が，芸術において決定的な役割を果たしていることによる。平面にすぎぬ絵画のなかに，われわれは立体的な人物や風景を感覚するのである。ランゲによれば「絵画の最も重要な幻想は［……］空間幻想である。それはつまり，平面的な像を見ているにもかかわらず，その像に表現された対象とともに，その対象が置かれた三次元的な空間が完全な奥行きをもって表象されるということである」[Lange 1907: 80]。

　ところが，この幻想を，たとえば蠟人形館がそうであるように実際の詐術(Täuschung)にまで高めようとすれば，かえって美的享受に耐えない際物ができ上がる。絵画の平面性のような「幻想阻害要因(illusionstörende Elemente)」が意識されているということが美的享受にとって不可欠なのだ。幻想阻害要因が存在するにもかかわらずあえて想像力を働かせて幻想を生み出すという意識的自己詐術が，芸術を芸術たらしめている核心なのである。「芸術作品を芸術作品として理解すること，つまりその幻想阻害要因を意識的に知覚することは，美的享受にとって，単にその前提というだけでなく不可欠の構成要素でもある」[ibid.: 247]ということになる。――以上から，ランゲの言う美的享受能力が，単なる感覚的享受を越えた相当複雑な意識的操作を必要とすることは明らかであろう。いかなる意識的操作をランゲは考えていたのであろうか。

2.2 制作活動の重視, 図画教育の批判

　上に述べた芸術教育運動「第一期」の特徴と一見矛盾するようであるが, ランゲは芸術教育における制作活動の役割を重視した。レールスはこの点に, ランゲの芸術教育へのアプローチが「その洗練の度合いにおいてぬきんでていた」ことのしるしを見ている[Röhrs 1980: 78]。レールスもそこで参照しているとおり, ランゲの制作重視をよく示しているのは1893年の著作『ドイツ青年の芸術教育』である。ランゲはそこで彼の図画教育の構想を詳細に展開した。彼の図画教育構想が批判の的にしたのはシュトゥールマン(Adolph Stuhlmann)に代表されるような機械的な図画教育の方法である。ランゲによると, この機械的な方法は, 明確な目的も方法もなく単に絵を描かせるだけ, といった旧来の図画教育を批判して出てきた新しい方法である。ところが, 批判が行きすぎて「その[図画授業の]学問的な側面を不当に前面に押し出し, 芸術から一つの学問を作り上げてしまった」[Lange 1893: 104]。その結果, 「図画の授業は今や多くの子供たちにとって喜びではなく苦痛の種」[104]になっており, 彼らは「自然についての生き生きした直観をもつことも, 芸術についての理解をもつこともなくギムナジウムを去る」[105]結果になっている。こうした「図画授業の衰弱」の原因は「あらゆる芸術的なものの暴力的な圧殺, 数学的なものの極端な強調」[114]にある。「それは応用幾何学であって, 本来の幾何学との違いは, 図形の線が定規でなくフリーハンドで描かれ, また証明が必要とされないという点にあるにすぎない」[114]。

　このように口を極めて批判する際にランゲが念頭に置いていたと思われる「シュトゥールマン法(Methode Stuhlmann)」——このように普通名詞化するまでに当時普及していた——とはいかなるものだったのか。その基本的な考え方を, ハンス＝ギュンター・リヒターの記述[Richter 1981: 18-25]に従って簡単にまとめておきたい(リヒターが引用しているシュトゥールマンの著作原文を重引する場合は以下『　』で表記する)。

　シュトゥールマンも, 創造的な活動としての想像力が『芸術の楽しみ』[Richter 1981: 19]にとって決定的に重要であることを認めていた。ただし, 創造的(produktiv)な活動は再現的(reproduktiv)な活動と結びついており, 『まったく新しいものを創造することはいかなる人間の力をもってしても不可能』[19]

第5章　芸術教育と映画批判　　　113

図5.1　シュトゥールマン法の「方眼紙」[Richter 1981: 20]

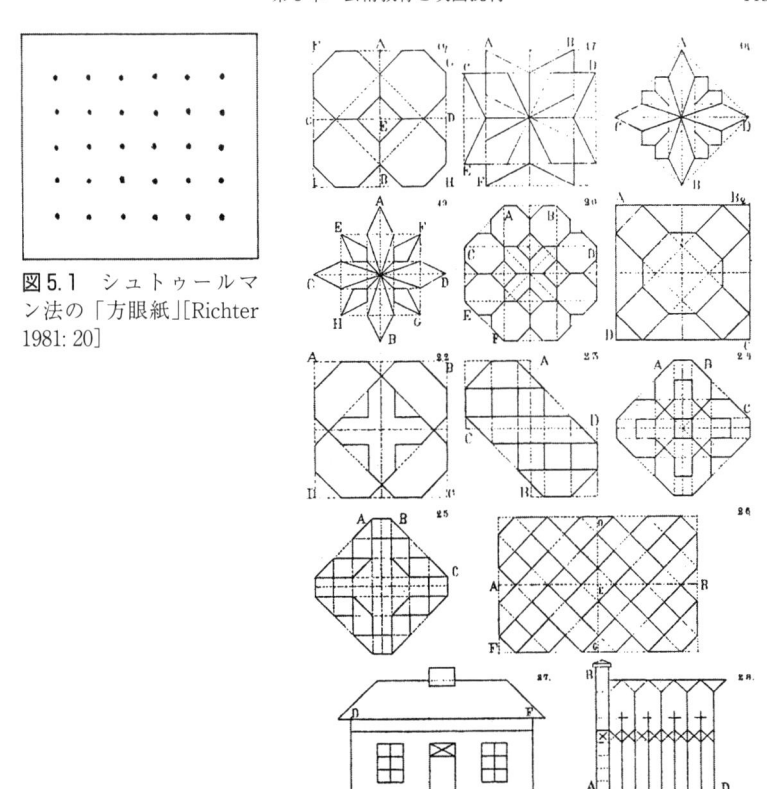

図5.2　シュトゥールマン法による描画[Richter 1981: 22]

である以上，創造力の発達のためにはまず再現的な活動が必要である。そのためには身近な事物を描くということが考えられるが，シュトゥールマンの見るところ，立体を描くのに必要な遠近法や面の陰影が理解できるようになるのは12歳前後である。それ以前の図画授業は遠近法や陰影をマスターするための技法上の準備練習に徹するべきなのである。こうして，『低学年における授業は，ごく単純な幾何学図形を大きく越えることは不可能である』[20]という結論が導かれる。具体的には，図5.1のような10〜15ミリ間隔に点を打った一種の方眼紙の助けを借りて，十字を描くことから始めて図5.2のようなかなり複雑な紋様を描く訓練がなされる。リヒターは現代的視点から次のようにこの

方法を批判している。「絵を描き造形し遊ぶ子供たちをよく見て子供たち自身の「方法」から学ぶかわりに，彼[シュトゥールマン]は単純な線の数学(Linien-Mathematik)のごときものを上から子供たちに押しつけようとした」[21]。

このリヒターの評を見れば，ランゲの図画授業批判が現代的妥当性をもつことがわかる。これに対して，ランゲ自身の構想は，芸術教育運動についての現代的評価——「子供のなかの創造的なもの」や「子供独自の表現様式」の発見——の規準にかなうとはとうてい考えられない。たしかに，ランゲは図画授業において子供の内発的な力が尊重されるべきことを強調している。「図画は強制や反復練習によってではなく，興味を目覚ますこと，個人的な才能に対応することによってのみ教えることができる。[……]少なくとも芸術においては，個人的な衝動や個人的な才能にできる限りの自由な余地を与えてほしいものだ」[Lange 1893: 110f.]。そもそも，「われわれは子供たちを，何よりも自立性と創造的な活動へと教育したいと望んでいる。子供たちは，他の人間が彼ら以前に考えたり作り出したりしたものを機械的に受け入れることに馴らされるべきではない。彼らはむしろ，自分自身で考え，自分自身で作り出し，自分自身で新しいものを発展させることを学ぶべきなのである」[143]。

しかしランゲの場合，このような内発的な力の強調は，その内発的力の，表現に図画授業の課題を見出すという方向には向かわない。ランゲの構想に従うと，図画授業はまず，「図式化された平面図形の形をとった生活形態」[133]，つまり椅子や机など身の回りにある事物を平面化して描いた図形を，手本に従って描くことから始まり，次にそれに木の葉の模写[143]が加わる。ここで重要なことは「こうした教材が厳密に平面描画の限界内にとどまること」[144]である。ランゲによれば子供は最初奥行きを十分に知覚できないのであり，それが可能になる10～12歳までの時期は平面描画という限界を「越えることは許されない」[144]。10～12歳以降——ランゲが主な考察の対象としているギムナジウムの学齢とも重なってくる——は，平面から立体への移行が図画授業の中心課題となる。できるだけ単純な立体に近い「生活形態」(たとえばサイコロ型の家)を選んで描くことから始めて，次第にそうした立体を結合した複雑な立体へと進んでいくべきだという。陰影をつける技法はギムナジウム第4学年から導入される。「ここではじめて，対象は平面から抜け出てモデルに完全に

対応した姿をとるようになる」[156]。陰影づけの技法は慣習的なものであるため，生徒は自分自身でこの技法を発見することはできない。そうした技法の習得を通して，「生徒は，［……］表現すべき物体の自然な印象を最も忠実に再現する技法が最良の技法だということを，個々の事例に即して経験する必要がある」[158]。さらに，上級３学年では，「遠近法と陰影論のより厳密な指導」[164]がなされるとともに，石膏像や裸体像の模写，花を描くことを通しての色彩の表現が導入される。

2.3　現実の表象と自己詐術

　以上に見られるとおり，ランゲが考える図画授業の内容は，彼があれほど批判したシュトゥールマン法に，拍子抜けするほど近似しているのである。身近な「生活形態」を取り入れることで生徒の興味をつなぎ止めようとする工夫は見られる。しかし，手本に従った平面的で図式的な描画がまず練習されるべきだとする点では，シュトゥールマン法と変わるところがない。何よりも，様々な描画の練習が，ランゲの言う「最良の技法」の習得へと至る段階的プロセスのなかに位置づけられているという点で，両者の構想は同一のパターンを示している。目標となる「最良の技法」とは「自然な印象を最も忠実に再現する技法」であり，シュトゥールマンにおいてもランゲにおいても立体の印象の再現が目標として特に重視された。図画授業の内容を考える場合，自然な印象を忠実に再現するために現実を表象する様々な技法を伝授することが，自明の前提となっていたのである。

　この〈現実の表象〉という理念が図画授業において当時いかに強力な規制力をもっていたかは，たとえばケルシェンシュタイナーの画期的な研究『描画能力の発達』[Kerschensteiner 1905]に確認することができるであろう。この研究でケルシェンシュタイナーは，子供の描画の膨大な経験的資料に基づいて，描画能力の発達段階を画定しようとした。まさに「子供独自の表現様式」に注意が向けられたのであり，ハインはケルシェンシュタイナーのこの研究を，芸術教育運動の「第一期」と「第二期」を橋渡しするものと位置づけている[Hein 1991: 191ff.]。ところが，「子供独自の表現様式」へのこのような注目にもかかわらず，ケルシェンシュタイナーが再構成した発達段階は現実の表象という理

念の正当性を裏書きする結果に落ち着いた。ケルシェンシュタイナーによれば，子供の描画能力は，図式的な表示から平面的な描写へ，さらに立体の表現へと発達していく[Kerschensteiner 1905: 15-19; 山﨑 1993: 198f.]。この発達段階の図式は，シュトゥールマン=ランゲ的な図画授業の構想に正確に対応しているであろう。ここで問題なのはそうした発達段階の図式が正しいか否かではない。子供の発達を構成するといわれる無限のデータから，何が発達段階の図式を構成するデータとして抽出されているかが問題なのである。ケルシェンシュタイナーは，他ならぬシュトゥールマン=ランゲ的な図画授業の構想を——したがってまた現実の表象という理念の正当性を——裏書きするようなデータを，子供の描画能力の発達や図画授業にとって意味ありとして彼の収集した膨大な資料のなかから抽出した。彼が——「記憶画」の重視という注目すべき例外はあるとしても[山﨑 1993: 212f.]——「自然ないしは現象に忠実な描写を描画能力の発達の終点，したがってまた図画教授の究極目標」[ibid.: 198]とみなす立場にとどまったことは以上からも明らかであろう。

ランゲもまた，現実の表象というこの強固な理念に従う形で図画授業の内容を構想した。子供の内発的な力は，「最良の技法」へと子供を導くための原動力あるいは手段として重要ではあっても，その表現を手助けしさえすればよいような，目的としての価値をもっていたわけではなかった。めざされるのはあくまで「最良の技法」の習得である。ただしランゲの場合，現実の表象を可能にすべきこの「最良の技法」の習得は，芸術教育そのものの目的ではない。ランゲは，彼の考察の中心にあるギムナジウムの場合，図画授業の目的が「実務的な活動——たとえば建築家やエンジニアに求められる作図（引用者注）——のための準備ではなく，芸術一般の理解のための準備であるべき」[Lange 1893: 138]だということを強調している。「われわれが望むのは，芸術についておしゃべりができ，美術史に出てくる一連の年代や名前を暗記しており，どんな場合にもそれにふさわしいレッシングの名句を引用できるようなギムナジウム卒業生ではない。われわれが望むのは，芸術に対する生き生きした感情をもち，芸術的創造の本質を自らの実践から知っているような卒業生である」[86]。

「芸術的創造の本質」を知るためのこうした実践として，図画授業は位置づけられていたと思われる。「芸術的創造の本質」は，ランゲにおいては意識的

自己詐術を引き出すことにあった。また，二次元の平面に三次元の空間を表象することは，ランゲによって絵画芸術の核心にある詐術として位置づけられていた。このように見れば，図画授業の構想において彼がなぜあれほど平面から立体への移行にこだわったのかも理解できる。現実を表象するためのそうした技法の習得は，芸術作品のなかに実現されている現実の表象を，意識的自己詐術として追遂行するための最良の通路と考えられていたに違いない。とすれば，制作活動における現実の能動的な表象は，美的享受における一見受動的な表象を，その本来的な能動性を強調するような形で再現しているのである。すでに見たように，美的享受は幻想阻害要因を必要とする。この幻想阻害要因は，たとえば二次元の平面からあえて三次元の空間を表象するという，表象の意識性・能動性を保障するためにも不可欠の障害として想定されていたと，そう考えることも可能である。意識的自己詐術を可能にしていたのは，単なる現実の表象にとどまらない，現実の意識的・能動的な表象であった。制作活動は，美的享受能力の育成というランゲの芸術教育構想のなかに，表象のこうした意識性・能動性を明示する不可欠の構成要素として組み込まれるのである。

3. ランゲと映画批判

上にも言及した主著『芸術の本質』第2版(1907)で，ランゲは映画についても論じている。小松も指摘しているように［小松 1986: 3］，これはランゲの映画批判として最も早い時期のものだというだけでなく，学問的な文脈での映画への論及としても極めて早い例外的な事例であったと思われる。第3章でも述べたとおり，ハンブルクで映画対策の報告書が出されて「映画改良運動」と呼ばれる映画批判の社会教育活動が各地で始まり，映画が——ネガティヴな形ではあれ——まともな議論の対象と認められるようになったのが，同じく1907年だったのである。

3.1 非-芸術としての映画

ランゲが映画に言及するのは，『芸術の本質』の第11章「意識的自己詐術としての美的幻想」においてである。ランゲはそこで，芸術享受の核心が「意識

的自己詐術」にあるとする自説を提示したのち，反証例となるように見えるいくつかのジャンルを検討している。蠟人形や写真と並んで映画が挙げられるが，ランゲにとって映画は特別の意味をもっていたように思われる。蠟人形や写真の場合，幻想阻害要因が存在すること，したがってまた意識的自己詐術がなされることを認めた上で，そこに見られる幻想阻害要因の性質が問題にされる。蠟人形や写真において生起する幻想阻害要因は純粋に技術的な性質のものであって，その背後に「芸術家の人格の観念」が想定できないがゆえに真の芸術享受をもたらさないのである[Lange 1907: 265]。ところが映画においては，幻想阻害要因それ自体の，欠如が問題となる。現状では音声や色彩をもたない映画であるが，そうした技術的限界が克服され，「映画のイメージが意識にとっては自然とまったく一致するような時代がやがて来るであろう」[267]とランゲは予測する。それが，映画のめざしている技術的完成の目標状態なのである。ところが映画という技術がもつこのようなベクトルが映画から芸術としての権利を奪うことになる。「意識的自己詐術」に訴えることなく物理的に目をごまかそうとする試みは，たとえ完璧に成就しなくてもそれを試みるだけで「純粋な美的享受を締め出してしまう」[246]。もちろん物理的に詐術を試みるという点では，先に示唆したとおり蠟人形館も同断である。しかし，ランゲにとって映画は，そうした詐術の完成可能性を，つまり，観客が「芸術ではなく現実の自然を見ていると信じる」[267]ような状態の実現可能性を，はじめて射程内に捉えたジャンルであったと思われる。映画による現実表象の――将来見込まれる――完璧さゆえに，意識的自己詐術という意味での「美的な幻想は，まったく不可能になってしまう」[268]であろう。

　以上のようなランゲの映画理解はその後も変わることがなかった。1912年の講演「倫理的・美的観点から見た映画」[Lange 1912]のなかで彼は次のように主張している。「映画が努力しているのは，現実の完全で残りのない再現を提供するということである。形態，色彩，光線，運動，空間，音，等々といった自然のあらゆる特性を表現し現実に厳密に対応して再現することに映画が成功すればするほど，映画が様式をもつことは少なくなり，芸術からますます離れることになる。映画の進む道は芸術への道ではなく，そこから離れ，逆の方向へ進む道である」[38f.]。映画は，その本性上，芸術たりえないのである。

「映画は，その本性の全体からして芸術とは何の関係もなく，それどころか芸術敵対的であるということは［……］どれだけ指摘しても十分とはいえない」［38］。ランゲの映画改良的主張を支えたのも，こうした非-芸術としての映画の理解であった．

3.2 映画改良

前章までで詳述したとおり，1907年頃から，青少年を映画の悪影響から守ろうとする様々な活動——青少年の映画観覧の制限，映画検閲の強化，青少年向けの映画上映，模範映画館の設立，等——がドイツ各地で展開される．「映画改良運動」と呼ばれるこうした活動は1913～14年に最初のピークを迎えた．ランゲは，映画を非-芸術とするその美学的立場に立脚した評論活動を通して，この「運動」の一翼を担った．ランゲが強調したのは厳格な映画検閲の必要である．映画を非-芸術とするランゲの美学的立場は，二重の意味でこの検閲強化の要求を支えていた．非-芸術たる映画に，たとえば演劇に認められているような検閲猶予を与える必要は何らないし，また，映画は芸術のもつ仮象性格をもたないためにその内容が現実そのものとして直接観客に悪影響を与えることになり，より厳格な検閲を要する，というのである．

こうしたランゲの主張を示す典型的な例として，雑誌『グレンツボーテン』に掲載されたエッセイ「映画劇場の「芸術」」［Lange 1913］を見てみよう．ランゲはそこで，映画の道徳的作用については検閲が可能であるが美的作用は検閲になじまないとする，法学者ヘルヴィヒ（Albert Hellwig）——彼もまた映画改良運動の理論的支柱であった——の比較的リベラルな立場を批判している．「ヘルヴィヒが犯している最大の過ちは，上映される映画を［……］芸術作品として扱っていることである．映画は芸術作品ではないし，純粋に外面的な根拠から言っても芸術作品ではありえないのである」［ibid.: 512］．たとえば演劇において，殺人，姦通，親殺しといった，現実ではとうてい許されぬ行為が演じられているにもかかわらずその悪影響が云々されないのは，行為が仮象の性格をもっており，舞台，照明，独特のせりふ回し，等々によってこの仮象性格が強調されているからである．演劇のそうした様々な装置は「感情のための保護壁を作り出し，それによってわれわれは，あまりにも残酷であることの多いストー

リーに対して自由の意識を確保することができるが、この自由の意識を欠いてはいかなる美的作用も考えることができない」[514]。ところが、「まさにこの保護装置が映画には欠けている。[……]一言で言えば、われわれが映画のなかに見るものは芸術ではなく現実である。それはたしかに演技された、つまり役者によって演じられたシーンを撮影したものであるが、芸術的な手段によって現実から引き上げられていない」[514]。このため「殺人映画や性的映画は[……]興奮しやすい人間、特に子供や無教養な人々に、現実のもつ野蛮な力をもって作用を及ぼさずにはいない」[516]。映画の道徳的作用と美的作用をヘルヴィヒのように分けることはできない、ということになろう。「映画劇の美的な低劣さが、まさにその倫理的に堕落させるような作用の主要原因」なのだから。したがって「映画劇は芸術なのだから警察の監視に対して保護されねばならない、といった偏見からわれわれは解放される必要がある。逆であって、映画劇は芸術ではないのだから保護される必要もないのである」[516]。

3.3 映画のメディア的特性

　当然予想されるように、以上のようなランゲの映画理解は映画理論史上ではまことに評判が悪い。映画の芸術としての可能性を見抜くこともできず、既成の美学の権威をかさにきて検閲強化のお先棒をかついだ反動的理論だ、というわけである。ところが近年、小松弘は、「今では全く読まれなくなってしまっている」[小松 1986: 3]というランゲの大著『映画、その現在と未来』を詳細に分析し、意図せざる形で映画の美的特性を正しく捉えた先駆的映画理論としてこれを再評価した。小松によれば、ランゲは、一方で「動く写真」という基本的特性から言えば映画は芸術たりえないと芸術としての可能性を否定しつつ、他方、この「動く写真」から生まれる映画の諸ジャンル——自然映画、笑劇、メルヘン、パントマイム、等々——については、それらが芸術として成立する可能性を探ろうとした。こうした矛盾は、ランゲが「映画の本質的な部分を——正しい方法によってではなかったにしろ——自覚していた」ことの現れに他ならないという。「映画は理論的には非芸術、あるいは伝統的芸術ではなく、そして経験的・理想的には芸術であるとするランゲの理論の分裂」は、「映画自身の分裂した性格」、つまり「機械的・技術的再現を本性としながら、そし

て何よりも産業的でありながら，それでも表現的であるという分裂，極めて20世紀芸術的な分裂」[14]の表現なのである。さらに小松によれば，「映画芸術の肯定性を押し進めるような研究や映画芸術を賛美するような詩的文章に比べてランゲの理論がより説得的なのは，まさしくランゲが映画における否定性，理論における否定性に意識的であった結果である」[15]。

　ランゲが「映画における否定性」，つまり伝統的芸術の枠からはみ出る映画の特性に注目していたことは上に示した。そのような特性は，映画が「現実の完全で残りのない再現」をめざすことによって意識的自己詐術を無用にする点に認められた。晩年の大著『映画，その現在と未来』でもこの点が強調されるが，このたびは，伝統的芸術とは異質な「再現」を可能にする，映画の機械的技術としての特性に目が向けられている。ランゲによれば，実際には動くことのない絵や彫刻に動きを見るために意識的自己詐術を要求する芸術と違って，映画において「私は運動をすでに知覚によって，平面上を動く光と影を見ることによって体験する」。その結果「観客の高度の精神的活動は脱落し，それに代って純粋に外的な，まったく要素的な知覚が座を占める」ということになる[Lange 1920: 62]。したがって制作者の側にも絵や彫刻の場合のような芸術的な創意は要求されない。制作者が手にしている「機器（Apparat）がまったく自動的に運動そのものを再現してくれる」のであり，「このことを可能にしているのは純粋に技術的なもの，つまり動く写真という発明である」[63]。

　ランゲがここで言い当てている映画の特性は，ヴァルター・ベンヤミンが「複製技術時代における芸術作品」（1936）において示唆した〈メディア〉としての映画の特性——現実への直接的接近を仮構する機械装置（Appratur）としての映画[cf. Benjamin 1989(1936): 374(616)]——とよく一致している。ただしランゲは，ベンヤミンがこうした映画のメディア的特性のなかに現代芸術のパラダイムを見たのとはまさに逆に，そのメディア的特性ゆえに映画を芸術の領域から原理的に排除しようとしたのであった。にもかかわらずランゲが映画の特定のジャンルのなかに美的表現の可能性を探ろうとしていたことは小松が指摘するとおりである。ランゲが美的表現の可能性ありと見たジャンルを，それ以外のジャンルから区別する示差的な特徴は何だったのだろうか。この点を考察することで，小松の洞察を今一歩推し進めてみたい。

3.4 映画のメディア的特性と美的可能性

　まず指摘しておくべきは，非-芸術としての映画に対する先に見た批判が，舞台劇をモデルに舞台劇以上にリアリスティックに物語を表現しようとする映画劇(Kinodrama)——あるいは，言うところの「芸術映画('Kunstfilm')」——にもっぱら向けられていたという点である。映画劇の試みは，現状では音声の欠如という条件を適切に考慮に入れていないために独自の様式を築きえず[Lange 1920: 83]，将来的には表現が現実そのものとして享受されてしまうために意識的自己詐術を封じてしまい[69]，いずれにしても美的表現の規準を満たしえない。これに対して，ランゲが美的表現の可能性を認める映画ジャンルは，まず「自然映画(Naturfilm)」，つまり演出を伴わない実写映画である。自然映画自体を芸術作品と呼ぶことはできないが，映画に適した，動きのある対象——動物，スポーツ選手，遊ぶ子供，等——を選び，明瞭さやリズムを重視することによって芸術に近づくことはできる。観客はそこで自然を享受するのと同じ状態に置かれるからである。「自然映画は人々を自然の美的観照へと教育する」[77]。したがって当然，自然映画においては撮影に演出を加えるべきでない，とランゲは強調することになる。「そのようにして動きを撮影する際に最も重要なことは，言うまでもなく自然を人工的に変更しないことである。運動は本来の姿で，つまり自ずから推移するままに撮影されるべきである」[75f.]。

　しかし，演出を伴った映画一般が否定されるわけではない。「「芸術映画」にも美的な可能性は存在している」とさえランゲは言う。ただし，「わが映画産業はこれまで奇妙な思い上がりからこの可能性に目を閉ざしてきた」[100]。ランゲは，映画産業が追求している映画劇の方向，つまり物語のより自然でリアリスティックな表現とは，まさに逆の方向に映画劇の「美的な可能性」を展望しようとしている。「抽象化された，あるいは様式化された自然の表現」がそれである。「自然のこうした抽象化としてはとりわけ誇張，つまりカリカチュアがある」[102]。こうしてランゲは，誇張やカリカチュアを旨とする笑劇(Burleske)を，芸術としての映画の重要なジャンルとして挙げることになる。彼は次のように言う。「映画の一つの使命は，カリカチュアを様式の構成要素として再び広く認めさせ，それを特に身ぶりのなかで形成し洗練することにある，というのが私の確信である」[105]。こうした叙述からわれわれはただち

第 5 章　芸術教育と映画批判　　　　　　　　　　123

にチャップリンを思い浮かべるが、ランゲが挙げる実例はエルンスト・ルビッチュの「牡蠣の王女」(1919)である。それは「下品なものを動きの途方もない誇張によって止揚し、しかもそれをまったく映画的な様式によって実現した素晴らしい一例」[106]だという。「この種のコメディは、たとえそれが内容的には大したものでなかったとしても、やはり純粋に芸術的なものだと私には感じられた」[106]。演出を伴った映画で、なおかつこのように芸術的でありうるようなジャンルとして、ランゲはさらにトリック映画とメルヘン映画を挙げている。この両者は、技術的にはともに「自然の変形と偽造」という映画の可能性に立脚している。人が突然消えたり変身したり、あるいは分身が現れたりといった、現実にはありえないことがまったく自然に実現される。このような表現は、「すべてがまるで飛ぶようにすばやく進行するがゆえにとりわけ芸術的である」[107]。——自然映画、笑劇、トリック映画、メルヘン映画。ランゲが「美的な可能性」を認めるこれらのジャンルに共通し、ランゲが非-芸術として批判する通常の映画劇に対置されるべき特徴は、あるとすればどこにあるのだろうか。

　興味深いことに、ランゲは——映画劇が「子供の現実感を失わせる」[Lange 1920: 44]ことを警戒し「映画劇の全廃は可能である」[94]とさえ述べるにもかかわらず——「自然の変形と偽造」を伴うトリック映画やメルヘン映画が青少年に有害であるとは見ていない。

> 「こうした突飛な話や戯画化が、青少年に危険であるとは私には思えない。そうした表現を頻繁に見ることによって子供が現実の誤った空想的な理解になじんでしまい、彼らの目に映る現実が変造されてしまうのではないか、という広く普及している意見に私はまったく同意できない。こうした意見は、人々の生活の様子を偽造するセンセーショナルな映画劇にはたしかにあてはまる。しかしメルヘンについては、メルヘンの本質が現実の変形にあるという理由からしてすでに、そうした意見は当たらないのである」[108f.]。

こうした「現実の変形」を当然の前提的了解とするという点で、メルヘン映画と笑劇は共通しているという。

「現実と芸術形式との乖離は，芸術的幻想一般を特徴づけるものであるが，メルヘンにおいても，またすべての空想的な素材においても同様に明瞭に現れる。カリカチュアに立脚するコメディの場合がそうである」[109]。

笑劇，トリック映画，メルヘン映画は，そこに表現される内容の現実離れに疑いをさしはさむ余地がないために，かえって幻想阻害要因を確保することができる。それらのジャンルは，ランゲが人工的な演出を厳しく戒めた自然映画の場合とは逆の意味で，やはり現実の意識的・能動的表象という理念を毀損しないのである。われわれはここで，ランゲの映画批判が彼の美学理論に忠実であり続けているという事実を確認できるだろう。彼が美的可能性を認めた映画のジャンルはいずれも，現実の意識的・能動的表象という理念を毀損しないがゆえに，美的享受の要件たる意識的自己詐術を可能にする構造をそなえている。自然映画であれば美的幻想の出発点となる現実の表象がそれによって与えられることになるし，笑劇その他であれば，明らかに現実離れした内容の享受のために意識的で能動的な操作——軽々と自然に進行しはするが実際にはありえない非現実的な物語を，にもかかわらず仮構的な現実として楽しむという意識的自己詐術——が要求されるからである。

4. ランゲにおけるメディア・美・教育

芸術教育と映画批判という一見無関係なテーマが，コンラート・ランゲという一人の理論家によって扱われるのをわれわれは見てきた。この二つのテーマを，ランゲは意識的に結びつけて議論しているわけではない。しかし，この二つのテーマについてのランゲの議論のなかに，われわれは双方を包括するある同一の構造——双方において扱われる対象領域を，相交わることのない排他的な領域へと配置するような構造——を認めることができる。

芸術享受の本質を意識的自己詐術と捉える美学理論によって，ランゲは芸術教育と映画とをともにこの美学理論の枠内で扱うことができた。芸術教育は意識的自己詐術を可能にするための前提を子供のなかに形成する働きと捉えられたし，映画は意識的自己詐術を不可能にするそのメディア的特性ゆえに批判の対象となった。このような映画批判によって，ランゲは，否定的な形ではあ

れ，〈メディア〉の次元を彼の美学理論のなかに組み込んでいたのであった。もっとも，これを単に「否定的」と呼ぶのは適当でないかもしれない。ランゲの映画美学は，小松が強調したように，そしてわれわれも上で見たように，芸術享受を可能にするような諸ジャンルを映画のなかに積極的に見出そうと試みていたからである。しかしこの試みは，原理的には〈メディア〉の次元上にある映画——現実への直接的接近を仮構する機械装置としての映画——から，美的享受の規準にかなう部分をジャンルという形で切り崩し，〈美〉の次元へと運び出すという作業によってなされた。〈美〉の次元へと奪取されるジャンルは，演出を厳密に排除し，したがって断じて「仮構」ではない自然映画であり，あるいは「仮構」であることが最初から明示されており，したがって「現実への直接的接近」とはなりえない笑劇，トリック映画，メルヘン映画であった。〈メディア〉の次元上には映画のメディア的特性を純粋に体現した映画劇が残されるが，こうして取り残された〈メディア〉としての映画は〈美〉の次元からきっぱりと切り離され，検閲によって取り締まるべき対象へと格下げされるのである。

　映画の諸ジャンルの以上のような〈美〉と〈メディア〉への排他的配置は，上にも述べたように意識的自己詐術という美的享受の規準を満たすか否かによってなされている。われわれは，この規準を作動可能にしていたのが現実の意識的・能動的表象という理念であったことを想起すべきであろう。二次元平面として知覚することも可能な画布の上に，あえて三次元空間を表象するという表象の意識性・能動性が，はじめて美的享受を，つまり意識的自己詐術を可能にすると考えられた。これに対して，ランゲが批判してやまぬ映画劇の場合，〈メディア〉の次元でなされる知覚によって表象のプロセスが完結してしまうために，現実の意識的・能動的表象も，ひいては意識的自己詐術も存立の基盤を奪われるのであった。

　このように見るなら，芸術教育と映画批判に関するランゲの理論的試みは，全体として，映画という〈メディア〉によって引き起こされつつある表象の撹乱，つまり，意識的・能動的にコントロールできない機械的技術が知覚のレベルに侵入し表象の成り立ちを支配するという事態に，〈美〉の次元に拠って対抗する試みとして解釈することができるであろう。このような試みの具体化さ

れる場が〈教育〉であった。ランゲは，芸術教育によって青少年を〈美〉の次元へと引き上げ，そこにしっかりとつなぎ止めようとする。同時に，検閲によって青少年を劇映画から遠ざけ，彼らを〈メディア〉の次元への取り込みから守ろうとするのである。このように，〈美 vs. メディア〉というランゲの美学理論における対立が最も明瞭に現れる場が〈教育〉であった。

　以上のような〈メディア・美・教育〉の構図は，言うまでもなくコンラート・ランゲという一理論家の理論的試みを再構成した結果にすぎない。しかし，以上のような構図——〈美〉による〈メディア〉の封じ込め，この封じ込め政策が顕現する場としての〈教育〉——が，今世紀初頭ドイツの教育論議を整理するための範例として役立つのではないか，というのが私の作業仮説である。「範例」という言葉は，上述の構図がその後の教育論議において支配的な役割を果たした，ということを言おうとするものではない。むしろ，上述の構図を範例とすれば，その後の議論はそこから急速に離反していく。すでに述べたように芸術教育運動の「第二期」に入って「子供のなかの創造的なもの」や「子供独自の表現様式」が芸術教育の原理になったとすれば，現実の表象という理念はもはや芸術教育を支えることも〈メディア〉に対する対抗の原理となることもできず，〈メディア・美・教育〉の構図もまた変容せざるをえないであろう。変容の大まかな方向を述べておけば，〈美〉と〈メディア〉の排他的対置が崩れ，両者が〈教育〉のなかで相互浸透を起こすに至る。映画のもつ美的な，感性レベルに介入するような作用が，教育的な意味をもったものとして認知されるようになるのである。こうした展開を追うことが第Ⅲ部以降の課題となる。しかし少なくとも，そうした変化を測定するための仮の座標軸として，本章において再構成した構図は役立つであろう。

第Ⅲ部　知覚と教育
―― 教育の感性論的展開　1918〜1933 ――

第Ⅲ部　序

　第Ⅲ部では，大衆民主主義が本格的に花開き，映画も大衆文化・大衆芸術としての地位を確立したワイマール期が考察の対象となる。この時期の教育論に目立つ特徴として，知覚や感情といった感性のレベルが教育論の対象として浮上してくるということがある。その背後にはおそらく，第Ⅱ部での映画をめぐる議論からも垣間見られた，大衆民主主義と総力戦の時代における社会統合という課題が存在している。この課題に対しては，ニーチェの教育論が先取り的に一つの対処策を提示していた。不透明な存在から能動性を引き出すために〈メディア〉を投入する――そしてそのことによって感性のレベルにまで作用を及ぼす――という対処策である。同様の作用様式は，映画と教育をめぐる議論において映画のなかにも見出されていくことになる。
　教育論のこうした感性レベルへの定位は，現代的状況とも直接つながるアクチュアリティをもっている。第6章では，感性レベルに教育論が定位することの現代的意味を示す上で格好の「注意」という概念に着目しよう。そしてその上で，本書の歴史記述の出発点であった1800年前後の状況に今一度立ち返って「注意」という概念の変遷を追う。このことによって，主体の不透明化という19世紀に進行したプロセスを，われわれは感性論という基底的なレベルで再確認することができるだろう。1920年代の映画教育論は，こうした変化を暗黙のうちに前提とした上で，映画というメディアを通した感性レベルへの介入の可能性を探っていたように思われる。
　第7章では，芸術教育とアカデミズム教育学との錯綜した関係を，1920年代初頭からナチズムのとば口まで追跡していく。急進的な芸術教育論のなかには，〈美〉を規準とすることで制度化された教育を揺るがすような論理が形成されていた。これに対して，アカデミズム教育学の主流派は，〈美〉の管轄権を芸術という一文化領域に限定することでそうした急進的な主張を封じ込めようとした。ところがアカデミズム教育学の内部にも，民衆的な芸術をテコにして民衆と教養人との間の断絶を解消するという，芸術教育論の急進的主張に通

じる目論見がめばえていたのであった。アカデミズム内部のこの対立は，伝統的な市民的教養の正統性を前提にして能力付与を重視する主流派と，市民的教養の理念がもたらした国民分断の現実を直視して教育の社会統合的機能に希望を託そうとする急進派の間の対立として整理できる。能力付与と社会統合のこの相克を前にアカデミズム教育学は立ち尽くす他なく，その間隙を縫ってナチズムに直結するような教育学構想が姿を現してくる。

　第8章では視点を変え，1920年代の美的アヴァンギャルドの震源地の一つとなった建築学校バウハウスに焦点を絞って考察を進める。バウハウスで相前後して準備課程を担当したイッテンとモホイ=ナジの教育理論を対比的に検討することで，新教育とは異なる別の意味論的な文脈を要請するような教育理論がそこにめばえていた，ということを明らかにしたい。これは，20年代のアカデミズム教育学や芸術教育論――それらが致命的な袋小路にはまっていく様を第7章で見ることになる――に対する，可能なオールタナティヴを探る試みでもある。ただし，バウハウスに見出されるオールタナティヴも，人間をその機能性に解消するという点で重大な限界をもっていた。

第6章 教育問題としての「注意」
——その歴史的文脈と1910〜20年代ドイツの映画教育論——

1. 注意——現代教育論の隠れた焦点？

　フランソワ・トリュフォー監督の映画『野生の少年』(1969)は、「アヴェロンの野生児」に関するイタールの報告[Itard 1994]をかなり忠実に映像化している。1800年に南仏アヴェロンで発見され、高名な精神科医ピネルによって教育不可能と診断された獣のような少年。イタールはこの、彼がのちにヴィクトールと名づける少年を何とか教育しようと試みる。彼の実践報告は、障害児教育の古典であるとともに、「教育可能性」発見の原風景ともなっている。

　映画『野生の少年』を見る者は、「注意」が、イタールの試みにとっていかに重要な意味をもっていたかに気づかされるだろう。背後で扉が閉まる大きな音には何の反応も示さない少年が、鏡に映ったリンゴを目で追い(つまり、対象に正しく注意を向け)、手で取ろうとする。イタールがヴィクトールの教育可能性を確信したのはこのときであった。やがてイタール——映画では監督のトリュフォー自身が演じている——は、ヴィクトールの好物を使って注意を操作し、教育的に利用することに成功する。伏せた状態の銀製のカップが三つ。そのうちの一つにクルミを入れ、そのままカップをずらして位置を入れ替える。どのカップの下にクルミがあるかを言い当てられれば、出てきた好物は「彼の注意に対するささやかなごほうび」[Itard 1994: 28(43)]となるのである。第一報告の末尾あたりで、イタールは彼の実践を以下のように総括している。

　　「注意の能力がない(incapable d'attention)と信じられていた人間が、わずか9か月という短い期間に、このような好ましい変化を遂げたということは重要な点として認められるだろう。そして、教育は可能だと結論できるだろう」[Itard 1994: 56f.(75f.)]。

　イタールの時代とは違って、現在、「注意」という概念は、「興味」「関心」「意欲」といった隣接する用語が教育界を跋扈しているのとは対照的に、教育

の場で積極的な役割を果たしているとは言えない。しかし，この概念は，教育をめぐる現代の議論においても，その隠れた焦点となっているのではないか。そう思える徴候を思いつくままにいくつか挙げてみたい。

　まず思い浮かぶのは「ADHD」である。近年教育の場でも頻繁に登場するこの語には，言うまでもなく「注意」という概念が含まれている。その正式名称は「注意欠如・多動症(Attention Deficit/Hyperactivity Disorder)」である。障害学でいう障害の「社会モデル」［星加 2007: 36ff.］を敷衍すれば，こうした「障害」のカテゴリーは，単に個々人に関わる特性記述の束なのではなく，当該社会で求められる有能性との対比において，そのいわばネガとして括り出されたものと解釈できるだろう。「ADHD」を含め，対人コミュニケーションに困難を来すような人格上の諸特性が「発達障害」として括られる。「ちょっと変わった子だけど……」「偏屈な人ではあるが……」などと鷹揚に構えるだけでは済まなくなり，治療とは言わないまでも専門的な対処が，そうした人たちに対して必要だと考えられるようになってきた。その背景には，対人コミュニケーションのより繊細な制御を求める現代社会の要請があると考えられる。要請されるコミュニケーションのレベルが上がり，またその要請自体も強くなったために，なだらかに統合されていた部分が「障害」として括り出されたということである。このように見れば，「ADHD」流行の背後に，「注意」に対する社会的要請の高まりを想定できるかもしれない。

　実際，私たち自身の日常生活を振り返っても，「注意」は明らかに希少な財になりつつある。携帯電話や電子メールを日常的に使っている人にとって，一つの事柄に長時間注意を集中することは至難の技であろう。現代の中高校生にとっては，友人からのメッセージに瞬時に返事を返すことが友情の一つの印になるらしい。授業が成立するためには注意の集中が必要なのに，ケータイを野放しにすれば生徒の注意は散漫になってしまう。したがって授業中にケータイを使うことは厳禁ということになる。しかし皮肉なことに，メッセージに即時対応するという行動は，対人コミュニケーションのより繊細な制御という，先に述べた現代社会の要請へのある種の順応なのである。——ここには，注意をめぐる技術的・社会的・教育的条件の輻輳を想定できるだろう。注意を希少な財にするような技術的条件が生まれ，このことがなおさら注意の社会的な価

値や必要性を際立たせる。しかも，少なくとも学校教育に関していえば，注意——より正確には，教える側の意図に従って学ぶ者の注意を操作すること——は，イタールにとってと同様，依然として教育成立の条件となっているように見えるのである。

　こうした日常的な状況とは一見かけ離れた徴候もある。発達心理学や認知心理学における「注意」への着目である。発達心理学の領域では，親が見ている対象に子供も注意を向けるといった「共同注意(joint attention)」が，1970年代後半以降，乳幼児の発達の重要な要因として注目され研究されてきた[cf. 大藪 2009]。他者の意図を理解して注意を向ける乳幼児の対人面での有能さ——ピアジェによる幼児の自己中心性の想定とは裏腹の——が浮き彫りにされ，自己-他者-対象という三項関係のなかでの認知発達や言語獲得のメカニズムが研究されている。他方，認知心理学の領域では，「選択的注意(selective attention)」が，心と世界を結びつける不可欠の要因として研究対象になっているようである[cf. Pylyshyn 2011: 59ff.(93ff.)]。知覚心理学の入門教科書が紹介するところでは，長い歴史をもった雑誌『知覚と精神物理学(*Perception and Psychophysics*)』が，創刊50年目に当る2009年に『注意・知覚・精神物理学(*Attention, Perception, and Psychophysics*)』とタイトルを変更した[Hagendorf et al. 2011: v]。「注意」が重要な研究対象として浮上している様子をうかがい知ることができるだろう。

　本章では，以上のように錯綜した「注意」をめぐる現代的状況を，歴史的な展望のなかに位置づけるべく試みたい。すでに冒頭で，私たちは19世紀初頭の「アヴェロンの野生児」の物語に手がかりを求めた。しかし「注意」をめぐって現在につながるような教育論の布置が成立してきたのは，それよりもあとの19世紀後半以降のことと考えられる。以下では，まずそうした歴史的な経緯を概観し(2, 3)，続いて，具体的なケースとして1910〜20年代ドイツの映画教育論を取り上げる(4)。19世紀末に出現した映画という新しいメディアに対しては，教育的見地からの反撥が世界各国で起きた。ドイツでは，第Ⅱ部で見たように，そうした反撥が「映画改良運動」と呼ばれる社会運動にまでなり，そこから映画と教育の関係をめぐる原理的考察が展開していった。この映画と教育をめぐる議論において，無視できない役割を終始演じたのが「注意」の概念であった。注意を希少な財にする技術的・社会的条件の成立と教育論におけ

る注意の焦点化という，現代的状況の一つの原型を，私たちは 1910〜20 年代ドイツの映画教育論から取り出すことができるだろう。

2.「注意」の歴史的文脈

2.1 「注意」に関する哲学的考察

　西洋における「注意」概念の歴史を概観すると[Neumann 1971]，この概念をめぐっては大まかに二つの対立する見方が形成されてきたことが分る。注意の起源を主観の内部に見るアウグスティヌスに由来する見方と，外部に見るデカルトに由来する見方である。「注意」に関する哲学的考察の起源は，普通アウグスティヌスに求められる。アウグスティヌスによれば，感覚印象の意識的な知覚はそれが記憶と結びつけられることで成立するが，この結合を可能にするのは意志の働きであり，この働きが注意なのである。注意を内発的な意志の働きと見るこのアウグスティヌスの主意主義的な見解を西欧中世の哲学は引き継いだ。

　これに対して注意の別の側面に光を当てたのがデカルトであった。『情念論』における「驚き」——それは六つある基本的な情念のうちの一つである——についての考察で，デカルトは次のように述べる。「「驚き」とは[……]精神をして，まれで異常なものと見える対象を注意して見ることに向かわせるものである」[デカルト 1967: 447 (§70)]。たしかに，何かに驚いたとき，われわれの注意は，意志の働きの介在なしにその何かに引きつけられている。ただしデカルトは，こうした「驚き」が新たな知識を獲得する出発点になることを認めつつ，新奇なものに目移りして終わるというその欠点をも指摘する。そこで必要となるのが注意の意志的なコントロールである。「われわれの意志は悟性を強制して特別な反省と注意とに向かわせることがいつでもできる」[ibid.: 450 (§76)]からである。このように，デカルトにおいては，注意を外発的なものと見る感覚論的な「注意」概念と，内発的なものと見る主意主義的な「注意」概念とが併存しているのである。

　デカルト以後の「注意」概念の歴史は，デカルトにおいて併存していたこの二つの見方が，それぞれ独立に展開していく過程として再構成可能である。主

意主義的な側面を展開させたのがスコットランド学派やメーヌ・ド・ビラン，感覚論的な側面を展開させたのがコンディヤック，ヘルバルトらである[Neumann 1971: 637-643]。展開の過程では両者が接近する局面も見られる。また，両者の統合の試みもなされる。たとえばライプニッツの「統覚(apperception)」という考え方——それはカントやヘルバルトにも受け継がれる——は，そうした統合の試みである[ibid.: 642]。統覚は，知覚に注意を向けることによって成立する知覚の意識的把握であり，内発的であるという点で主意主義的な側面をもつ。同時に，統覚はあくまで知覚に随伴する働きであり，知覚の生起なしにはそこへと向かう注意もない。したがってそこには感覚論的な側面も保持されているのである。

　以上のように，デカルト以後の「注意」概念の展開は，注意の起源を主観の内部に求めるか，それとも外部に求めるか，という二分法的な図式に従っている。「統覚」による統合の試みも，やはりこの二分法を前提にした上で両側面の結合を試みているのである。「注意」は，一貫して意識と世界の接合部分に位置づけられてきた（「選択的注意」に関する現代の研究もこれを受け継いでいる）。しかし，まるでそこに切り立った分水嶺が走っているかのように，「注意」に関する考察は意識の側と世界の側とにたえず分断されてしまう。

2.2　19 世紀における「注意」の意味転換

　19 世紀後半になると，前項で述べた伝統的な二分法の図式を破るような「注意」の構想が浮上してくる。その経緯を鮮やかに描き出したのがクレーリーの『知覚の宙吊り』[Crary 1999]である。この大著は，前著『観察者の系譜』[Crary 1990]と並んで，注意に関するその後の歴史的・思想史的研究に大きな影響を与えているように思われる。以下，クレーリーの研究をもとに，多少の私見を交えつつ，注意をめぐる現代的状況の成立を粗描したい。

　クレーリーによれば，「注意」をめぐる新たな構想が浮上してくる前提には，19 世紀前半に進行した，視覚のカメラ・オブスキュラ（暗箱）モデルの崩壊がある。内界のスクリーンへの外界の映像の射影として視覚を捉えるのがカメラ・オブスキュラモデルである。ところが，視覚的イメージは，1830 年代にヨハネス・ミュラーが明らかにしたように，現実の光とは無関係に電気刺激や化学

薬品によっても引き起こすことができるのである。こうした現象は，外界の内界への射影としての視覚という前提そのものを崩してしまう。「視覚のカメラ・オブスキュラモデルの崩壊と，生理光学の出現とともに，次第に，知覚は外界イメージの相対的に受動的な受容能力の問題ではなくなり，知覚の形成に貢献する観察者による編成や，その能力の問題になった」[Crary 1999: 155 (153)]。──これはおそらく，われわれが第Ⅰ部で〈美〉の観点・〈メディア〉の観点から観察した不透明性の浮上を，「注意」という観点から言い当てたものである。

　19世紀後半の心理学が「注意」を主要な研究対象として発見していったとき，注意はまさにそうした主観の側の能力の中軸をなすものとして捉えられていた。心理学者たちは，この注意という移ろいやすい対象を，実験によって取り押さえ厳密に測定しようとした。たとえば瞬間露光装置タキストスコープを使って複数の文字や数字を瞬間的に見せ，記憶や推論といったあらゆる夾雑物を取り除いた純粋な注意の能力──人はどの程度のものに同時に注意を向けることができるか──を測定することが試みられた。タキストスコープは，「主観の心理生理学的能力が定量化可能だというイメージを許すようなデータを産出」してくれるがゆえに，「統制された実験という理想の，模範例となった」[305(287)]。

　注意を固定的なものとして定量的に測定するために投入されたタキストスコープは，いくつかの点で逆に注意の可変性や不安定性を露わにしているように思われる。第一に，タキストスコープに託された注意の定量的測定の試みは，「知覚を合理化し，注意状態の管理を可能にする知を獲得するための，多岐にわたるプロジェクトの一環」[306(288)]であった。注意に関する定量的研究は，労働の合理化と生産性の向上──注意を集中させ反応速度を上げるために労働環境をいかに整備し労働者をいかに訓練すべきか──のためのデータを提供する。これによって「注意と反応における特定の病理学的な欠陥」[309(290)]があぶり出されることにもなる。注意の定量的測定の試みは，注意の可変性(向上・訓練の可能性)と不安定性(病理的欠陥の可能性)を露呈させるのである。

　第二に，タキストスコープに「連結」させられ反応を測定される被験者の姿は，主観の側に想定された注意という能力が，実は機械装置によって浸透され

ているという事態を象徴的に示しているだろう。その姿は，カイザーパノラマの箱の中を覗き込んで異国の風景などに目を凝らす観客の姿を彷彿とさせる。「カイザーパノラマも［連続写真によって運動を分析した］マイブリッジの作品も，外部によってコントロールされる変数によって注意反応の選択とリズムが決定されるというモデルを表していた」[147(143)]。ここには，ヴァルデンフェルスが現象学的な観点から注意を「中間現象(Zwischengeschehen)」と呼んだ事態が如実に表れている。

> 「われわれの注意を引く何かに支えを求めることも，注意を向ける側の誰かに支えを求めることもできず，したがって，客観的なデータにも主観的な行為にも十分な根拠を見出すことのない，中間現象としての注意は，経験を可能にするような中間審級に依存しており，また依存し続ける」[Waldenfels 2004: 137]。

経験を可能にする「中間審級(Zwischeninstanzen)」として，ヴァルデンフェルスは「技術とメディア」を挙げている[ibid.]。中間審級による注意の生成・操縦は，20世紀に入って，映画という大きな影響力をもつ社会現象として現れることになった。いずれにしても，注意は，主観の側の能力と技術やメディアとの相互浸透を示す典型例なのである。

　第三に，このように機械装置と相互浸透した注意は，その反対物であったはずの散漫(distraction, Zerstreuung)とほとんど区別のつかないものとなる。タキストスコープは被験者に，経験の持続から切り離された一瞬の刺激を与える。ところが，そのような「ショック」的知覚とそれによって引き起こされる自動的な反応こそ，注意と統覚によって統合された人格の全体性を脅かすものとして都市化・産業化された現代生活のなかに確認されていった，まさにその特徴なのである。その同じ特徴が，注意を集中させようとする実験的状況のまっただなかに顔を出す。結局のところ，注意と散漫は，対立物というより，一対のものとして通底し合っている。「現代の散漫は，数世紀にわたって存在してきた持続的で価値を担った知覚という，安定的な，あるいは「自然」な種類の知覚の崩壊なのではなく，人間主観のなかに注意状態を作り出そうとする多くの試みの帰結であり，多くの場合その不可欠の要素なのである」[Crary 1999: 49(54)]。——注意と散漫とのこうした通底し合う関係に，われわれは映画教育をめぐる議論においても出会うことになろう。

3. 教育における「注意」概念

「注意」は、もはや意識と世界とに引き裂かれた領域ではなく、むしろ両者が浸透し合う「中間現象」の領域として現れる。注意という現象に着目することで、外界からの作用の結果と考えられてきた知覚が主観の能力の側から捉え直されるが、これがいわば呼び水となって、逆に外界(たとえば機械装置の作用や合理化の強制)が主観の内部に浸透する。注意はまさにこの相互浸透の場となる。「19世紀後半における注意という問題と、それ以前のヨーロッパの思想における注意の位置との間には、歴史的な断絶がある」[ibid.: 19(28)]ということになろう。もはや「統覚」の概念で注意の問題を捉えることはできない。むしろ「統覚」が、つまり主観の作用の超越論的な統一という想定が、信憑性を失うことによって、現代的な意味での「注意」が浮上する、という関係になるだろう。――以上のような「注意」の布置の変化は、教育の領域にどのように反映している(あるいは、していない)のだろうか。

哲学史において顕著であったような二分法的な図式は、教育の場面においては最初から骨抜きになっていたと言えるかもしれない。18世紀後半以降、自己統御という啓蒙主義的理念と結びついた「注意」への関心の高まりがあり、それと連動して教育論――たとえばバゼドウの『初等教科書』――においても「注意」は重要な役割を演じた[Hagener 1998: 278; Thums 2008: 10]。こうした状況は19世紀初頭においても持続した。「19世紀初頭において、注意［……］に関する体系的な考察は、教育に関する実践的・理論的反省の中心に位置づいている」[Prondczynsky 2007: 120]。たとえばヘルバルトにとって、「注意の緊張と維持は一般にあらゆる教育の重要な前提問題(Präliminarproblem)」[Herbart 1887 (1802/04): 159]なのであった。ここで、ヘルバルトと同時代のフランスでヴィクトールと格闘していたイタールの場合を想起してみよう。彼の場合も、注意は教育可能性の前提条件として位置づけられていた。しかしイタールは、まさにこの教育の前提条件を見出すために教育的働きかけを行うという、いわば論点先取の試みを敢行していたのである。ここに、単なる診断で終わった精神科医ピネルとの違いがある。イタールは自らの試みの理論的前提を当の試みによ

って実践的に構築しようとしていたと言えるだろう。この試みのために用いられたのが，銀のカップでありヴィクトールの欲しがるクルミであった。その後イタールは，文字板やはめ込み用の図形板など，ヴィクトールの注意を引き出し利用するための様々な道具を工夫した。こうした「技術とメディア」——ヴァルデンフェルスの言葉を借りれば——において，「中間現象」としての注意はすでに実現されていたのである。

　ところが，このような教育的場面における注意の「中間現象」的働きが，理論的な反省の対象となったとき，注意はふたたび伝統的な二分法図式に従って理解されていったように思われる。19世紀のドイツ教育学における「注意」概念の変遷を跡づけたプロンジンスキーによれば，19世紀のすでに早い時期から，注意をめぐる議論は，注意を脅かすような時代状況を憂う文化批判的な要素を含んでいた。1830～40年代には子供たちが接する感覚的刺激の過多が問題とされており，注意と散漫に関わる心理学的問題——それは1880～90年代に都市化・産業化の経験と関連づけて世間一般の問題となる——が，教育の文脈ではすでに世紀前半期に認知されていたのであった[Prondczynsky 2007: 124-126]。現代においても皆無とは言えないこうした文化批判的な見方は，注意をもっぱら内的な意志の状態と捉えて外的な条件に対抗させるものであり，二分法図式を顕著に示している。

　しかし19世紀末から20世紀初頭にかけての時期になると，注意の二分法的理解を越えるような見方が理論的反省のレベルにも現れてくる。たとえば注意に関するデューイ，そしてモンテッソーリの議論がそれである。まずモンテッソーリから見てみよう。モンテッソーリの教育論の構築にとって，彼女が「子供の家」で幼児のうちに観察した「注意の一極化現象」は決定的な意味をもった。このことが詳述されるのは『初等学校における自己教育』[Montessori 1916; モンテッソーリ 1990]においてであるが，『科学的教育学の方法』[Montessori 1909, 1964]でも同様の現象が報告されている。大きさが段階的に変化する10個の穴にぴったりと収まるように10個の円柱をさしこむ，というさしこみ台の課題に，2～3歳の幼児が熱中し，何十回と訂正を繰り返すのが見られた。「この自己訂正は，大きさの差異についての子供の注意を強化することに導き，様々な円柱を比較することに導く。まさしくこの比較の中に，心理的-感覚的

練習が存する」[Montessori 1964: 171(136); 1909: 134]。モンテッソーリが強調するのは，この訂正が教師の介入によってではなく「自己教育」として，つまり教具との関係のなかで子供自身によってなされる，という点である。モンテッソーリは，イタールが様々な道具を工夫することで実践的に実現していた「中間現象」としての注意を，理論的反省のレベルにすくいあげている。これは決して偶然ではない。モンテッソーリは，イタールと，イタールの試みを受け継いで知的障害児教育の理論と実践を展開したセガンに深く学んだ。しかも，セガンがイタールの感覚論的前提を批判して積極的な意志の構築に障害児教育の核心を見た——つまり注意に関するイタールの構想を主意主義的な方向へと展開したのに対して，モンテッソーリは逆にセガンがイタールから受け継いで発展させた教具にもっぱら関心を寄せたのである[cf. 山内 1999]。

　デューイの場合はどうか。「注意」に関するデューイの考察は，時期的にはモンテッソーリに先行するが，モンテッソーリの見方を包摂するとともに越えているように見える。『学校と社会』で，デューイは，子供が対象の側に引きつけられて没頭するという自発的(spontaneous)で無意的(non-voluntary)な注意——モンテッソーリの言う「注意の一極集中」はこのレベルに位置づけられるかもしれない——から，知的に注意を向けることのできる主意的(voluntary)な注意への発達を描いている[Dewey 1976(1899): 100f.(153f.)]。これだけであれば，デカルトの「注意」概念が含んでいた感覚論的側面と主意主義的側面を時間軸上に展開しただけ，と言えなくもない。しかしデューイの場合，主意的注意において問題となるのは単なる内発的な意志ではない。十分な意志さえあればどんな教材にも注意は向けられるはずだ，といったありがちな見方をデューイは退ける。重要なことは，主意的な注意が同時に「反省的」でもあること，つまり，子供が「自分自身の問題をもっており，その問題を解決するための関係材料を探求し選択することに能動的に従事し，その材料の意義と関係を——すなわちその問題が要求するような解決の道を考察すること」[ibid.: 103(157)]なのである。デューイはここで，問題解決という能動的な活動に注意をいわば溶け込ませることによって，伝統的な二分法図式を解体しているのである。

　注意という問題は，実際にデューイが考えたとおりに能動的活動によって解消されたのだろうか。その後の教育学は大要デューイの方針に従ってきた——

言い換えれば，新教育的な教育思想がその後の教育論の文脈を形成してきた [cf. 今井 2009: 282ff.]。子供が「自分自身の問題」をもてるように，教える側が適切に子供の能動的活動を組織できれば，注意という教育の前提問題はおのずから解消される，と想定してきたのである。したがって注意はもはや独立した問題としては教育論のなかに顔を出さなくなる。注意が，冒頭で示唆したように現代の教育論の隠れた焦点となっている状況はこうした経緯の帰結でもある。しかし，もし注意が現代の教育論の——隠れた，とはいえ——焦点をなしているのだとすれば，注意の問題は実は消え去りはしなかったのである。モンテッソーリが提起していた問題は，越えられたのではなく置き去りにされてきただけなのかもしれない。主意的・反省的となる以前の注意の働きを，教育はどのように捉え処理するのか，という「心理的-感覚的」レベルの問題がそれである。能動的な活動さえ実現できればそうした受動的・自動的なレベルの注意は事実上無視できる，という想定は，創造的で反省的な活動に価値を置くデューイの理想像にも，多くの教育(学)者の願望にも合致していただろう。しかし現実には，前項で見たとおり，まさにそうした想定を危うくするような事態が注意をめぐっては進行していたのである。新教育的な想定の水面下で，注意をめぐっていかなる事態が進行していたのかに探りを入れてみる必要があろう。以下では，1910～20年代ドイツの映画教育論を対象として，受動的・自動的なレベルの注意が教育学的な問題設定のなかにどのように食い込んできたかを例示してみたい。

4. 映画教育論における「注意」

4.1　映画への教育的関心——1910年代の議論

　ドイツにおける映画教育論は，先にも触れた「映画改良運動」のなかで展開されていくが，この「運動」の起点となったのが，1907年にハンブルクで出された『「活動写真」委員会報告書』[Dannmeyer 1907] であった。「愛国的学校制度・教育制度友の会」に提出されたこの報告書は，その後の映画教育論の基調となる主張をすでに定式化していた。第3章での議論をもう一度確認しておくと，一方で委員会は，現状の映画が「醜いもの，悪影響を与えたり道徳的に

道を誤らせるようなもの」を多く含んでいるため，映画に行くことは「子供にとって危険」であり，「学校は教育的見地から対抗措置を講じなけなならない」とする[38f.]。しかし他方で，「技術的・内容的に問題のない映画による描写は[……]教示と娯楽の優れた手段となりうる」として，「子供に適した良質の上映」を積極的に推進すべきだとも主張する[39]。ここに見られる対照的な主張，つまり映画の現状への批判と映画の教育利用への期待が，その後の映画教育論の基調を形作った。

　映画批判／映画利用という映画教育論の双面構造は，子供の保護・育成という，『報告書』でも示された教育的関心から，自動的に帰結するわけではない。そこにはおそらく二つの前提がある。一つは，映画を現実再現のための装置として見るという，映画についての基本的了解である。こうした基本了解ゆえに，一方では映画，特に劇映画による現実の歪曲が批判され，他方では最強の直観手段としての映画に期待が寄せられることになる。第Ⅱ部で指摘したとおり，映画改良運動は，映画というそれまで教養市民層の視野の外にあった新現象を，教養市民層の関心の射程に引き込み馴致する試みだったと言える。映画改良運動の映画批判に見え隠れするのは，ますます劇映画中心になっていく映画を，その本道たる実写(Naturaufnahme)へと連れ戻すという遠大な目論見である。「映画の本質的課題」は「自然のままの運動の，人間の手や神経によってできる限り捏造されていない，できる限り現実に忠実な再現」にある[Häfker 1913: 12]，というのである。今日の時点から見れば，現実離れした映画観であり目論見だったと言えるのかもしれない。しかしそこには，映画の可能性がまだ混沌として確定していなかった初期映画の状況[cf. 小松 1991; ガニング 2003]が反映しているだろう。また，こうした「映画改良」の試みのなかから映画を真剣に受け取る映画批評が誕生したことも事実なのである[Diederichs 1986]。

　教育的関心を映画教育論の双面構造へと架橋するもう一つの前提は，映画の映像が観客に対して強力な作用を及ぼす，という了解である。映画は，歪められた，あるいは再現された現実を，単に観客の閲覧に供するのではない。ここには本章の関心事である「注意」の問題が深く関わってくる。映画は，一方では魔術的と言えるほど強烈に観客の注意を引きつけるが，また他方では，絶えず変転する映像によって注意の散漫をもたらすというのである。教育的関心か

ら見たとき，一方は利用への渇望を，他方は不信の念を——今日ケータイに対してもたれているのと同様の，と言えば言い過ぎであろうか——引き起こす。代表的な映画改良論者の一人ヘルヴィヒによれば，映画が提供する「即座に通り過ぎ，突然切り替わる，きわめて多種多様な印象」ゆえに，特に子供の場合，「注意を特定の対象に向けることが映画館の外でも一定程度不可能になり，授業や作業において不注意となり，判断能力が弱体化し，皮相性へと向かう傾向が顕著に高まる」危険がある[Hellwig 1914: 66]。心理学を標榜する立場からも同様の見解が示されている。「青年心理学と映画」と題する論文[Götze 1911]によれば，「映像のせわしないテンポ[……]は利那的な見方・眺め方に向かうようにと子供をそそのかす」。その結果「子供は皮相性や注意の散漫・散逸へと教育されるが，これは教育や授業が得ようと努力しているものの反対物である」[418]。

　映画のこうした特質は，都市化・産業化された現代生活の特質と重ね合わせて論じられることも多かった。アルテンロー——彼女の研究については，映画を対象とした最も早い時期の社会学的研究としてすでに第4章でも言及した——によれば，映画とその観客はともに「絶え間ない多忙と苛立った不安を特徴とするわれわれの時代の典型的な産物」である。「一日中仕事で緊張を強いられた人間」は「映画につかの間の気散じ(Zerstreuung＝注意散漫)や気晴らしを求める」。演劇であれ音楽であれ絵画であれ，芸術作品に参入するためには「ある程度の閑暇と意志の緊張」が必要となるが，「こうした集中を映画は求めない。映画はぐったりと弛緩した神経さえかき立てるほどに強力な手段をもって作用する」[Altenloh 1914: 55f.]。——ここには，散漫と注意の通底関係が，それと意識されぬままに，しかし端的に表現されているであろう。気散じを求めてきた観客の欲求に映画は応える。しかしそのとき映画は，強力に注意を喚起するような作用を観客に対してふるっているわけである。注意と散漫の対比を鮮明にせずにはいない社会的条件——注意への増大する強制がもたらす精神的疲労と，それを癒すためにいっそう希求される気散じ——を背景に置くことで，むしろ注意と散漫の間の通底関係ないし反転関係がより明瞭に浮かび上がってくる。

　「ぐったりと弛緩した神経さえかき立てる」ような映画の注意喚起作用は，教育的関心から見て大きな魅力であった。「映画改良」論者のなかでも映画の

教育利用に比較的積極的であったゼルマンは，一方で映画の映像が「すばやく過ぎ去ってしまうばかりで熟考や感情的な共感の時間をまったく許さない」[Sellmann 1912: 26]点に憂慮を示しつつ，映画によって「授業がよりいっそう魅力的になる」点を強調する。映画館に行って，「いかに子供たちの目がむさぼるように映像に釘づけになるか」を見ればよい。「この装置（Apparat）は明らかに偉大な教師であって，同時に何百人もの生徒を，息をのむ緊張のなかに何時間もとどめることができるのである」[46]。──子供たちの注意を引きつける手だてを見つけて授業をより魅力的なものにするというのは，教育的関心からすればまことに自然な試みである。しかしこのことによって，受動的・自動的な注意の次元が教育論のなかに取り込まれてもいる。映画の導入によって期待されているのは，散漫な精神状態をさえ「かき立て」て人工的に注意を喚起するような映像の作用だからである。タキストスコープに即して例示された注意をめぐる現代的な状況，つまり注意という，主観の側の能力と想定されたもののなかに，技術的メディアが浸透するという状況が，映画を介して教育論のなかにも顔を出している。忌避し遠ざけようとした当の事態を，映画改良論者が自ら呼び込んでいるわけである。

　注意をめぐるこうした問題含みの事態との本格的な取り組みが映画教育論に表れるのは──第4章で見たように第一次世界大戦中の映画とプロパガンダの問題をめぐる議論にその萌芽は見られるものの──1920年代に入ってからである。「映画改良」的な映画教育論は，現実再現としての映画という基本了解にいつでも支えを求めることができた。映画は，その作用の特性など云々することなく，最強の直観手段として正当化可能であった。しかし1910年代も後半に入ると，映画をめぐる基本了解自体に変化が生じる。カットとモンタージュによって物語を構成する映画の「古典的システム」[小松 1991: 18f.]が成立し，実写を映画本来のあり方と見るような「映画改良」的な主張はもはや信憑性をもたなくなる。映画を直観手段と見る見方はその後も強力に残るが，その主張を支えるものはもはや実写を映画本来のあり方と見るような映画理解ではありえない。正当化のためには教育に特化した理由が求められる。映画の作用をいかに教育学的に理解し統御するかが，映画教育論において本格的に問われることになるのである。

4.2 教育への映画の馴致とその困難——1920年代の議論

　1920年代の議論の重要性は，映画に関する教育学的な反省の深化に求めることができるだろう。この時期，映画利用の現実的条件は10年代とほとんど変っていない。講演会など社会教育的活動での映画利用は進んだが，個々の学校が映写機器をもつことは技術的・財政的条件から困難であり，教師が映画を利用しようとすれば映画館を借りるのが通例であった。学校での映画利用の技術的条件が整うのは，すでに述べたように扱いやすい難燃性フィルムや16ミリフィルムが普及する30年代，利用が実際に進展するのは手厚い財政的・組織的支援がなされるナチズム下のことになる。私たちが1920年代の議論に着目する意味は，実用化前夜であるがゆえにかえって深められた理論的考察を瞥見することにある。

　この時期の多岐にわたる映画教育論を概観しようとした場合，1923年に創刊され35年まで刊行された月刊誌『ビルトヴァルト』(*Der Bildwart*，直訳すれば「映像の番人」)が信頼のおける典拠となる。『ビルトヴァルト』は，ベルリン，ミュンヘンをはじめとするドイツ各地の映画教育関係団体やその機関誌を糾合する形で創刊された。「この共通の雑誌によって［……］学校映画運動全体にとっての統一的な機関誌の創出がなされた」[Ruprecht 1959: 85]のであった。以下では，この『ビルトヴァルト』誌を主な典拠としながら，1920年代の映画教育論がどのように「注意」をめぐる問題と取り組んだかを探ってみたい。

　20年代の映画教育論の重要な軸線として，一方で映画の作用を積極的に——既成の教育理解を結果的に揺るがすことになるとしても——教育に導入しようとする試みがなされ，しかし他方ではこれに対抗して映画の作用を既成の，主に新教育的な教育理解の枠内に馴致しようとする試みも強まる，という対立がある。『ビルトヴァルト』誌の議論にもそうした構図は現れている。積極派の突出した例として，クリューガーの論文「映画学校」[Krüger 1923]がある。これは，ゼルマンが注目したような映画の注意喚起作用を，そのまま授業に導入しようとした試みといえる。

> 「「生」を直観化することが問題になるところならどこでも映画の出番だ，ということは常に強調されてきた。これに対して，教師が望む一定の道筋へと生徒の精神的活動を導くのに映画が適している，ということについてはまだほとんど考慮されていない。

私の知る限り，この目的に向かっているのはこれまでのところ数学映画のみである。[……]ここでは映画は直観の手段ではなく授業の原理なのである」[81]。

クリューガーが言及している「数学映画」については，ハンス・パンダーが同じ『ビルトヴァルト』誌上で詳細な紹介を行っており概要を知ることができる[Pander 1927]。それは一種のアニメーション映画であり，当時スイスで盛んに製作されていたという。フィルムの尺はせいぜい4メートル程度，上映時間は12～13秒（！）である。幾何の証明の手順や比例式などが映像化されており，これをループ状にして繰り返し見せることになる。生徒の思考過程を映画の映像にいわば同期させることがめざされていた。こうした目論見が実際に達成可能であったかは，パンダーが批判するように[ibid.: 836]，映像の稚拙さから考えて疑わしい。クリューガー自身はより具象化された場面，たとえば，猫が3匹いるところにもう2匹現れる，という場面で3+2=5を理解させる，10人ずつ整列した人間を登場させ，その動きから65+8=73を理解させる，といった──「セサミストリート」を彷彿とさせないでもない──場面を提案している。しかしいずれにしても，数学映画に見られるような受動的・自動的レベルでの注意の喚起を，クリューガーは教育に導入すべき映画独特の作用として積極的に評価しているわけである。

クリューガーのこの論文はライヘ「映画学校か作業学校か？」[Reiche 1923]で厳しく批判されることになった[1]。ライヘによる批判は，「映画が注意問題の解決のための最適の手段なのか」[188]という疑問に集約される。〈映画-子供〉という二項関係では注意を教育的に制御できない，というのである。猫の映像を見た子供はその数よりも猫の姿に注目するだろう。「まさに映画が，生徒の注意を本質的なものから[……]逸らせてしまう」[186]のである。ライヘがこれに対置するのは，「子供を自己活動へと刺激し，しかも子供の思考活動を特定の道筋へと導く」[ibid.]ことを可能にする，たとえばおはじきを使った作業である。ここで批判の対象となっているのは「映画学校」がもたらす子供の受動性だけではない。ライヘは教師が状況をコントロールすることの重要性を

---

1) 教師の位置に映画を据えるような映画利用の試みに対する同様の拒否反応はすでに『映像とフィルム』誌上でのヴァルシュタートの議論に見られる。第4章4.1を参照。

強調する。

> 「教師は映画によって，まったく決められたままの方法的道筋に縛りつけられてしまう。誰がこの道筋を決めているのだろうか。［……］完全な方法的自由においてのみ，教師の芸術家精神は展開可能となる。映画はその精神を鎖につないでしまうのである」[ibid.]。

ライヘは授業での映画利用それ自体を否定しているわけではない。たとえば「郷土科の直観授業」でなら映画は利用可能だという[188]。〈映画−子供〉という二項関係に教師が従属するのではなく，この関係を教師が自ら主導権を握ってコントロールできる状況を作ることが重要なのである。これは，子供に対する映画の作用を，「作業」に代表されるような教育学的な枠組みの内に馴致することを意味するだろう。

こうした馴致の試みを，おそらく最も洗練された形で推進したのがウィーン大学の教育学教授であったリヒャルト・マイスター[マイスターの教育学者としての業績については Derbolav 1987 参照]である。『ビルトヴァルト』誌への寄稿「学校映画問題の現状について」[Meister 1925]で，マイスターは，映画利用をめぐる推進派と批判派の間の対立関係を指摘しつつ，この対立を「学校映画の教授学」の構想へと収斂させる。映画批判の正当性にせよ映画利用の可能性にせよ，その「真の範囲は［……］整備された学校映画の教授学の枠内においてはじめて明瞭になる」からである[722]。そして，「授業映画の教授学の入り口には，映画表現に固有の教育的作用への問いと，授業過程へのその接合可能性への問いという，二つの問いが立っている。」――こうした出発点の問題設定において，すでに馴致のための二重三重の枠が設けられていることがわかるだろう。まず，教育と映画の関わりが「教授学」の枠内に限定される。そしてこのように限定された意味での「教育的作用」が，授業過程への「接合可能性」によってさらに限定されるのである。そしてその上で，映画の「固有性(Eigenart)」は「運動の，そして運動による，直観の伝達」[ibid.]にあり，「授業にとっての映画表現の本来の価値は，直観的に経験可能な対象に関する観念在庫の豊富化［……］にある」[723]とされる。したがって授業における映画の役割は，授業時間で扱われる対象の説明もしくは提示なのである[ibid.]。映画の特性や教育利用についての主張に新味があるわけではない。そうした主張が完全に教育学的な枠

組みの内でなされていることが重要である。

　1926年にウィーンで開催された「映像週間」での講演「授業映画，その教授学と方法学」[Meister 1926]で，マイスターは，「教育映画(Lehrfilm)」を「研究映画」や「劇映画」から区別し，さらにこの「教育映画」を「文化映画」「プロパガンダ映画」「授業映画」等々に区分した上で，「授業映画(Unterrichtsfilm)」に対象を限定してその「教授学と方法学」について論じている。ここでも，概念体系の整備によって映画が教育，とりわけ学校の授業という専門化された領域に囲い込まれる。この講演の影響は大きく，「その後の学校映画の教授学に関する理論的考察全体の基盤を形成した」[Ruprecht 1959: 90]といわれる。当時アカデミズム教育学の理論家が映画教育について専門的な議論を展開することは異例であった(おそらくマイスターが唯一の例外である)。マイスターの試みは，アカデミズム教育学が得意とする概念操作によって映画を「教育」という枠組みの内に馴致するものであったが，この試みはライヘの議論に表れているような「現場」の要請——映画に対する教師の側の主導権の確立——に応えるものでもあった。

　映画教育論の「現場」には，しかし教育学が設置した枠をすり抜けて映画の生々しい作用が姿を見せていた。1920年代の映画教育論の対立軸として普通描かれるのは，ベルリンの中央教育研究所に付設された映像センター(Bildstelle)で長年所長を務めたフェリックス・ランペと，ハンス・ベルストラー，フランツ・ブルンナーらミュンヘンの教師たちとの対比である[cf. Ruprecht 1959; Paschen 1983; Degenhart 2001b]。ランペが映画による知識伝達を重視した——彼の立場は20年代の映画教育論の主流であり，マイスターの概念枠組みの土台ともなっている——のに対して，ベルストラーらは新教育的な考え方により近く，映画によって引き起こされる体験や表現を重視した，というのである。しかし，映画の作用という観点から見るなら，両者はともに，「現場」に近い場面での映画との取り組みを通して，「直観の伝達」には収まりきらない映画の作用を教育学的な枠組みのなかに導き入れていた。以下では，まずベルストラーに焦点を合わせて新教育的な教育理解と映画教育論との関係を探ってみたい。

　ベルストラーの映画教育論は，子供の活動や教師の主導権を重視する点で先

に見たライへの主張と軌を一にするが，子供の活動も教師による統御も，ともに映画体験と不可分のものとして構想する点で，映画と教育の間の関係を一段と深めている。これによって彼の構想は映画を新教育的な教育理解の核心部分に導き入れている。「映画授業」と題する一文[Belstler 1923]で，ベルストラーは以下のように主張する。

> 「映画が，単に感覚を刺激し素材への不健全な飢渇を生み出す以上のことをなすべきであり，精神と魂を目覚まし揺り動かすべきだとすれば，生を模倣し生を指し示すその映像の流れの背後に，本物の生(Leben＝生命，生活)が感じ取られねばならないし，生き生きした精神と活動する魂が素材を通して子供たちに語りかけねばならない。映画は体験とならねばならないのである。しかし映画が体験となるのは，教師が素材の召使いに，つまり解説者になるのではなく，素材の主人に，つまり理念を担った解釈者・造形者となる場合に限られる」[27]。

映画がこうした「体験」となることで，映像は単に受容されて終わるのではなく，表現活動へとつながっていくことになる。これによって，「子供の造形的な諸力を解き放つ」こと，ひいては「表現能力の方面に向けての能力形成，個人的力量の発達」が可能になる[ibid.]，というのがベルストラーの構想であった。ベルストラーは注意と散漫の通底関係がもたらす問題を意識していた。映画は「単に感覚を刺激し素材への不健全な飢渇を生み出す」おそれがある，というのである。彼はこれに映画の「体験」化で対抗しようとした。注意の両義性を突き抜けてその背後にある「本物の生」に遡及することで，「体験」が可能になり「能力形成」が可能になると考えられたのである。

　ベルストラーのこの構想は，「注意」をめぐる映画の作用の両義性，言い換えれば注意と散漫の通底関係ないし反転関係を，感情のレベルに遡って解消するという方向を指向していたように思われる。感情のレベルでの映画の作用の重要性については，僚友ブルンナーがベルストラー以上に明確に主張している。「ビオス，つまり生は認識されえない。それは体験されうるのみである。したがって，映画の本質的な部分は，一義的には知性に向かうのではなく，生の感情に向かう」[Brunner 1923: 26]というのである。同様の感情のレベルの強調は，ベルストラーの実践報告「鉄——映画による意味付与の授業実験」[Belstler 1924]にも見られる。この「授業実験」で，ベルストラーは，鉄鉱石の採掘か

らその精錬・製鉄までの過程を追った，それ自体としては即事的な一連の映画を子供たちに見せつつ，教師の語りによってそれに感情的な意味を付与することで映像の「体験」化を試みた。映画の映像に「素材の主人」としての教師の活動が加わるわけである。そのことによって引き起こされる「精神と魂を目覚まし揺り動かす」ような感情は，映像の背後に「本物の生」を感じさせることを可能にする。感情のレベルが，受容した映像を「体験」へと転化させるスプリングボードの役割を果たしていたと言えるだろう。

　感情のレベルでの映画の作用については，知識伝達を重視したと言われるランペも実は注目していた。たしかにランペは，「教育映画は主に認識能力に働きかけ，劇映画は主に感情に働きかける」［Lampe 1924: 23］としており，この点ではミュンヘンの教師たちとは対照的である。しかしランペは，映画の作用が，マイスターが言うような「直観の伝達」で完結するとは考えていなかった。上に引用した一文に続けて彼は以下のように述べている。

> 「しかし，良質の教育映画がその直観素材によって引き起こす観念は，言語によって引き起こされる観念に比べて，より感情が強調されたもの(gefühlsbetonter)になるのであり，これは［言語とは］比較にならないほどの映画の感覚的明瞭性による。それはまた，静止した映像によって引き起こされる観念に比べても，より感情が強調されたものになる。時間的に進行する運動は，静止した映像において本領が発揮される静態的なもの以上に，感情生活を刺激するからである」［ibid.］。

劇映画へと押しやったはずの感情への作用が，いわば逆流してきて教育映画の領域へと流入している。しかもこの感情への作用は教育的観点から見て決して否定的に評価されてはいない。映画に向けられた教育的関心のなかで，感情のレベルでの映画の作用が強く意識されていくという傾向を，1920年代の映画教育論の，目立たないが重要な底流として取り出すことができるだろう。

5. 注意——介入を亢進させる虚焦点

　映画教育論のなかには，「注意」をめぐる新教育的な基本方針——子供の能動的活動への注意問題の解消——に抗う異物のように，自動的・受動的な注意の問題が浮上していた。映画を見る者の注意は映像に，そのことの是非を判断

する以前に引きつけられ釘づけになる。これは、「中間現象」として注意を考えれば注意のまったく正常なあり方であろう。しかし教育的文脈、とりわけ新教育的な教育理解においては、このことが深刻な問題として現れる。なぜなら——ライへのクリューガー批判を想起してほしい——子供の自己活動を統御する主導権がそのことによって教師の手から奪われてしまうからである。映画の注意喚起作用は能動的活動に常に先回りしており、能動的活動によって事後的に「無かったこと」にするわけにはいかない。自動的・受動的な注意が、何に対して子供がそもそも能動的になるかをあらかじめ決定づけてしまうかもしれないのである。

　したがって新教育的な映画教育論はこの自動的・受動的な注意を教育の統制下に組み込もうと試みるが、そのことによって感性のレベルが教育の対象領域として、教育によって「作りうる」対象として浮上してくる。それまで半ばブラック・ボックスであった——教育がそれに依拠したり、あるいは影響を及ぼそうと試みることは大いにあるとしても(本章「付論」参照)——感覚や感情の領域に、教育が本格的に介入していくことになる。介入の試みのこうした亢進を条件づけていたのは、映画において典型的に現れる注意の両義的な性格だったように思われる。一方で、映画は観客の注意を映像に釘づけにし集中させる。したがってそれは教育にも利用可能であるように見える。しかし他方で、映画観客の心理状態はあくまで気散じ(Zerstreuung＝注意散漫)であり、伝統的に教育が得ようと努めてきた集中状態とは異質である。クレーリーが示していたように、「注意」はもともとそのように両義的な、取り押さえようとすれば常に反転して逃れ去るような何か、として歴史的に構築されてきたのである。ところが、映画教育論にわれわれが確認したのは、両義性の背後にあるはずの注意の本体に到達しそれを統御しようとする熱心な試みであった。「注意」なるものが虚焦点であり、そこに到達しようとする試みが決して成就しないがゆえに、介入の試みはますます駆り立てられることになるのである。

付論　感情教育の系譜・点描

　教育が感覚や感情に照準を合わせるという事態は，もちろん20世紀に始まったことではない。古代ギリシアにおいて，詩歌(ムーシケー)は教育の重要な部分を占めていた。プラトンが『国家』の第3巻で描いているように，詩の朗唱によって感覚や感情の一定のパターンを若者に刻印することが可能になると考えられたのであった。近代ヨーロッパにおいては，感情の制御が教育の中核的な目標となる。エリアスが『文明化の過程』[Elias 1969(1939)]で描き出したように，感情制御の能力をもって「文明人」の証しとするような人間観は，ルネサンスの宮廷社会を淵源として，上流階級から中流市民へと次第に浸透していった。そうした「文明化」の過程を，エリアスはエラスムスを嚆矢とする数多くの礼儀作法書・社交指南書に辿っている。

　社交術がその出発点においてすでにどれほど洗練された感情制御を念頭に置いていたか。これをわれわれはカスティリオーネが『廷臣論』(1528)で打ち出した「スプレツァトゥーラ(sprezzatura)」という理想像——練達の結果としての自然さ・無頓着さ，であり，フランスに入って「ノンシャランス」と訳されたが，トラバントによれば現代風に「クールネス」と言い換えることもできる——から感じ取ることができるだろう[cf. Trabant 2006: 91f.]。冷徹かつ細やかな人間観察を踏まえ，処世術とも一体となった社交指南書は，同時に教育論でもあった。社交術・処世術と教育論との連続性は，ジョン・ロックの『教育に関する考察』(1693)にも認めることができる。ロックはそこで，欲望を理性で制御しつつなおかつ自然な闊達さを失わないことが，世に出て人に好感を与え何事かをなす上で不可欠だと説いている。したがって，厳しくしつけすぎて意気地のない人間にしてしまったりすることのないように，規律と自由の間でバランスをとる微妙な手綱さばきこそが教育の要諦なのである。

　社交術・処世術と教育論とのこうした連続性は，ルソーの文明批判によって強引に断ち切られる。ルソーにとっては，社交と礼節の世界こそが悪の根源なのであった。『人間不平等起源論』(1755)に従えば，社交と礼節の世界は，利己的な目的のためにうわべを飾ることを人に教え，誰もが生まれもっている自然な感情——他者の苦しみを我が苦しみとして感じ取る憐れみの感情——を根

絶やしにし，ひいては人々が互いに害し合うような邪悪な社会を引き寄せてしまう。それゆえ——と言ってよいだろう——彼の教育小説『エミール』(1762)では，エミールをひとまずは人と人との交際の世界から引き離し，事物との関係のなかで教育することが目論まれる。このような彼の教育論の構図は，感情の領域の新たな位置づけを伴っている。トリリングが鮮やかに示したように[Trilling 1972]，ルソーにおいて人間の内面はもはや社交的な外面と表裏一体のものとしては現れない。「ほんもの」の感情は，自己と私との再帰的な関係か，あるいは心許せる他者との親密な関係のなかでこそ姿を現す(もっとも，ルソー自身はそうした「ほんもの」の自己を彼の自伝『告白』によって万人に開示しようと試みたわけだが)。感情の領域は，礼節のためにその制御が求められるような，社交的関係の余角のごとき存在ではもはやない。それは社交的な関係からは自らを閉ざすとともに，それ独自の論理と尊厳をもった領域として現れる。この——社交からの撤退，そして独自の尊厳という——いずれの意味においても，感情の領域は，教育の基盤となることはあっても，教育による操作の対象としてのみ現れるような存在ではもはやなくなるのである[2]。

　第1章で取り上げたシラーやシュライアマハーの社交性論は，伝統的な社交指南書[3]のように社交を功利的な目的の手段として捉えるのではなく，善や幸福に関わる自己充足的な活動として捉え直すことで，ルソーの与えた衝撃に対応する試みだったと見ることもできる(第1章注2参照)。彼らの理論が描き出していたのは，功利的な目的のために自己の感情を制御するような人間ではなく，むしろ「ほんもの」の感情をしなやかに表出しつつ他者とつながり，社会を構築していくような人間であった。社交が〈美〉の次元と結びつけられたことは，こうした感情表出のモチーフと無縁ではあるまい。教育がめざすべきは，

---

[2]　森田伸子が指摘するように，『人間不平等起源論』におけるのとは違って『エミール』では，「ピティエ[……]の感情は，観念，判断，想像といった高度の人間理性の働きを媒介として生まれるとされている」[森田 1986: 136]。しかしそれは，依然として教育が積極的に介入するような対象としては現れない。「あらわれはじめたこの感受性に刺激をあたえ，それをはぐくんでいくためには，それを導いていく，というよりその自然の傾向に従っていくためには，わたしたちはいったいなにをしなければならないのか」[ルソー 1963(中): 30]というのがルソーの問いである。

[3]　シュライアマハーが直接念頭に置いていたのはクニッゲの『人間交際術』(1788)である。ちなみに，現在のドイツでも「クニッゲ」は社交術の代名詞であり続けている。

もはや単なる感情制御ではなく,「ほんもの」の感情の表出でもある。感情表出を手がかりとすることで,教育は,ルソーの衝撃によって一旦は教育の手の届かぬ深みに沈み込んだ感情の領域をふたたび手もとにたぐり寄せることができる。このような教育論の構図は,第2章で見たようにニーチェにおいて先駆的に現れていた。映画教育論のなかに私たちが確認したのは,「ほんもの」の感情に到達しようとするルソー以後の教育論の,〈メディア〉の次元に表れた現代的な構図だったと言えるだろう。

　次章で見る美術教育をめぐるワイマール期の議論は,以上のようにして教育の対象へと浮上してきた感性のレベルの諸問題を,教育がいかに扱うかをめぐる議論だったと見ることができる。

第7章　ワイマール期ドイツにおけるアカデミズム教育学と芸術教育

1.「教育運動」という枠組み

　アカデミズム教育学と芸術教育とがワイマール期のドイツでいかなる関係のなかに置かれていたか——本章はこの関係の解明を試みる。まさに確立途上にあったアカデミズム教育学の，基盤を揺るがすような起爆力をこの時期〈美〉の次元が蓄えつつあった。そしてその結果，ワイマール期のアカデミズム教育学は深刻なジレンマに追い込まれていくことになる。「プロローグ」で示唆した「袋小路」——ナチズムの教育学がそれを突破する唯一の手だてとして立ち現れるような袋小路——が具体的にいかなるものであったかを，本章では詳らかにすることができるであろう。

　ワイマール期のアカデミズム教育学についても，また芸術教育についても，膨大な研究が蓄積されてきた。しかしこの両者の関係を主題化したものは管見の限りでは見当たらない。これはおそらく偶然ではない。というのも，この時期のドイツの教育と教育思想に接近しようとする者の目を圧倒的に規定してきたのは，「教育運動(Pädagogische Bewegung)」という理論的枠組みだったからである。この枠組みが形成されたのはワイマール期のアカデミズム教育学，とりわけノールにおいてであり[坂越 2001: 33ff.]，かつこの「教育運動」の核心に「芸術教育運動」が位置づけられていた[Nohl 1933a]。ここには，「教育運動」という理論的構築物を仲立ちとして，〈アカデミズム教育学⊃教育運動⊃芸術教育〉という安定した同心円構造，ないしは階型構造が浮上している。この三つの円は決して交わることがない。したがって，この構造を前提とする限り，ワイマール期ドイツの芸術教育について何らかの探究を行う人は，ほぼ自動的に「教育運動」——あるいはその後広く通用するようになった用語で言えば「改革教育学」(Reformpädagogik)——という枠組みのなかに入り込み，かつそのことを通して間接的にアカデミズム教育学の正当性を是認することになる

[cf. Scheibe 1978; Röhrs 1980]。ここでは，アカデミズム教育学と芸術教育との関係は，あらためて主題化するまでもない自明の事実として前提にされている。しかもこの「事実」は，探究の結果得られた成果として探究する者の前に置かれているのではない。それは探究する者の目の裏側に居座って探究の範囲をあらかじめ制限しているのである。

　もちろん，「教育運動」が理論家の作った虚構だと言うのは言い過ぎであろう。芸術教育について言えば，遅くとも第一回の芸術教育会議が開かれた1901年以降，芸術教育の改革を志向する人々の間に，自分たちの努力が互いに孤立したものではなく何らかの共通の推進力に支えられているという意識が存在していたことは間違いない。しかしその努力や意識が，アカデミズム教育学が想定していたような意味での「教育運動」の枠内に収まるものであったか否か，これは問われるべき問題である[1]。私の予想を申せば，ワイマール期ドイツの現実のなかでは，あの安定した同心円構造は至る所でほころび，アカデミズム教育学の思惑からはずれる主張が芸術教育のなかに突出したり，さらにまたその突出した部分がアカデミズム教育学のなかにくい込むといった，階型構造の攪乱が生じていたはずなのである。冒頭で私が述べた「関係の解明」とは，この攪乱状態を記述することに他ならない。そこでは，「教育運動」という枠組みも，アカデミズム教育学を保全するための仲介物であることをやめ，この攪乱状態の一要因に格下げされる。本章においても様々な場所で「教育運動」という枠組みから出発することになる——これはこれまでの研究の蓄積から言っても避けがたい——が，それはアカデミズム教育学を暗黙のうちに是認するためではなく，攪乱状態のなかで「教育運動」という枠組みが果たした役割を見極めるためになされるのである。

2. アカデミズム教育学としての精神科学的教育学

　これまで自明のごとく使用してきた「アカデミズム教育学」という言葉には

---

[1] ノール学派の「教育運動」を理論的構成物と見る見方に立つドイツ新教育研究は，ドイツにおいても日本においてもすでに始められている。その概要については，坂越と渡邊の研究[渡邊 2000; 坂越 2001: 54ff.]を参照してほしい。

多少の注釈が必要であろう。ドイツの大学における教育学は、講義題目としては18世紀にまで遡ることができるが、「教育学者」がそれを担当していたわけではない。その後も、哲学や神学を専門とする大学教員が教育学の講義を受けもつ、あるいはギムナジウム教員が非常勤講師として教育学の講義を担当するという状態が続いた。イエナやライプツィヒでヘルバルト派が地歩を築いたことはあったが、このヘルバルト派の伝統は個人的なイニシアティヴに依拠する部分が大きく、「学問システムのなかでは、ヘルバルト派は[教育学の]学問学科としての自立を達成することには成功しなかった」[Helm et al. 1990: 302]。1918年の時点でも、教育学関係の代表的な専門誌に次のような嘆きが聞かれるほどである。

> 「これまでのところ、ドイツには予算措置を伴った教育学の正教授職(Professur)はわれわれの知る限りわずかに四つ、ライプツィヒ、ミュンヘン、イエナ、フランクフルトに置かれているにすぎない。哲学の員外教授に教育学を特に受け持つように委託している大学も若干ある。しかし一般的には、教育学は哲学が担当する授業のうちの特別力点を置かれていない一部分領域と見なされており、教育学の講義や演習をどれほど重視するかはその教授の個人的な関心にまったく左右されるのである」["Über die künftige Pflege der Pädagogik ......," 1918: 219]。

「個人的な関心にまったく左右される」という言葉に注目しよう。このような状況では、ある大学教員が教育について関心をもち著述・講述を行ったとしても、そのもとで「教育学者」が養成され後任が「教育学者」の人材プールから選ばれるという形での、教育学の制度化された学問経営は成立しえないであろう。このような状況が大きく変化するのがワイマール期である。それまで教育学の制度化に抑制的だったプロイセン——プロイセンにおける教育学の正教授職は新設のフランクフルト大学のみ、しかもその講座は企業家が寄付した基金によるものであった[Schwenk 1977: 104]——を含めて、各地の大学の哲学部に教育学の独立の講座(Lehrstuhl)が設置されることになる。上に述べた意味での制度化された学問経営が教育学においても開始されるのである。このように大学のなかに学問経営として制度化された教育学を、ここでは「アカデミズム教育学」と呼んでおきたい。

アカデミズム教育学の確立へと向かうこうした変化に直接のきっかけを与え

たのは，1917年にプロイセン文部省が招集した「教育学会議」であった[Tenorth 1989: 117]。哲学部の代表者(トレルチら)，すでに正教授職についていた教育学者(シュプランガーら)，それにギムナジウム関係者を招いて開かれたこの会議で，教育学を哲学部の正式の学科として受け入れる可能性が議論された。議論を方向づけたトレルチの主張は，教育学の講座を哲学部に設けることは容認するが，その場合の教育学は哲学的な指向をもった教育学でなくてはならない，というものであった。「哲学部の立場あるいは全体理念から言って，教育学の講座に関しては，それが純粋に理論的な学問を代表していることが要求されてしかるべきだ」["Pädagogische Konferenz ……," 1977(1917): 135]というのである。ドレヴェークによれば[Drewek 1996]，こうした主張は，経験科学的方法の浸透に対して警戒を強めつつあった当時の哲学部一般の傾向を反映している。トレルチらの主張が受け入れられた結果，当時数的には教育研究の領域で優位を確立しつつあった実験的・心理学的教育学が哲学部での，ひいてはアカデミズム教育学での地歩を大幅に失う結果となったという。哲学部の意向に適う教育学として講座を埋めていったのは，ディルタイの言う「精神科学」の方法論に立脚する，いわゆる「精神科学的教育学」(Geisteswissenschaftliche Pädagogik)——代表格としていつも名前が挙がるのは，シュプランガー，リット，ノール，フリットナーの4人である——であった。テノルトによれば，ワイマール期のはじめに約20あった教育学の講座のうち，精神科学派だけでそのほとんど半分を占めることになったという[Tenorth 1976: 499f.]。こうして，1970年頃まで続くドイツ教育学における精神科学的教育学の「支配的立場」[Blankertz 1982: 258]の基盤が固まることになった。

　本章でも，アカデミズム教育学として取り上げるのはもっぱら精神科学的教育学である。しかしこのような限定に理由があると思えるのは，精神科学的教育学が数的・制度的に優位を占めていたからでは必ずしもない。精神科学的教育学がワイマール期ドイツの教育論議を現実にリードしたという事実の方が重要である。すでに述べた「教育運動」という枠組みの通用力はその一例であるし，成人教育や青少年保護など社会教育をめぐる議論をリードしたのも精神科学派の人々(特にノールとフリットナー)であった。以下の節でわれわれは，芸術教育とも無縁ではない「教育の限界」をめぐる議論について，同様の事態を見

ることになろう。彼らのこうした影響力には，もちろん大学という地位に付随する威信が何ほどか関与していたかもしれない。しかし，より決定的であったのは，精神科学的教育学が，必ずしもトレルチの思惑どおりの「純粋に理論的な学問」にとどまっていなかったという，その活動実態の方だったであろう。

　テノルトによれば，教育，特に学校教育の正当性の危機という 19 世紀末以来あらわになってきた構造的な教育問題を前に，ドイツ教育学の内部では，教師のための職業倫理としての教育学から教育現実の科学としての教育学へ，という転換が進行したという[Tenorth 1984]。この教育現実の科学として教育学を構想したのが精神科学的教育学であった。学校教育の正当性そのものが疑われたとき，職業倫理としての教育学という，学校教育を大前提にするヘルバルト派的な立場に立ったのでは，職業倫理を正当化することすらおぼつかなくなってしまう。精神科学的教育学は，学校教育の領域を越えて，文化的伝統や世代関係といった「教育現実」へと教育学の対象領域を拡大した。それを支えたのは，教育現実を「解釈」し「理解」するという「精神科学」の方法論である。こうした方法論によって，精神科学的教育学は教育現実の核心に教育固有の構造——たとえばノールの言う「教育的関係」やリットの言う「指導」と「放任」——を発見していく。そのようなものとしての教育を正当化する——たとえば，教育が「教育的関係」に支えられるべきであり「指導」と「放任」の緊張関係に耐えるべきだと主張する——のはまたもや教育学であるが，教育学にこうした権能を与えるのは学問としてのその自律性である。学校教育の正当性の危機に対して，精神科学的教育学は正当化の構造の根本的な転換で応えた。つまり，今や学校によって教育が正当化されるのではなく，教育によって学校が正当化されるのである。何が「教育」と呼ばれるに値するかを示すのは，いうまでもなく学問としての教育学である。こうして，教育学が関与する領域は，学校を越えて，たとえば上に挙げた成人教育や青少年保護へと広がり，人々の生活のすみずみにまで——それが「教育」的な作用をもつ限りは——浸透可能になったのである。

　以上のように，精神科学的教育学は，「教育」の対象規定や正当化の権限を自らに集中させつつ，正当化を経た「教育」を社会のすみずみにまで還流させることで，教育の正当性の危機という教育問題に対処する道筋を示した。教育

の正当性の危機の現れであった青年運動や様々な教育改革の試みを,「教育運動」という枠組みにくるんで冒頭で述べたような階型構造のなかに統御しようとしたのは, 精神科学的教育学による危機管理の一例である。以下でわれわれは, 果たして事態がアカデミズム教育学の理解や解釈のように推移したのかどうかを, 芸術教育に焦点を合わせて検証することにしよう。まず, 帝政期までのそれと比較してワイマール期の芸術教育改革の構想や理論の特質を確認し(3), 続いて, こうした改革努力を, それに伴う「熱狂」をいましめつつ自らの理論的枠組みのなかに囲い込もうとするアカデミズム教育学の試みについて検討する(4)。この試みはある程度の成功をおさめたが,「熱狂」として排除しようとしたのと同様の芸術把握が,「民衆教養/教育(Volksbildung)」の構想と結びついて当のアカデミズム教育学内部にめばえていたのである。この「民衆教養」の構想が,「ミューズ的教育」という芸術教育構想との間でニアミスを犯すことになる(5)。改革へと向かうより急進的なエネルギーが, アカデミズム教育学の枠組みによっていわばせき止められた結果, さらに勢いを増して「ミューズ的教育」というナチズムともつながるような構想に向けて噴出していったのではないか, というのが本章の見通しである。

3. 芸術教育とその理論

3.1 「子供の芸術」と発達理論——帝政期の芸術教育論

　芸術教育運動がハンブルクの美術館長であったリヒトヴァルクの名前によって代表されることからもわかるように, 19世紀末以降のドイツで盛んになった芸術教育改革の試みを先導したのは美術教育の領域であった。美術教育の領域では, 第5章でも見たように, 方眼紙に線を引かせて手本どおりの図形を描かせるという, シュトゥールマン法と呼ばれる硬直した図画授業の方法が支配していた。他方で, イタリア人リッキが著書『子供の芸術』(C. Ricci: *L'arte dei bambini*, 1887)によって子供の絵をはじめて芸術表現として紹介し, ドイツでもゲッツェが『芸術家としての子供』(C. Götze: *Das Kind als Künstler*, 1898)を著す。子供が本来もっているはずの芸術との関係を, 硬直した美術教育がかえって阻害していることは今や明らかであった。当然シュトゥールマン法に対する批判

が高まったが，それがただちに「自由画」的方法の提案に結びついたわけではない。これも第5章で見たように，帝政期の芸術教育改革――芸術教育運動の「第一期」――で主眼が置かれたのは表現ではなく鑑賞の側面であり，リヒトヴァルクと並ぶ芸術教育運動「第一期」の中心的人物であった芸術学者ランゲの言葉で言えば，「受容的享受能力」[Lange 1902: 28]への教育であった。そこでは，価値ありとされる芸術や，それを価値ありとして享受する良き趣味の存在が自明の前提になっている。図画授業の改善が問題になったときも，問われたのは，子供の描画の発達に即応しつついかに子供を「正しい」描写へと導いていくか，ということであった。たとえばランゲは，これも第5章で見たように，「図式化され平面図形の形をとった生活形態」――椅子や机など身の回りにあるものを平面化して描いた図形――を描くことから始め，次第に立体の表現を教えていくという方法を提案していた[Lange 1893: 133ff.]。

　「子供の芸術」への注目と「正しい」描写に向けての訓練とは，当時の改革者たちにとって何ら矛盾するものではなかった。両者を整合的に結びつけていたのは，ヘッケル的な反復説――個体発生は系統発生を反復する――に基づく一種の発達理論であった[Hespe 1985: 18ff.]。「子供の絵の形態的特徴は大いに認識され，実に的確に記述され」たし[ibid.: 30]，「人々は子供における芸術のめばえに魅了された」[35]。しかしそれはあくまで「めばえ」にすぎなかったのである。子供は見たものを描くのではなく知っているものを描く――たとえば，目の前のこの家でなく「家」について子供がもっている観念を描く――というリッキの命題が，当時子供の絵について論じる人々の間での常識になっていた[139]。子供の絵は，遠近法を知らぬその図式性によって，初期の段階の人類の表現様式を反復しているものと見なされた。人類がそうしたプリミティヴな表現にとどまっていなかったように，子供の絵の場合も，「この初期の段階は，進歩ということを考えるならできるだけ早く克服する必要のある一段階と考えられた」[35]。反復説が強固な基盤となって進化論的な発達理論を支え，さらにこの発達理論が，一方で子供の絵の特質を際立たせつつ，他方で遠近法的表現を最終的目標とするような図画授業の構想を支えることになる。こうした理論構成の大前提になっているのは，19世紀のアカデミズム絵画を絵画表現の到達点と見るような芸術史における進歩史観である。芸術進歩史観に対する懐

疑は，もちろん印象派の登場以降——モネの「印象，日の出」は1872年である——確実に広まっていたが，それが芸術教育の領域にまで浸透したのはようやくワイマール期に入ってからであった。このようなタイムラグの背後には，子供がやがて「リアリスティック」に描くようになるという疑いえない事実があり，またそうした描写の疑いえない実用性があったであろう。芸術家の養成を目的としているわけではない通常の学校の美術教育にとって，「自然」でもあれば実用的でもあるような「リアリスティック」な描写を目標からはずすことは容易ではなかったと思われる。

3.2 〈内なるもの〉と芸術——ワイマール期初期の芸術教育論

芸術進歩史観に決定的な打撃を与えたのは，特にドイツにおいては，表現主義の芸術観であった。そして，「表現主義者の批判と，伝統的な図画授業・芸術授業に対する彼らの攻撃が［……］最も影響力の大きい理論的代弁者を見出し，また教育における影響力を発揮したのは，「徹底的学校改革者同盟」においてであった」[Reiss 1981: 56]。「同盟」のリーダーであったエストライヒは芸術の問題にそれほど関心を注いだわけではないが，「同盟」の中心人物の一人であったヒルカーは，「1920年初め以降［……］とりわけ芸術教育の問題に取り組んだ」[Neuner 1980: 92]。実際，「同盟」の機関誌『新しい教育(*Die Neue Erziehung*)』の1921年5月号は，ヒルカーを中心に16人の論者が寄稿するという，大がかりな芸術教育特集を組んでいる。この特集は，「表現主義的」とされるような立場を一面的に打ち出すものには必ずしもなっておらず，帝政期に見られたのと同様の主張と，そこには見られなかった新しい主張が交錯するものになっている。この交錯のなかに，ワイマール期初期の芸術教育の状況を読み取ることができる。

(1) **美術教育をめぐって**

帝政期の議論との明確な連続性を示しているのがヴルフの「子供の芸術の心理学的基礎」[Wulff 1921]である。ヴルフは，「図画表現における一般的な進歩の明確な段階的連続」[135]を前提にする。「子供特有の間違い」[136]はこの過程で正される。こうした「進歩」は，「全体として，三次元的な視覚表象を平面上での統一的な表現へともたらすという努力［……］に由来する」[137]という。

この「確証された心理学の研究成果」から，彼は図画授業について次のように提案する。「学校の芸術教育は[……]各々の発達段階にふさわしい手本を見せたり，また教師が訂正のために手本を描いて見せたりして，自然な発達の過程を促進するという原則に立脚すべきである」[137]。――これに真っ向から対立する提案が，ヘックマンの「ドイツ田園教育舎イルゼンブルクにおける芸術授業」[Heckmann 1921]に見られる。「純粋な芸術教育は，できるだけ大きな自由においてこそ成長する」のであり，「自分に一番ぴったりくる表現手段を利用するという自由を子供はもたねばならない」のだから，「これこれのテクニックをもって始めねばならない，というのは誤っている」。むしろ「創造的な造形活動が芸術授業の中心に据わる」というのである[139]。

　両者の違いは何に由来するのだろうか。まず目につく違いは，ヴルフにおいては子供はまるであの「段階的連続」に自動的に従うかのようであるのに対して，ヘックマンが子供の内にある能動的な力を強調しているということである。「芸術教育は，あらゆる手段を使って，子供のなかにまどろんでいる芸術諸力を探求し，自由にし，展開させるという課題をもつ」[139]というのである。ヒルカーも，「学校と芸術」と題する寄稿[Hilker 1921]において，「子供のなかには人間の素質の原初的な全体性がまだ歪められず退縮しないままに生きている。それを育て拡張することが重要である」[133]と主張している。しかし，このような子供の〈内なるもの〉への注目は，必ずしも発達論的な芸術教育論と矛盾するわけではない。たとえばメラーの寄稿「図画授業の目標と方法」[Möller 1921]は，「どの子供のなかにも眠っている創造的活動への衝動を目覚ませ，造形芸術の作品の自己活動的体験を可能にすること」[141]を図画授業の目標に掲げる。しかしこの目標を達成するために彼が構想する方法は，ヴルフ同様，「描画の自然な発達」[141]を前提にした訓練的方法なのである。

　発達理論自体が何らかの内在的な法則性を前提にしているのであるから，〈内なるもの〉は，それを強調するか否かは別としてすでに前提になっていたと見るべきであろう。ヴルフ/メラーとヒルカー/ヘックマンを分けているのは，〈内なるもの〉を前提にするか否かではなく，それをどの次元で捉え評価するかという，〈内なるもの〉の文脈の違いであるように思われる。この違いはそれほど明示的に出ているわけではないが，たとえばヒルカーの次のような主張

に注目してみよう。

> 「芸術体験の源泉である感覚の感受性を，子供は芸術家と共有しており，子供の受容能力は，テクニックと公式がこびりついたアカデミーの教授連などとは比べものにならないくらい強いのである。」「体験衝動同様，子供は造形衝動をも芸術家と共有している。そしておそらく子供はここでも，形態表現の根源性と捕われのなさにおいて大人に優越しているのである」[133]。

子供が「大人に優越している」とされるが，そこまで子供を引き上げているのは「芸術家」というあり方――子供が芸術家と何ものかを共有しているということ――である。ここで子供の〈内なるもの〉を評価する基準になっているのは〈美〉の次元だと言えるだろう。〈美〉の次元が芸術教育の直接的な文脈として浮上しているわけである。大人と子供の上下関係の逆転はその一つの帰結である。もちろん，ヴルフ/メラー的な芸術教育論の背後にも，すでに見たように進化論的な「発達美学」[Hespe 1985: 18]が存在したのであり，〈美〉の次元が欠けていたわけではない。しかし，心理学的な発達理論が介在することによって〈美〉の次元との関係は間接的になっている。しかも，「発達美学」が説得力を失ってもなおヴルフ/メラー的な芸術教育論を生き延びさせていたのは，すでに見たとおり発達理論それ自体の自然性や実用性だったように思われるのである。

(2) 音楽教育をめぐって

以上で見た造形芸術に関わる議論と並んで，『新しい教育』の芸術教育特集は文学や音楽についても幅広く扱っている。われわれは次に音楽教育をめぐる議論に注目しよう。音楽教育の領域でも，〈美〉の次元が議論を背後で規定しているのを見ることができる。ただし，議論の配置は美術教育の場合とはかなり異なっている。

ヤコービ，イェーデ，ヘックナーの3人が音楽教育について論じている。このうち最も「伝統的」との印象を受けるのはヘックナーの寄稿「音楽の事象的価値の教育学的扱い」[Höckner 1921]である。ところが〈美〉の次元を最も強調するのもまたヘックナーなのである。ヘックナーはまず「音楽的な教育とは――一般的に言えば――芸術としての音楽の理解への導入である」[159]と言う。彼の主張は子供の〈内なるもの〉やその表現の強調とは無縁であり，「受

容的享受能力」を目標とした帝政期の議論に近い。しかも，この享受についてさえ，それが〈内なるもの〉と接触することを何としても避けようとするかのように，彼は「あるテーマが私の満足を引き起こしたか否か，私に「気に入った」か否か」を重視するのは，芸術としての音楽の理解に資するものではなく「芸術敵対的な気分づくり」だと切って捨てる[160f.]。以上のような「伝統的」主張を支えているのは，〈美〉の次元を芸術教育においても無傷のまま保持しようとする一貫した意図なのである。言い換えれば，ヘックナーが保持しようとしているのは，「秩序づけられた音楽的な全体」として現れるような音楽作品の「事象的価値(Sachwerte)」であり，「「音楽的な教育」は[……]本質的に音楽の事象的価値に向けられていなければならない」[159]。このため，「自分が音楽を聞いてどう感じたかで音楽を評価する」ような「われわれの時代に独特」の態度——「私的価値(Ichwerte)」への迎合——に対抗することが音楽的教育の課題となる[161]。ヘックナーは〈美〉の次元を直接音楽教育に持ち込もうとするが，その結果として，〈美〉の次元は子供の「私」から徹底して切り離されることになる。これはおそらくヘックナーの意図どおりの帰結だったと思われるが，そのことによって逆に子供の「私」が「事象」に対抗する何者かとして姿を現してもいるのである。

　以上のようなヘックナーの主張と対照的な主張を展開するのがヤコービの「万人のための音楽教育の基礎」[Jacobi 1921]である。彼の出発点は，「健全な感覚器官をそなえたどんな人間も，彼が人間という種に属しているということによって，自らを音楽的に表現する能力を与えられている」[155]という想定にある。音楽教育においてまず問題となるのは，もはや享受や理解ではなく「表現」なのである。ただしヤコービは，音楽教育の課題をこのように〈内なるもの〉の表現に見ることで，音楽教育が〈美〉の次元からひとまずは切り離されると見ている。「そもそも，万人のための音楽教育の可能性が問われる場合には，芸術ジャンルとしての音楽に関わる想念はさしあたり完全に排除しておく方がよい。われわれが関わっているのは，言語や身振りや絵画的表現と同じような一つの基本的な表現領域なのである」[155f.]。こうした主張の背後には，「お高くとまったコンサートホールで日々われわれが出会う「芸術音楽」」[155]に対する批判があり，言葉や身振りのようなコミュニケーションの次元

で音楽表現を捉えるという試みがある。しかしそれによって生じているのは，子供の音楽表現と〈美〉の次元との分離なのである[2]。

　イェーデは，上の2人のどちらとも異なる考え方を「学校における音楽——ある報告のための基本理念」[Jöde 1921]で示している。まったく違った立場から出発しながら，ヘックナーとヤコービがその主張の帰結においては子供の体験・表現と〈美〉の次元の分離という共通のパターンを示していたのに対して，イェーデは子供の音楽体験・表現を〈美〉の次元に重ねようとしているのである。イェーデの寄稿は1頁あまりの短いものだが，この点は見逃しようがない。彼によれば，「今日すでに，学校のなかには，これまでのように音楽を教授される(in Musik unterrichtet zu werden)のではなく，音楽を生きる(Musik zu leben)という意志が存在しているし，これまでのように教材の領域を介して指針を得るというのではなく，精神的力と直接結合するという考えが存在している」[159]という。伝統的な学校は，その本質を「のちの生活のための準備」に見てきた。だからこそ音楽教育においても，「強調点は音楽教授にのみ置かれ，音楽そのものには置かれなかった」[158]。学校が「音楽を生きる」場に転換するとすれば，それは「音楽そのもの」，つまり〈美〉の次元が，教育の場に直接——「音楽教授」の場合のように〈教育内容〉を介して間接的に，ではなく——顕現するということを意味するであろう。〈美〉の次元と教育とのこのような結合の行き着く先は，イェーデによれば「これまでの学校概念の解体」[158]である。

　先にわれわれは，ヒルカーに関して，〈美〉の次元との結合が大人と子供の上下関係の逆転をもたらすことを見た。イェーデに関して見ることができるのは，〈美〉の次元との結合が，「教授」への懐疑を，したがってまた学校教育への懐疑を帰結しうるということである。ワイマール期の芸術教育論は，少なくとも帝政期の議論の枠組みのなかでは大前提になっていた世代関係や学校概念

---

2) 文脈は異なるがやはり対比してみたくなるのは，同じワイマール期のドイツで展開されたモホイ＝ナジの芸術教育である。彼の場合は造形芸術の領域に関してであるが，やはり「誰もが才能に恵まれている」と主張した。モホイは，芸術を「話すこと」のようなコミュニケーションの次元に還元することで芸術の概念そのものを変えていったのであった。ヤコービには，こうした〈美〉の次元そのものの問題化というモチーフは見られない。モホイの芸術教育論については第8章を参照。

を，根本的に疑問視するような急進的な主張を胚胎させつつあった。そして，そのような急進的な主張の土壌となったものこそ〈美〉の次元——〈美〉の次元と教育との直接的結合——だったのである。

3.3　ハートラウプ『子供のなかの創造精神』——反復説の意味転換と〈美〉の次元

『新しい教育』の芸術教育特集はたしかに興味深い議論の配置を示していた。しかしそれはあくまで「徹底的学校改革者同盟」という急進的な主張をもった一派の機関誌上のことである。そこでの議論がワイマール期初期の状況を理解する手がかりになるか否か，疑われるかもしれない。そこで次に，ワイマール期の芸術教育全体に大きな影響を与えた一冊の本に注目することにしたい。ハートラウプの著書『子供のなかの創造精神（ゲーニウス）——才能に恵まれた子供たちの図画と描画の試み』[Hartlaub 1922]がそれである。この本は1921年にマンハイムの市立美術館で開かれた同名の展覧会の副産物である。ハートラウプはマンハイムの美術館の館長であった。『子供のなかの創造精神』は，この時期の「芸術教育を代表する著作」[Otto 1969: 120]であり，「そこで述べられた原理はワイマール共和国の芸術授業の不可欠の構成部分となった」[Reiss 1981: 66]といわれる。しかし，このような高い位置づけや影響の大きさが，必ずしもこの著作に関する理解の程度に見合っていないのではないか，というのが私の印象である。オットーも[Otto 1969: 120ff.]，また戦後ドイツを代表するもう一人の芸術教育理論家リヒターも[Richter 1981: 51ff.]，この著作を子供の〈内なるもの〉を前提にし，その発現を待機する児童中心主義的な芸術教育論として理解している。これはこの著作を当時のアカデミズム教育学の図式のなかで理解するということでもある。たとえばオットーはリットの「指導」対「放任」の図式によってこの著作を理解している。「一般教育学的に見れば彼[ハートラウプ]の構想はリット[……]が異議を呈した「放任」の教育学のまたとない事例」[Otto 1969: 124]だというのである。しかし実際には，こうした単純な図式では割り切れない多くのものをそれは含んでいるように思われる。

たしかに，この著作の標題，そして冒頭の章の「子供の崇拝(Anbetung des Kindes)」という標題は，それだけでも上のような図式化を呼び込むに十分ではある。この冒頭の章で，ハートラウプは，「失われ，それゆえにまた尊重に

値する状態」[Hartlaub 1922: 7] としての子供の観念の歴史を原始キリスト教から現代まで手短かに概観し、現代の教育論においてこうした傾向はますます強まっているとする。「子供の造形活動の固有の価値を意識化」しようとする彼の試み自体、こうした傾向のなかに深く組み込まれているのである[11]。他方、この著作全体の前提になっているのは、おなじみの反復説——ハートラウプは「並行説(Parallelismus)」という言葉を使っているが——である。「14歳までの子供時代の発達は、おそらくは21歳までを含めて、人類そのものの発達の——決して完全ではない——反復を[……]なすことになる」[25]というのである。この説には批判も多いと言いつつ、「心理発生の並行説に由来するこうした方向[……]は、にもかかわらず全体としては作用している」[26]として反復説を譲る気配はない。「教師は常に心理発生の事実を意識にとどめておかねばならない」[75]。ハートラウプが〈内なるもの〉を強調するとき、〈内なるもの〉の観念の源泉となっているのは帝政期以来の伝統的な反復説であって、それを強調すること自体に新味があったわけではない。ここでも、重要なのは〈内なるもの〉が強調される際の文脈であるように思われる。

　実際、ハートラウプにおいて文脈は帝政期のそれから大きく変化している。帝政期の議論において、反復説は、子供の描画を進化論的な「進歩」の図式に乗せて評価し指導するための装置として役立っていた。ところがハートラウプによれば、「正常な場合にさえ、成長しつつある人間の発達は、単に進歩であるばかりでなく、退歩でもあり喪失でもある」[29]という。とすれば、〈内なるもの〉やその発達は、子供の絵を評価するための規準としては必ずしも役立たないであろう。それは、記述の図式ではあっても評価の規準ではもはやないのである。

　それにしても、発達によって「喪失」するものとは何であろうか。——それこそ、標題にもある「創造精神(＝天才)」に他ならない。それはしかし、この言葉がともすれば連想させるような単純な〈内なるもの〉ではない。ハートラウプは次のようにいう。

「創造精神はいわば外から作用する。それは、無意識的な生命力・精神力という、目には見えない外界を、個々の人間に具現化したものなのである。この無意識的な生命力・精神力は、古いヘルメス主義的な比喩に従えば、成長しつつある人間を取り囲ん

でいる。そして，物質的な肉体がそれを囲繞する物の世界から区別され特別のものへと括り出されるのに応じて，次第に自己制御的な内界へと変化していくのである」[12]。

つまり，「創造精神」は，まさにこの「自己制御的な内界」の成立によって失われるということになる。「子供の造形活動の固有の価値」は，この「内界」の不成立の一帰結なのである。このメカニズムをハートラウプは以下のように説明している。いささか長くなるが，またいささか難解な部分もあるが，重要な部分なので引用しておきたい。なお，引用に出てくる「記号(Zeichen)」と「相貌(Gesicht)」は，子供が世界を処理する場合の二つの様式とハートラウプが考えていたものである。

「子供が，その記号と相貌によって表面へ，絨毯とアラベスクの法則へと心的に引きつけられるがゆえに，素材もまたそれ自身の意志によって子供に特別に応えてやるのだということが明らかになる。表現と装飾，相貌と記号とが，子供の造形的遊びにおいて遭遇し闘うことになるが，その闘いを最終的に決するもの，両者が和解し合う地点を決するものは，材料の非個人的な意志であり，つまりは「自然」である。子供の自我が芸術家なのではなく，子供の心と手において生じる形成という客観的な出来事が芸術家なのである。内においても外においても，自然は戯れつつ子供の自我に代って作用する。それがあの創造精神に他ならない」[47]。

ここに表現されている事態は，子供と対象世界との親密で直接的な関係である。こうした関係のあり方が創造精神の作用を可能にしている。したがって，対象世界から自我を引き離すことによって自立を達成した大人は，「創造的可能性の天国から突き落とされる」[16]。そして，この楽園追放された大人の対象関係に対応するのが，19世紀のアカデミズム絵画に極まるリアリズムやアイデアリズムだという。この両者は，「自立的となった個人による客観的自然の再建の試み」[33]なのだ。自然との親密な関係を喪失した自立的個人が，対象を理想化し客観的な実在として描くことによって，「その感情・思考・意志のなかで合成的に自然を取り戻す」[33]のである。

当然予想されるとおり，「リアリスティック」な描写はもはや規準とはならない。「自然らしさにどれほど近いか」は，「どれほどの芸術的価値をもつかの標識としては大きな限界がある」[41]。14歳児の正確な絵が，6歳児の「下手」

な絵に劣る，ということも大いにありうる。そして，「まさにこの，われわれが不承不承ながら子供の絵の「芸術的作用」と呼ぶもの(子供は決して「芸術家」ではない)が，本書では問題なのである」[41f.]。つまり，発達論の図式に代って評価の規準になっているのは，ここでも〈美〉の次元——「芸術的価値」「芸術的作用」——であり，これが発達論的な上下関係を転倒させる原因になっている。しかし，ハートラウプの場合，〈美〉の次元は「芸術的価値」や「芸術的作用」に還元されない。上の引用にも言うとおり，「子供は決して「芸術家」ではない」のであり，「芸術的作用」という言葉も「不承不承(widerwillig)」に使われるにすぎない。たしかに，子供の「途方もない内的生活」を知るのは芸術家のみであり[30]，芸術的天才を「高められた子供」[16]と呼ぶこともできるかもしれない。しかし，子供の創造は，無目的な「夢」や「遊び」にすぎず，また発達論的に見た子供の意識の未熟さの帰結でもあって，芸術家の創作と等置することはできないのである。

とすれば，子供と芸術家を等置していたヒルカーの場合とは違って，〈美〉の次元は「芸術」とは別のより抽象的な次元に設定されていると見なければならないであろう。ハートラウプ自身が明示的に述べているわけではないが，先に述べた対象世界との親密で直接的な関係が，子供の絵を評価する規準となり，つまりは〈美〉の次元を構成しているように思われる。これは，西洋的伝統において〈美〉の原義が知覚であることから考えても，決して無理な解釈ではあるまい。知覚が主観と客観の接点をなすとすれば，その点が拡大して広い接面となり，素材の側が特別に主観の側に応えてくれるまでに浸透し合った状態——それは，全面的接合という極限まで進めば主客の区別の解消に至る——が，〈美〉の次元として評価の規準になっていたように思われる。このような状態をどの程度実現しているかが子供の絵を評価する規準となるのである。ハートラウプが19世紀のアカデミズム絵画に明らかに厳しいのも，それがまさにこうした意味での〈美〉の次元を取り逃がしていると見たからであろう。

以上見たように，すでにワイマール期の初期の段階で，帝政期の議論を越えるだけでなく，芸術家と子供を等置する「表現主義的」な議論をも越えるような，注目すべき〈美〉の次元が芸術教育論のなかに開かれていたのであった。ただしそれが，芸術教育をめぐるワイマール期の議論に十分に組み込まれてい

ったか否かは疑わしい。戦後のオットーやリヒターの議論に見られたように，ワイマール期の議論のなかでも，ハートラウプの主張は，子供の〈内なるもの〉に注目しその表現を重視した芸術教育論として解釈されていったように見えるのである。この点についてはアカデミズム教育学との関係で後述しよう。しかし，ハートラウプ自身のなかにも，そうした解釈を許す要因が存在したことは否めない。2点を挙げることができる。一つは，『子供のなかの創造精神』第一版の副題にあるとおり，ハートラウプが「才能に恵まれた子供たち」の絵に注目しているということである。本文中でも，彼はしばしば「特別に才能のある」子供[17]や「創造精神に恵まれた子供」[40]について語っている。こうした才能観や用語法からは，創造精神を子供の〈内なるもの〉と見る解釈が出てくることは避けがたいであろう。第二に，機械化された悪しき現実に対して子供の存在を対抗させるような，芸術教育の提案と結びついた文化批判的主張がある。芸術教育において重要なことは「子供のなかにある子供を救い出しその力を高めること，創造精神の作用に対して子供を成熟させ受容可能にすること」[76]だとされる。そのようにして「一たび完全な子供であった人は[……]歪められていない人間性の一片を常にその内に保つことになる」[77]であろう。このような主張は，教育の課題を「放任」(Wachsenlassen)へと単純化するものだという，のちにアカデミズム教育学——特にリット——が展開した批判を容易に呼び込んでしまう（先に見たようにオットーは実際にそのようにハートラウプを理解した）。

次にわれわれは再びアカデミズム教育学の側に目を向けることにしよう。そして，アカデミズム教育学において〈美〉の次元がいかに映しとられ，それがさらに芸術教育との間にいかなる乱反射を引き起こしたかを観察することにしたい。

4.「教育運動」に限界を設定する——〈嚙み合わせ〉の図式

4.1 「限界」論議と精神科学的教育学

ワイマール期のはじめに約20あった教育学の講座の半数近くを精神科学派の人々が占めた，と先に述べた。しかし，この時点で彼らに「学派」としての

意識やまとまりがあったかどうかは疑わしい。このような学派としての意識やまとまりを作る上で決定的な役割を果たしたのが，月刊誌『教育(Die Erziehung)』の刊行であった[Ott 1971; 小笠原 1974: 257ff.]。『教育』誌は，リット，ノール，シュプランガー，それにアロイス・フィッシャーを編集人，フリットナーを編集幹事として——ワイマール期の精神科学的教育学を代表すると目される4人全員が顔をそろえていることになる——1925年末に創刊，紆余曲折を経ながら1943年まで刊行が続けられた。『教育』誌はアカデミックな論文を掲載するだけの雑誌ではなかった。のちにフリットナーが回想するところでは，「『教育』誌は，世紀転換期以来目立ってきたドイツの教育運動をまとまりのある意識と批判的な省察へと導くことに，その特別の課題を見ていた」[Flitner 1955: 1]という。実際，『教育』誌には1933年まで「教育運動(Die pädagogische Bewegung)」という常設欄が設けられ，この「教育運動」欄は，1933年までの全寄稿数の20%，頁数でいえば全体の25%という大きな比重を占めたのであった[Ott 1984: 619]。

　他方，『教育』誌が創刊され活動を開始する1925年前後は，教育改革の一つの転換点でもあった。教育や教育改革の可能性の過大視・楽観視を批判する主張が，「限界」という言葉をキーワードにして展開され始めるのである。グリーゼバッハの『教育者の限界と責任』(1924)，ベルンフェルトの『シジフォスあるいは教育の限界』(1925)，ツァイドラーの『限界の再発見』(1926)がその代表例である。「限界」をめぐる議論は，精神科学的教育学が立脚していた「教育運動」の，可能性に対する疑義を表明していたと見ることができる。教育と教育改革への，どちらかといえばナイーヴな期待と信頼から，慎重な懐疑へと向かうこうした教育論議の転換に対して，精神科学的教育学はどう対応したのだろうか。

　精神科学的教育学の対応は二正面作戦であった。教育改革の「限界」を指摘するだけでなくその「終焉」を宣言し伝統的な教育に戻ろうとする保守的な論調を退けるとともに，教育を改革するだけでなく教育によって新しい人間・新しい社会を作ろうとするような急進的な主張をも精神科学的教育学は批判した[Ott 1984: 622]。『教育』誌はそうした急進派批判の中心的なフォーラムとなったのであった[Konrad 1993: 581f.]。この批判を通して，精神科学派は，教育改

革の様々な主張や実践を，彼らが考える「教育運動」の枠内に統御しようとした。これが，フリットナーの言う「ドイツの教育運動をまとまりのある意識と批判的な省察へと導く」ということの意味だったであろう。教育現実のレベルにおいても教育理論のレベルにおいても，この二正面作戦はおおむね成功裡に遂行されたように見える。その帰結は，短期的に見れば「限界」論議の主導権を精神科学的教育学が完全に握ったということであり，長期的に見れば，冒頭で述べたような「教育運動」概念の貫徹であった。以上のような二正面作戦の遂行において最も目覚ましい成果を挙げたのは，おそらくリットの精力的な批評活動だったであろう。

　1926年10月，リットはワイマールで開かれたドイツ教育委員会(Deutscher Ausschuß für Erziehung und Unterricht)主催の教育会議で「現代の教育学的状況とその要求」と題する開会講演を行った。この会議は「現代文化とドイツ学校の教育内容」をテーマに招集され，「第二の全国学校会議」と言われるほど注目を集めた。内外からの800人を超す聴衆を前に行われたリットの講演は，「限界」論議に対するアカデミズム教育学からの，リット一流の辛辣な言い回しを使っての介入宣言であった。この講演によって，リットは「一般からの極めて大きな賛同と，同時に教育改革者の陣営からの強烈な抵抗」[Dudek 1999: 119]を受けることになった。エストライヒの罵倒に近い反応[Oestreich 1927]はよく知られている。しかし，こうした拒否反応も含めて，その後ますます盛んになった「限界」論議はリットの主張や枠組みに依拠する形でなされることになった[Drewek 1995: 316]。

　「限界」論議におけるアカデミズム教育学の優位を決定づけたこの講演で，リットは，「教育的熱狂の波が次第におさまりつつあること」[Litt 1927a: 1]を歓迎する。「教育的熱狂」は，生活の全領域を教育の原理によって規定しようとするような無理な要求を往々にして伴っていたからである。この無理を通そうとしたときに生じるのは，支配したと思っていた異質な原理に教育が実は支配され，「自律と思っていたものが最悪の他律に転化する」[2]という事態に他ならない。たとえば，「国家の教育化の要求」の帰結は，教育における「特定の政治的傾向の支配」[4]なのである。異質な生活領域・文化領域へのこうした不毛な拡張主義に対抗して，リットは彼が「手仕事的(handwerklich)」と呼

ぶ教育固有の課題の重要性に注意を向けようとする。「手仕事的」な教育課題とは，たとえば「読むこと，書くこと，計算すること，きっちりと仕事を完成させること，母国語を正確に使えること，外国語の文法の練習，外国語文献を読む難しさとの格闘，知識獲得と知識保持の努力」[7]である。これらの課題は，平均的な教師でも努力次第で実現できる。しかも，そのことを通して子供に「精神的現実の根本モチーフ」[8]を学ばせることもできる。こうした手仕事的な，「教授的(unterrichtlich)な目標設定」を「技術的」だと軽蔑し，「教育革命」の夢にふけること，これこそ「真の教育精神に対する最も重い罪」[7]なのである。「教育革命」を夢見る人々は，「人間という原材料から新しい人類の型枠を作り出す使命が自分たちに与えられたものと信じている」[7]。しかし，「その内容が今この瞬間の運動で尽きてしまうことのないような財や価値を保全するという任務を学校が負っている以上，学校は保守的な勢力 (konservative Mächte) に属するものであるし，また属するべきなのである」[11]。

このように教育の文化伝達的で能力付与的な側面を重視するリットではあるが，その主張を，子供の側を軽視して文化の側に味方する反教育改革の立場と見るのは正確ではない。というのも，「教育的熱狂」が受け入れがたいのは，単に拡張主義の罠に陥り「手仕事的」な課題を無視するからだけでなく，それが「指導の要求」[2]を伴っているからだとリットは見ている。そして「指導 (Führertum)」が教育において受け入れがたいのは，それが「生成しつつある世代の固有権」[3]を無視してしまうからなのである。この「生成しつつある世代」に対しては「いかなる教育者の意志と言えども将来の決断を先取りすることは許されない」[ibid.]。したがって，「限界」の概念によって表明されているような「教育の自己限定」の試みは，「教育の意味に反する」ものではなく，逆に「そこにおいて教育のより深い意味が再建される」[ibid.]はずのものなのである。

もちろん，この講演の翌年に刊行される『指導か放任か』[Litt 1927b]で詳細に論じられるとおり，子供の「固有権」の極端なまでの称揚——「放任」の立場——が「教育的熱狂」の一つの重要なモチーフになっていることをリットは重々承知していたに違いない。また，同じ『指導か放任か』でリットは，「指導」が教育において積極的な意味をもち教育の不可欠のモメントをなすと見て

いる。つまり，子供の側の「固有権」の要求がそれ自体として肯定されるわけではないし，教える側の「指導」の要求がそれ自体として否定されるわけでもないのである。「限界」概念によってリットが試みていたのは，この両者をいわば〈嚙み合わせ〉ることだったであろう。『指導か放任か』でリットが分析した憂うべき教育論の状況は，「放任」の主張がいつの間にか「指導」の要求に，「指導」の要求がいつの間にか「放任」の主張にすり替わるという意味論的無政府状態であった。26年の講演でリットは「教育的熱狂」に対する「限界」設定を試みたが，そのことによって彼がめざしたのは，その両側に子供の「固有権」と教育者の「指導」要求とを配置することのできる境界線を引くことだったであろう。

「固有権」の主張が同時に「指導」要求の限界線を画するような形で両者を〈嚙み合わせ〉ることによって，この両者ははじめて正当化される。言い換えれば，「固有権」が「指導」によって認知され，恣意的でない合理的な「指導」の対象となることによってはじめて，この両者は正当化されるのである。しかし，限界線を引くことによって自動的にこの〈嚙み合わせ〉の図式が成立するわけではない。リットの場合，両者を実際に〈嚙み合わせ〉るものは，「保守的な勢力」としての学校や教育の，固有の論理なのである。簡単には変化しない永続的な価値をもった文化を伝達し能力付与という使命を果たすこと——この課題が，「指導」の要求と「固有権」の主張の双方に対して限界線を画定することになろう。「教育的熱狂」との関係においても，それをこのような〈嚙み合わせ〉の図式のなかに統御することがリットにとっては問題であった。

〈嚙み合わせ〉の図式は，リットだけでなく，「教育運動」に実質的な内容を充塡していったノールにも認められる。ノールは，教育現実の核心に「教育的関係」を，つまり「生成しつつある人間に対する成熟した人間の熱意あふれる関係」[Nohl 1933b: 22]を見ていたのであった。ノールは同じ〈嚙み合わせ〉の図式を，彼の「教育運動の三段階」説によって「教育運動」のレベルで時間的に展開したと見ることもできる。ノールによれば，教育運動は，その第一段階では「個人」が，第二段階では「共同体」が目標になるが，第三段階では「奉仕」が，つまり「客観的なものへの行為による献身」が目標になる[ibid.: 78f.]。ノールは，リットが空間的に対置した要素を時間軸上に配列し，そうすること

で，リットが切り捨てた「教育的熱狂」を「教育運動」の不可欠のモメントとして歴史的に意味づけ，救出したわけである。ただし，社会教育に深くコミットしていたノールの思考のなかには，正統的な一般教育学校を念頭に置いて議論をするリット——リットは長くギムナジウムで古典語を教えた——とは微妙に方向を異にする傾向が存在する。リットが学校において「保守」される文化の正当性を疑わないのに対して，ノールには階級的に分断された文化の現状に対する抜きがたい批判が存在する。比喩的に言えば，静止状態の図式においては一致するが，その図式が作動する動態において違いが出てくるのである。この違いは芸術教育との関係でも重要な意味をもってくると思われるが，それについては後述しよう。以下では，「限界」論議で主導権を握ったリットが芸術教育に対していかなる議論を仕掛けたかをまず見ておきたい。

4.2 精神科学的教育学と芸術教育
(1) リットの芸術教育批判

1927年，リットは芸術教育関係の会議で発言する機会を二度得た。一つは，「学士美術教員全国連盟(Reichsverband akademisch gebildeter Zeichenlehrer)」の大会での「教養の全体と芸術教育について」と題する講演[Litt 1927c]，もう一つは，「全国学校音楽週間(Reichsschulmusikwoche)」での「教育学の現状」と題する講演[Litt 1928]である。一方は美術関係者，もう一方は音楽関係者と対象は異なるが，リットの主張の大枠は当然ながら変らない。一方における芸術教育の自己限定への要請，他方における芸術教育における「放任」的傾向への批判，がその大枠である。

自己限定とは，芸術教育をそれ以外(あるいは，それ以上)の目的のための手段として投入することの抑制をおおよそ意味する。美術教師に対してリットは，「その芸術的意欲の熱血によってわれわれの文化全体を新しい状態へと鋳直すことができる」と信じるような「汎美学主義」[Litt 1927c: 182]に陥らないように警告する。芸術は，技術化され組織化された現代文化をまるごと否定することはできず，「機械化の傾向に対する対抗勢力」にとどまる。しかもこのような対立を十分に体験させることにこそ教育的な意味を見るべきなのである[ibid.]。音楽教育関係者に対しては，リットは音楽的体験を通して「共同体」

を形成しようとする傾向に警告を発する。「音楽教育から新たな「民族共同体」を形成することさえが時として望まれる」が,「個人が完全に共同体の「一部になる」ことができたような文化発展の時期は永遠に過ぎ去ったのだということを見逃すべきではない。あらゆる教育は,したがってまた音楽教育は,一方における個人的な本質や衝動と,他方における共同的な心の動きの間の緊張を,変えようのない運命として計算に入れなければならない」[Litt 1928: 4]。

　リットが要求するのは,ここでも芸術教育に固有の「手仕事的」な課題の解決——美術教育における「素材に即した作業」[Litt 1927c: 184],音楽教育における「音楽的「作業」」[Litt 1928: 3]——である。そしてそのためには教師による指導が必要である。「手仕事的」なものへの要求は,二つ目の「放任」的傾向に対する批判と結びついているわけである。リットによれば,芸術教育は,「他の領域にも増して第一の極端[「指導」に対する「放任」]に向かう傾向をもっている」[Litt 1928: 2]。その背後には,「客観的な即事性の重荷からの自我の解放」[Litt 1927c: 183]に芸術の意味を見出す表現主義的な芸術観がある。しかし,「片言はまだメロディーではなく,殴り描きはまだ絵ではない」のだから,芸術教育の課題は「子供をこの「自己」表現("Sich"ausdrucken)から,子供が[……]「何か」を表現("etwas" ausdrucken)できるような状態へと導く」ことにある[Litt 1927c: 184]。音楽教育の領域においても「すべてを「子供から」完成させることはできず,むしろそこで前提にされている「素質」は,それが音楽作品の制作という「客観的精神」との,特にわれわれの時代の音楽的精神との結合へと入り込むことによってのみ本来の創造性へと展開することができる」[Litt 1928: 3]。——「自己」と「何か」との,「素質」と「客観的精神」との,〈嚙み合わせ〉の図式がここでも浮上していることに注目しておきたい。

　以上のような芸術教育の二重の限定は,リットの論理においては実は一つのことに帰着する。芸術という文化領域と教育という文化領域の截然たる区別,がそれである。芸術教育への過大な要求も芸術教育に顕著な「放任」的傾向も,この区別を無視したことの帰結だとリットは見ている。この認識は,26 年のワイマールでの講演「現代の教育学的状況とその要求」でリットが示した,教育学の拡張主義に対する批判と軌を一にし,それを芸術の領域に適用したものになっている。ワイマールでの会議の直後に出された論文集『教育学の可能性

と限界』に，会議での講演の完全版とでも言うべき論文「現代の教育学の状況とその要求」——会議の集録では 10 頁ほどのものが 60 頁に膨れ上がっている——が収められている。このなかでは，教育学と他の文化領域との関係がより詳細に扱われ，教育と芸術の関係についても主題的に論じられる。

　そこでリットがまず批判するのは，「教育が芸術の世界を無造作に自分向けに利用した」［Litt 1926: 31］ことだ。「機械的に分裂した生存のまっただなかでも全体から創造することを［……］やめないというのが芸術の特権であり高貴さ」であったのに，「教育的熱狂はこの全体を，自分こそが生活という原材料からそれを作り出す使命を帯びていると感じた全体性，つまり人間の生活の統一性や人間同士の共同体と，考えもなしにイコールで結んでしまった」［31］。その結果，芸術は教育化されることになる。「芸術の評価において問われたのは，芸術の創造そのもののなかにある固有の価値であるよりも，新しい世代の人間生成に向けての芸術の貢献であった」［31f.］。ところが，このような芸術の教育化の先にあるのは，上に政治との関係で見たのと同様の教育の他律化なのである。芸術のあの「特権」や「高貴さ」を確保していたのは，「作品の出来」という規準である。この「美的な精神のあり方を意志の軟弱化や型を欠いた気分への浮遊から守っている唯一のもの」［34］が，教育化によって放棄されてしまう。こうして教育化され軟弱化した芸術が，曖昧となった境界を通して教育の領域に逆流してくることになる。「教育が心ならずもここでその扉を開いているのは，まさに最も危険な形態における美的なものの精神に対してなのである。教育的思考は，かつては自らの形式法則をそこから奪い取ったはずの［美的なものという］要素のなかで解体してしまう」［ibid.］。その帰結についてもリットはあくまで辛辣である。

> 「あらゆる明確な路線，あらゆる把握可能な目標が，不明確な気分の高波によって消し去られてしまう。この波は，ある場合には芸術体験，ある場合には宗教的霊感，ある場合には共同体との共鳴，またある場合には宇宙的な感動と呼ばれるが，実際には，唯美主義的な享楽の無責任で傍観者的な自己満足にすぎないのである」［ibid.］。

　リットの批判は，先にわれわれが確認したワイマール期初期の芸術教育論の急進的主張に，つまり〈美〉の次元と教育との直接的結合という主張に，正確に向けられている。リットにとってこの主張は，たとえば「指導」と「放任」

の両立として表れるような「教育的思考」を，解体へと導くという点で容認しがたいものであった。リットが要求するのは，先にも述べたとおり，教育と芸術を截然と分離することだ。教育とは異質な芸術固有の価値を認め，教育と〈美〉の次元とのつながりは教育内容という細いパイプに限定するべきなのである。このパイプを通して〈美〉の次元から教育へと供給される芸術的価値の様々な内容は，「手仕事的」な課題を要請することで，「指導」と「放任」を〈嚙み合わせ〉るための土台として役立つことになろう。

(2) 芸術教育の自己理解——ハートラウプの場合

アカデミズム教育学の側からの以上のような批判をうけて，芸術教育の側ではいかなる対応がなされたのだろうか。ここでは，先にかなり詳しく検討したハートラウプを例にとってみたい。ハートラウプは，1927 年の「学士美術教員全国連盟」の大会でリットと並んで「印象派，表現主義，新即物主義」と題する講演を行い，29 年には『教育』誌に論文「芸術教育の限界」を寄稿している。このように，ハートラウプは自ら「限界」論議に参加していったのであり，そのなかで彼の議論はある変化を被ることになった。こうした変化の帰結をわれわれは 1930 年に上梓された『子供のなかの創造精神』第二版に見ることができる。

27 年の講演で，ハートラウプは芸術教育と芸術流派の盛衰との対応関係に注意を促した。1890 年以前の，「手の修練」を中心とする伝統的な図画授業がアカデミズムに，子供の受容的能力の訓練（「目の修練」）をめざした 1900 年前後の芸術教育運動が印象派に対応するとすれば，「遊ぶ子供の下意識的な力の覚醒」[Hartlaub 1927: 187] をめざした 1910 年以後の芸術教育の試みは表現主義に対応している。そして，今起こりつつある新即物主義の興隆とともに芸術教育にも転機が訪れているという。ただし，印象派や表現主義によってもたらされた芸術教育上の達成が反古にされるわけではない。「「新即物主義」は，「表現的教育」の限界がどこにあるかをより明瞭に見ることを，われわれに教えることができるにすぎない」[188]。こうした現状認識に立って展開されるハートラウプの新たな芸術教育論の基調は，27 年講演でも 29 年論文でも変らない。主に思春期以前の子供の絵の特質に注目した『子供の中の創造精神』とは対照的に思春期以後に注目し，しかも思春期以後の段階で形成されるべき能力を図

画授業の最終的な目標とするというのが，両方に共通する基調である。「表現主義は学校における子供の教育の目標では断じてありえない。それは常に段階であり手段であり道筋であるにすぎない」[188]とされる。29年論文によれば，目標となるのは「判断能力の形成」である。「芸術的に良いものと悪いものとを区別する能力の形成が[……]子供期の限界を越えたあとの若者には必要になる」[Hartlaub 1929: 665]。しかも，形成されるべきこの判断能力は，芸術が常に社会の全体的状況の「一つの表現でしかない」[674]という認識を含む。「青少年の芸術教育の課題は，芸術を一般的な経済的・社会的・精神史的状況のシンボルとして，表現として把握し，芸術を唯美主義者たちの孤立した空間から切り離すということでなければならない」[674]。

　見方によっては，ここで生じているのは視野の拡大とそれに必然的に伴う補完作業にすぎないと言うことも可能である。『子供のなかの創造精神』第二版はこうした見方を裏づけているように見える。版がまったく改められ，章立ても大幅に変更されているが，子細に内容を検討すると，章の標題は変っても内容的な変更はパラグラフの組み替えやその後の研究による補完がほとんどであり，第一版での主張はほぼそのまま残されているのである。第二版での内容的な変更は，文化批判的な傾向の強い「子供の崇拝」の章が削除され，「創造精神の限界」という章が最後に追加されたにとどまる。最初と最後が変っただけで，その間の中身に実質上の変化はない。しかし，この最初と最後の変更によってこの「中身」の意味合いが大きく変化していることもまた確かなのである。

　追加された「創造精神の限界」の章で語られる内容は27年講演と29年論文の合算にほぼ等しい。ここでも表現主義から新即物主義への転換が語られ，思春期以後の芸術教育が語られる。そして芸術に関する判断力や客観的な描写の重要性が強調される。「「描ける」ということは，芸術の意図から切り離しても[……]職業生活にある人にとってまったく無限の利益」[Hartlaub 1930: 164]なのだから。しかし，このような彼の主張が「前世紀の旧式で最悪の図画授業」[159]への回帰でないことはハートラウプにとって自明であった。重要なことは，27年講演でも触れられた「表現的教育」の限界が，実際にどこにあるかを知ることなのである。思春期以前・以後の分離がその答えであった。図画の教師は，「子供を最初は一見子供自身に委ね，その後の段階になってからはじ

第7章 ワイマール期ドイツにおけるアカデミズム教育学と芸術教育

めて本来の意味で「教授」する」[166]べきなのだ。「表現的教育」は思春期以前で終わり，より上位の，目標となるべき段階が始まるのである。——第二版でなされた最初と最後の変更は，映画などでよく使われる「枠構造」になっていることがわかるだろう。現実だと思って見てきた物語が，実は（たとえば）夢のなかの出来事だったと最後に種明かしがされて終わるという，あの「枠構造」である。

　もっとも，『子供の中の創造精神』第二版の場合，枠構造によって子供期の叙述が夢物語だったと宣言されるわけでない。創造精神につき動かされた子供特有の表現についての記述は依然として生きている。ただ，それがのちに来る「教授」と一対のものとされ，〈噛み合わせ〉がなされるのである。枠構造によって，このように全体が「放任」と「指導」というあのリット的図式のなかにおさまることになる。ここで生じているのは，アカデミズム教育学の枠組みへの芸術教育論の順応であり，それに対応するような自己理解の変更である。こうした変更はおそらく特別に意図することなくなされたのであろう。しかしその帰結は完璧である。〈美〉の次元は，もはや教育と直接交錯するのではなく，思春期以後の発達が到達すべき目標に内容を充当する独立した文化領域として，発達段階の彼方へと退くことになる。しかも，客観的な描写が発達の終点として強調されるために，実質的な目標はリアリズムやアイデアリズムの芸術理解に限りなく接近する。そして，リアリズム・アイデアリズムこそ，自然との直接的接触を喪失・断念し，その代わりに自立性を獲得した個人に対応する芸術様式なのであった。芸術教育は，子供の自由な表現を前提にして，それを自立的個人の形成に向けて指導する過程だということになる。これは，アカデミズム教育学の教育理解に——もっと一般的に言えば，のちに触れる新教育の文脈に——そのままおさまるものだ。「創造精神」は，教師による「教授」によって限界を画定される何物かとして位置づけられるのである。このような枠組みのなかでは，「創造精神」を子供の側に所属する〈内なるもの〉と捉えるような解釈は——もともとハートラウプのなかにこうした解釈をさそう要素があったことを考えればなおさら——避けられなかったと思われるのである[3)]。

5.「教育運動」の急進的主張——ノール，フリットナー，そしてクリーク

　以上のように，20年代後半になると，「限界」論議を通して主導権を獲得した精神科学的教育学の解釈枠組みが，時には芸術教育の側の自己理解にひずみをもたらすほどの圧力をもって通用していくことになった。「教育運動」という枠組みの通用力は，明らかにこうした事態を基盤としている。ところが，精神科学派のなかでも，「教育運動」というこの枠組みに実際に内容を充填していったノールやフリットナーの思考には，「限界」論議でリットが提出した枠組みにはおさまりきらない要素が多く含まれていたように思われる。

　たとえばフリットナーは，あの1926年のワイマールでの会議についての短いコメントを『教育』誌に寄稿している。コメントの表向きの眼目は，リットらの主張についてのありうべき「誤解」を塞ぐ点にある。ワイマールでの会議の「報告者たちを，彼らが教育運動を反古にしようとしているかに解するとすれば，それは大変な誤解」[Flitner 1927: 128]だというのである。しかしこのように誤解を塞ぐという形をとりつつ，フリットナーはリットに密かに警告を発しているとも読めるのである[4]。

> 「学校の目的をどのように教授に限定しようとも，そうした限定によっては，民衆の少なからぬ部分に対しては学校がまず教授のための様々な前提を作ってやらねばならないという，この問題が片づくわけではない。家庭の衰退と機械化された労働の時代

---

[3]　ベンヤミンによる書評は，このような解釈に陥らなかった例外的な場合である。彼は1929年12月29日付の『文学世界』誌にこの第二版を高く評価する短い書評を書いている。彼はこの著作の核心を正確に次のように捉えている。「ハートラウプはこれ[問題は子供の創造精神(ゲーニウス)であって天才(ジェニー)ではないということ]を一文で述べている。子供は事物を通して自分を語るのではなく，事物が自分を通して語るのだ，と。創造と主体性とは，子供においてはその向こう見ずな出会いをまだ祝ってはいないのである」[Benjamin 1980 (1929)]。ただしベンヤミンは，この第二版の枠構造については，それを見逃している，あるいはそれに意識的に目をつぶっているわけである。——なお，1930年の奥付のあるハートラウプの著書の書評がなぜ1929年付の雑誌に掲載されえたのかについては不詳である。ゲラ刷りがあらかじめ編集部に渡されたのかもしれない。

[4]　ヘルマンはフリットナーのこのコメントをリットの主張との全面的な連続性において捉えているが[Herrmann 1987: 28]，この解釈は私には疑わしく思える。一般に，最近盛んになってきた「限界」論議をめぐる研究[Ott 1984; Drewek 1995; Herrmann 1995]は，精神科学的教育学を現実以上に一枚岩的に描いているように私には思われる。

にあっては，学校外の教育力はこうした課題をもはや引き受けられないのである」[128]。

すでに見たように，学校の目的をできる限り「手仕事的」な教授の課題に限定しようとしたのが，ワイマールの会議でのリットの主張であった。これに対してフリットナーは，ギムナジウムに子弟を送り込むような家庭環境とは縁遠い「民衆(Volk)」の，学校の外での状況に注意を向けるよう警告しているのである。この背後には民衆大学(Volkshochschule)をはじめとする社会教育の領域での彼自身の経験[cf. 小川 2008]があったに違いない。

このように，『教育』誌の同人というごく狭い範囲に限ってみても，アカデミズム教育学は決して一枚岩ではない。この違いは何に由来するのだろうか。この点を明らかにするために，われわれは一旦フリットナーを離れ，彼の師であり，民衆大学や青少年福祉をはじめとするワイマール期社会教育の開拓者でもあったノールの議論[cf. 菊池 1972, 1973; Henseler 2000; 助川 2000]に目を向けよう。

5.1 ノールの文化批判

ワイマールでの会議が開かれたと同じ 1926 年に，ノールは「教育運動の統一性」と題する論文を『教育』誌上に発表している(例の「教育運動」欄に掲載された)。標題にあるとおり，多様な教育運動の背後に「統一性」が存在することを論証するのがここでのノールの目的である。しかしその前提には強烈な分裂の自覚がある。「われわれの教育運動は，外から見れば，われわれの社会生活・精神生活がそうであるのとまったく同じように分裂し矛盾に満ちている」[Nohl 1926a: 57]。しかし，それが「何かしら真実で生き生きしたもの」である以上，「究極的な統一性がそこにあるはずだ」[58]というのである。この統一性を，ノールは「ドイツ的人間についての，また高度な精神的民衆文化についての，新しい理想」[58]のなかに見ようとする。

興味深いことに，こうした「統一性」や「新しい理想」を論証するためにノールが手がかりとしたのは，ギムナジウムの生徒たちの自主的な課外活動(いわゆる「ワンダーフォーゲル」)に端を発して拡大していった「青年運動」，そして勤労青年・成人向けの教育機会提供の試みとして第一次世界大戦後に興隆した

「民衆大学運動」であった。教育改革の様々な試みの核心は，何といっても学校改革にあったであろう。作業学校運動も「子供から」の教育学も芸術教育運動も，すべて学校改革の試みである。また，ある程度一貫した制度やカリキュラムをもっている学校を出発点にすることで，「統一」や「理想」はより容易に取り出せそうに思える。にもかかわらず，ノールは学校教育の外部で始まった「運動」に着目する。もちろんその背景にはこの二つの「運動」との個人的な関わりがある。特に民衆大学には，ノールは，フリットナーとともにイエナ——当時ノールはイエナ大学で教えていた——で民衆大学を創設するなど，主要な推進役の一人として関与していた。しかし，ノールが二つの「運動」をこのように高く位置づけることができたのは，両者がともに，分裂を意識しそれを克服しようとする運動として解されたためだったと思われる。ノールによれば，青年運動は「われわれの文化の危機の一表現にすぎない」[58]し，民衆大学運動を動かしたのは「新しい共同体の中で実現される新しい人類精神への意志，社会的分裂の彼方にある強力な民衆精神への意志」[60]であった。このように危機や分裂をノールに強く意識させたのは，社会教育，特に犯罪を犯し教育困難とされた青少年の教育への彼のコミットメントだったであろう。自らがそのなかで育ってきた市民的文化と，「民衆」の生活との間の断絶が，強烈に意識されたに違いない。教育運動はこうした分裂を克服して「新しい理想」へと向うはずであった。青年運動と民衆大学運動は，ノールにとって，教育運動のこうした分裂から統一へと向かう方向を体現していたと思われる。

　「統一」に向けて二つの「運動」が上げた成果を，ノールは「共同体のなかで可能となる[……]生活のスタイル」のなかに見ている。青年運動に関してノールは次のようにいう。「このスタイルにおいて，青年はわれわれの文化から価値ある事柄をすでに再獲得したのである。自由な精神的活動としての徒歩旅行の新しい文化，単純な音楽とダンスに対する新しい関係，両性間の新しい交際形式，祝典を祝う手腕，そして何よりも，「民衆的な姿をとった精神性」がそれである」[58f.]。自己教育や共同体といった理想がこのように「スタイル」のレベルで実現されたがゆえに，それは階層の違い——青年運動はもともとはギムナジウムの生徒たちの，つまりは市民層子弟の運動であった——を越え，青少年福祉の領域にも，また民衆大学のなかにも浸透していくことができ

た。「教育運動」を統一する核となる「新しい理想」を，ノールはこうした「スタイル」のレベルに見ていたように思われる。学校改革の領域ではただ一つ，芸術教育の領域についてノールが具体的に言及しているのも，それがこの「スタイル」の問題に深く関わっているからであろう。芸術教育運動において，「偉大な芸術」よりも「生活そのもののなかに含まれているような美への教育が［……］ますます決定的になっていった」ことをノールは強調している[60]。

　以上のようなノールの「教育運動」理解は，リットが主張しハートラウプもまた受け入れた「限界」を，越え出る要素を明らかに含んでいるであろう。リットの議論の大前提になっていたのは，すでに述べたように既成の文化の正当性である。この前提があればこそ，リットは学校における「手仕事的」な教授の課題を強調できたのに違いない。ところが，ノールの「教育運動」が危機や分裂を克服した先にめざすのは，既成の文化の再建ではない。めざされるのはむしろ，上の引用中にも頻出するように，新しい理想，新しい文化なのである。ノールによれば，「どの教育運動をとっても，その根底にはわれわれの文化の危機がある。教育運動はわれわれの民族の新しいパイデイアを求めているが，それは高められた共同体の中での高度で統一的な精神生活として現れる」[61]。——このように既成の文化を越えたところに正当性の基盤が求められたとき，リット的な〈嚙み合わせ〉の図式にもズレが生じざるをえないであろう。

　「教育運動の統一性」論文が出された 1926 年，ノールは講演集『ドイツ的教養について』を上梓している。冒頭に置かれた講演「新しいドイツ的教養」——この講演が行われたのは 1920 年である——から，われわれはリット的図式からのこのズレのメカニズムをかなり明瞭に読み取ることができる。この講演でも，ノールの出発点となっているのは危機と分裂であり，それを批判し克服しようとする様々な「教育運動」の存在である[Nohl 1926b: 6, 10f.]。「古い教養に対する批判」は 3 点にまとめられる。学問的知識中心であったこと，その知識が理想という統一点を欠いていたこと，そして，この知識が「教養のある者とない者」という「二つの部分にわれわれの民族を引き裂いてきた」[7]ことである。新しい教養の構想についても，ノールは代表的なものとして三つ——伝統的なヨーロッパ的教養を規準としたトレルチの，民族主義的なベンツの，職業に関係づけたシュプランガーの——を挙げ，それぞれを批判している。

このうち，シュプランガーの構想に対する批判は注目に値する。ノールはそれを，「時代の問題の核心に触れている」と評価しつつ，「職業身分的な分裂をごく早くから心のなかに植え付けてしまうため，われわれの民族の分裂をますます大きくするにすぎない」[9]と批判する。「職業理解が生活を正当化するのではなく，新しい生活とその信条が職業を正当化するのである」[ibid.]。——ここには，階級文化を温存することに対する明確な拒否と「新しい生活」への希望が示されているであろう。

　ノールが教育運動のなかに見出す積極的な提案は，「下から」の教養である。「大学が学問の理想を目標として立て，学校がその準備を行ってきたこれまでのように，教養を上から下へと規定することはもはや不可能」だという。「新しい教養は下から上へと育っていかねばならない」[11]。大学が提供するような学問の世界は，教育運動にとって「外的にしか触れてこない時代遅れの形式の世界」[13]にすぎない。教育運動はこの「形式の世界」から離反して「下」へと降りていく。そこに見出されるものは，「新しい身体感情，自然への一層の親しみ，土地への，大地への，故郷への，また生きた芸術への，新しい感情」[11f.]である。こうした直接的な生命感情のレベルに一旦は下降し，そこから出発することで，生活の新しいスタイルが作られる。そしてそこから，「われわれの生活の偉大な客観的諸形式との，とりわけ学問との関係も再発見される」[14]。こうしてリット的な〈嚙み合わせ〉の図式が再度浮上してくる。「客観的法則と個人的法則の間の困難な二律背反は，個人が事柄の法則のなかにその最高の自由と充足を見出すところでは解消する」[ibid.]というのである。しかし，ここで個人が再発見する「形式」や「事柄の法則」は，いうまでもなくあの「時代遅れの形式の世界」と同じものではないであろう。「事柄の法則」は，それとの関係で個人が「最高の自由と充足」を見出し，つまりは個人の生活の高揚を可能にするような形式へと，変革されているはずなのである。ここでは，一旦「下」への道をくぐって再浮上することによって，ある移動が，運動がなされている。この運動のどの段階でも，「二律背反」は作用している（「身体感情」への下降は「形式の世界」に対抗してなされるのである）。この意味では，〈嚙み合わせ〉の図式は，表面に浮上しているか否かは別として常にそこにある。しかしこの図式は，ノールにおいては，この図式自身の移動を引き起こす

ような形で作動するのである。新しい「生活のスタイル」を成果として生み出すこの移動こそ，ノールにとっての「教育運動」の意味だったであろう。

すでにたびたび示唆したように，こうした移動運動の生成にとって，芸術教育にはある特別の意味が与えられていた。芸術教育がもちうるこうした特別の意味を，しかも社会教育をフィールドとして全面的に展開したのが，フリットナーの著書『素人教養』であった。

5.2 『素人教養』における芸術と共同体

フリットナーの『素人教養』は，師のノールが1920年に「新しいドイツ的教養」で打ち出した構想を具体化するかのように1921年に著され，成人教育関係者の間で大きな議論を呼んだ［小川 2008: 84］。それは，ノールが求めた新しい「生活のスタイル」やその基盤となるべき「共同体」のあり方を，明示的に〈美〉の次元で構想しようとする試みであった。

『素人教養』でフリットナーが問うたのは，「民衆教養/教育をどう考えるべきか，それはいかなる条件のもとで可能となるのか」［Flitner 1921: 2］という問いであった。この問いの背後には，ノールと同様の分裂の意識，正統とされた市民的教養から民衆が切り離されているという意識がある。個人が，自分にとって疎遠な世界と交わることで個別性の制約を破り，普遍的なものの担い手となることを通して自立的存在となる——これが新人文主義的な意味での教養/人間形成であり，そのために不可欠な疎遠な世界として，古代の文芸に代表されるような「美的なものの世界」［33］が推奨された。このような教養のあり方は，フリットナーによれば「素人敵視的(laienfeindlich)」である。それは，長期にわたる専門的な準備教育を必要とするという意味でも，職業生活から離れた閑暇においてはじめて可能となるという意味でも，他者との交わりを絶った孤独な精神集中を要求するという意味でも，民衆から隔絶された「司祭的」な教養なのである［35f.］。これに対して，素人的な——「司祭」に対する「俗人」でもある——民衆教養に欠かせないのは，「ほとんど無意図的に生活そのものから生まれる平易な伝統」である。「この「生活そのもの」というのが民衆教養の特徴である」［4］。たとえば，習得に何年もかかるラテン語は司祭的教養であるが，行軍のときに何十と覚え，いつでも皆と一緒に歌えるようにな

った行軍歌は民衆的で素人的な教養に属する[ibid.]。

　以上からもすでに明らかなように，フリットナーは新人文主義な意味での市民的教養に多少とも民衆を引き上げることで民衆教養を実現しようとしていたのではない。むしろ，市民的教養の方が危機に瀕しているのである。「真の全体性を喪失しつつ維持されてきた学問優先の教養は，われわれの精神を空洞化させわれわれの生存の究極の意味を覆い隠している」[39]というのがフリットナーの現状認識であった。市民的な教養/人間形成（ビルドゥング）は，自立的な個人を形成すると称しながら，実は個々人の生活を押しつぶしている，ということになろう。こうして彼は，民衆の「生活そのもの」のなかに，個々人の生活に意味を与え生活を高揚させるような，教養の積極的な姿を探り当てようとする。彼が注目するのは芸術である。民衆教養が成り立つためには，民衆の日常の暮らしのなかに，「意味ある形而上学的な内容を伴った精神生活」が組み込まれていなければならない。そして，「そうした組み込みが生じる場が芸術のなかに与えられている」[30]。

　フリットナーはまず音楽に注目する。ここで考えられているのは，コンサートホールのように日常生活から離れた場所で精神集中を通して孤独に享受される専門的な音楽芸術ではなく，「直接的で応用的な芸術としての音楽」[8]である。上に例として挙げた行軍歌を想起すればよいだろう。そこでは音楽は生活とともにあり，生活を直接形作っている。人生の様々な場面——再会，別離，結婚，死——で歌が歌われるとき，それは感情の噴出を抑えて感情に形式を与え，「われわれの生存の不明瞭な一隅を，記念すべき形式のなかに造形してくれる」[9]。音楽は「仲間との生活の様々な状況を精神化するための最も基本的な様式」[ibid.]なのである。しかも，特別専門的な準備教育など受けることなしに，ほとんど誰もがそれに参加することができる。ここに，応用芸術のもう一つの重要な側面が浮上する。市民的な純粋芸術が孤独に享受されるのに対して，民衆の応用芸術は共同体のなかで作用する，というのである。その範型となるのが「合唱」である。音楽に続いてフリットナーは言語芸術と造形芸術をも検討するが，「合唱」は，いずれの分野にも共通する応用芸術の共同体的な性格を言い当てる言葉として使われる。「民衆のなかで生命を持とうと欲する芸術はまず第一に合唱的(chorisch)でなければならない。それは共同体芸術

(Gemeinschaftskunst)でなければならない」[11]というのである。合唱において は，誰かが歌い他の人がそれを聴くというのではなく，リーダーの歌に他の全員が声を合わせる。そのように，合唱的な芸術——言語芸術でいえば即興的に語られる物語，造形芸術でいえば日用品の美や風景の一部となった家屋——は，「それに心を奪われた人全員を，ともに行う人に変える」。このようなことが可能なのは，その一群の人々が共有する「共通の内容，つまり現実生活の状況」が合唱的な芸術の出発点になっているからだ。合唱的な芸術は「この共通のもの・現実的なものを精神的なものに変え，[……]全員を捕えているより高度な一つの流れのなかに，生の生存にすぎないもの(das rohe Bloß-Dasein)を位置づける」[ibid.]。——民衆教養・素人教養が実現する場としての以上のような応用芸術のあり方は，意図的な芸術教育の，ひいては組織的教育一般の，原型ともなると考えられた。

> 「教育的共同体による音楽教育の課題は，音楽的能力の習得において，それが同時に最高の種類の共同体生活でもあること，だということになろう。[……]教育的共同体のこの二重性——その自然な表現が共同体芸術である——のなかに，将来の教育組織の原型がある」[12f.]。

以上のようにフリットナーは，民衆の生活と一体となった「合唱的」芸術のなかに，文化的分断と司祭的教養の硬直化を打ち破る新しい教養／人間形成の可能性を求めた。われわれはそこに，〈美〉の次元と教育との直接的結合の図式を再発見する。この意味では，1921 年のフリットナーのこの試みは，先に見たワイマール期初期の芸術教育論の急進的傾向——1921 年のヒルカーとイェーデ，1922 年のハートラウプ——と軌を一にしていた。それ以上かもしれない。少なくともヒルカーとイェーデについていえば，〈美〉の次元と教育との結合によって教育の概念は大きく変化するが，〈美〉の次元は不動である。〈美〉の次元そのものは問いの対象になっていないのである(「芸術家」に対するヒルカーの手ばなしの称賛ぶりを思い起してほしい)。ところがフリットナーの『素人教養』においては，民衆的な教養／人間形成との結合によって，正統的な市民的芸術の観念——専門家によって制作され孤独な精神集中において享受される自律的世界としての芸術——そのものが疑われている。それに代って前面に出るのが，生活そのもののなかで作用し個人を共同体に組み込むような応用芸

術である．まさに共同体へと組み込むことによって，応用芸術は個々人の生活にスタイルを与え，「生の生存(ナマ)」を越える「精神的なもの」の世界へと個人を高めるのである．フリットナーが応用芸術ということで具体的に想起しているのは，中世の教会音楽や農民の物語といったロマン主義的な過去ではある．しかし，芸術の生活化，(非日常的)芸術と(日常的)生活の分離の解消という点に限っていえば，同様の主張がダダやバウハウスのような当時のアヴァンギャルドにも共有されていたことを忘れてはなるまい．『素人教養』の造形芸術を論じた部分で，フリットナーは芸術教育の職人的伝統を復活させようとした例としてバウハウスを挙げている[26]．確かにバウハウスも，当初は，教会を建造するために集合した中世の職人組合の伝統に範をとっていたのであった．応用芸術を通しての民衆教養の実現というフリットナーの構想——その背後にはおそらく「生活のスタイル」としての教養へのノールの着目がある——は，20世紀における〈美〉の次元の変容と通底していたと思われるのである．

　フリットナーのこの構想は，しかし，「限界」論議におけるリットの枠組みから見れば，芸術の教育化の典型だということになろう．音楽教育に関していえば，音楽による「民族/民衆共同体(Volksgemeinschaft)」の形成という願望に，リットはあらかじめ無効宣告を下していたのであった．もっとも，フリットナーは『素人教養』で音楽による「民族/民衆共同体」の形成を主張しているわけではない．彼は応用芸術が民衆の共同生活を，したがってまた共同体を前提にしており，それが教育共同体の原型になる，と述べているだけであって，この点彼の議論は極めて慎重である．しかし，そのように述べることによって，「個人が完全に共同体の「一部になる」」ような状態が理想状態として描かれてしまっている，ということはできるかもしれない．フリットナーは，個人が共同体に自らを——「完全に」かどうかは別にして——組み込むことで自らの生活を高揚させうる場を，応用芸術のなかに見ていたのであった．

　こうして，〈美〉の次元と教育との直接的結合という急進的主張がアカデミズム教育学の内部にくい込んだとき，この主張はあるジレンマをアカデミズム教育学の内部に持ち込むことになった．フリットナーは，個人の生活を高揚させるような共同体との結合が〈美〉の次元上で実現されることを期待した．しかし，この「共同体」の意味内容を限定するものは過去のロマン主義的イメー

ジしかなかった。そのような過去のイメージは，フリットナーの構想自身が結びついていた〈美〉の次元の20世紀的な変容のなかでは，とうてい生き残ることはできなかったであろう。「民族/民衆共同体」のリアリティ欠如はリットが的確に批判していたとおりである。他方，急進的な主張に強力な歯止めをかけ，個人と共同体との緊張を「変えようのない運命」として耐えよ，と主張していたリットの枠組みは，既成の文化の正当性を大前提にしてはじめて成立可能であった。ところがこの大前提がすでに揺らいでいるという事実を，他ならぬアカデミズム教育学内部にくい込んだ急進的主張は正確に衝いていた。両者は，それぞれの構想を瓦解へと導く盲点を，相手の構想のなかに正確に指摘し合っていたわけである。

　大学という制度的基盤を得，教育論議における主導権を握り，申し分のない成長軌道に乗ったかに見えた精神科学的教育学ではあるが，〈美〉の次元との関係ではすでに解体へと向う危機の様相を見せている。アカデミズム教育学のこうした自壊傾向が生んだ鬼子として，われわれはクリークによる「ミューズ的教育」の主張を理解することができるであろう。

5.3　フリットナーとクリーク

　1933年，クリークは1927年から28年にかけてなされた講演三篇をまとめて講演集『ミューズ的教育』を出版した。「ミューズ的(musisch)」という言葉は，語源的には古代ギリシアのmousikeに由来するが，20世紀のドイツにおいて，芸術——とりわけ音楽やそれと結びついた詩・ダンスなどパフォーマンス型の芸術——を支える人間の側の態度を指すものとして使用されるようになった。「ミューズ的」という言葉の使用においては「製作技術としての芸術よりも人間の方が重要になる」［長谷川1998：262］。この意味では，「ミューズ的」という言葉の使用はリットが批判したような芸術の教育化を最初から内包していたといえるかもしれない。しかしこの言葉が明示的に教育と結びつけられ「ミューズ的教育」が議論されたのは，クリークのこの27/28年の講演が最初であったといわれる［長谷川1999：106］。その後，20年代末から80年代に至るまで，ドイツでは「ミューズ的教育」について様々な議論が重ねられてきた[5]。

「ミューズ的教育」にとって重要な意味をもつ芸術の領域として，クリークは音楽，ダンス，（声に出して語られる）詩を考えている。これは，この三者が共同体の祝祭と深い関わりをもち，祝祭のなかで人を「忘我状態」に引き込む力をもつと考えられたからだ。「日常は理性によって支配され，技術的・道徳的規範と結びついた即物的な実業活動・目的活動に支配されている」[Krieck 1933: 2]。ところが祝祭は，この日常の規範を破り，神話を呼び覚まし，仲間との神秘的な融合をもたらす。祝祭がめざすのは，「より高い生の領域への上昇，新しい生きる力の獲得」[2]なのである。そして，祝祭のこのような作用を実際に実現可能にしているのが上の三者なのであった。ダンスや詩と結びついた音楽は，「直接，運動に由来し運動に作用する」ため，「聴く者・見る者に強力に押し寄せ，逃れることのできない作用強制の下にその人を連れ込む」[15]ことになるからである。クリークは，リズムや合唱において典型的に現れるこうした音楽の作用を，多くの宗教に見られる「修業（Übung）」のシステムと比較している。修業においては，「修業の共同性から，堅固な共同体結合と，上位の全体のなかでの個々人の断念」[13]が生じるが，同様の作用を，祝祭のような共同体の機能と結合した音楽はもっているというのである。ここから音楽の教育的意味が引き出される。「音楽は民衆教育（Volkserziehung）の本質的な手段としての意味をもつことになる。それは，全員の心を同じ波動と同じ形式のなかに一体化させることによって，心の形成，心の育成，および内的な共同体結合の，威力となるのである」[30]。

　ここに顔を出しているのは，これらの講演が行われた当時のアカデミズム教育学主流とは異質な論理である。クリークの「ミューズ的教育」は，あの〈噛み合わせ〉の図式そのものの解消をめざしているからである。この論理はナチズムの教育論と一直線につながっている。実際，クリークは，本書の「プロローグ」で述べたとおり，ナチズムのイデオローグとなり，ナチズム体制下でアカデミズム教育学の主導権を握っていく。1933年の政変後に書かれた『ミュ

5）「ミューズ的教育」について詳しくは長谷川の研究[長谷川 2005]を参照。この「ミューズ的教育」に批判的な研究として鈴木の[鈴木 1987]，音楽に焦点を当てた研究として佐野の[佐野 1998]，1980年代以降の議論については岡本の[岡本 2000]，それぞれ研究を参照。

ーズ的教育』の「序言」では，クリークはナチズムとの関係を隠さない。「SA［突撃隊］，SS［親衛隊］，鉄兜団のような防衛団体における［……］教育にとって，ミューズ的教育は不可欠のものになった」。また，「リズミックな諸芸術がもつ形式付与の強制力を通してのミューズ的教育」こそが，「戦士的精神」の形成へと至る道だというのである[Krieck 1933: Vorwort]。

　クリークの異質性は，たとえばリットと比較すれば一目瞭然である。しかしフリットナーと比較したときにはどうであろうか。フリットナーとクリークは，たしかに異質ではあるが無縁であると言うことはできないだろう。両者をつないでいるのは，たとえば「応用芸術」における個人と共同体の結合，結合による個人の生の高揚という構想であり，これを実現した先駆的形態としての青年運動への積極的な評価である。上の記述からもすでに明らかなように，クリークが教育的価値ありとするのは，「詩やダンスと一緒になって祝祭と儀式に奉仕し，奉仕することで祝祭と儀式に結びついているような音楽」，つまり「応用音楽」であった[ibid.: 16]。自律化した音楽芸術は，高度に発展はしたものの「われわれの生の確固たる一部ではもはやなくなっている」がゆえに批判されることになる[17]。こうした音楽の状況に対する不満はすでに青年運動において表明されていたのであった。当初から青年運動の支柱になっていたのは「徒歩旅行と音楽」であり，「新しい生命感情がそのなかに様式を見出し，育成された」[27]のである。──こうした主張は，フリットナーの，あるいはノールの主張だと言っても違和感はないであろう。

　クリークの「ミューズ的教育」はしかし，「応用芸術」と「青年運動」を蝶番として，フリットナーの構想をいわば裏返しているのである。〈美〉の次元と教育との直接的結合を支える基盤を，すでに述べたようにフリットナーは過去の共同体に求めた。これに対して，クリークはそうした共同体を，この直接的結合によって作られるべきものとして未来に投射しているように思われる。フリットナーが，「合唱的」芸術を活性化させることで共同体をゆるやかに変容させようとしたのに対して，クリークは，「ミューズ的」芸術の精神によって一挙に個人を共同体へと融合させようとした。まさに，リットが批判した──リットの批判はクリーク講演の時期にぴたりと符合する──芸術による「民族共同体」の形成である。たしかに，クリークの言う「ミューズ的教育」

のモデルになっているのは，古代ギリシアをはじめとするアルカイックな諸文化における実践ではある。しかし「クリークのミューズ教育論が，古代ギリシャ文化についての綿密な学術的研究に基づくものであるかどうか非常に疑わしい」[長谷川 1997: 115]。それは「明確な現在との関連を持っている」[Seidenfaden 1966: 19]。そこで描かれる「ミューズ的教育」なるものは，過去の事実よりも，1920～30年代の，マスメディアや祝祭による政治的プロパガンダのイメージによほど近いように思えるのである。「プロローグ」で見たとおり，クリークは1932年の『国策的教育』ですでにナチズムの政治煽動の方法に将来の教育のモデルを見ていたのであった。一種の「応用芸術」としての映画がいかにクリーク的な意味での「ミューズ的教育」を実現する場になっていったかについては，第9章でナチズムのプロパガンダ映画を例にとって主題的に論じることにしたい。クリークの「ミューズ的教育」の構想のなかには，映画に代表されるような〈メディア〉の次元が，暗黙のうちに侵入していたということになろう[6]。個人と共同体とを結合させ個人の生活の高揚を可能にするものは，クリークの場合，〈メディア〉と一体化した応用芸術であった——と言うのが言い過ぎとしても，少なくともクリークの構想はそのような〈メディア〉の次元を論理的に予定していたように思われるのである(だからこそ，クリークの場合応用芸術はフリットナーとは逆に日常生活からの離脱を可能にする点で意味ありとされる)。

　自分たち(ノールの「教育運動」も含めて)の構想に結びつきながらそれを異質な構想へと裏返していったクリークのこの「ミューズ的教育」に対して，フリットナーはどう対処したのだろうか。NSDAPの政権獲得を目前にした1932年，フリットナーは「ミューズ的教育と時代状況」と題する論文を発表している。この論文についてはすでに長谷川による分析があり[長谷川 1997, 1999]，簡単に済ませたいと思うが，そこでなされているのは，一言で言えばリット的な路線

---

[6]　これに対して，ノールやフリットナーが，あれほど「民衆」について語りながら，民衆に広く受け入れられていた映画についてはほとんど言及していないのは徴候的である。ノールが映画について述べた貴重な一節を挙げておこう。「ある若者がたえず映画館に足を運ぶ。それは大きすぎる生活の要求からの逃避であるかもしれないが，また単なるブレーキの切れた歓楽中毒なのかもしれない」[Nohl 1949(1926): 159]。——いずれにしても，ノールにとっては映画館に足を運ぶというのはまともな行状ではないわけである。

への回帰，つまり「限界」内への「ミューズ的教育」の組み込みである。

たしかにフリットナーはこの論文のなかで，「運動に関わる諸芸術に一義的に結びつけられた狭い意味」で「ミューズ的」の概念を使うのではなく，「より一般的・包括的にミューズ的文化について語っている」[Seidenfaden 1966: 26]。ノール以来の「生活のスタイル」としての教養を，フリットナーはここで「ミューズ的教育」と呼んでいるということもできる。再び青年運動が参照される。青年運動は「彼らの道徳(Sitte)にスタイルを与えたのであり，道徳のスタイルのなかにいかなる教育的力が含まれているかを示した」[Flitner 1932: 492f.]。「ミューズ的教育」ということでフリットナーが問題にしているのは，「感覚的なもののなかでの倫理的なものの表現」[494]であり，したがって教育一般の目標に関わる問題であって，単なる文化領域としての「美」ではないのである。しかし，論文の後半でフリットナーがもっぱら論じるのは，このような一般的な目標を学校教育にいかに組み込むか，という問題である。「芸術教育運動」は「公立学校の構成法則」に十分な影響を与えられなかった，とフリットナーは批判する[496]。「限界」論議が参照され，学校固有の課題への集中が避けられないとされる。「ミューズ的教育」を学校教育の切り捨て可能な「付属物」ではなく「基盤」として示すことが，経済危機による予算削減という時代状況のなかで重要となる。学校は，「業績原理」を否定することはできないとしても，「ミューズ的教育によってのみ達成できる[……]基礎づけという課題」[500]を免れることはできないのである。

こうして，「ミューズ的教育」は，クリークにおいてそれが持っていたような禍々しさを失い，学校教育の枠のなかに囲い込まれる（それは学校の「基礎づけ(Grundlegung)」に貢献するのである）。「ミューズ的教育」は，リットが「手仕事的」と呼んだ学校固有の様々な課題の，さらにその奥深くに格納されるわけである。教育との直接的結合によって一時アカデミズム教育学のなかでも破壊的な力をのぞかせた〈美〉の次元——階級文化の否定，共同体との結合による個人の生の高揚，「生活のスタイル」としての教養——は，こうしてリット的な枠組みのなかに統御され，「教育運動」の理解も学校改革の枠内に収束することになった。しかしこのような安定は，〈美〉の次元との関係で露呈したアカデミズム教育学のジレンマや危機を，克服するというよりは否認することに

よって成立していたように思われるのである。

6.「教育運動」の袋小路

　以上の相当に錯綜した叙述から何が明らかになったかを，最後に検討しておこう。本章でわれわれは，大まかに三つの時点を設定した。革命後の混乱が続いていた 1920～22 年,「相対的安定期」に入った 1926～28 年，NSDAP の政権掌握に至る 1932～33 年，である。叙述は，この三つの時点を行きつ戻りつしながら，また芸術教育の領域とアカデミズム教育学の領域を行きつ戻りつしながら進められた。基本的な構図としてそこから浮かび上がってくるのは，芸術教育の領域に現れる急進的な構想――〈美〉の次元と教育との直接的結合――が，アカデミズム教育学の枠組みのなかに次々と回収され統御されるという事態である。これは，ワイマール期初期の芸術教育論とリットの「限界」論議との関係にも，『子供のなかの創造精神』の第一版と第二版の関係にも，またクリークの「ミューズ的教育」とフリットナーとの関係にも見られた。この基本的構図は，ノールのあの「教育運動の三段階」説――「個人」の自己主張から始まり,「共同体」の前景化を経て，客観的なものへの「奉仕」へと至る――にも見合っている。ところが，ノールやフリットナー，特にフリットナーの『素人教養』のなかには，芸術教育におけるのと同様の，ある意味では一層急進的でさえある直接的結合の構想が現れていたのであった。社会教育を媒介にして，〈美〉の次元と教育との直接的結合という構想はアカデミズム教育学の内部にもくい込んでいた。そしてこのことによって,「教育運動」も別のニュアンスを――「教育運動」ではなく「教育運動」という文化批判的・社会改造的ニュアンスを――与えられることになった。

　リットの言う「限界」の内におさまることによって「教育運動」は「手仕事的」課題に専心する安定を得るが，そうした安定が黙認している文化的・社会的な分裂状態こそ,「教育運動」が解消しようとした対象であった[7]。そのた

---

7) シュプランガーに即してこうしたワイマール期アカデミズム教育学のジレンマに光を当てた研究として，田代[1999]を参照。

めにフリットナーは〈美〉の次元を参照した。教育的関係の土台となる文化が学問的知識や自律的芸術から「合唱的」な応用芸術に交代することによって，個々人が共同体と一体化しつつ新しい「生活のスタイル」へと高められるという可能性が生まれるはずであった。「教育運動」のこうした美的構想は，すでにノールに関して確認したように，リットに顕著に見られるような〈嚙み合わせ〉の図式を逸脱するものではない。それは「教育運動」一般の前提になっていたといえるだろう。しかし，「教育運動」がこの図式を作動させて文化批判的・社会改造的意図の実現をめざすとき，「教育運動」の枠組みはこの意図の実現を阻む障害として現れざるをえない。

　フリットナー自身は，32年論文に見られたとおり，「教育運動」の枠組みにとどまる方を選択した[8]。これに対してクリークの「ミューズ的教育」は，アカデミズム教育学の外部から「教育運動」のジレンマを一刀両断にするという選択肢を提供していた。クリークもまた，応用芸術において実現される個人と共同体の結合，結合による個人の生の高揚に着目する。しかしクリークの構想においては，この高揚において個人は共同体のなかに全面的に解消し，〈嚙み合わせ〉の図式そのものが雲散霧消する。このことによって，教育はナチズムの理念に向けてあますところなく動員可能となる（このメカニズムの成立について議論するためには，先に示唆したように〈メディア〉の次元を考慮する必要があると思われるが，ここでは立ち入る余裕がない。これについては第Ⅳ部で論及することにしたい）。

　以上の構図を一般化することが許されるとすれば，「教育運動」とナチズムとを連続性の相で捉えるのは乱暴にすぎることがわかるだろう。両者は連続してはいない。しかしこれは両者が無関係だということを意味しない。「教育運動」が，あるいはそれを理論化し後押ししようとしたアカデミズム教育学が，はまりこんでしまった袋小路を，アカデミズム教育学もろとも破壊し突破する

---

[8]　NSDAPの政権掌握後，フリットナーは『教育』誌上にナチズムにすり寄ったとも読まれかねない論文「1933年3月5日以後のドイツの教育状況」[Flitner 1933]を書いており，この論文は教育学とナチズムの関係を占う格好の試金石としてしばしば論及される。しかし，この33年論文において，ナチズムの政策や思想を彼の考える「教育運動」の枠内に組み込もうとしてフリットナーが苦慮していることは明らかであるように私には思われる。

構想としてナチズムに連続する教育学が現れた，と見るべきであろう。このような袋小路を，おそらく最も明瞭に照らし出す場が〈美〉の次元であった。

　しかしなぜ袋小路は生じてしまったのか。「教育運動」を致命的な袋小路に追い込んだ条件として，新教育という教育思想の文脈を想定することができる。ここで「袋小路」と呼んでいるものをもう一度確認しておこう。それは，能力付与と社会統合という，「教育運動」が自らに課した二つの課題の間の相克から生じてくる。能力付与を重視するリット的路線に関して言えば，その正当性の基盤――教育内容に正当性を付与すべき共同性という基盤――がすでに危機に瀕していたのであった。これに対して，まさにこの危機を深刻に受け止めていたノールやフリットナーは，社会統合を重視し，能力付与の前提となる共同性の再構築を教育に託そうとした。ところがこの試みは，能力付与という教育の「手仕事」的任務をないがしろにするものとして，リットによってあらかじめ破綻が宣告されていた。互いの難点を衝く指摘が的確であるだけに，袋小路はますます出口なしの完璧なものとなる。しかし，だとすれば，袋小路を作り出しているのは実は「教育運動」自身，より正確にいえば「教育運動」が目の前に描き出す課題の構図なのではないか。個人と共同性とを対置するその構図が，袋小路を作り出している。そして，このように個人と共同性を対置する構図へと課題を誘導しているのは，「教育運動」を支える新教育の教育思想なのである。

　新教育の一つの大きな特徴は，子供の生(生活，生命)を教育の基盤に据える点にあった(「プロローグ」注2参照)。子供の側の自発的・内発的な自己活動を前提として，それをいかに統御するかが教育の問題となるのである[今井 1998: 23]。「教育運動」のあの〈嚙み合わせ〉の図式はこうした新教育的な教育理解を典型的に示している。ただし，この〈子供の自己活動の目的合理的統御〉という新教育的な教育理解は，子供の自己活動を讃仰するという態度をも極限的な場合として含む。本章3.2節で見た急進的な芸術教育論はそのような場合である。さらにいえば，主客の二元論を批判して相互作用から出発するデューイのような立場も，新教育的な教育理解の枠を越えるものではない。前章3節で見たとおり，「注意」に関するデューイの見解は，伝統的な内／外の二分法図式を突き崩してはいるものの，その矛先は子供の能動的活動それ自体にまでは

第 7 章　ワイマール期ドイツにおけるアカデミズム教育学と芸術教育　　199

及んでいない。能動的と見える活動が，実は知覚というより深いレベルで操作されているかもしれない，といった想定は，あるまじきこととして度外に置かれていた。子供の活動の能動性へのこうした信頼は，デューイのみならず新教育的な教育理解の大前提となっている。だからこそ，子供の生は教育の基盤になりうるわけである。

　このように子供の生が教育の一方のいわば当事者として結晶することで，共同性の様々な担い手（共同体，国家，社会，文化，等々）もまた，子供の生に対峙しその形成を支えるべき存在として浮上する。こうして，共同性の存立を前提として能力付与に寄与するか，能力付与の前提を整えるためにも共同性をまず構築するか，というあのジレンマが産み出され，目の前には袋小路が出現する。「教育運動」のダイナミズムはこの袋小路に行く手を阻まれ，結局リット的立場に帰順する。しかしジレンマそのものが解消されたわけではない。クリーク的な路線にチャンスを与えたのは，この自家中毒的に生成された袋小路であった。

　ワイマール期の教育学の前には，リット的な保守主義への回帰か，それともクリーク的な美的動員への突破か，という二者択一しか残されていなかったのだろうか。そうではあるまい。1922 年段階のハートラウプの議論を思い起こしてほしい。そこでは，上の二者択一の緊張関係を脱臼させてしまうような論理が展開されていた。上の二者択一の前提となっているのは，個人と共同性の緊張関係が主題化される場として〈美〉の次元が現れる，ということである。ここから，リットのように両者の緊張関係を「運命」として耐えるか，それともクリークのように個人の解消に至るまで両者の緊張を高めるか，という二者択一が現れる。ところが，ハートラウプの場合，こうした個人と共同性の緊張関係は問題になっていない。彼にとって〈美〉の次元は，個人と対象世界との浸透関係を実現可能にする場として現れた。クリークが共同性との緊張を極限まで高めることによって破壊しようとした個人の皮膜は，ハートラウプにおいては最初から透過性をもっている。共同性は最初から子供のなかに浸透しており――この浸透関係が十全になされる点が子供という存在の特質なのであった――，問題はこの浸透関係に教育がいかに対処するか，なのである。

　ハートラウプの構想が予感させてくれるのは，新教育とは別の教育思想的文

脈の可能性である。それは，たとえば同時代のバウハウスにおいてより顕著に現れ，〈メディア〉の次元との，クリークの場合とは異なる結合の可能性を示唆している。そこでは，教育思想の文脈の変化が具体的な教育関係のレベルでどのような変化をもたらすかをも，垣間見ることができる。これについては次章第8章で検討することとしたい。

第8章　バウハウスの教育思想・試論
―― イッテンとモホイ=ナジ ――

　ワイマール期のドイツを舞台に，広く造形芸術や工芸の分野でも大きな成果を上げた建築学校・バウハウス。バウハウスは，クレー，カンディンスキーという 20 世紀を代表する画家が長く教えた美術学校であり，写真や舞踏劇の実験を推し進めた前衛芸術の拠点であり，日用品や印刷物の斬新な造形を通して産業化社会の美意識を作り出していったデザイン工房であり，そしてもちろん，その後世界を席捲するモダニズム建築の揺籃の地であった。本章では，このバウハウスが教育思想の分野でも注目すべき可能性を含み持っていたという事実を，相前後してバウハウスの予備課程(Vorkurs, 1926 年に Grundlehre と改称)で教えたイッテン(Johannes Itten, 1888-1967)とモホイ=ナジ(László Moholy-Nagy, 1895-1946)の対比を通して明らかにしたい。そのことを通して，われわれは，新教育の文脈を超えるような教育思想という，前章で示唆した可能性を，より具体的に描くことができるだろう。

1. バウハウスの教育思想への問い

　バウハウスにおける教育活動については，今なお他を圧倒するライナー・ヴィックの『バウハウス教育学』[Wick 1982]をはじめとして多くの研究が積み重ねられてきた。ところが，この相当の厚みをもった教育学的バウハウス研究の広がりを概観したとき，奇妙な空白地帯が残されていることに気づかされる。バウハウスの教育活動を支える教育思想が，イッテンの予備課程から新教育へと至るルートでのみ探究されてきたように見えるのである。

　「教育思想」という言葉を，私はここで〈教育論(＝教育に関する意見表明)を意味づける文脈〉というほどの意味で使用したい[cf. 今井 1998: 12f.]。『素材から建築へ』の冒頭あたりで，モホイ=ナジが「誰もが才能に恵まれている」と述べたとき，それは教育に関する一つの意見表明になっている(たとえば，芸術

教育の対象を特別の才能を持った人にのみ限定することの拒否)。そうした意見を，彼はなぜ正当だと考えることができたのだろうか。ちょうど「離心円」や「周天円」について語ることが天動説という文脈でのみ意味をもつ(つまり，「現実」を指し示す)ように，教育に関する個別的な意見表明——たとえば「誰もが才能に恵まれている」——を意味あるものにする(何らかの「現実」に結びつける)意味論的文脈を想定することができる。それがここで言う「教育思想」である。
従来のバウハウス研究は，バウハウスの教育活動を支える教育思想を，イッテンの予備課程の背後になら想定可能な，新教育という文脈にもっぱら求めてきた。これは奇妙なことではないだろうか。芸術の自律性を信奉していたイッテンが，技術と芸術の統一や産業界との協力をバウハウスの指導理念として掲げるグロピウスと衝突し，早々とバウハウスを去らねばならなかったことは周知の事実である。とすれば，イッテンを支えていたのとは異質な教育思想の存在を，バウハウスのなかに少なくとも想定してみる理由は十分にあると思われるのである。

もちろん，イッテンをバウハウスからはじきとばすことになったグロピウス的理念や，それに立脚した教育活動の諸相について，教育学的バウハウス研究のなかでこれまで言及がなされなかったわけではない。先に触れたヴィックの研究は，「「バウハウス」ないし「バウハウス教育学」という概念がヨハネス・イッテンの名前とほとんど同義語」[Wick 1983: 12]となってしまっているバウハウス理解の現状を，打破することを一つの課題としていた。ヴィックはイッテン以外のバウハウス教師にも考察の対象を広げ，「バウハウス教育学」の多様性を明らかにした。同時に，彼らバウハウス教師が，事物に形を与える造形という働きの基本原理の解明と伝達を各々独自の観点に立って試みていたことを示した[cf. 鈴木 1997]。しかし，そうした造形教育実践を正当化するに足る教育思想について言えば，イッテンから新教育へと至るルート——このルートをヴィックは同書で詳細に確認しているが——を越えて探究がなされているかどうかは疑わしい。イッテン的な枠組みを超えるような教育活動についても，それを正当化可能にする教育思想の文脈としては，もっぱら新教育が呼び出されてきたように思われるのである。

「エレクトロニック・バウハウス」という構想がある。バウハウスの思想を

現代に生かそうと、「パレットに代えてマウス」をモットーにユルゲン・クラウスが打ち出した構想である[1]。クラウスによれば、「手によって作られる像は技術発展が生んだ可能性——映写機による光造形——によっていずれ乗り越えられるという、モホイ=ナジが主張したバウハウス思想は、今日その裏づけを得た」[Claus 1987: 59f.]。「エレクトロニック・バウハウス」は、「モホイ=ナジのような人が展開したもの[……]を、アクチュアルな状況に置き換え」[71]るのだという。

モホイを守護聖人とたのんだこのエレクトロニック・バウハウスの冒険をヴィックは手厳しく批判している。「エレクトロニック・バウハウス」は、ヴィックにとってはバウハウスという名前の濫用でしかなかった。彼はバウハウスが「歴史的に厳密に特定可能な場所を示しており、つまりは一つのトポス」[Wick 1991: 16]だということを強調する。ヴィックはここで、バウハウスの——私の用語法で言えば——教育思想に注目するよう主張しているわけである。バウハウスのトポス=教育思想とは、ヴィックに従えば「全体的人間」という「豊かな教育史的伝統をもった理想」[21]である。芸術教育はこの理想の実現に貢献することができるが、それは、芸術教育が「知覚能力と認識能力の退縮に、手を使って実際に造形するという行為への励しと指導によって対抗する」からである[21]。したがって、「手仕事(Handwerk)は教育学の基礎カテゴリー」であり続ける。「ゲオルク・ケルシェンシュタイナーの教育学においてかつて言われたこと、つまり手仕事が実際の作業の基本形態だということが、今なお妥当する」[20]。——「エレクトロニック・バウハウス」に抗してヴィックが試みたのは、結局、バウハウスの教育思想を新教育という文脈に限定することであった。その帰結は、バウハウスの教育活動全体に新教育という意味論的文脈のタガをはめ、たとえばモホイ=ナジの背後にたどれるかもしれない新たな意味論的文脈へのルートを、あらかじめ閉ざすことであった。

クラウスの「エレクトロニック・バウハウス」の構想においてもその名が呼び出されているように、モホイについての議論が欠けているわけではない。彼

---

1) クラウスの構想は80年代後半に出されたものであるが、この種の構想は90年代以降、ドイツや日本の造形学校・デザイン学校で現実化されつつあるようだ[cf. 四方 1999; 増田/野崎 1999]。

の写真と写真論は特に注目を集めてきた[Haus 1978; Hight 1995; 川崎市民ミュージアム 1997]。彼はまた，電子メディア時代の芸術・デザインの先駆者として取り上げられることもある[Fiedler/Buschfeld 1997; Jäger 1997]。ところが，彼の教育活動について論じられる場合，議論は，まるで摂理に従うように，新教育以外の場所へと通じる可能性のあるルートを回避して進む。手仕事より機械的手段を重視し，ヴィックならバウハウスのトポスからの逸脱と評価するに違いないモホイの教育論の一面が注目されるときには，彼の教育活動は専門的な美術家養成・デザイナー養成のレベルで——つまりその教育思想を云々するまでもなく専門的技能の訓練に役立ってくれればよい構想として——論じられる[Claus 1987; 三井 1996]。逆にその教育思想が探究されるときには，「全体的人間」を重視するモホイの一面が注目され，再び新教育や古典的人間形成論の文脈に解答が求めらる[Findeli 1987, 1990]。このように，最も見込みのあると思えるモホイに関してさえ，新教育以外の意味論的文脈へのルートはこれまで事実上封鎖されてきた[2]。教育学的バウハウス研究はこのルートを避けて蓄積され，奇妙な空白地帯が残されることになった（数少ない例外としてヴュンシェとモレンハウアーの研究[Mollenhauer 1989; Wünsche 1989]があるが，これらについては本章の帰結との対比で最後に取り上げることにしたい）。

　本章が試みるのは，この空白地帯にともかくも足を踏み入れることである。やはりモホイ=ナジを起点にしよう。彼の教育論を起点に，そこから延びているルートをできる限り遠くまで踏破し，バウハウスの教育思想の非-新教育的な側面を見とどけたい。しかしそれに先立って，まず足場を固めるためにイッテンから新教育へと至るルートを確認しておこう（もっとも，このルート自体，それほど単純な一本道ではないのだが）。それと対比することで，バウハウスの教育思想の非-新教育的な側面はくっきりとした輪郭をもって見えてくるはずである。

---

2) クラウスの「エレクトロニック・バウハウス」の構想を積極的に評価し紹介している本村は，「バウハウスのめざした「全体性」が，クラウスのエレクトロニック・バウハウスにおいても徐々に獲得できることを期待してもよいのではないか」と述べてこの新たなルートの存在を示唆しているが[本村 1998: 29]，示唆にとどまっている。

2. イッテンと新教育

　バウハウスの教育活動に対するイッテンの最大の貢献は，習慣の呪縛からまずは生徒を解き放つことをめざす予備課程の導入である。同時にこの予備課程の導入が，19世紀以来の美術アカデミー改革の延長線上にある同時代の諸学校[cf. Wingler/Bothe 1977]からバウハウスを区別する，一つの重要な要因になっているように思われる。少なくとも，バウハウスのもっているそうした特質を目に見える形で示す顕著な兆候に，予備課程はなっていたと言える。

2.1 主観への転換

　同時代の芸術運動から置き去りにされ，その頑迷固陋(ころう)ぶりを嘲笑されるばかりの美術アカデミーが改革を必要としているという，この事実は19世紀半ば以降多くの関係者によって認識されていた。改革の努力は，職人的な手仕事に対して自由な芸術を特権化し，教育方法としてはデッサンのみを特権化するアカデミーの体質に向けられた。美術アカデミーの改革は，工芸と芸術を再結合し，工房教育を導入するという方向に大筋では向かっていた[cf. ペヴスナー 1974; Mai 1977, 1985]。1900年以降，ドイツでは工房教育導入の様々な試みが行われている[Mai 1985: 23f.]。グロピウスが，あのファイニンガーの版画で飾られたバウハウス創立宣言(1919)のなかで，手仕事から遊離した「芸術家」の不毛を言い，「建築家，彫刻家，画家，われわれはみな手仕事へと戻らねばならない」「古い美術学校は再び工房(Werkstatt)に解消されねばならない」[Wingler 1975: 39]と呼びかけるとき，その教育構想は——もちろん建築を中心に諸芸術を統合するという構想の遠大さと一切を新しく始めるという徹底性で抜きんでているとはいえ——19世紀以来の美術アカデミー改革の延長線上で理解可能である。

　ところが，当初グロピウスの全面的な委任を受けてイッテンが導入した予備課程は，単なる工房教育をめざしたものではなかった。予備課程におけるイッテンの目標は，工房教育の導入にとどまらず，むしろ造形する主観の側に向けられていたからである。このことは，予備課程のカリキュラム上の位置とも関係する。予備課程は本格的な工房教育の準備段階として位置づけられ，イッテ

ンの言葉に従えば,「学ぶ者の創造的な諸力を解放し,自然の素材を扱うすべを教え,造形の基本法則を認識させる」[Roetzler 1978: 224("Ausstellung von Arbeiten der Gesellen und Lehrlinge im Staatlichen Bauhaus Weimar," 1922)]ことを課題とした[3]。工房においてまず第一に求められるのが作品のより高度の完成やそれを可能にする技倆であるのに対し,予備課程においては,作品制作は「創造的な諸力を解放」し「造形の基本法則を認識」させるための手段としての側面を強くもつ。イッテンはバウハウスでの自らの教育活動を回顧して次のように述べている。「そもそもの初めから,私の授業は何か特別の固定された外的目標をめざしたものではまったくなかった。形成されるべき存在,発達能力をもった存在としての人間そのものが,私の教育的努力の課題であると思われた」[ibid.: 232("Pädagogische Fragmente einer Formenlehre," 1930)]。注意は作品よりも「人間そのもの」,つまり「学ぶ者」の側に向けられていたわけである。

　しかしもちろん,予備課程というカリキュラム構成が自動的に主観の側への注目を生んだと見るのは正しくない。順序は逆であって,「学ぶ者の創造的な諸力」へのイッテンの注目が,予備課程という独創的なカリキュラム構成を生んだと見るべきであろう。というのも,造形する主観への注目は,予備課程のために特別にあつらえたというより,イッテンにとっては芸術教育一般の基本原理だったからである。バウハウスでの教育一般を解説して,イッテンは「この種の教育においては,主たる強調点は人間そのものに置かれており,外的な能力や知識に置かれてはいない」と述べている。そもそも,「芸術教育は本質的には教育一般と同じでなければならず,その目標は個々の生徒の自然な才能をできるかぎり完全な発展と調和へと至らせることにある」[ibid.: 226("Kunst - Hand - Werk," 1923)]。

　生徒の内なる才能を引き出すことを教育の課題と見るこうした観念の背後に,新教育という文脈を見るのは難しいことではない。ヴィックが詳細に跡づけているように,イッテンへの新教育の影響は伝記的事実からも確認できる。イッテンは1904年から08年までベルンの教員ゼミナールで学んだが,1905年に

---

3) 以下で参照しているレッツラー編『ヨハネス・イッテン——作品と著作』は,イッテンの作品とともに彼の文章をも収めている。( )に入れて示しているのはイッテンの文章の表題と発表年である。

教員ゼミナールの校長となったエルンスト・シュナイダーが新教育の精神を持ち込んだ。シュナイダーは「規則の強制でなく解き放つこと，文法的正確さでなくファンタジー，正書法の点検でなく教師と生徒の対話」[Wick 1997: 85][4]を教師の卵たちに求めた。彼は子供の自己活動的な作業を核にして学校を改造しようとする作業学校の原理を導入したのみならず，この原理の主唱者であるケルシェンシュタイナーの『描画能力の発達』[Kerschensteiner 1905]をも読んでおり，「学校改革に対して芸術と芸術教育がもつ意味」[Wick 1997: 86]を認識していた。ヴィックによれば「イッテンが彼の新教育的なエランをベルンのゼミナールに負っていること，彼が芸術教育運動の目標と方法について知ったのはおそらくシュナイダーを通してであったことは疑いようがない」[86]という。第5章で見たように，ドイツの芸術教育運動は，当初「美的享受能力」の育成を目標に掲げて，美術史的知識の詰め込みや機械的模写中心の図画授業など，子供の自己活動を抑圧し美的享受を台無しにしている美術教育の現状を批判した。その後，特に第一次世界大戦後になると，芸術教育運動は自己活動の背後に子供の内なる才能を見て，この〈内なるもの〉を引き出すという方向に進む。美術史家のハインはこれを芸術教育運動の「第二期」として，「美的享受能力」を目標とした「第一期」から区別した。そして，この二つの時期の橋渡し役を果たしたのが，「正しい描写」という古い規準を物差しとしつつも，膨大な資料に基づいて子供の内なる才能の経験的研究に着手したケルシェンシュタイナーの『描画能力の発達』なのであった[Hein 1991: 191ff.]。

　上に述べたイッテンの教育観は，学ぶ者の内なる才能を想定し，それを引き出すことに芸術教育の課題を認めていった芸術教育運動の展開に呼応するものだったと言える。また，内なる才能を，しかも強制によってではなく自己活動を通して引き出すという方向に収斂していった芸術教育運動の展開こそ，芸術教育運動を「新教育運動を鼓舞する中心」[Röhrs 1980: 68]へと押し上げた要因であった。こうして私たちは，それまで無関係に進行してきた二つの流れ，つまり美術アカデミーの改革と一般教育学校における教育改革（新教育）とが，イ

---

[4] この一節は，ヴィックが以下の論文から引用している部分である。Müller, Fritz: Glanz und Elend der Seminardirektoren, in: *Der Fall Schneider*, hrsg.v. der Vereinigung Ehemaliger Schüler des Staatsseminars Bern-Hofwil, o.O., o.J., S.20.

ッテンにおいて合流するのを見ることができる。芸術教育運動がフィールドとしたのは，他の新教育の試みの場合と同様，初等・中等レベルの一般教育学校である。そこで育まれた原理を，職業的な美術家の養成という異質なフィールドに持ち込んだところに生まれたのがバウハウスの予備課程だったと言えるかもしれない。

2.2 主客の接面をもとめて

しかし，内なる才能の自己活動的展開，という側面のみを強調するとすれば，それはイッテンの予備課程をあまりに一面的に捉えることになろう。上に挙げた引用でイッテン自身が述べていたように，予備課程の課題は「学ぶ者の創造的な諸力」を解放するだけでなく，客観的に存在する「造形の基本法則」を認識させる点にもあった。ヴィックによれば，このような「主観と客観の間の緊張領域」が，「イッテンの芸術教育学と彼自身の芸術的創造の全体とをともに特徴づけている」［Wick 1997: 19］。イッテン自身，この「緊張領域」の存在を十分に意識していた。彼は次のように述べている。

> 「われわれは一方で，個々の若者一人ひとりを，彼らが独創的にそれぞれの特性を発揮し創造性を失わないよう教育すべく努めなければならない。他方われわれは，生徒が自分の独創的で新しいアイデアを形にしようとすればマスターせねばならぬ技術的な表現手段の，あらゆる合法則性を生徒に知らせなければならない」［Roetzler 1978: 244 ("Zur Ausstellung 'Aus meinem Unterricht'," 1939)］。

ここに見られる〈一方/他方〉の図式は，実は新教育一般に通底する思考パターンであった。たしかに，前項でも述べたように，芸術教育運動は内なる才能を自己活動を通して引き出すという方向に収斂し，そのことによって「新教育運動を鼓舞する中心」となった。しかし，子供の自己活動を強調することが，逆にその自己活動を制御するに足るより洗練された教育の必要を呼び出すというのが，新教育全体を条件づけている議論の道筋だったのである。この道筋を鮮やかに示して見せたのが，前章で見たリットの〈噛み合わせ〉の図式であり，彼の『「指導」か「放任」か』［Litt 1927b］であった。

新教育の試みの多くは，対立する極のいずれか一方に軸足を置きつつ，リットが取り出した論理構造——前章で使った用語でいえば〈噛み合わせ〉の図式

——をなぞることになる。内なる才能の自由な表現を強調した芸術教育運動は「主観」の側に軸足を置いた典型であり，「即事性」へと導くための一種の手段として自己活動的な作業を捉えたケルシェンシュタイナーは「客観」の側に軸足を置いた典型である。ところがイッテンの場合，上述のようにこの対立を出発点としてはいるものの，予備課程での彼の教育活動は事実上この対立の解消をめざしているように見えるのである。イッテンのなかには，イッテンを新教育的文脈に結びつける研究史的常識に反して，新教育的な文脈に収まりきらない要素が，しかも彼の教育理論の核心近くに存在するように思われる。以下，そうした要素を探り当てていくことにしたい。

　イッテンが予備課程で伝達すべき「造形の基本法則」として考えていたのは，バウハウスでの経験を後に総括した『バウハウスでの私の予備課程』[Itten 1963]によれば，明暗や色彩のコントラスト，素材感の表現，基本となる形（円形・三角形・四角形），造形とリズム，といったものであった。しかしイッテンは，これらの造形法則を，理論——あとから工房で実地に移すべき理論——として伝達しようとはしていない。模範的な作品の模倣や，見習い修業（現代風に言えば「正統的周辺参加」）を通して伝達しようともしていない。造形法則の伝達のために，イッテンは，素材や形式という客観的なものの世界に触れつつ自由で創造的な作業を可能にするような，あるいは自由で創造的な作業をすることが素材や形式の世界に触れることを必然的に要請するような，様々な課題を考案したのであった。

　『バウハウスでの私の予備課程』から，印象深い例を挙げておこう。明暗のコントラストの技法を学ばせるための初歩的な課題として，イッテンは「白い丸と黒い丸を描く」という課題を挙げている。

> 「生徒たちは，白い画用紙の上に円形の輪郭を描くだけでは，その円形の面が白いことにはならないということをすぐに理解した。その円のまわりに，濃淡の差はあれ暗い色調を与えることによってはじめて，円形の面が白く見えてくるのである」[Itten 1963: 21(27)]。

　イッテンは，「その円のまわりに，濃淡の差はあれ暗い色調を与えることによってはじめて，円形の面が白く見えてくる」という「造形法則」を，このような命題の形で授けた上で，その演習として課題を与えているのではない。ま

た，この「造形法則」を実証しているような模範的な作品を見せて模写させているわけでもない。作例からは，上の課題を解決してどのような作品を作るかは学生の自由にゆだねられていたであろうことが推測される。課題は，学生を縛るのではなく，むしろ慣習的・常識的な線描の世界から解き放つという役割を果たしている。そしてそのように解放された次元で課題解決に取り組むことによって，造形法則は，理論や模範のような主観の外部にある何物かとして理解されるのではなく，主観的に体験されることになる。そのような体験において，主観と客観――創造的な諸力と造形法則――は，「緊張領域」をなすというよりは重なり合っているのである。

「体験(Erlebnis)」は，二上[1986]が綿密に跡づけているとおり，イッテンの芸術論・芸術教育論にとって中心的な位置を占めていた。二上によれば，イッテンにとって「芸術とは，対象の再生ではなく，対象を契機として意識されるもの，つまり体験を，[……]芸術的形式を手段として表現すること」[30]であった[5]。素材研究の一環として，イッテンは素材の触感や質感をできる限り正確に再現するという課題を予備課程の学生に課している。これはしかし伝統的なデッサン教育への回帰ではなく，「体験」への回帰を促そうとしたものであった。そのことを示す興味深い資料がある。イッテンのバウハウス着任後間もない1919年10月に，予備課程の学生であったグンタ・シュテルツェル(Gunta Stölzel)が記した日記である。

「イッテン――彼とともに偉大な事柄が私に明らかになり始めた。[……]デッサンは出来事を再現することではなく，外的（もちろん内的でもよいが）な刺激によって人が感じ

---

5) ここで二上が的確に要約しているイッテンの「体験」概念は，「体験」の概念史に照らしても納得のいくものである。『真理と方法』のなかで，ガダマーは「体験」の語史・概念史を詳細に跡づけている[Gadamer 1986: 66ff.(I, 86ff.)]。それによると，長い歴史をもつ「経験(Erhahrung)」概念とは対照的に，「体験」の語はようやく1870年代に登場し，その後急速に浸透していったが，この語に学術的な概念としての実質を与えたのはディルタイ，とりわけ彼の『体験と文学』(1905)であった。「体験」概念は，一方で出来事の直接性を想定している（「生きられた体験」）。この想定によって「体験」は文化批判的な文脈に組み込まれることになる。「現代の大衆社会にあって生を機械化から防衛する立場は，〈体験〉という語を当然のように強調しているため，今日なおこの語の概念的含意はまったく隠蔽されたままなのである」[69(I, 90)]。他方，ディルタイ自身は，意味をもった統一体としての「体験のもつ反省的あり方[……]を強調する」[71(I, 92)]。こうした特質ゆえに，「体験」は，自然科学における感覚知覚とは区別された精神科学にとっての所与，

第 8 章　バウハウスの教育思想・試論　　　211

たことを，身体全体にいきわたらせることなのだ。[……]われわれは全員が観葉植物を描く。われわれは目の前にある対象を描くのではない。まず最初に，いかに木の葉が流動し，空間のなかの円環と振動がどうなっており，それらがどう全体へと造形されているかについての運動研究がくる。[……]それから，その特殊性，それをまさに観葉植物にしているもの，その葉っぱの性格，鋭い光沢をもった革のような幅広の葉，深みのある黒，こうしたものを[……]完全に自分の身体に取り込まねばならない，最も深いところで感じなければならない。[……]ただ感じること，単に手だけでなく身体全体で感じること。描画は決して指の問題ではなく，身体全体の問題なのだ」[Wick 1997: 53 から重引]。

イッテンが要求したのは対象の「客観的」な把握ではなかった。求められていたのは，知覚の最も要素的で原初的な場面に降りていくことによって，主観と客観のいわば接面を体験することであった。主観と客観の接面としてイッテンが何を想定していたかも，上の日記の一節には示唆されている。それは身体であり，また身体の運動であった。

　第 2 章でも見たように，予備課程でイッテンは身体の運動を重視し，授業を準備体操で始めた。イッテンによれば，体操は「身体に表現能力と体験能力を与え，そうした能力を身体のなかに目覚す」ためのものであった。「まず身体が体験せねばならないのである。したがって私はまず，体験し，感じ，渾沌とした運動を解き放ち，身体を徹底的に揺さぶるために，体操を必要としていると言えそうだ」[Rotzler 1978: 52（1918 年 3 月 2 日の日記）]。こうしたイッテンの身体重視は，形（Form）を運動と結びつける彼の造形論の核心部分に根ざして

精神科学にとっての認識の素材を提供することになる。イッテンの「体験」概念が有する，一方における直接性と他方における意識性とは，以上のような「体験」概念の含意によく適っている。テンゲリによれば，こうした「体験」のもつ意識性はフッサールによって術語的に定着し，その後の哲学的用語法の基盤となったという。「「体験」は，フッサール以後，意識的なもの全般を言い表す概念となっている。これに対して「経験」という語は，それが正しく理解されている——そして陳腐化されていない——場合には，意識によっては統御できないような過程を指し示すことになる」[Tengelyi 2002: 788]。なお，本書のエピローグで触れることになるが，ベンヤミンによる「体験」の優位という現代診断[cf. 今井 1998: 143ff.]は，「体験」概念のもつこの両面——直接性の希求という文化批判的側面と出来事の意識的把握という認識論的側面——を，ガダマーのように齟齬や対立としてではなく，構造的な連関をもち互いに支え合うような関係にあるものとして捉えていると言えるだろう。

いた。イッテンは次のように述べている。「生き生きとしたものはすべて，運動という手段を通して人間に自らを啓示する。生き生きとしたものはすべて形のなかで自らを啓示する。したがって形はすべて運動であり，運動はすべて形において明らかになる。形は運動の容器であり，運動は形の本質である」[ibid.: 220("Aus: 'Analyse alter Meister'," 1921)]。形と運動の関係が以上のようなものであるとすれば，造形がなされ形が表現されるためには，「形の本質」たる運動が体験されねばならないであろう。そのような運動の体験の場が身体であった。第2章でも引用した一節であるが，イッテンの次のような実践報告はこのことをよく示している。

> 「この三つの形[円形・四角形・三角形]の特性を，私は学生たちにまず体験として伝えようとした。私は学生たちを立たせ，手で丸い線をなぞるようにさせて，ついには身体全体がリラックスした振子のような運動に一体化するまでにさせた。[……]このようにして，円形は，どこでも同じ曲がり方をした，たえず動いていく線として体験されることになった」[Itten 1963: 81(93)]。

四角形と三角形についても，イッテンは同様に身体の運動のなかで形の本質を体験させようと試みている。身体の運動という主観的な体験において，形という客観的なものが体験されると考えられているのである。イッテンは，身体とその運動に主客の接面を見ていた。イッテンは学生に毛筆で描かせることを好んだが，これも，彼の東洋趣味よりは，身体運動についての以上のような彼の考え方から説明されるだろう。イッテンが毛筆を好んだのは，それが，「最も微細な手の動きにも直接反応」するような「柔軟で表現力に富んだ素材」[Itten 1975: 151(167)]だったからである。毛筆は，ちょうど地震計がいかなる微細な大地の震えも感受してそれを紙の上に記録するように，主観的な体験をそのまま身体の動きとして伝え形にすることができる。イッテンが毛筆によって試みていたのは，主客の接面を記録することだったと言えるだろう。

2.3 新教育的ジレンマの再来

主客の接面に下降しそこから出発することによって，イッテンの予備課程は，「指導か放任か」という新教育的ジレンマを，解消する方向へと向かうベクトルをはらんでいた。上に挙げた「白い丸を描く」という課題や毛筆で描くとい

う課題をもう一度想起してほしい。そうした課題を通して主客の接面を探っていったとき、その先に見えてくるのはどこまで行っても主客の浸透関係であって、実体として対峙する主観と客観ではないであろう。そのような主客の浸透関係が、一方では「学ぶ者の創造的な諸力」、他方では「造形の基本法則」を結果的に産出できるように、そのための枠を提供すること——これが、予備課程の様々な課題が事実上めざしていた目当てだったと思われる。とすれば、そこでは「指導か放任か」を対立軸へと編成している「緊張領域」そのものが消え失せてしまう。予備課程で学生が白い丸を描こうとして工夫を繰り返しているとき、毛筆で何かを表現しようとして精神を集中しているとき、イッテンは「指導」しているのであろうか、それとも「放任」しているのであろうか——こういう二者択一が無意味となるような教育のあり方をイッテンの予備課程は示唆していたと言うべきであろう。

　ところが、イッテンの予備課程は、全体としては以上のようなベクトルの方向に進んでは行かなかった。パウル・クレーは、1921年1月16日付の妻リリー宛の手紙で、予備課程でのイッテンの指導の様子を若干の皮肉とユーモアをこめて生き生きと伝えている。

> 「マイスターは木炭を手に握ると、あたかも自分を充電するかのように身構えて、その全身の力をこめて二筆、つづけざまに腕をふるった。そこには垂直の二本の平行な、エネルギッシュな描線［……］が、なぐりがきの曲線の上に描かれていた。生徒たちは、あとに続いて同じ練習をするように促された。マイスターは生徒たちの描画作業を点検しつつ、一人ひとり個別的に描線を実演させ、その姿勢を正したりした。それから彼は、心身の調和運動をやらせるために、全員を起立させて、皆同じように練習させるのであった」［Bothe 1994: 457］[6]。

ここに描かれているイッテンは、学生の描画を、その方法や描く際の姿勢にまでわたってコントロールしようとしている。このような強力な指導が学生の反撥や、それと同じほど強い帰依を生んだ。修道僧のようないでたちのイッテンが学生たちにカリスマ的な影響力をふるったことはよく知られている。ヴィックはそこに、ある種の矛盾を見ている。つまり、イッテンは「個人とその創造

---

[6] 訳文はおおむね手塚又四郎訳［イッテン『造形芸術の基礎』: 17f.］に従う。

的可能性」を尊重しており，「彼にとって個々の生徒の固有性に対応することが最高の原理であって，生徒を教師の流儀で刻印することは常にいかがわしいもの」であった。にもかかわらず，「彼に使徒のように従う学生たちに，彼の強力な人格，その自然なカリスマ，そしてその傑出した教育的能力に基づいて，彼の解放志向の教育学の準則が本来期待させる以上に彼が影響を与えたということは見逃すことができない」[Wick 1997: 84]というのである。ここには，あの「指導か放任か」の新教育的ジレンマが再び顔を出している。カリキュラム論のレベルでは解消されたように見えたジレンマが，教授スタイルのレベルで再浮上しているわけである。しかしこのジレンマを，ヴィックのように矛盾として捉えることは妥当だろうか。むしろ，一方は他方の順当な帰結とみなすべきなのではないか。言い換えれば，「個々の生徒の固有性に対応すること」とカリスマ的な影響行使とは，互いに支え合う関係にあったのではないか。

「個々の生徒の固有性に対応する」ために，イッテンはこの「固有性」を事実として特定する方向に向かった。イッテンによれば，「骨相学的，人相学的，生理学的，心理学的な知見は，学習者の可能性，素質，思考様式，感覚様式，創造力についての知識へのより深い洞察を教師に与える。学習者一人ひとりが，それ自体一つの教育問題なのである!」[Rotzler 1978: 232("Pädagogische Fragmente einer Formenlehre," 1930)]――ノイが強調しているように，イッテンの教育論の前提には，才能が基本的に生得的なものだという考え方がある[Neu 1978: 52f.]。その生得的な才能，つまり「個々の生徒の固有性」を特定するために，彼は骨相学や人相学にもわたる知見を総動員しようとしたわけだ。ノイによれば，イッテンが特に重視したのは気質論であり，「素材的・受容的」「知的・構成的」「精神的・表現的」という三気質によって学生の個性を捉え，授業内容も学生の気質に対応させようとした[49]。イッテンはまた，そのように特定された内なるものの表現を学生に強制もした。ヴュンシェによれば，「イッテンは生徒の心理への影響行使に関心をもっており，それに対応して，[……]感情を開くこと，特定の感情を表現することを生徒に期待した」[Wünsche 1989: 78]という。このような表現がどれほど自由になされようとも，「個々の生徒の固有性」が教師によってあらかじめ特定可能だと想定されている以上，そのように事実として特定された「固有性」を前提としてなされる教

師の教育行為は批判不可能な権威性を帯びてくることになろう。ノイが次のように指摘するとおりである。「イッテンは気質論と彼自身の認識の正当性を信じており，また彼の教授内容をそれに対応して方法的に区分していた。それゆえ彼は，学生がその類型に従って有効かつ個別的に促進されているものと想定することができた。そこでは，イッテンの権威的な教授スタイルはイッテンの才能理論と矛盾しているわけではない」[Neu 1978: 55]。──一方で個々人は特定可能な「固有性」へと凝固し，他方個々人の作品もそうした固有性の「表現」へと凝固する。こうして，自己表現のプロセスは教育的に統御可能な範囲にあらかじめ限定されることになるわけである。

　以上私たちは，イッテンの予備課程が新教育的なジレンマを突破するような契機を含んでいたこと，にもかかわらずイッテンの教育論の新教育的な文脈ゆえに全体としてはそのジレンマに捕捉されたままであったこと，また，そうした新教育的ジレンマへの回帰の背景には，個人の固有性の表現に作品制作のプロセスを還元するような芸術についての観念が存在したことを示した。では，イッテンの予備課程を引き継いだモホイ＝ナジの教育論はこの点どうだったのか。私たちは今ようやく最初に想定した出発点に到達したことになる。

3. モホイ＝ナジの教育理論

　当初はグロピウスの全面的な支援を受けていたイッテンであったが，1921年末から両者の確執が表面化し，結局23年春にイッテンはバウハウスを去ることになる[cf. Bothe 1994: 460-465]。両者は何をめぐって対立したのか。その論争点をよく示しているのが，1922年2月3日付のグロピウスのメモ(バウハウス教師たちに回す回状の下書き)である。グロピウスは次のように言う。

> 「マイスター・イッテンは最近，経済的外部世界に完全に対立して個人的個別作業を行うか，それとも産業界との接触を求めるか，いずれかに決する必要があるとする要求をわれわれに突きつけた。」しかし，「バウハウスは，もし外部の世界でなされる仕事やそこでの作業様式との接触を失ってしまえば，偏屈者の小島になってしまいかねない。自分が生活する世界の基本的特徴を明確に認識し，その認識と想像力との結合から，自分の世界を象徴化する典型的な形態を創造できる人間を育成するのがバウハ

ウスの責務である。したがって，個々人の創造的な活動を世界の広範な工作作業と結合することが肝要なのである」[Wingler 1975: 62]。

こうしてグロピウスは，「芸術と技術の統一」をバウハウスの新しいスローガンとして示すことになる。「芸術と技術，新しい統一！ 技術は芸術を必要としない。しかし芸術は大いに技術を必要とする」[ibid.: 90]。1923年春からイッテンの後を襲ってヨーゼフ・アルバースとともに予備課程を担当し，この新しいスローガンに対応した教育活動を展開したのがラスロ・モホイ＝ナジであった。モホイは，予備課程の他金属工房も担当し，さらに『バウハウス叢書』の編集・装丁や写真の実験など，多彩な活動によってデッサウ時代の「バウハウス様式」の形成に決定的な影響を与えることになる。

モホイ＝ナジはハンガリーの出身。第一次世界大戦後，ハンガリー革命政権の崩壊に伴ってウィーンへ，さらにベルリンへと移住，ベルリンでダダやロシア構成主義との接触を深めた。1922年にはベルリンで展覧会を開き，構成主義的な作品によって注目を集めることになる[S. Moholy-Nagy 1969: 31f.(38)]。構成主義は，革命後のロシアを主な舞台として，芸術を社会的要請に対応するものに変革しようとした芸術運動である。構成主義の芸術家たちは，一方で芸術家の仕事の範囲をポスター，宣伝ビラ，本の装丁，産業デザインといった社会的有用性の領域に広げるとともに，他方では芸術家の手の跡を残さない，工業製品の設計図にも比せられるような仕上げの造形作品を生み出した(たとえば，リシツキーの「プロウン」連作)。モホイもロシア構成主義のこうした指向を共有していた。ハンガリーの雑誌『MA』の1922年5月号によせた「構成主義とプロレタリアート」と題する一文で，モホイは次のように述べている。

「われわれの世紀のリアリティとはテクノロジー——つまり，機械を発明し構成し維持することである。機械の使用者であることが，この世紀の精神を体現することなのだ。テクノロジーが過去の時代の超越論的精神主義にとってかわったのである」[Kostelanetz 1970: 185("Constructivism and the Proletariat," 1922)][7]。

---

7) 以下でモホイに関してしばしば参照するコステラネッツ[Kostelanetz 1970]およびパスート[Passuth 1986]の研究は，イッテンについてのレッツラーの研究がそうであったように(注3参照)，モホイの文章をも収める。(　)内はモホイの文書の表題（一部その英訳）と発表年である。

モホイのこうしたテクノロジー指向のなかに，グロピウスが「芸術と技術の統一」というあのバウハウスの新しいスローガンに通じるものを見ていたであろうことは想像に難くない。イッテンの招聘の際には妻アルマの助言に従ったグロピウスであったが，今回のモホイの招聘に当たっては自らがイニシアティヴをとった。ヴィックによれば，グロピウスはイッテンの後任の選考にあたって教育者的才能も重視しており，「生まれながらの教育者」としてのモホイの資質に期待したという[Wick 1982: 112]。モホイの優れた教育者的才能についてはしばしば語られるが[S. Moholy-Nagy 1969: 39f.(43f.); Kostelanetz 1970: 203; Findeli 1987: 44]，これについて否定的な意見もある。モホイの同僚オスカー・シュレンマーは，1927年4月17日付の私信のなかで，モホイの予備課程は「ひどい授業(Mißlehre)」で，「生徒もそのように感じてそれを拒否している」と伝えている[Droste 1997: 35]。また，グロピウスも私信(1949年8月11日付)で次のように述べている。「彼のやむことのない関心や活動は学生や教師たちに誤解され邪推されました。私は彼をたびたび援護せねばなりませんでした。これはデッサウ時代の終わりまで続いたのです」[ibid.: 35]。教育者モホイについてのこのような情報の錯綜については後にもう一度考えてみることにしたい。

3.1　モホイ=ナジの予備課程

バウハウスそのものの大きな方針転換と結びついて始まったモホイの予備課程ではあるが，その構想は基本的にイッテンの予備課程を継承している。モホイ自身がそのことを明言しているし[Moholy-Nagy 1968(1929): 19]，従来の研究でもイッテンの予備課程との連続性が確認されてきた[Caton 1980: 40f.; Passuth 1986: 62]。ヘルツォーゲンラートによれば，「独学の芸術家であった[……]モホイ=ナジには，イッテンの授業が培った重みとまとまりに，自分独自の構想を対置する能力も意欲もなかった」[Herzogenrath 1988: 65]という。実際，モホイの予備課程は，イッテンの場合と同様，学生を慣習的なものの見方から解放しつつ造形の基本的なコンセプトを伝えることをめざし，またそのために素材との取り組みを中心とした制作作業を学生に課した。しかし，そこには変化も現れた。ヴィックはそれをイッテンの主観主義からモホイの客観主義への変化として捉え，この変化をバウハウスの「科学化」という文脈のなかで理解してい

る。モホイが特に重視した触覚訓練について言えば,「イッテンにおける触覚訓練が,体験的なもの,感覚に対応したもの,感覚論的なもののなかに完全におさまっているのに対して,モホイは,主観的に感じられ受け取られたことを「触覚図表」によって客観化し,間主観的な確認のできるものにすることにこだわった。厳密な科学を指向したこの種のやり方によって,モホイは,1923年以降バウハウスに現れてきた教育の科学化への傾向を,予備授業という導入段階ですでに持ち込むことに成功した」[Wick 1984: 110]というのである。——イッテンとモホイの予備課程の違いに関するヴィックの指摘はたしかに貴重である。しかし,この違いをバウハウスの教育の「科学化」に帰着させることで違いの説明がなされたとは思えない。説明されるべきはむしろ,モホイの予備課程の何が,イッテンの場合とは違った「客観化」「科学化」を可能にしたのか,であろう。そのために私たちは,この「客観化」「科学化」と映るものをもう一度よく眺めてみることにしよう。もっとも,モホイの予備課程はイッテンの場合に比べて傍証となる資料に乏しく(このこと自身,考察に値する事実である——後述),私たちとしては,モホイが彼の予備課程での経験を総括して著した『材料から建築へ』[Moholy-Nagy 1968(1929)]所載の資料にもっぱら頼って予備課程の模様を推測するしかない[8]。

モホイは予備課程の出発点に触覚訓練を置いた。「今日ではたいていの人が——自分自身の体験から遠ざかって——二次的な源泉からその世界を構築しているため,バウハウスの教育はしばしば最も原初的な体験の源泉に遡る必要があった」[Moholy-Nagy 1968(1929): 19]からである。触覚訓練そのものは,上の引用でヴィックも示唆しているとおり,モホイの独創ではなくすでにイッテンが予備課程に導入していた。「最も原初的な体験の源泉」に遡るというカリキュラム論の構図も,イッテンを受け継いでいると言える。しかし,両者の言う「体験」の意味内容には,実は大きな隔たりがある。この違いは二人の予備課

---

8) 「バウハウス教師としてのラスロ・モホイ=ナジ」とわざわざ題した論文でさえ,モホイの授業の実際についての情報は事実上皆無であり,ただイッテンとの連続と,「芸術的行為による人間的教育」がその特質であったと述べるのみである[Herzogenrath 1974: 120f.]。宮島も「バウハウスにおいて彼が実際にどういう授業をやったのかということになると,ほとんど記録されていない」[宮島 1979: 74]と述べている。

第8章 バウハウスの教育思想・試論　219

図8.1　イッテンの予備課程でのハンス・ホフマンの作品 [Itten 1963: 51]

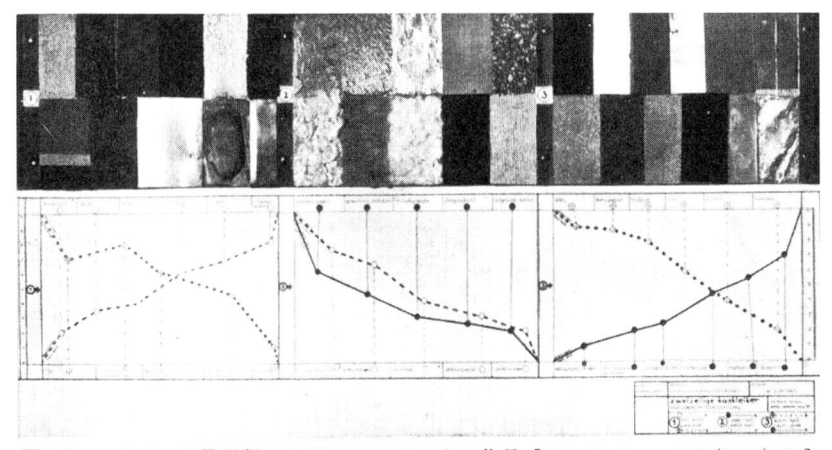

図8.2　モホイの予備課程での W. ツィーラートの作品 [Moholy-Nagy 1968(1929): 26]

程の学生の作品によく表れているように思われる。一言で言えば、イッテンの学生の作品が自立した美的「表現」となることを明示的に求めているのに対して、モホイの学生の作品には一見したところそうした指向が弱い(図8.1, 8.2)。たとえば、イッテンの予備課程でのハンス・ホフマンの作品(図8.1)には次のようなイッテンの解説が添えられている。「様々なテクスチャーが素材のコンポジションとして明確に性格づけられ、バランスのとれた形の響きへと諧和している」[Itten 1963: 51]——これは作品評の一節と言っても違和感がないであ

ろう。これに対してモホイの予備課程でのW.ツィーラートの作品(図8.2)に対するモホイのコメントは以下のようなものである。「触覚値はまったく主観的に記録されるため,自分の感覚の一種の点検のために「触覚図表」を導入することが望ましい。「触覚図表」は,感覚におけるブレが生じたようなとき,それを特定するために繰り返し参照することができた」[Moholy-Nagy 1968 (1929): 26]。——触感はいうまでもなく主観的に体験される他ないものではあるが,そのような主観的体験の個人的「固有性」の表現がここでめざされているのでないことは明らかであろう。それはむしろ「ブレ(Abweichungen)」として表現の対象から排除される。表現の対象となっていたのは,「触覚図表」による「間主観的な確認」が可能であるような,主観的体験の間主観的な共有部分であったように思われる。モホイの学生が試みているのは,体験の「固有性」を誇示することではなく共有可能な触覚体験を形象化することであり,したがって作品化されているのは大方の人が共有する知覚のリアリティだったと言うべきであろう。そうであればこそ,「触覚図表」といった発想がそもそも可能になったと考えられる。とすれば,モホイは教育を「科学化」するために「触覚図表」を導入し,主観的なものを客観化しようとした,という説明は逆転していることになる。むしろ,モホイの体験概念のイッテンとは異なる客観的基盤ゆえに,「科学化」という構図の枠内で解釈されるような一連の学生の作品が生まれた,と見るべきであろう。

　イッテンの場合とは逆に,モホイの予備課程において探究されていたのはむしろ体験の共通性である。しかしこれはもちろん,モホイの予備課程が画一的な作品を要求していたということではない。「触覚板」の制作に関してモホイ自身が述べているように,「触覚板の形式はどの課題においても前もって決められてはいなかった。唯一の規準は,表現される[触角の]値が明確に,できる限り簡潔に捉えられているということであった。この要求が,個々人の間でまったく異なる解決を生み出した。提出された多くの作品のなかで,個人的な創意工夫を示していないようなものは一つとしてなかった」[Moholy-Nagy 1968 (1929): 25]。——「表現される[触角の]値」が個人ごとに異なる固有なものであるとは想定されていない。触覚の体験それ自体は基本的に共通であって,私の触覚体験は他者も共有できるはずなのである。モホイが課題として課したの

は，この体験の共有を現実のものにするような媒介物を作品として構成することであった。課されているのは他者との——私の体験を他者にも可能にするという——コミュニケーションであって，「個人的な創意工夫」はむしろこのコミュニケーションの原理的可能性に，つまり体験の共通性に，支えられているのである。

　以上のように見るなら，モホイはイッテンが予備課程に導入したカリキュラム論にイッテン以上に忠実だったと，そう言ってよいかもしれない。イッテンの予備課程は，少なくともそのカリキュラム論について言えば，「指導か放任か」という新教育的な二者択一を，主客の接面を主観的に体験可能にするような課題(作品制作)によって解消するという原理に従っていた。ところがイッテンは，この主観的体験をコントロール可能にするための根拠を主観に内在する素質や気質に求め，作品をそうした個々人の固有性の表現と理解することによって，教授スタイルのレベルで再び新教育的な二者択一を呼び込むことになった。これに対してモホイの場合，素質であれ気質であれ，主観に内在する固有の実質が作品の固有性の源泉だとは考えられていない。むしろ，体験の共通性が，表現における冒険を可能にする根拠となっているのである。モホイの予備課程においても，触覚という主客の接面の主観的体験を，作品化することが要求される。しかし，教師によるコントロールが加わるのはイッテンの場合とは違って諸主観の共有部分であって，主観の固有な実質に対してではない。「個々の生徒の固有性」は教育的コントロールの外部へと，いわば括り出されており，したがってまた，イッテンの場合のようにこの固有性をコントロールしようとして「指導か放任か」の二者択一が再導入される余地はない。モホイがその実践報告(『素材から建築へ』)のなかで，イッテンの場合(『バウハウスでの私の予備課程』)とは対照的に，自分が学生をいかにコントロールしたかという教育の方法についてはまったく触れず，自分が課した課題とそこから生まれた学生の作品の解説に終始しているのはまことに兆候的である。そこには「指導か放任か」を問題として意識したという痕跡がそもそも見られない。モホイの予備課程は，イッテンが導入した予備課程のカリキュラム論を徹底させることによって，全体として——イッテンのように単にベクトルとして内包していたというのではなく——新教育的文脈を突破する結果を生んでいたように思われ

る[9]。

　以下で私たちは,『素材から建築へ』の第一章「教育の問題」を中心として,モホイの明示的な教育論を検討したい。そして,その背後に教育についてのどのような説明の体系が想定可能であるかを探っていきたい。教育についてのある一貫した説明の体系(＝教育理論)へとモホイの教育論を再構成するためには,新教育とは異質な意味論的文脈(＝教育思想)を想定する必要のあることが示されるはずである。

3.2　機能装置としての「全体的人間」

　『素材から建築へ』の冒頭でモホイは,特定の職業や専門領域に特化した「扇形に区切られ」た人間のあり方を批判している。「原始人が生活の必要からそうするよう迫られ,また実際にそうしているように自分の中心を拡張するのではなく[……],人はある特定の職業にのみ――あらゆる他の能力を利用しないまま――従事している」[Moholy-Nagy 1968(1929): 10]。これに対して,「未来は全体的な人間を必要とする」のであり,「扇形に区切られた人間は,再び,中心をもった,共同体のなかで有機的に育っていく人間に足場を求めねばならない」[11]。未来が求めるこの「全体的人間」を芸術という手段によって形成すること。これがモホイの教育目標であった。

　芸術による「全体的人間」の回復というこの主張は,芸術教育論において目新しいものではない。「エレクトロニック・バウハウス」を批判したヴィックが,「全体的人間」という「豊かな教育史的伝統を持った理想」に言及していたとおりである。すでにシラーは,哲学的芸術教育論の源流ともいうべき『人間の美的教育についての連続書簡』(1795)のなかで,「技術が破壊したわれわれの本性におけるこの全体性を,より高い技術[＝芸術]によって復活させるこ

---

[9]　このことは,『材料から建築へ』のなかでモホイ自身が新教育運動の諸潮流を自らの教育のバックボーンとして参照している[Moholy-Nagy 1968(1929): 17]ということとは独立に――以下でさらに詳しく論じるように――論じうることである。モレンハウアーも同様の指摘をしている。バウハウス教師たちの主張は,一見フンボルト,ゲーテ,ペスタロッチ,フレーベルといった伝統的な教育思想家の思想を想起させるが,表向きの主張ではなく彼らの「美的所産」を参照するなら「この連続性の仮象はまやかし」であることが明らかになる,というのである[Mollenhauer 1989: 289f.(323f.)]。

と」[Schiller 2005(1795): 324(111)]を美的教育の課題として掲げている。その激越な文化批判によってドイツ新教育に大きな影響を与えたラングベーンの『教育者としてのレンブラント』(1890)は，「われわれの寸断された現代的人間形成はふたたび全体へとまとめられねばならない」[Langbehn 1909(1890): 187]と主張する。ラングベーンによれば，こうした「寸断された現代的人間形成」をもたらしたのは専門化された学問であり，それに対抗する力をもつのは芸術である。「今日の学問的人間形成の主張者と未来の芸術的人間形成の主張者の間に調停などももともと不可能だ。というのも，前者は人間の一部を欲し，後者は全体的人間を形成しようとするのだから」[185f.]。——シラーが予感し，ラングベーンが対抗しようとやっきになっていたのは，科学技術による人間生活の専門化・細分化という現代社会の趨勢である。その後の芸術教育運動は大筋でラングベーン的な方向をとった。つまり，人間生活の専門化・細分化に対抗するために，その原因たる科学技術とはおよそ別のところに根拠をもつはずの芸術に，拠り所を求めるという方向である。「ミューズ的(musisch)」と呼ばれる諸教科——造形芸術，音楽，言語と詩，身体運動——を学校生活の中心に据えようとする「ミューズ的教育」の主張はその典型である。前章ではクリークに即してその禍々しい側面を強調したが，より一般的に言えば，この構想は芸術教育運動と密接に結びついて成立した。「ミューズ的教育」の主張は，専門化・細分化した味気ない日常に人間を閉じ込めていく現代社会の趨勢に，人間を共通の感情へと結びつけるミューズ的芸術の祝祭的な力によって対抗しようとするものであった[長谷川 1999]。

　「芸術と技術の統一」というバウハウスの新傾向に抵抗したイッテンの主張に，私たちは芸術教育運動とイッテンとのつながりを再確認できるであろう。イッテンは，次のように述べて作品制作における手仕事的統一性を芸術の譲ることのできない前提条件とみなしている。「工芸家は芸術的な見地から原案を立てるのみで，その実施は機械に任せてしまう。／あらゆる活動が分類され専門化されている。第一の人間が考え，第二がしゃべり，第三が実行する。[……]しかし，この統一性こそがあらゆる創造的活動の，とりわけあらゆる芸術的活動の，前提なのである」[Rotzler 1978: 226("Kunst-Hand-Werk," 1923)]。

　ではモホイの場合はどうか。同じように「全体的人間」への要求を起点にし

て一種の芸術教育論を展開しているモホイであるが，彼の教育論を以上述べた芸術教育運動や新教育の文脈に組み込むことはできないであろう。というのも，彼はそもそも，現代の芸術が現代社会とは別の——したがってまた科学や技術とは別の——場所に根拠をもっているとは考えていない。彼は写真や映画のような技術的メディアを作品制作に積極的に取り入れた。また彼の制作活動は，伝統的な造形芸術の枠を越えて，タイポグラフィ，本の装丁，舞台美術，さらには商品ディスプレイにまで広がっている。その背後には，芸術やその制作についての，伝統的な観念から大きく逸脱したモホイの観念がある。

　ここで注目したいのは，「全体的人間」の観念と芸術についての観念との，対応関係の存在である。今やスタンダードとなったすぐれたモホイ論のなかで，アンドレアス・ハウスは次のように述べている。「造形芸術家は従来，疎外されていない「同一的」な労働というイデオロギーを体現し続けてきた」[Haus 1978: 24]——ラングベーンが構想した「全体的人間」はたしかにこの「イデオロギー」を体現しているだろう。イッテンが要求する創造的活動の統一性についても同様である。「全体的人間」は芸術をモデルとして構想されるが，そこでの芸術は，制作物のなかに自己の固有性を表現するような，したがってまた制作が同時に自己実現であるような，手仕事的制作の過程と理解されている。「全体的人間」は，手仕事的制作のなかで制作者と素材との間に成立するこうした自己実現のサイクルを基盤にして可能となるのであり，このサイクルが，専門化・細分化された「疎外された労働」の世界に対して，芸術という対抗世界を自ずから構築するはずであった。

　ところがモホイの場合はどうか。再びハウスによれば，「モホイは，素材に形態を与えるというプロセスを，実に大歓迎で技術的な諸力に譲り渡し，そうした諸力の「投入」のみを設計しようとするのである」[24]。実際，モホイは次のように述べて手仕事と芸術との原理的な分離可能性を主張している。「芸術作品が生まれるに当っては，作品の本質的部分として手仕事による仕上げを求める必要があると信じられている。実際には，作品成立の創造的精神的過程を別にすれば，仕上げの問題はただそれが最高度の熟練を要するという意味で重要性をもつにすぎない。これに対して仕上げの仕方——自分でやるか他人に委託するか，手でやるか機械でやるか——は，どちらでもよいことである」

[Moholy-Nagy 1967(1927): 24]。制作活動の統一性を「芸術的活動の前提」とみなすイッテンは，まさにこうした分業体制を批判していたのであった。

　この一節は，モホイ自身が批判した「扇形に区切られた人間」の仕事ぶりを，芸術制作の現場で積極的に容認しているように読まれるかもしれない。しかし，モホイは「仕上げの問題」が「作品の本質的部分」だとは考えていない[10]。彼にとって芸術の核心は，「素材に形態を与える」というあの自己実現のサイクルにではなく，前項で示唆したように，また次項で主題的に論じるように，作品をメディアとしてなされるコミュニケーションにあったと考えられる。とすれば，「全体的人間」は，素材と対峙する芸術家の孤独な自己実現のなかにではなく，作品をメディアとするコミュニケーションのなかに現れるであろう。したがって，作品制作のサイクルを外部に対して閉ざすことではなく，逆にサイクルを外部に対して開いていくことが肝要なのである。モホイが「この世紀の精神」だとみなしていた科学技術は，作品制作のサイクルを外部に開くための主要な回路だったに違いない。

　芸術の概念がこのように変化したとすれば，それをモデルとして構想される「全体的人間」も変化なしにはすまない。モホイの言う「全体的人間」は，外部世界に背を向けて手仕事に没頭することによってではなく，制作活動を通し

---

10)　たしかにモホイは『素材から建築へ』で「なぜバウハウスでは手工教育を行うのか」という一節をもうけて手仕事の重要性を強調している。しかし，どれほど手仕事の重要性が強調されようとも，そこでの手仕事が新教育的文脈におけるのとは別の位置を与えられていることを見逃すべきではない。モホイは手仕事の意味をその見通しやすさという点に認めている。「生徒はそこで，技術的に単純で細部をなお見通すことのできる手仕事というレベルにおいて，対象の全体が出発点から完成に至るまで展開していくのを見ることができた」[Moholy-Nagy 1968(1929): 18]。手仕事それ自体に教育的意味が認められているわけではないのである。したがって，この見通しやすさが確保されるなら，手仕事以外の手段が投入されることは十分にありうる。「バウハウスのこうした教育活動は，将来においてはおそらく，最も発達した技術(機械)を基盤としてさらに発展させることができるだろう。もしそこで全体性の感覚が保持されているなら，結果の相違はせいぜい量的なものであって質的な違いにはならないであろう」[18]。——このような見通しをモホイ自らが現実化しようとしたのが，「電話画(Telefonbilder)」というアイデアであった[Passuth 1986: 37-39]。これは芸術家が自分の手を使うことなく，電話で職人に色や構図などを指図して作品を制作する，という試みで，実際に「電話画」と名づけられた作品がいくつか作られた[ibid.: Figs. 69, 70]。もっとも，「電話画」という名前は後づけで，実際にそれらの作品が作られたときには注文は口頭で行われたらしい[ibid.: 38]。

て外部世界に自己を結びつけていくことによって形成されるであろう。そのような自己のイメージをモホイはたしかに提示している。人間を生物学的機能の総体と見る，人間についての機能主義的な観念がそれである[11]。『素材から建築へ』でもしばしば現れる「生物学的」という言葉——「生物学的な基盤の再獲得こそが今日の問題である」[Moholy-Nagy 1968(1929): 13]——はこのような意味に理解すべきであろう。1922年に『デ・ステイル』誌に掲載された論文「生産-再生産」でモホイは次のように述べている。「人間を組み立てているのは，人間の全機能装置のジンテーゼである。つまり，人間の機能装置——細胞であれ，複雑きわまりない器官であれ——が遂行能力の限界に達するまでに育成された場合に，人間は最も完全な存在になるということだ。芸術はこうした機能装置の育成を促すことができる。芸術は，視覚，聴覚等の機能的現象において，既知の現象と未知の現象との間に非常に幅広い新たな関係を作り出そうと試み，またそのような関係を受容するよう機能装置を強制するからである——そして，受容器官の完全性に芸術の作用複合の全体が左右される以上，そうした機能装置の育成が芸術の最重要の課題である」[Passuth 1986: 305("Produktion - Reproduktion," 1922)]。——「全体的人間」とは，その遂行能力が最高度にまで展開された機能装置であり，この機能装置のいわば触手となって機能装置を外部へと結びつけ，遂行能力の展開を先導するのが，視覚，聴覚といった知覚機能である。芸術は，この触手＝知覚機能を未知の現象にまで向かわせ，いっそう幅広い外部との関係を機能装置に強制することで「全体的人間」の育成に寄与する。芸術と人間についての以上のような変化した観念によって，美的な能力や「才能」についての観念もまた変化することになろう。

3.3 芸術概念の変容と教育概念の変容

冒頭でも触れた「誰もが才能に恵まれている」というモホイの主張[Moholy-Nagy 1968(1929): 14]は，以上述べてきたような芸術と人間についての変化した観念から理解することができる。「才能」についても，モホイは次のように述

---

11) このような機能主義的な人間観はバウハウス全体に通底するものだったと言えるかもしれない[Wünsche 1989: 24f., 47f., 76]。

べて生物学的な機能のレベルでそれを捉えているのである。「誰もが，音や色彩の感覚をもち，触覚や空間において過たない，等ということは，本来誰もが感覚体験のあらゆる喜びに加われるということを意味する。このことはさらに，心身に問題がなければ誰でも，積極的に音楽家，画家，彫刻家，建築家等でありうるということを意味する。それはちょうど，しゃべりさえすれば誰もが「話者」であるのと同様である」[14]。「誰もが才能に恵まれている」という標語は，特権的なものとして理解された「才能」の伝統的概念をそのままに残した上で，その特権の恩恵をすべての人に下賜しようとしたものではない，ということになる[12]。モホイの芸術教育論は，美的能力を，たとえば「話すこと」と同様の，生物的基礎に立脚する社会的機能に解消する方向をめざしていたように思われる。

(1) コミュニケーションのメディアとしての芸術

芸術についてのこうした社会指向的な考え方は，20年代においては特別独創的なものではない。ロシア構成主義はこうした芸術観をラディカルに推し進めた。ロトチェンコやリシツキーのような構成主義者は，芸術を社会的な生産活動に解消することを主張した。すでに触れたように，彼らは，ポスター，宣伝ビラ，本の装丁，産業デザインといった社会的有用性の領域に芸術活動の範囲を広げていったが，この点はモホイも同様である。しかし，モホイの立場は，彼が社会を生産労働の観点からではなく，消費の観点から見ているという点でロシア構成主義から区別される。ハウスは次のように述べている。「ロトチェンコと彼に影響された社会主義的な写真は，撮影において労働者自身の立場をとり，労働者が行う構成的介入をともに遂行しようとした。これに対してモホイは，常に「消費者」の側に，言い換えれば，現代的生産の現象様態——「技術」や大都市利用の諸相——を，新しい「体験価値」，つまり美的使用価値に即して探索する，使用者の側にとどまった」[Haus 1978: 43]。ハウスはこの相

---

12) イッテンもまた「どんな人間も創造的な創作への才能をもっている」と主張している [Rotzler 1978: 230 ("Wie lernt man Kunstwerke richtig sehen?," 1927)]。しかしここでの主張は，モホイとは無縁のこの〈才能の下賜〉の構図に従っていると見ることができる。イッテンは上の引用部分に続けて次のように付け加える。「ただしその才能には多寡がある」[230]。

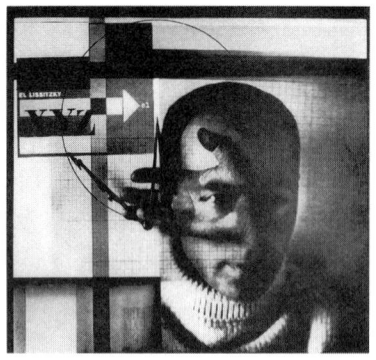

図8.4 リシツキーのフォトモンタージュ『構成者』[Lissitzky-Küppers 1992, Fig. 118]

図8.3 『写真-性質』誌のモホイによる表紙 [Passuth 1982, Fig. 165]

図8.5 モホイの写真作品『ベルリンのラジオ塔からの冬の眺め』[Passuth 1982, Fig. 79]

違を，雑誌『写真-性質』のモホイによる表紙(1931)とリシツキーのフォトモンタージュ「構成者」(1924)を比較することで鮮やかに示した(図8.3，8.4)。

> 「リシツキーにおいては，活動する掌の真ん中に，生き生きとまなざす活動的な目が位置している。コンパスと手と目——技術的・科学的活動と手仕事的活動と精神的・芸術的活動——は互いに指示し合っている。モホイにおいては，活動することなく開かれた手の同じ位置に，「自動的」な写真機の目が位置している」[26]。

写真は，モホイがその多様な制作活動のなかでも最も創造的な成果を上げた領域の一つである。モホイにとって，写真は単なる現実再現の装置ではなかった。エレノア・ハイトが言うように，モホイの写真は「われわれの注意を構図のなかの肌理の領域(textured areas of the composition)に向けることによって視覚世界の慣習的な位階秩序を転倒させる」[Hight 1995: 116]。たしかに，非日常的なアングルから世界の一部を切り取ったモホイの写真によって，私たちは通常は気づかれることのない事物のもつ肌理を，ほとんど触覚的に経験することになる(図8.5)。

このような写真の実験は，単に先に見た予備課程での触覚訓練につながっているというだけではない。それは，知覚の拡張による機能装置の育成という「全体的人間」の構想にもつながっているであろう。モホイの写真は，外界の未知の側面へと触手を伸ばすように私たちの知覚機能を強制する。そのような写真を「美しい」と感じるとき，そこには知覚の共通性を基盤としたコミュニケーションが成立しているのであり，拡張された知覚機能によってコミュニケーションの可能性はさらに拡張されている。このようなコミュニケーションの拡張をもたらす知覚機能の強制に芸術の核心があるとすれば，そのような強制をもたらすメディアが手仕事によって制作されたか，写真のように機械的手段によって制作されたかは「どちらでもよい」事柄になろう。作品の成否を決するのは，制作——生産労働——の局面ではなく，作品をメディアとしてなされるコミュニケーション——消費，あるいは「美的使用価値」——の局面である。さらに言えば，作品そのものが——モホイのタイポグラフィや装丁の仕事を想起しよう——社会的コミュニケーションの過程に解消されるのである(これは作品のメディア特性の論理的帰結と言える)。モホイもロシア構成主義と同様，芸術と社会的実践との結合という構想を打ち出すが，そのことによって彼がめざし

たのは，芸術と生産労働の等置――制作者と素材とのあの自己実現のサイクルを，機械化された労働のレベルで実現すること――ではなく，芸術を，技術的メディアに媒介された社会的なコミュニケーションの過程に解消することだったように思われる。そこでは芸術は，コミュニケーションを可能にし拡張するためのメディアの制作という位置づけを与えられることになろう。

　芸術についてのこうした変化した観念は，写真・映画という機械的メディアについて論じた『絵画・写真・映画』はもちろん，彫刻と建築の変遷を論じた『素材から建築へ』の後半部分にも表現されている。この両著は同じ論点――造形芸術と空間経験における「素材の脱物質化」[Moholy-Nagy 1968(1929): 174]の傾向――をめぐって展開されている。『絵画・写真・映画』でモホイは，写真の出現によって伝統的な絵画は色彩造形・光造形というより大きな枠組みの一部に組み込まれるに至ったとしている。色彩造形・光造形においては，絵の具やカンバスといった素材の現前は本質的な問題ではない。たとえば「投光器，探照灯，ネオンサインといった視覚機器は[……]色彩造形の新しい形式と領域を創造した」[Moholy-Nagy 1967(1927): 18]のであり，そこでは，素材の加工ではなく，色彩や光の効果をいかに定着させ伝達するかが問題となる。彫刻の領域でも，モホイは同様の変化を認めている。充実した量塊が必要であった段階から，その量塊に次第に空洞がうがたれ，現代のキネティック彫刻のように「素材の重量からの解放」[Moholy-Nagy 1968(1929): 122]が求められる段階へと至る。最終段階に位置づけられるのは「量感関係が仮想的であるようなキネティック彫刻」[155]である。たとえば「光は[……]――空間に投射した場合――仮想的な量感を生み出すための傑出した手段となる」[166]。ここでもまた，モホイの関心が，制作者と素材との間に作られる自己実現のサイクルにではなく，作品をメディアとして生み出されるコミュニケーションにあることが明らかになる。同様の関心を彼は建築にも適用する。建築は「空間造形であって建築材料の造形ではない」[211]からである。モホイにとって建築とはある種の空間体験を伝達するために，そのメディアとして素材を構成することであって，建築材料をいかに組み上げるかという問題ではなかった。したがって「光と影で空間を作る試み」[219]が建築の最先端に位置づけられることになる。モホイによれば，このような光による建築が建築の未来を，つまり「内と外，上と

下とが一つの統一体へと融合する」ような建築のあり方を示しているのである[222]。

(2) 芸術と教育の相互浸透

　芸術がこのように一貫してコミュニケーションのメディアの問題として捉えられた場合，そのように捉えられた芸術が──単にその普及や副次的効果のレベルでではなく芸術それ自体が──モホイの考える教育に著しく接近することに気づかされる。実際，モホイは『材料から建築へ』のなかで芸術を「間接的な教育手段」と規定している。「芸術は間接的な教育手段であって，人間の感覚を鋭敏化し，人間の感覚をあらゆる可能な不意打ちから保護する」[Moholy-Nagy 1968(1929): 15]。芸術の課題が，たとえばモホイの写真がそうであったように私たちの知覚装置の受容範囲を拡張し，コミュニケーションの可能性──特定の事物について共通の知覚体験をもつ人間の範囲，および特定の人間が共通の知覚体験をもちうる事物の範囲──を拡張していくことにあるとすれば，それは「全体的人間」の育成という教育の課題とほとんど区別されえないであろう（「全体的人間」は人間を外部へと結びつける機能装置の総体として理解されていたのだから）。したがって，「機能装置の育成が芸術の最重要の課題である」という，先に触れたモホイのテーゼは文字通りに受け取る必要がある。つまり，このテーゼは芸術の教育的意味を宣揚するものではなく，芸術の本来的機能が教育にあると主張するものだということである。この主張が人を戸惑わせるとしたら，それは，そのように主張するときにモホイの思い描いていた「教育」が，伝統的な意味での教育の概念によって解釈されているからであろう。

　すでに検討済みのイッテンの場合を想起してみよう。イッテンの場合，芸術と教育とは，予備課程のカリキュラム論──個々人に固有な体験を造形法則にしたがった表現へともたらすような課題の設定──において一部重なるものの，結局は別々の方向へと逸れていく。芸術が個々人に固有な体験の自由な表現を追究する方向に進むのに対して，教育は，この固有な体験を支えている個々人の「才能」を事実として特定し，それをコントロール可能にするという方向に進む。「芸術教育」とはいうが，「芸術」と「教育」とは，才能という個々人のなかに想定された事実を間にはさんで，この事実をそれぞれ逆方向に向けて奪取すべく対峙しているのである。この緊張関係が，ある場合にはジレンマとし

て意識され，またある場合にはそれこそが人を表現へと駆り立てる力となるのだと主張されてきた。ところが，予備課程におけるモホイの教育も，「教育の問題」と題された『素材から建築へ』第1章の議論も，このような緊張関係をそもそも前提としていない。モホイの予備課程において，学生は自らの触覚体験を共有可能にするためのメディアとして，作品を制作した。それはモホイにとって，学生の機能装置の拡張，つまり「全体的人間」に向けての教育を意味した。ここでは，芸術的活動と教育活動は課題の設定を介して重なり合っている。重要なことは，この両活動がイッテンの場合のように別方向に逸れてはいかないということだ。学生が作品をメディアとして触覚体験の共有をめざしているとすれば，モホイはその学生の作品をやはりメディアとして，芸術に関する自らの観念へと学生を説得しようとしている。同じ作品制作を通して，両者はともにコミュニケーションの設立・拡張を試みているわけである。モホイにとって，たとえばある写真を芸術作品として提示することと，あるテーマを教育のための課題として提示することとは，めざす方向において区別されねばならないような事柄ではないということになろう。たしかに，不特定多数の人に向けられ，受容するもしないも見る人に任されている（芸術に内在する強制力は働くとしても）芸術作品と違って，予備課程における課題にはバウハウスという学校に由来する強制力があった。学校という制度のもつこの強制力は，モホイにとって，芸術であるとともに教育でもあるようなコミュニケーションを確実にするための得がたい枠組みとして意識されていたように思われる。そう推測することによって，方法的努力へのモホイの無関心にもかかわらず学校で教えることが彼にとってなぜ重要であったかが理解できるであろう。

すでに触れたように，モホイの予備課程の実際についてはイッテンの場合に比べて情報が圧倒的に少ない。また，モホイの教育者的才能についても証言がひどく錯綜している。この二つの事実は，いずれも教育の方法についてのモホイの無関心を示唆しているように思われる。モホイにとって教育の問題は，機能装置の拡張につながるような制作課題を活動の枠として与えることに尽きる。活動がいかになされるかをコントロールすることは教育の問題とはならない。これは，活動の〈いかに〉のコントロールに尋常ならざる意を用いた——身体運動をさせながら描かせる，毛筆で描かせる，左右両手で描かせる，等々——

イッテンとはまことに対照的である。通常の教育概念を前提にした場合，イッテンに見られるような方法的努力がもっぱら「教育」としてカウントされることになろう。すでに述べたように，予備課程での課題を通してモホイは芸術についての自らの観念へと学生を説得しようとしたと言うことはできる。この説得にモホイは倦むことがなかったし，そのことが教育者モホイのイメージを作っていたであろう。しかしそれはあくまでも説得であって，イッテンの場合のように活動そのもののコントロールを通して個々人を指導するという方向にはモホイの教育活動は向かわなかったであろう。だからこそ，イッテンの場合のように，学生のコントロールがその教育理念に矛盾すると見えてしまうほど完璧になされることもなかったと思われるのである。モホイの教育活動は，伝統的な「教育」概念の網目ではほとんどすくい取ることのできないような成り立ちをしていたと言うべきであろう。

　方法的な努力はモホイにとって重要ではなかった——このことは，彼が教育活動に無関心だっということではない。逆である。彼にとって，教育活動は芸術家としての活動のかたわらでなされる，生活の必要のための片手間の労働ではなく，彼の仕事全体の不可欠の一部をなしていた。彼の妻であった——そしてすぐれた写真家でもあった——シビル・モホイ＝ナジは，イギリスでの亡命生活中のモホイの興味深い言葉を書き留めている。「産業界で得られる金も，展覧会や公的に認知される満足も，教えることの喜びの比ではない」［S. Moholy-Nagy 1969: 137 (109)］——モホイにとって教育とは，機能装置の拡張に向けてのコミュニケーションという点では芸術と同等の，そしてそのコミュニケーションの確実性という点では他に代えがたい，その意味で格別の活動であったと考えられる。上の言葉どおり，モホイは1937年，宣伝や展示会の企画，ドキュメンタリー映画の製作，作品の展覧会といった多くの興味深い仕事を抱えていたイギリスを去って，バウハウスをモデルにした建築・デザイン学校設立のためにアメリカへと向かったのであった。

4.〈メディア・美・教育〉の新たな配置

　以上，私たちはイッテンとの対比においてモホイ＝ナジの教育理論を再構成

してきた。その過程で明らかになったのは，モホイの教育論が新教育とは別の意味論的文脈に立脚しているという事実である。「全体的人間」や「才能」，あるいは「間接的教育手段としての芸術」についてのモホイの主張を整合的に理解しようとしたとき（これが教育論から教育理論を再構成するということの意味である），そうした主張がリアリティをもつためには新教育とは別の教育思想の存在を想定する必要があった。

　こうした事態は，これまでの教育学的バウハウス研究でまったく指摘されなかったわけではない。すでに触れたように，その例——というより数少ない例外——として，ヴュンシェとモレンハウアーの研究を挙げることができる。ヴュンシェによれば，バウハウスは全体として「建築による息の長い教育」（これはグロピウスの言葉である）をめざしていた。バウハウスは，個々人の基本的欲求を機能的に満たすための生活空間をデザインすることによって，ゆるやかに人々の意識や生活を変えていくことをめざしていたのであり，バウハウスの人々はこのような影響行使を「教育」と捉えていたという［cf. Wünsche 1989: 21f., 26, 36］。またモレンハウアーは，アドルノが「構造的聴取」と呼んだような高度な美的感覚の伝達に，バウハウスの「教授学」の核心を見ている。美的感覚はいかにして教授可能になるのか，をめぐって「バウハウスのマイスターたちが考えたことは，受容者の注意を，いわば非強制的に構造的相関関係へと向けるような形で美的所産を構成することに成功しさえすれば，それは可能なのだということであった」［Mollenhauer 1989: 293f.(329)］。このように，ヴュンシェとモレンハウアーはともに，バウハウスの教育理論の積極的なイメージを，通常の教育的関係とは別の場所，作品制作を通しての影響行使という場所に描いた。これに対して本章が示したのは，通常の教育関係が成立していると見えるような場面でも，教育概念の同様の——作品制作を通しての影響行使に帰着するような——変換がなされているという事実であった。この事実は，バウハウスが人知れずコミットしていた，教育思想の地殻変動を確認する上で重要であろう。通常はそう呼ばれない場所に「教育」という看板を掲げたのが違いなのだとすれば，生じた変化は所詮言葉遣いの上のことにすぎぬとみなされるかもしれない。しかし，私たちが確認したとおり，バウハウスにおいて生じていた変化は，看板のつけかえなどではなく，教育の概念そのものを変化させるよ

うな教育思想の変動だったのである。

　この変動を理解する上で，モホイ=ナジとヴァルター・ベンヤミンとの親近性を想起しておくことは重要であろう。「写真小史」(1931)がモホイの『絵画・写真・映画』の一節を引用していることに見られるように[Benjamin 1980 (1931)b: 382(576)]，「複製技術時代の芸術作品」(1936)に結実するベンヤミンのメディア論・現代芸術論はモホイと符合する部分が多い。ハイトによれば「モホイに会ったことは一度もなかったが，ベンヤミンは写真について，また写真が芸術や社会に与える効果について，このハンガリー人芸術家と著しく類似したアイデアを展開した」[Hight 1995: 3]。教育思想についても，私たちは同様の類似性を想定してよいかもしれない。両者はともに，生徒の活動のコントロールではなく，コミュニケーションを可能にするメディアの構成を教育の中心問題と捉えた。また，このコミュニケーションを教師-生徒関係に閉じ込めるのではなく，外部の社会的空間に開こうとした。モホイの芸術活動・教育活動において，作品は，制作者の固有性の表現などではなく，コミュニケーションのメディアとして考えられたがゆえに，作品を技術的なメディアやマスメディアへと結びつけ，あるいは解消することに何の困難も存在しなかった。一見現実離れしているかに見えるベンヤミンの教育思想[cf. 今井1998]の，教育実践への接続可能性をモホイはその予備課程や教育論において実証していたのだとさえ言えるかもしれない。モホイとベンヤミンは，ともに，美的なものによる人間形成というシラー以来の構想に〈メディア〉の次元を持ち込むことで美的人間形成の構想を革新している。〈メディア・美・教育〉のこうした新たな配置こそ，彼らの教育論を「現実」に結びつける意味論的文脈であった。これに対して新教育の文脈においては，美的人間形成は個々人の内なる固有性とその手仕事的作品化という自己実現のサイクルにおいて完結するものとみなされ，〈メディア〉の次元はこうした自己実現のサイクルに奉仕する要因としてしか視野に入ってこない。

　しかし，モホイの，ひいてはバウハウスの，背後に想定可能な教育思想を単純にベンヤミンのそれと同一視することはできないであろう。すでに触れたように，『素材から建築へ』の終わり近くでモホイは光と影による仮想的な建築空間を構想していた。ところが皮肉なことに，そのような光の建築として私た

ちがただちに想起するのは、建築家アルベルト・シュペーアが実現させた——そしてレニ・リーフェンシュタールが映画『意志の勝利』に記録した——1936年のナチ党大会のサーチライトによる演出なのである。深川雅文が指摘するとおりである。「1936年、ニュルンベルクで歴史的なナチ党大会が開かれた際、多数の巨大なサーチライトが整然と配置され、天空にむけて照射することによって壮大な光のドームが作られた。それはたしかに「光の造形」であり「光の建築」であった。モホイ=ナジはそれをどのような気持ちで受けとめただろうか」[深川 1997: 18]。

　モホイにとって、こうした事態はそれほど意想外のことではなかったかもしれない。彼は1930年の段階で次のように述べていた。「光と運動が、今日的関係に対応して、再び造形の要素となった。バロック時代の噴水池、バロック祭典の噴水や水上舞台が、光の噴水や機械と電気による運動劇によって創造的に革新された。こうした可能性は、近い将来、おそらくは宣伝として、祝祭の際の娯楽として、劇場においては緊張の瞬間を高めるものとして、利用されるだろう。それどころか、この種の光の劇がラジオによって中継されるということも予測できる」[Passuth 1986: 328("Lischtrequisit einer elektorischen Bühne," 1930)]。見事な予測と言ってよいのかもしれないが、この種の「宣伝」や「祝祭」がもちうる政治的な力についての予測がモホイに欠落しているのは兆候的である。これは、「政治の美学化」の危険に敏感であったベンヤミンとは対照的である。

　ナチズムの「光建築」において、モホイの考えたコミュニケーションが、あるいはバウハウス的な「教育」が、実現していたと言うことには躊躇をおぼえる。たしかに言えることは、作品をメディアとしたコミュニケーションというモホイが構想した教育のあり方は、それだけでは、ナチズムの政治に奉仕するような〈美〉と〈メディア〉の教育的投入を排除するわけではないということである。しかし、このような非-新教育的な教育思想のマイナス分を、秤のもう一方の側、新教育的な教育思想のプラス分として算定するわけにはいかないだろう。先にも触れた「ミューズ的教育」——この「ミューズ的教育」という用語が最初に用いられたのは、前章で述べたとおり1928年、クリークによってであった[長谷川 1999: 106]。技術化された世界に背を向けて自己実現のサイ

クルに専念しようとする新教育的な美的教育の構図が、メディアを駆使した政治の美学化に対して特別抵抗力を示したわけではない。いずれにせよ、20年代から30年代にかけてのドイツで、美の問題とメディアの問題は、教育をフィールドとして極度に錯綜し緊張した関係を結んだ。モホイやベンヤミンの教育論は、発達した積乱雲がやがて放電を生むように、〈美〉と〈メディア〉の緊張・錯綜関係の亢進が生んだ一瞬の火花のようなものだったのかもしれない。火花の一閃を今私たちはとりあえず記録したが、その背景にある〈メディア・美・教育〉の構図はようやく示唆できたにすぎない。

第Ⅳ部　政治と教育
―――プロパガンダに抗して　1933〜1945―――

第Ⅳ部　序

　以下の第Ⅳ部で，われわれはいよいよ，「プロローグ」で軽く触れたナチズムの時代に主題的に取り組むことになる。「プロローグ」でも確認したように，ナチズムの教育学は，ワイマール期のアカデミズム教育学が教育の自律性の確保に努力したのとは対照的に，政治と教育の垣根を原理的に撤廃する。これは，アカデミズム教育学が苦しんでいた能力付与と社会統合の相克を，社会統合への一元化によって一挙に解消することをも意味した。こうした解消路線によって，教育の側が映画に対して築いてきた有形無形のバリアーもまた解消されたように思われる。クリークやボイムラーの教育論が重視していた感性レベルへの直接的作用は，1920年代の映画教育論が映画のなかに見出しつつあった可能性にそのまま重なる。ナチズムは，映画が育んだ教育的ポテンシャルを，「教育」の伝統的な枠組みを破壊するまでに解き放った。映画を利用した政治的プロパガンダが大々的に推進されただけではない。学校における映画利用の仕組みも，ナチズムのもとではじめて組織的に整備されたのであった。

　まず第9章で，最も成功したプロパガンダ映画の一つといわれる『ヒトラー青年クヴェックス』(1933)を例にとり，ナチズムのプロパガンダがどのようなメカニズムによって観客に作用を及ぼそうとしていたのかを分析する。そこでは〈美〉が重要な役割を担い，つまりは〈美〉が社会的次元を獲得している。本書が出発点に置いたシラーも，やはり〈美〉がもつべき社会的次元を重視していた。それだけになおさら，1930年代の現実が〈メディア・美・教育〉の古典的構図からどれほど遠く隔たったものになったかを，「クヴェックス」からは如実に看取できる。

　第10章では，抵抗運動に身を投じた教育者として名高いアドルフ・ライヒヴァインを取り上げる。ライヒヴァインはナチズム下の小学校で映画を積極的に利用する実践を展開した。彼のメディア教育的実践からは，第9章でその一端を描くプロパガンダ的現実への，教育的な抵抗の試みを読み取ることができる。それは，プロパガンダ的現実に別の〈真の〉現実を対置することによって

ではなく，世界との接面にメディアを挿入することで世界との関係を省察へともたらし，そのことによってプロパガンダによる感性の占拠に対抗するという試みである。この試みは，世界との接面に着目する点でバウハウスの教育理論に通じる面をもつが，人間を機能性に解消することなく，感性のレベルに知的契機を導き入れている点で際立っている。

　第11章では，ナチズム体制下で教育映画の製作・配給を担当した「帝国授業映画局」に焦点を当てる。ここでわれわれはナチズム体制の一枚岩ではない複雑な様相を目の当たりにする。帝国授業映画局は，プロパガンダと教育を峻別することでゲッベルス率いる宣伝省（プロパガンダ）から自分たちの管轄権を守ろうとした。ただしこうした軋轢がそのままナチズムへの抵抗を意味するわけではない。帝国授業映画局が製作した授業映画は，即事的であろうとすることによってかえってプロパガンダ的現実を補強する役割を果たした。しかし，このように順応へと人を仕向けていく圧倒的な趨勢のなかにあって，帝国授業映画局とその周辺には，ナチズムに対抗するに足る映画教育の理論・実践もまた芽生えていた。ライヒヴァインの活動が，決して孤絶したものではなく一定の裾野をもっていたという事実を私たちは確認できるだろう。

第9章　メディアを通しての美的影響行使
——映画『ヒトラー青年クヴェックス』の分析——

1.　『クヴェックス』紹介

1.1　製作・上映・評価

　映画『ヒトラー青年クヴェックス(Hitlerjunge Quex)』は，NSDAP の政権掌握直後に製作が開始され，1933 年 9 月 11 日，ミュンヘンのフェーブス・パラスト劇場で封切られた。封切り当日にはヒトラーをはじめ，ヒトラー青年団の団長シーラッハ，NSDAP ナンバー 2 のヘスらが臨席して「ほとんど国家的行事」[Koch 1987: 133]のようになり，劇場の前にはこの出来事を一目見ようと数千人が集まったといわれる。上映の前には館内でブルックナーの交響曲が演奏され，シーラッハが短い演説を行うという祝典ぶりであった[132]。この映画の原作は，NSDAP の機関誌『フェルキッシャー・ベオバハター』に連載され 32 年 12 月に出版されたシェンチンガー(Karl Aloys Schenzinger, 1886-1962)の小説で，32 年に実際に起きたヒトラー青年団員殺害事件に想を得たものであった。監督はハンス・シュタインホーフ(Hans Steinhoff, 1882-1945)，原作者同様ナチズムの信奉者で，その後も多くのプロパガンダ映画を監督することになる。確かな技量をもった職人的監督と位置づけられる。映画の製作は NSDAP の全面的な支援を得て進められた。映画で重要な役割を演じるヒトラー青年団の歌はこの映画のために新たに作られたが，その歌詞はシーラッハが作詞した。また現役のヒトラー青年団員が実際の団員の役どころで出演した。「クヴェックス」は，その収益から考えて 1934 年 1 月までに 100 万人近い人が観たと考えられ[Albrecht 1983: 30]，商業的にも成功を収めた。そしてその後も青少年向け映画会の定番となって繰り返し上映された。当時の若者世代でこの映画を観なかった者はほとんどいないのではないかといわれるほどである[Schröter 1991: 109]。

　映画はヒトラーのお気に入りとなったし(彼の山荘のフィルム・ライブラリーに

「クヴェックス」が入っていたといわれる），ゲッベルスも「クヴェックス」を絶賛する製作者宛の書簡を発表している。ゲッベルスによれば，「この映画に協力したすべての人々は，ドイツの映画芸術の発展に対してのみならず，ナチズム的な理念世界の芸術的造形のためにも，偉大なる貢献をなした」のである[Albrecht 1983: 28 から重引（原文は *Der Angriff* 誌，1933 年 9 月 25 日付）]。NSDAP陣営からのこのような高い評価は，プロパガンダ映画という性格上当然とも見えるが，特にゲッベルスの場合，スクリーン上を鉤十字をつけた制服が駆け回るような映画に対して彼が非常に警戒的であったことを考えれば（そうした映画は，製作者の意図とは別にナチズムを戯画化可能・批判可能な対象にしてしまうのである），引用のような評価はやはり特別であった。スタンダードな著作として定評のあるキュルタッド/キャダール『第三帝国における映画の歴史』によれば，『ヒトラー青年クヴェックス』は「最初の真のナチ映画」であり，「ナチ映画の一種の傑作」である[Curtade/Cadars 1975: 43]。たしかにそれは，同じプロパガンダ映画でも，たとえばレニ・リーフェンシュタールの『意志の勝利』(1934)や『民族の祭典』(1936)のような映画史に残る傑作というわけではない。しかし，再びキュルタッド/キャダールによれば，「光と影の洗練された投入，大都市的背景の組み込み，クローズアップにおける顔の表情の意味づけ，手際のよい編集，心かき乱す音楽」等々によって，「『ヒトラー青年クヴェックス』は技術的・美学的に見て傑出した映画だと言わざるをえない」[46]のである。以下では，映画としてのこうした技術的・美学的完成度が，この映画のプロパガンダ的な意図や効果とどのように結びついていたのかを問うてみたい。この映画については多くの研究がなされているにもかかわらず[Bateson 1980; Albrecht 1983; Hennig 1991; Schröter 1991; Koch 1993]，〈美〉の次元とプロパガンダ的効果の関係については十分な論究がなされていないように思われるのである。しかしその前に，映画のおおよその筋を紹介しておこう。

1.2 あらすじ

映画の舞台となっているのはワイマール期末期のベルリンの（架空の）労働者街ボイセルキーツ，主人公はこの街で生まれ育った少年ハイニ・フェルカーである（敏捷な彼は水銀＝クヴェックスと渾名されることになる）。長年失業の身をか

こつハイニの父親は，ビールを飲む金欲しさに妻を脅す暴力的な面ももつが，根は善良な人物として描かれる。彼は単純な労働者としての意識からコミュニストに肩入れしており，党の地区委員シュトッペル——彼はハイニの資質を大いに買っている——の勧めもあって自分の息子がコミュニスト青年団のメンバーとなることを承知する。野外活動の魅力から青年団の遠征に参加したハイニは，大人文化に影響されたコミュニスト青年団の自堕落ぶりに失望し，同じ列車に乗った規律正しく若々しいヒトラー青年団の方にむしろ惹かれていく。しかし父親は「ナチ」を毛嫌いしている。ヒトラー青年団の行進歌を歌うハイニを父親は激しく打擲し，「インターナショナル」を歌うよう強制する。ますますヒトラー青年団に惹かれていくハイニ。彼はNSDAPに対するコミュニストのテロ計画を聞きつけてこれをヒトラー青年団の団員フリッツに通報し，計画を未然に防ぐことができた。息子がコミュニストに復讐されるだろうという確信から絶望に陥った母親は無理心中をはかってガス栓を開く。一人助かったハイニは，ようやくヒトラー青年団の信頼を得て団員として認められる。病院に見舞いに来たおりに若者の自立の必要を説いて父親を軽く論破したヒトラー青年団の指導者カースに引き取られて，青年団の寄宿舎でのハイニの新しい生活が始まった。NSDAPを政権に押し上げた決定的な選挙戦。ハイニは志願して勝手知ったボイセルキーツでNSDAPのビラを配るが，それを聞きつけたコミュニストに追われ，冷酷な煽動者ヴィルデの手に落ちる。かけつけたフリッツに抱かれたハイニはかすかに目を開け，苦しい息のなかで行進歌を歌う。「ぼくらの旗はたなびく……」。隊列の力強い行進がハイニの顔に重なり，やがて画面には大きく鉤十字の旗がたなびく。

2. 同一化のメカニズム

　以上の簡単な筋からも読み取れるように，この映画のなかでは，ナチスを善玉に，コミュニストを悪玉にする様々なステレオタイプが積み上げられる。その効果を上げるために，コミュニストが登場する場面は一貫して照明を落とし，ナチスが登場する部分は照明を明るくして撮影がなされている。しかし重要なことは，たとえそれが一面的なステレオタイプであることを観客が十分に意識

していたとしても，この映画の説得の圏外に逃れることは難しい，ということである。今日の十分に啓蒙された観客にとってさえこの映画は心を打つものをもつ。言い換えれば，観客はハイニに感情移入することを強いられるのである。ヘニッヒが報告しているように，この映画を，たとえば教育的な意図をもった映画会で取り上げ，その際に参加者の間で「善玉・悪玉のクリシェがこの映画の見やすい基本モチーフであるということがたとえ十分に議論されたとしても，善玉との，つまりハイニ・フェルカーとの同一化が繰り返し認められる」[Hennig 1991: 183]。

もっとも，映画の場合，観客に同一化を強制することはそれほど難しいことではない。オーモン他によれば，「共感は同一化の結果であって，その原因なのではない」[オーモン他 2000: 318]。そして，「同一化とは位置の問題であり，構造的な配置から生じる結果である」[322]。何らかの危機的な，あるいは困難な状況が描かれ，ある人物がそうした状況を切り抜けたり克服したりすべき位置に置かれると，観客はその人物に同一化することになる。しかもこの同一化はその人物が共感に値する特性をもっているか否かとは無関係に生じる。たとえば——ヒッチコックの『裏窓』の有名なシーンであるが——ある女性が好奇心から隣人の部屋に侵入し犯罪の証拠物件を探している場面が描かれ，ついでその隣人が今まさに自分の部屋に帰るために階段を登ってくるシーンが描かれると，観客はそのヒロインの不法侵入のことなど忘れてヒロインに感情移入することになる（同様の感情移入はヒロインがたとえグレース・ケリーでなくても十分生じるに違いない）。

『ヒトラー青年クヴェックス』でも，このメカニズムが体系的に利用されている。『クヴェックス』の物語は，全体として，主人公のハイニが様々な障害を克服していく，という構造をもっている。映画の前半，ヒトラー青年団に入るまでの物語では，ヒトラー青年団に憧れを抱いたハイニに対して，一方ではコミュニストが支配する労働者街の環境(ミリュー)が，他方ではヒトラー青年団の側からの拒絶が，障害として立ちはだかることになる。コミュニスト的な環境について言えば，それを代表しているのが権威主義的な父親であり，父フェルカーはヒトラー青年団の側への越境を拒む最大の障害として現れる。さらにコミュニストの活動家シュトッペルも，労働者街の環境にハイニを引き止める力として

再三登場する。他方，ハイニは憧れのヒトラー青年団の側からも拒絶される。最初にコミュニスト青年団の集まりを抜け出てヒトラー青年団のキャンプに近づいたときは，駅でコミュニスト青年団と一緒にいるところを見たぞ，といって追い払われるし，また，一旦は団員のフリッツとウラの兄妹の家に招き入れられたあとも，その直後にヒトラー青年団の集会がコミュニスト青年団の襲撃を受けたために，ハイニはスパイとして非難され拒絶されてしまう。

　ハイニが，その意志に反してこのように二重三重の障害のただなかに置かれることによって，観客は，彼らがハイニの意志の内容に賛同するか否かとは関係なく，ハイニに同一化しハイニの意志を後押しすることになる。しかもここには，同一化を容易にし，プロパガンダ的な内容との同一化に寄与するような巧妙な仕掛けがほどこされている。一つは，家族の物語と政治の物語の重ね合わせである[Bateson 1980: 38(124)]。観客はまず，自堕落で権威主義的な父親と，その暴力にさらされる母親とハイニという家族内の対立関係に導き入れられるが，この対立は，ただちに，ヒトラー青年団へのハイニの純真な欲求を抑圧するコミュニスト・シンパの父親，という構図に横滑りしていき，観客はいつの間にかこの政治的な対立の構図のなかに身を置くことになる。父親の抑圧の克服，言い換えればハイニの自立の獲得は，政治的な障害の突破によって，つまりコミュニスト的な環境からヒトラー青年団の寄宿舎への越境によって満たされることになる。

　このような越境の直接の契機となっているのは母親の死であり，この時ハイニもまた危うく命を落としそうになる。この擬似的な死によって，コミュニスト的な両親の家からヒトラー青年団へのハイニの越境が成就する。後半では念願かなってヒトラー青年団に受け入れられたハイニの第二の人生が描かれるが，ここでも様々な障害が設定される。もう一度ボイセルキーツに入って活動したいと懇願するハイニを押しとどめる団長のカースも障害を設定する役割を担う。カースを説得してボイセルキーツに入って活動を始めたハイニに対してはコミュニストの妨害工作が邪魔をする。このコミュニストとの対決はハイニの死につながることになるが，最後のハイニの死は，終焉としてではなく一種の越境として描かれる。ここにも，プロパガンダ的な内容との巧妙な重ね合わせを見ることができるであろう。父親という障害の克服が疑似的な死を越えてのヒト

ラー青年団への越境を意味していたように，コミュニストがもたらしたハイニの現実の死も一種の越境であって，ハイニの憧れは死を越えてハーケンクロイツとナチスの進軍を未来へと投射する。ハイニの死は，越境していくべき対象として，ハーケンクロイツが象徴する「ナチズム」なるものを指し示すことになる。「ナチズム」が，死を乗り越えても向かうべき希望として未来に投射されることになるのである[cf. Bateson 1980: 27f.(52ff.)]。

3. 知覚の操作

3.1 知覚への介入と〈夢見る観客〉

　青年の自立や解放が向かう先としてヒトラー青年団が表象され，死を越えてでもめざすべき希望としてナチズムが表象されるわけであるが，このような表象に信憑性を与えることは，当時においても決して易しくはなかったであろうし，今日ではまったく不可能である。にもかかわらず，この映画を観る者は，今日でも，少なくとも映画を観ている間はそうした表象に信憑性を感じてしまう。理詰めの説得では決して起こりえないこのような一種の錯誤が，なぜ映画ではたやすく生じてしまうのだろうか。信憑性の感覚はハイニという主人公への観客の同一化を誘い水にして引き出されており，主人公への同一化は，上に述べたような物語上の配置によってたやすく調達可能なのであった。映画においては，同一化がなぜこのように容易に生じてしまうのだろうか。ここでわれわれは，物語のレベルにとどまらず，知覚に介入するような映画の作用を問う必要に迫られる。

　まず，『クヴェックス』から鍵となる重要なシーンをいくつか取り上げて実際に見てみよう（シーンの詳細については章末のシナリオ抜粋を参照してほしい。）

　　［シーン1］ビールの金欲しさに母を脅す父フェルカー――母に金を渡すハイニ

　　［シーン2］母に向かってヒトラー青年団の歌を歌うハイニ――それを聞きとがめて打擲し「インターナショナル」を歌わせる父フェルカー

　　［シーン3］テントに逃げ込んだハイニが誤って人形に触れてドラムを叩かせてしまい，その音で発見され襲われる――倒れるハイニ，駆

け寄るヒトラー青年団の若者たち――ハイニの歌に行進とハーケンクロイツが重なる。

　これらのシーンを見たとき，われわれのなかには情緒的なざわめきが生じる。特にシーン2は強烈で，われわれは平静ではいられなくなり，ちょうどこのシーンで自分の頬をさすっていた母親のように，ハイニの痛みを自ら感じるほどに心を揺さぶられることになる。知覚や感情のレベルでの映画のこのような作用は，映画が観客に与える現実感から来ている部分が大きい。われわれは，平手打ちという観念を得るのではなく，現実の平手打ちを見ていると感じるのである。映画が独特の現実感を生むというのはまったくありふれた経験である。しかしなぜ映画がそうした現実感を生むのかを説明することはそれほどたやすいことではない。映画の現実感が，網膜の残像現象には還元できず，運動のないところに運動を見るという人間精神の能動性に関わることはすでに1910年代にミュンスターバーグによって指摘されていた［オーモン他 2000: 174f.］。しかしこうした能動性を映画が誘い出すメカニズムは，1970年代になって，精神分析の考えを取り入れたボードリー，メッツといったフランスの映画理論家によってはじめて説得的な解明を与えられたように思われる［ボードリー 1999; Metz 2002(1977)］。以下に彼らの理論を簡単に紹介したい。
　彼らがともに出発点とするのは，映画を観ている状態と夢を見ている状態とのある種の類似性である。両方の状態とも，われわれは現実ではないイメージを見てそれをある程度現実と信じるのであり，また，両方の状態ともわれわれは体の動きを封じられており，通常の場合であれば可能であるような現実吟味は不可能になっている。しかしもちろん明らかな違いもある。映画の観客は夢の場合と違って自分が映画を観ているということを意識している。また，知覚なしにイメージが経験される夢とは違って映画を観る人は実際に知覚を行っている。ただし，知覚されているのは現実のイメージではなく平面的な光の斑点にすぎない。したがって問題は，映画を観ているということを意識しているにもかかわらず，光の斑点にすぎない知覚が観客の意識においてなぜ現実のイメージへとせり上がるのか，なのである。「表象するもの（表象作用の技術的素材）ではなく，表象されるものを現実として知覚する傾向，表象するものをそれ自

体として把握せず素通りしてしまう傾向，それを無用の段階として飛ばしてしまう傾向」[Metz 2002(1977): 141(208)]は，なぜ生じるのだろうか。

メッツによるとここには次のようなメカニズムが働いている。知覚や回想によって引き起こされた欲望や興奮という心的エネルギーは，通常は何らかの身体的活動となって放出される。しかし，この経路が塞がれている場合，心的エネルギーはそれ以外の出口を探し求めることになる。これが退行の一般的な前提条件になる。夢もそうした退行と同様の構造に導かれている。夢の場合，睡眠状態において心的エネルギーは活動という出口を塞がれ，知覚という刺激の入り口へと逆流する。この結果，現実に対応しないイメージが，あたかも知覚されているかのように繰り広げられることになる。映画の観客も，活動という発散の経路が塞がれているという点では夢を見る人と同様の条件に置かれているのであった。蓄えられた心的エネルギーは，やはり放出の経路を求めて鬱積し，内側から知覚へと向かうことになる。ただし，覚醒状態にある観客は夢の場合のような退行状態に陥ることはない。つまり非現実なイメージを現実と信じることはない。同時にしかし，夢の場合と違って，映画の場合には外部から現実の知覚が与えられもする。放出を求めて内部から知覚に押し寄せてくるエネルギーに，外部から現実の知覚が供給されるわけである。こうして，映画を観るという状態は，意識と外界との接面となる知覚に対して，内と外からペンチででもはさむように強烈な圧力が加えられた状態にたとえられる。メッツによれば，「現実感といったものを可能にするのは，この両側からの知覚の強化」であり，そのことによって，観客は，「長方形の上を動く光の斑点，どこからともなくやってくる音と言葉」といったものが素材として与えられているにすぎないにもかかわらず，「想像的世界の現実性をある程度信じることができるようになる」[Metz 2002(1977): 144(213)]。

以上のような説明が仮に的外れでなかったとすると，映画は，知覚のレベルに侵入し知覚を操作可能にする強力な力をもっていることになる。それは，たとえば絵画のように知覚に対して単に素材を提供するというにとどまらず，知覚のプロセスそのものに介入するようなメカニズムを組み込んでおり，このメカニズムが，そもそも「映画を観る」という経験を可能にしているように思われるのである。『クヴェックス』のいくつかのシーンで見たように，プロパガ

ンダはこのメカニズムを巧妙に利用している。このようなプロパガンダの目論見は，伝統的な美的人間形成論の目論見とも決して無縁ではない。美的人間形成論の根拠，つまりなぜ人間形成にとって〈美〉の次元が重要な意味をもつのか，というその理由は，〈美〉が感性のレベルにまで作用を及ぼす力をもつ，という点にまずはあったはずである。ただし，たとえばシラーの場合，このような感性への美的作用は，あくまで「遊び」という自由空間のなかで生起する。〈美〉は，「遊び」において理性的な形式を伝達しているのであり，だからこそ強制なしに人を理性的状態へと導きうるのであった。ところが映画においては，感性への作用は知覚の徹底した操作を前提にしているように見える。知覚は，個々人の「遊び」に任されるのではなく，操作可能な何ものかとして対象化されることになる。

3.2 〈目覚めた観客〉とプロパガンダの限界

プロパガンダ映画は映画のこうしたメカニズムを利用しているが，その効力は，少なくとも二つの点で限定する必要がある。第一に，映画における現実感の生成やそれを前提にした同一化のメカニズムは，あくまで観客が映画を観ている間にだけ働くものにすぎない。われわれは映画館の暗闇のなかでひとときの別世界を味わったのち，夢から覚めた人のようにまぶしげに現実に帰ってくる。ある種のギャング映画を観た後の観客の多くが，映画に登場する無鉄砲な男たちのように苦みばしった顔をし，肩で風を切って映画館から出てくる，とはよく語られたエピソードである。しかしだからといって観客の多くがそのままギャングのような生活を始めるわけではない。映画の直接的な作用は，映画館を出るととたんにしぼんでしまうのである。

第二に，メッツが理論的に説明したような映画観客の経験は，たしかに「映画を観る」ということの重要な柱であるには違いないが，それが「映画を観る」経験のすべてなのではない。批判者たちに従えば[Gunning 1995; Hansen 1995]，メッツらの観客論は，古典的なハリウッド映画が予定しているような観客の姿を過度に一般化している。主人公に同一化したり物語に没入するのではないような映画の楽しみ方もまた，確実に存在するのである。

批判者の一人ガニングは，それを「驚きの美学」あるいは「アトラクション

の美学」と呼んでいる。ガニングによれば，最初の映画の一つであるリュミエール兄弟の『列車の到着』を観た観客は悲鳴を上げて席を立った，と言われるが，観客がそこで，列車がこちらに向かって走ってくるシーンを単純に現実と取り違えた，と考えてはならない。そこに見て取るべきは，自らの知覚に対する高度に自覚的な態度なのである。「もし最初の観客が悲鳴を上げたのなら，それは従来の強固に守られた現実の感覚を吹き飛ばす装置の力を認めたということであった」[Gunning 1995: 121f.(109)]。観客は，ちょうど奇術を楽しむときのように，ウソと知りつつ驚きの感覚を楽しむのである。こうした「アトラクションの美学」は，「優勢であった世紀転換期の芸術受容の規範——超然とした熟考という理想——とは極めて対照的であり，ほとんど反美学を構成」しているが[123(110)]，同時にまた，「伝統的に現実の属性とされてきた首尾一貫性と直接性を日常の経験が失ってしまっている」という事態，つまり「経験の喪失」という観客たちの現実によく対応している[126(113)]。ガニングによれば，「複製技術の時代における芸術作品」(1936)においてベンヤミンが映画の進歩性を高く評価したとき，彼が念頭に置いていたのは映画のこうした側面だったのである。

　ガニングはそうした言葉を使っていないが，メッツが描き出した観客像を〈夢見る観客〉と呼ぶことができるとすれば，それに対して，映画のショックを自覚的に楽しむような観客を〈目覚めた観客〉と呼ぶことができるかもしれない。この〈目覚めた観客〉は，『列車の到着』のような初期映画だけでなく，〈夢見る観客〉を予定した古典的な映画においても絶えず顔をのぞかせる。メッツが解明したような知覚の操作をたとえ巧妙精緻に実践したとしても，〈目覚めた観客〉が完全に退場するわけではない。観客はストーリーを楽しみつつ同時に俳優の品定めもしているのである。メッツの言う知覚の圧迫と強化を名人芸にまで高めた人として前にも触れたヒッチコックがいるが，ヒッチコック映画のクライマックスにおいてわれわれがしばしば経験するのは，息をのみつつも名人芸を楽しむという自覚的態度である。ヒッチコックが長く「際物」的な扱いを受けてきた原因がここにあるかもしれない。知覚の操作は，それがあからさまになされた場合，その操作自体に注意を向ける〈目覚めた観客〉の態度を，ひいては「反美学」を，かえって呼び出してしまうからである。

4. 自由の動員

　映画における知覚の操作がはらむ，以上のような二つの限界，つまり，それが基本的に映画館のなかでしか通用せず，かつ映画館のなかですら〈目覚めた観客〉によって常に脅かされている，という事実は，プロパガンダ映画の目論見にとって大きな脅威となる。『クヴェックス』のような劇映画タイプのプロパガンダ映画は，それが実効性をもとうとすれば，〈目覚めた観客〉を絶えず寝入らせる必要があるし，また映画のなかで見られた夢を，何らかの形で映画館の外にまで浸潤させる必要がある。これら二つの必要を同時に満たすことを期待されたのが，知覚とは区別された，強調された意味での〈美〉の次元だったのではなかろうか。実際『クヴェックス』は，単に外側から知覚を操作し同一化のメカニズムを作動させることによってではなく，同時に一つの作品として説得力をもち真実味をもつことによって，観客個々人のいわば内側から，同意を引き出すことを試みていたように思われる。

　このことは実は当時の人々も気づいていた。当時の専門誌は，『クヴェックス』がプロパガンダに終わっていない点に注目しその点を評価している（ということは，それがプロパガンダ映画であるということが人々の間で十分に意識されていたということでもある）。たとえば『キネマトグラフ（*Der Kinematograph*）』誌（1933年9月22日付）は次のように言う。『クヴェックス』の「優れた点は，対立する世界を特徴づけることだけにその課題を終わらせず，むしろ真に人間的なものの一切合切を，十二分に主張させていることにある。登場する人物たちが操り人形ではなく血の通った人間であるがゆえに，それは観客の心を奥底から捉えることができる。外面的なプロパガンダを何ら任務としていないがゆえに，それはスクリーンでは稀にしか体験できないような仕方で人を納得させ，熱中と緊張を呼ぶことができるのである」［Albrecht 1983: 29 から重引］。また『フィルムヴォッヘ（*Die Filmwoche*）』誌（1933年9月27日付）によれば，「演出と芸術性のおかげで，世界観的なものは決して自己目的化していない。ストーリーは説得的であり，その効果を強力かつ忘れ難いものにしている。［……］俳優たちは，念入りな演出のもと，例外なく出色の出来である。黒か白かの単純な色分けはここにはない。道を誤った者たちも人間的な心をもっている」

[Albrecht 1983: 29 から重引]。——このような作品としての説得力や真実味が印象づけられた場合，観客は自発的に，自ら選びとった形で夢のなかに入っていけるようになる。これは，知覚のレベルで一旦は排除されたように見えた「遊び」の自由が，見かけ上再導入されるということでもある。『クヴェックス』に即してこの点を具体的に見てみよう。

『キネマトグラフ』や『フィルムヴォッヘ』の評が指摘していたとおり，『クヴェックス』の人物像はステレオタイプに収まらない部分を多くもっている。以下いくつか例を出してみよう。

　［シーン4］ハイニに家の鍵を渡しハインを優しく諭す父フェルカー——母の前で悩むハイニ

シーン4で父フェルカーは意外にも父親らしい威厳と思いやりを見せる。彼はハイニに対して，お前ももうコミュニスト青年団のメンバーになったのだからと，一人前の象徴でもある家の鍵を渡し，静かに語りかける。このように，「道を誤った」コミュニストも「人間の心」をもっているわけである。しかもこれは，ハイニがフリッツとウラの家に招かれて，今夜開かれるヒトラー青年団の集会に出ることを約束して家に帰り，その約束を守って夜間に外出するために，自らの意図を偽って父親から家の鍵を受け取ろうとする場面である。だからこそ，父親を裏切ることに対するハイニの葛藤はいやが上にも高まることになる。単純な悪玉善玉図式とは違ったリアリティが人間関係に付与され，それゆえにまた，ハイニによる障害の克服がより鮮烈に観客に印象づけられることになる。

このように，父親フェルカーも，そして程度は低くなるがシュトッペルも，根は善良であり，それゆえに潜在的にはナチスでありうるような人物として——同情の余地のないヴィルデを除いては——描かれる［cf. Bateson 1980: 43 (163)］。シーン5とシーン6の以下のような会話はそのことを巧妙に示唆している。

　［シーン5］ハイニの前でカースに説得される父フェルカー

　　「カース：あなたはどこのお生まれですか。／父フェルカー：ベルリンの生まれさね。／カース：じゃあ，お聞きしますがね，ベルリンてのはどこにあるんです？／父フェルカー：シュプレー(河畔)に決まってるだろうが。／カース：シュプレーね。そのと

おりですとも。でもいったいそれはどこに，どの国にあるんです？/父フェルカー：おいおい何てこった，ドイツにあるに決まってるだろう。/カース：そう，ド̇イ̇ツ̇ですね。われわれのドイツですよ。そこのところを一度よくお考えになるんですな」［Arnold u.a. 1980: 175］。

［シーン6］シュトッペルと酒場で飲んでいる場面で，早速カースとの会話をシュトッペルに応用する父フェルカー

父フェルカーはまず，イギリスのビールとドイツのビールがあったらどちらを飲むかとシュトッペルに聞く。「シュトッペル：もちろんここにある（ドイツの）モレ・ヘレスさ。/父フェルカー：さて，じゃあそのヘレスはどこで作られてるんだい。/シュトッペル：どこで作られてるって？　ベルリンだろう。/父フェルカー：そう，ベルリンだよな。/シュトッペル：うん。/父フェルカー：じゃあ，ベルリンはどこにある？/シュトッペル：ベルリンはどこにあるって，お前，ベルリンはシュプレーだろう。/父フェルカー：そうだろう？　俺もそう言ったんだよ，シュプレーにあるってな。だがな，そいつはどこにあるんだい，そのシュプレーはよ。/シュトッペル：シュプレー，シュプレー……シュプレーはドイツにあるさ。/父フェルカー：そのとおり，ドイツだよ。/シュトッペル：それで？/父フェルカー：俺たちのド̇イ̇ツ̇にあるんだよ，お前，そこんとこを一度よく考えときなよ！」［179f.］

ヒトラー青年団のなかにも，コミュニスト青年団の魅惑的な少女ゲルダに簡単に誘惑されて仲間を裏切ってしまうような自堕落な若者がおり，逆に，一見蓮っ葉なゲルダは，簡単に誘惑されてしまうその若者グルントラーを軽蔑し廉直なハイニ・フェルカーの方に肩入れする義侠心をもっている。

［シーン7］ゲルダに近づくグルントラー，それをさえぎるゲルダ

「ゲルダ：下がりなさいよ！　あぁ，そう，あんた，ごほうびがほしいの！/グルントラー：だって当然じゃないか！/ゲルダ：何よあんた，あんたには虫酸が走るわよ！　自分のことわかってるの？　自分の仲間を裏切るドブみたいな奴よ！/グルントラー：お前！/ゲルダ：まったく何て奴だろうね！　あんたなんかには指一本でも触れさせないわよ。あのちびのフェルカーをちょっとでも見習ったらどう！」［216］

ここでも，善玉悪玉図式に収まらない「血の通った」ところを観客は印象づけられるのである。

こうした印象ゆえに，観客は，特定の現実認識を強制されているという感覚

をもつことなく，自然に物語を楽しむことができるようになる。観客は想像力をはばたかせるための十分な自由空間が自分に与えられていると感じることができる。父フェルカーはコミュニストの暴力性や抑圧性の，ゲルダはコミュニストの魔女性の，シュトッペルはコミュニストの狡猾さの，単なる絵解きというわけではなく，それぞれが人間的な奥行きをもち，理解可能な葛藤を抱えている。最終的にはハイニのあのパセティックな死に収斂していくとしても，観客はこれら敵役にも，少なくとも部分的には感情移入することが可能である。

　映画が何らかの「感動」を生むためには，それぞれに感情移入可能な奥行きをもった人物が描かれ，そうした人物同士の関係が描かれることが，一般的に言って必要であろう。先に述べたように，映画の場合，同一化は位置関係の配置によってたやすく調達することができる。しかしこのメカニズムに一面的に依拠して，たとえばひたすらハイニへの同一化が図られるとすれば，それはかえって〈目覚めた観客〉を呼び出してしまう。つまり特定の現実認識の強制という印象を生み，そのこと自体を対象化する態度を引き出してしまうであろう。ところが『クヴェックス』は，感情移入が可能な奥行きをハイニ以外の人物像にも与えている。そのことによって観客は，この映画が描写する現実をもう一度，自分なりに思い描く自由空間を与えられる。こうして観客は，誰によって強制されたのでもなく，自ら進んで映画の描写する現実に入り込み，その現実をともに体験することになるのである。このように自由空間を開き，そこへと個々人の「自由」を動員していく装置として，われわれは『クヴェックス』における〈美〉の次元を理解することができるのではなかろうか。実際，同時代の批評が着目したのはこの点——『クヴェックス』がそうした自由空間を開いているか否か——であった。そしてその批評が言うように『クヴェックス』が「観客の心を奥底から捉える」ことができたのだとすれば(もちろん検閲下の批評は大幅に割り引いて考えねばならないが)，その効力は映画館の暗闇を出ても簡単に消え去ることはないであろう。

　では，『クヴェックス』がもたらす(かもしれない)美的な「感動」の持続的な効果とは，もしあるとすればどこにあるのだろうか。ここでわれわれは，上のように動員された「自由」がその名に値するものであったかを改めて問う必要に迫られる。この場合，映画を楽しむということは，この映画が推奨しハイニ

がそれを体現しているような知覚のあり方——若々しく明朗で未来を約束するものをナチズムに見るような知覚——に自分を重ねることを意味すると思われるからである。たとえば，〈悪玉コミュニスト vs. 善玉ナチス〉という対置をステレオタイプと意識してそこから距離をとりつつ，上に述べたような状況設定——必ずしも悪玉ではないコミュニスト，必ずしも善玉ではないナチス——を「リアル」と感じてそこに身を置くとき，観客は実は，当のステレオタイプを支え生成させる知覚のあり方を，知らず知らずのうちに受容している。というのも，上の状況設定において，人はコミュニストに近づくその程度に応じてうしろ暗い悪に染まっており（ヴィルデ，グルントラー），逆にナチスに近づくその程度に応じて明朗な善の要素を受け取ることになるのであり（ハイニ，ゲルダ，父フェルカー，シュトッペル），結局ステレオタイプは巧妙に維持され強化されているのである。意識のレベルでは，つまり対象化可能となった信条としてなら距離を取ることもできたステレオタイプが，上のような状況設定を「リアル」と受け取って物語を楽しむことを通して，知覚のレベルで侵入することになる[1]。

　以上から明らかになってくるのは，〈美〉の次元の導入によって開かれるように見える自由空間が，実は巧妙に自発性や主体性を引き出し水路づけるよう

---

[1]　ベイトソンは，本章でもしばしば参照したその卓越した『クヴェックス』分析の結論部分で，この映画のプロパガンダ的作用のメカニズムを，オペラント条件づけのメカニズムになぞらえている。実験室のネズミが，足を上げることを学習することで電気ショックを免れるという報奨を得るように，「観客は，これらの［ナチスとコミュニストの対比といった］テーマを暗黙の前提として受け容れる代わりに，映画を楽しむという報奨を得るのであり，それらのテーマを受け容れないことによって，ある意味で罰せられる」［Bateson 1980: 53(223)］というのである。この説明は見かけほど還元主義的なものではない。というのも，ベイトソンは，上のような学習をしたネズミは単に刺激と反応の結合を形成したのではなく，この世がどのような理に従っているかについての解釈を，つまりは「世界観もしくはイデオロギーを，学習したと言えるかもしれない」［53(224)］と見ているからである。ベイトソンの議論は，人間をネズミのレベルに引き下げるのではなく，ネズミを人間と同等のレベルに引き上げる方向に向かっている。しかし，その解釈の方向は非‐還元主義的であるとしても，その解釈の前提に想定されている学習のメカニズムは，やはり単純すぎるように思う。もっとも，ベイトソンの分析の核心は，明示的なテーマへの観客の注意の集中が，明示的に認識しえないレベルへの作用を可能にする，というプロパガンダの基本的な構造を明るみに出した点にある。本章は，ベイトソンのこの洞察に学びつつ，それをより複雑な学習の文脈に組み込もうとする試みであった。

なメカニズムを，組み込んでいるということである。〈美〉の次元によって観客は自由に想像力を羽ばたかせることが可能な空間のなかへと導き入れられるが，そこで活性化された想像力の働きが後に残すものは，結局，知覚の操作が目標としていたような，ある特定の知覚のあり方なのだ。ここでは〈美〉の次元は，あらかじめ指定された知覚のあり方を，自ら自発的・主体的に選びとったものとして個々人が見出すようにする，そのための装置として働いているのである。

　以上のように，映画『ヒトラー青年クヴェックス』は，一方で映画というメディアの特性を利用して観客の知覚を人工的に構築しつつ，他方では〈美〉の次元が開く自由空間へと観客を導き入れることでそうした知覚への自発的同意を調達しようと試みていたのであった。ここには，〈メディア〉の次元と〈美〉の次元の，プロパガンダという目的に向けての巧妙な連結を見ることができる。このような連結によって，古典的な人間形成論が〈美〉の次元に期待していたような力は，全面的にプロパガンダという目的のために利用可能になる。〈美〉の次元のこうした機能化を支えていたのが，人間と世界の接面を人工的に構築する〈メディア〉の働きであった。しかしもちろん，当時においても，観客は単に無力にこの連結に巻き込まれているわけではない。〈目覚めた観客〉は常に〈夢見る観客〉と隣り合わせている。プロパガンダの試みは，自らの手の内を明かしているという意味では，それを使う側にとっても危険な試みなのである。この〈目覚めた観客〉をいかに活性化させるかを考えるためには別の考察が必要になるが，そこでもおそらくベンヤミンの洞察は重要な意味をもってくるだろう。それに従えば，〈目覚めた観客〉は〈メディア〉の次元や〈美〉の次元の，あるいはこの両者の連結の，撤廃に立脚するのではなく，連結の組み替えに立脚するのであり，そこに彼は「反美学」とでも呼べる別の美の可能性を見ていたのであった。

資 料

[シーン 1]（Arnold u.a. 1980: 32-35，数字はショット番号，[ ]内はショットの秒数。以下同様）

55[1.0].
居間のドアのミドルショット。それを開けてハイニが朗らかに笑いながら入ってくる。ドアのノブに一方の手をまだかけたまま、彼の顔は突然ギョっとした表情を示す。
母フェルカーの声：お父さん、ねえ、そのままにしておいてちょうだい……

56[5.0].
軽く下からのミドルショット。洋服入れを引っかき回していた父フェルカーは左手の母フェルカーの方を向き、威圧的に彼女の方に歩み寄る。彼女は不安に満ちた顔で後ろのドアの方に後ずさる。カメラはそれを追って左にパン。カメラは下から父フェルカーの怒りに歪んで暴力的な顔を映す。

57[30.8].
画面はもう少し左のドア方向に移動。その右から、後ずさる母フェルカーと、体を押しつけるようにして彼女を威圧しつつ前進する父フェルカーが画面に入ってくる（軽く下から両者のバストショット）。
父フェルカー（激高のあまり声がほとんど裏返る）：お前！　どうなるかわかってるだろうな！
母フェルカー（うめくように）：堪忍しておくれよ……
カメラはゆっくりとハイニにパン。ハイニは後ずさってきた母親のすぐ横に立っており、度肝を抜かれたように父親を見ている。カメラは下にパンしハイニの手を写す。ハイニは慌ててポケットから[印刷所でチップとして偶然もらった]1マルク硬貨を取り出し、気づかれないようにそっとそれを母親の手に握らせる。
父フェルカーの声（上のシーンの間どなり続ける）：おれをバカにするんじゃないぞ！　おれのことはよくわかってるだろう、あぁ？　だから早く早く早く、金をよこせよ、こら！　どうなっても知らんぞ。わからんのか？　おれが本気になったらこんな部屋めちゃくちゃになるってことが……
母フェルカーはゆっくりと手を上にもっていき、手のひらを開く（カメラは手の動きを追い、父と母の向かい合う横顔を写す）。母フェルカーは信じられないといった顔で自分の手のひらの上の硬貨を見てから、それを夫に差し出す。
父フェルカー（突然声が小さくなって）：こんなボロ部屋……
父フェルカーは右手の指にはさんでいた吸いさしの煙草を唇に移して硬貨をつかみ、一瞬硬貨と妻とを疑うように交互に見た後、吸いさしを左手で取って硬貨に煙を吐きかける。
父フェルカー（右手の妻の方を見ながら、静かに、あざけるように）：そうかい、どうして最初からおとなしくそうせんのだ！
カメラは左へパンして不安に満ちた母フェルカーの顔を写す。彼女の顔はゆっくりとハイニの方に向けられる。ハイニは母親にほほえみかける。

58[8.5].
シュトッペルの右手に回った父フェルカー。
父フェルカー（シュトッペルに向って、仲間に言うように）：お前も見たろう、女ってやつはちょっとばかり脅してやらんとな。

[シーン 2]（Arnold u.a. 1980: 73-78）

139[11].
フェルカー家の台所。母フェルカーがガスコンロに点火してその上に鍋をかける。

140[56.8].
台所の扉の正面からのミドルショット。そこからハイニが入ってくる。
ハイニ（朗らかに）：ただいま、母さん。（後ろを向きドアを閉める。）
母フェルカーの声：お帰り、ハイニ。帰るのは夕方じゃなかったの？

ハイニはカメラの左に立ち，母親のいる右手を向く。母フェルカーが右手から画面に入ってくる。

母フェルカー（期待するように）：どう，面白かった？

ハイニ（朗らかに，興奮して）：母さん，すごかったよ！

母フェルカー（少し驚いて）：まあ，シュトッペルがどんなすごいことしてくれたのかしらねぇ。

ハイニ（ゆっくりと頭を横に振りながら）：シュトッペル？

母フェルカー：どうしたの，ハイニ。

ハイニ（深い考えなしにナイーブに）：母さん，ぼくは別の仲間のところにいたんだ，（自分の左腕の上のあたりを右手の人差し指で指して）ハーケンクロイツの！

母フェルカー（信じられないといったふうに）：ナチのところにいたって言うんじゃないだろうね！

ハイニ（うなずいて小さな声で）：そのとおり。

母フェルカー（ギョッとして心配そうに）：まあ，お前……

彼女はハイニの前を通って左に歩き（カメラはそれを追う），動揺を抑えようとするかのように左手の甲を口に押し当てる。そして窓のそばの腰掛けに座り，落ち着かなげに髪の結び目を直す。

ハイニの声（子供っぽくナイーブな調子で）：母さん，あの子たちはそんな悪い子じゃないよ！

母フェルカー（遮るように右手を振り下ろして）：やめなさい。

ハイニは右手から画面に入り母の前に立つ。少し母親の方に体をかがめる。

ハイニ（気を取り直して）：母さん，あの子たちはね，飯盒炊爨（はんごうすいさん）をしたんだ。体操もしたし，泳いだし，歌ったりもしたんだよ。

母はハイニを見上げる。

ハイニ：あの子たちが歌ってた歌，教えてあげようか――（ハイニは少し母親から視線をそらせ思い出そうとする）どんなだったっけ――もう忘れちゃったかな――（考え

ながら）僕らの旗は……（また母親に顔を向けて）ちょっと待って，今思い出した！（声を上げて歌う）僕らの旗はたなびく――

141［12.8］．
隣の居間。父フェルカーがくつろいでソファに寝て新聞を読んでいる。

ハイニの声（少しくぐもって）：――僕らは一人残らず未来へと――

父フェルカーは一瞬新聞から目を離して中空を見上げるが，満足したようにうなずいて再び新聞を読み始める。

ハイニの声：――僕らはヒトラーのために行進する（父フェルカーは聞き耳を立てる）――夜も苦難の道を――

父フェルカーはソファからガバリと起き上がり，一瞬硬直したようにソファに座り直したのち，立ち上がって台所に続くドアへと向かう（右手方向へと画面から消える）。

ハイニの声：――若者の旗のもと自由とパンのために――

142［35］．
台所。腰掛けに座る母親の前でハイニが歌っている。母親は足下に視線を落としている。

ハイニ：僕らの旗はたなびく――

カメラはゆっくり右にパンして台所のドアを写す。そこから父フェルカーが入ってくる。横からのミドルショット。左手はまだドアのノブを握り，右手には新聞を握りしめている。そこで一瞬立ち止まる。

ハイニの声：――僕らの旗は新しい時代，僕らの旗は――

父フェルカー（大声で）：おいお前，一体全体何を歌ってるんだ？

歌うのをやめたハイニに大股で近づく（カメラは左方向へとそれを追う）。ハイニはそれに気圧されて少し後ずさる。母フェルカーが立ち上がり，かばうようにハイニのそばに寄る。

父フェルカー（静かに，しかし高圧的に）：それはナチ野郎の歌だろう，おい。いったいお前はどこでそんなものを覚えたんだ？

まだ新聞を握った右の拳でハイニの肩を乱暴に小突く。母親は気遣うようにハイニを抱き，

第9章 メディアを通しての美的影響行使

父親から引き離そうとする。
母フェルカー(とがめるように,しかし心配げに):放っときなさいって。どこかで聞きかじったに違いないんだから。
父フェルカーはハイニの首筋をつかみ,力ずくで母親から引き離す。
父フェルカー(妻の言葉に激高して):お前までそんなことを言うのか！ここで歌う歌を教えてやろうか――
ハイニの首筋をつかんだままグッと自分の方に引き寄せる。
父フェルカー(怒鳴るようにハイニの顔に向かって「インターナショナル」を歌う):人民よ,知らせを聞け,最後の――(歌をやめ高圧的な調子で)おい,どうして歌わんのだ？(首筋をつかんだ右腕でハイニを揺さぶりながら怒鳴る)さあ,歌え！
この場面では照明は父フェルカーの後ろから当てられており,このため彼の顔は薄暗がりに沈み,これに対してハイニの顔には明るく照明が当っている。ハイニは目を見開いて呆然と父親を見上げている。
143[2.2].
軽く上からの母親の横顔のクローズアップ。父と息子に背を向け,顔を下に向けて目をつぶっている。
父フェルカーの声(怒鳴るように歌う):最後の戦いへと――
144[25.6].
父フェルカーは耳をすませるかのようにハイニの顔をさらに近づける。ハイニの唇が動くが声は出ない。
父フェルカー:歌ってないだろう,お前。歌えんのか？
ハイニの左右の頬に平手打ちをくわせる。
父フェルカー:さあ,歌え！(怒鳴るように歌い,右の拳で拍子をとる)――人民よ,知らせを聞け,最後の――
歌いながらハイニにさらに往復ビンタをくわせる。
父フェルカー(さらに大声で):歌えんのかっ,ええ？(少し小声になって)だったら俺が教えてやろう。人民よ――さあ歌え――(激しく平手打ちをくわせ,歌って聞かせる)知らせを聞け――最後の――闘いの――
ハイニ(目に涙をためて震える声で小さく歌い始める):人民よ,聞け……
145[2.4].
母親の横顔のクローズアップ。右手で自分の頬をさすり,耳を塞ぐ。
146[2.6].
ショット142と同様,父フェルカーはハイニの顔を見つめながらハイニの声を聞く。
147[9.4].
父フェルカーの肩越しに,軽く上から父親に首筋をつかまれたハイニの顔。ハイニは泣いており,髪の毛が乱れて顔にかかっている。歌いながら父親の顔をまっすぐ見つめている。
父フェルカー(ハイニの声にかぶせて怒鳴るように歌う):……あぁ,イーンタ,ナショ,ナァル,我らの旗。
溶暗

[シーン3] (Arnold u.a. 1980: 232-237)
419[3.7].
ハイニが逃げ込んだ射的場のロングショット。ヴィルデとその仲間が左手から画面に入ってくる。ヴィルデは立ち止まってカメラの方を振り向く。仲間の5,6人の男はさらに右手のテントの陰まで走る。
420[1.8].
ハイニが身を隠したテント。ハイニはその入り口のカーテンを少し開けて外をうかがうが,すぐそばに追手がいるのを見てギョッとしてまたカーテンをもとに戻す。
ヴィルデの声(攻撃的に):やつはここにいるに違いねぇ！
421[6].
メリーゴーランドのテントを内側から見たミドルショット。手前にはメリーゴーランドの馬。ヴィルデがカーテンから顔を見せる。
ヴィルデ(手下どもに向って振り返りながら):ひょっとしたらやつはここだぜ。
ヴィルデはメリーゴーランドの馬をよけつつ

手前に向かって進む。手下も続く。
422[11.8].
軽く上からヴィルデとその手下のフルショット。ヴィルデはカメラに向かってメリーゴーランドの馬の間を駆け抜け，カメラのすぐ前を通って左の入り口方向に向う。手下もそれに従い，テントの入り口から外へ出ていく。カメラは左手にパンしてその動きを追う。
423[2.2].
射的場のテントの外側を下から写したミドルショット。その画面にヴィルデが左から入ってくる。仰角ショット。
ヴィルデ（手下に向って）：やつはどこかのテントにいるはずだ（右手を振ると拳がテントを突く）。
突然音楽が中断される。
424[2.2].
軽く上正面からテントのなかにいるハイニのミドルショット。そのすぐ横のテントがヴィルデの突いた拳でなかに向かってふくらみ，ハイニはギョッとしてそれを見る。ゆっくりと左へ後ずさりしてテントのなかへと進み，画面から消える。
425[2.1].
太鼓たたきの人形のミドルショット。ハイニが後ずさりしながら画面に入ってきて，背中が人形に触る。人形の腕が動き始める。太鼓の音が響く。ハイニは驚いて振り向き，息を呑んで太鼓を見つめる。
426[0.3].
鳴り続ける太鼓の左上からのクロースショット。
427[0.3].
人形の横に立つハイニのミドルショット。目を大きく開けてテントの前にいる追手の方向を見る。
428[0.2].
下からのヴィルデのバストショット。意地悪くニヤリと笑い，親指で左の射的場の方を指さし仲間に合図する。
429[0.8].
軽く下から3人の追手の顔。太鼓の音が止み，沈黙が訪れる。3人の追手がテントを軽く押

しやってなかに入っていく。
430[0.3].
追手と向き合うハイニの見開かれた目のクロースアップ。
431[3.5].
遊技場のロングショット。右手に遊技場の入り口。地面には水たまり。画面外から長く叫び声が聞こえる。
432[11.1].
上からのミドルショット。現場から走り去る3人追手の足，画面の上へと去る。しばらくして右からハイニの足が画面に入ってくる。力のない足取りで前へと進む。
433[0.8].
フリッツが右手から遊技場に走り込んでくる。ハイニ（画面外）を見て凍ったように立ち止まる。
434[0.8].
上からのフルショット。ハイニが力なくうつぶせに地面に横たわっている。彼の体の左横にナイフが放り投げられている。
435[2.8].
433と同様のショット。フリッツが駆け出し，他のヒトラー青年たちも彼を追う。右から左に向ってカメラ前を横切る。
436[15.4].
434と同様のショット。右から画面に突っ込んできたフリッツがハイニの横にひざまずき，ハイニを抱き起こす。力ないハイニの体は俯瞰するカメラの方を向く。他のヒトラー青年も半円にひざまずいてハイニとフリッツを囲む。一人の少年がハイニの腕を支える。
フリッツ（低い声で，動転して）：クヴェックス！
ハイニは気がついて少し顔を上げ，ゆっくりと目を開く。彼の目は遠くを見ている。
ハイニ（苦しい息の下で）：僕らの――旗は――たなびく……
しだいに太鼓が拍子をとり，ハイニの歌に続くように歌声が重なる。
437[35.7].
たなびく大きなハーケンクロイツの旗が436にオーバーラップする。

太鼓に少年合唱が重なり，力強くヒトラー青年団の旗の歌を歌う。「僕らの旗は死よりも重い」。

[シーン4]（Arnold u.a. 1980: 98-103）
179[11.8].
フェルカー家の台所。母フェルカーの横からのミドルショット。バケツで水屋に水を入れている。その後ろからハイニがドアを開けて入ってくる。母フェルカーがハイニの方に顔を向ける。
ハイニ：母さん，シュトッペルはここで何をしてたの？
母フェルカー（力なく）：そうね，シュトッペルはお父さんに用があったのよ。
ハイニ（いらついて）：あいつ，何のためにきたの？
母フェルカー（視線を下に落し，諦めたように）：お父さんがお前に伝えなさるだろうよ。行っておいで。
180[38].
隣の居間。父フェルカーのフルショット。画面の左にいてカメラに背を向けている。その右に皿やパンの置かれた食卓がある。父フェルカーはポケットに手を入れ，画面左半分を落ちつかなげに前後に行き来する。ハイニが右手から画面に入ってくる。横顔を見せて食卓の前に立ち止まる。父フェルカーがカメラ方向に歩いてくる。
父フェルカー：ハイニ，シュトッペルが言ってたがな，一度党のクラブに来てほしいそうだ。だからお前，今夜9時に行ってこい。（再び画面奥に歩く。）
ハイニ（父親を目で追いかけながら）：そこで僕は何をするの？（父フェルカーがちらりとハイニを見る。）
父フェルカー（取りあう風なしに）：そんなこたぁ行けばわかる。
ハイニ（不安を見せるが，もう一度勇気を奮い起こして）：だったら，家の鍵はもらえるんでしょう？
父フェルカー（ニヤリと笑い，好意を見せて）：もちろんだとも，お前に家の鍵をやろうじゃないか！

父フェルカーはハイニの前に立ちハイニを見る。ハイニも家の鍵がもらえることへの喜びを表して一瞬父親を見つめる。
父フェルカー：お前もこれで党に入るわけだからな。お前も一人前だ！
鍵の束を取り出し，そこからめざす鍵を探しながら──
父フェルカー：言ってみりゃ，一人前の男だ。一人前の男は家の鍵をもたにゃならん！
真面目な顔になり，両の手をハイニの肩に置く。ハイニを食卓の前の画面右にある椅子の方へ軽く押す。
父フェルカー（父親らしく）：さあここへ来て座りな。
ハイニが椅子に座ると，父フェルカーも左手の椅子に座る。両者は横顔を見せて相対する。
父フェルカー（多少戸惑ったように）：一度お前に話しておこうと思っていたんだ。
181[73.4].
軽く下から父フェルカーのバストショット。ハイニの後頭部がその右手に見え，それ越しに父フェルカーの顔が見える。すぐには言葉を見つけられず，視線を下に落し鍵の束を探っている。
父フェルカー（静かな，感情をこめた声で）：いいか，（顔を上げる）最近はどうにもわけのわからんことばかりだ。だがな，俺たちプロレタリアはこいつに負けちゃいかん。そこが肝腎なんだ。（部屋を見回して）ちょっと俺たちが住んでるここを見てみろ，お前や俺や母さんが住んでるここをな。以前はこんな風じゃなかったんだ。もっとましな時もあった。昔はな。──だが俺は放り出されちまった。そういうことだ。──もっとお前によくしてやれればと思う。いろいろと考えもするんだ。お前のために何かもっとできたんじゃぁねぇかってな。（声が震える）だが仕事もない，長い間稼ぎもねぇ。それがどんなにつらいことか……

再び鍵の束を取り出しつまぐる。それからハイニを見つめ，涙声で続ける。
父フェルカー：……これからはお前たち若い連中が俺たちを助ける番だ。俺たちの味方になってくれ，俺たち年寄りのな。そうでないと俺たちはやっていけん。（涙を目にため，ほとんど話を続けられなくなる）わかるか，さもないと俺たちは，いつまでたっても職安通いだ。

182[4.2].
軽く上からハイニのバストショット。カメラは左の父フェルカーの肩越しにハイニの顔をとらえる。ハイニは強く動揺し，目には涙をためている。
父フェルカーの声（涙声で）：俺の言うことがわかったか？
ハイニ（うなずき，静かな声で）：はい，父さん。

183[18.8].
父フェルカーは家の鍵を鍵束から取り出しそれをハイニの前に差し出す。
父フェルカー：さあ，（いくぶん冷静さを取り戻して）これがお前の鍵だ。
左手をハイニの首に回し，多少乱暴に，しかし愛情をこめてなでる。
父フェルカー：さあ，行け。
ハイニは立ち上がる。父フェルカーは思いやりをこめてハイニの尻を左手でポンと叩いて左方向へと押してやりながら——
父フェルカー：しっかりやれ，お前の党の所に行くんだ。
ハイニは画面から消える。父フェルカーは感極まったようにハイニの方を見る。

184[64.8].
台所。床をモップで拭く母フェルカーのミドルショット。ハイニがドアを通って右から台所に入ってくる。床を大儀そうに掃除していた母親がチラリと息子を見る。ハイニはドアを閉め，母親の前を通って左手の台所机の後ろを回って（カメラはそれを追ってパン），机左の腰かけにどっかりと座る。横向きのハイニは両手を机の上に置き，神経質そうに家の鍵を手でもてあそぶ。後ろでは母親がまだ掃除をしている。
母フェルカー（掃除を続けながら，探るように）：どう，ひどかったの？
ハイニ（苦しげに）：父さんはそんなひどい人じゃないよ，母さん！ 父さんは全然違ってた，全然違ってたんだ！ いったい僕はどうしたらいいんだろう？ 父さんは僕に鍵をくれたんだ。父さんを裏切るわけにはいかないよ！ 母さん，僕どうしたらいいの？ ねえ，教えてよ！
母親が右手から近づき，身をかがめてハイニに顔を寄せ，ぎこちなく肩に手をやる。
母フェルカー（力なく）：父さんの言うとおりにするのが一番なんだけどねぇ。
ハイニ（身をよじって）：でも僕にはできない！
母フェルカーはモップの柄を支えにして再び体を起す。カメラはそれを追って上にパンし，画面は母フェルカーのみをとらえる。
母フェルカー（ため息をつきながら）：あぁ，ハイニ，人間やろうと思えばできるんだよ。でも努力をしなくちゃね。（諦念に満ちて）人生なんて。
母フェルカーは再びハイニの方に身をかがめる。カメラはそれを追い，母と息子をともに画面にとらえる。
母フェルカー：——思いどおりにはいかないんだからね。
ハイニ：でも僕はコミュニストのところなんか行きたくないんだ！ 僕は別のところへ行きたいんだよ！

[シーン5]（Arnold u.a. 1980: 174-175）
330[45.0].
ベンチの後ろからのフルショット。ハイニの右隣に座っていた父フェルカーが帽子を右手に持って立ち上がり，ハイニの前に立ってこちら向きになる。ハイニの右隣に座っているカースの方を見て——
父フェルカー：俺がどこに属するかって？ 俺たちの階級の同志たちにさ。（帽子でハ

イニを指しつつ)俺が属するところに俺の息子も属するんだ!
カース(皮肉っぽく):あなたの階級の同志に,ですか。
カースも立ち上がり,手をズボンのポケットに入れて仁王立ちになり,右手から父フェルカーに向き合う。
カース(見下すように):「インターナショナル」にと,そうおっしゃりたいんですな?
父フェルカー(多少うろたえながら,逆らうように):そうだとも,インターナショナルにな!
カメラはミドルショットになるまで両者に寄る。
カース(短く下を見て考えたあと,教師風に早口で):あなたはどこのお生まれですかな?

父フェルカー(なぜそんなことを聞くのかという口調で):ベルリンの生まれだよ。
カース:じゃあ,お聞きしますがね,ベルリンてのはどこにあるんです?
父フェルカー:シュプレー[河畔]に決まってるだろうが。
カース(歯切れよく):シュプレーね。そのとおりですとも。でもいったいそれはどこに,どの国にあるんです?
父フェルカー:おいおい何てこった,ドイツにあるに決まってるだろう。
カース(確信に満ちて):そう,ドイツですね。(ゆっくりと強調して,自分と父フェルカーを交互に指さしつつ)われわれのドイツですよ。(教え諭すように父フェルカーの胸を人さし指で叩きながら)そこのところを一度よくお考えになるんですな!

[シーン 6]（Arnold u.a. 1980: 179-180) 335[106.5].
KPDの酒場。立ち飲み用の卓を前にして並んだシュトッペルと父フェルカーの正面からのミドルショット。父フェルカーは両ひじを卓に置き,何か考えるようにヒゲをなでている。シュトッペルがその右に立ち,左手はズボンのポケットに,右手には煙草をはさんでいる。
シュトッペル(横から父フェルカーを見て):おい,お前の息子はいったいどこに行ったんだ?
父フェルカー(卓に体をもたれさせたまま,滅入った感じで):知るもんか。あのことがあってから会ってねぇんだ。
右手からボーイがやってきて二杯のビールを置いていく。カメラは若干父フェルカーに寄る。
父フェルカー(右手にグラスをもち,ゆっくりと):なあお前,ちょっと聞くがな。俺がこうやってここに(一方のグラスを自分の方に置く)イギリスのビールを置くとすrわな。そして(シュトッペルのグラスを指さす)こっちにゃ汁気たっぷりのモレ・ヘレスがある。そしたらお前,どっちを飲

みたい?
カメラはさらに寄り,ほとんど両者の顔だけをとらえる。
シュトッペル(当惑して笑いながら):もちろんここにある[ドイツの]モレ・ヘレスさ。
父フェルカー:さて,じゃあそのヘレスはどこで作られてるんだい。
シュトッペル(不安げに):どこで作られてるって? ベルリンだろう。
父フェルカー(ニヤリとして):そう,ベルリンだよな。
シュトッペル:ああ。
父フェルカー:じゃあ,ベルリンはどこにある?
シュトッペル:ベルリンはどこにあるって,お前,(ほとんど勝ち誇ったように)ベルリンはシュプレーだろう。
父フェルカー(笑いながら):そうだろう? 俺もそう言ったんだよ,シュプレーにあるってな。だがな,そいつはどこにあるんだい,そのシュプレーはよ。
シュトッペル(考えながら):シュプレー,シュプレー……(小声になって)シュプレーはドイツにあるさ。

父フェルカー（強調するようにニヤリとして）：そのとおり，ドイツだよ。
シュトッペル：それで？
父フェルカー：俺たちのドイツにあるんだよ，お前，（親指で何度も自分とシュトッペルを指さしながら）そこんとこを一度よく考えときな！
卓を離れる父フェルカー。カメラは左にパンしてシュトッペルをとらえる。シュトッペルは啞然としたように父フェルカーを見送る。

[シーン 7]（Arnold u.a. 1980: 213-216）

380[2.8].
荷車をはさんで左にグルントラー，右にゲルダのミドルショット。二人は荷台に積んだパンフレットの束をつかんで橋の上から次々と川に捨てる。ポチャンという音が大きく響く。

381[3.5].
グルントラーに言われて煙草を買いに小走りで行くハイニのフルショット。ポチャンという音が画面外から聞こえる。ハイニは振り返り，音に聞き耳を立てたあと，事情がわかって驚きの表情とともに全力で駆け戻る。

382[22.2].
380と同様のグルントラーとゲルダのミドルショット。ハイニが右から画面に走り込み，グルントラーに体をぶつける。
ハイニ（激高して）：おい待て，そんなことはさせないぞ！
両者もみ合う。ゲルダがかけより，カメラに背を向けて両者を引き離そうとする。
ゲルダ：ちょっとやめなさいよ，あんたたち！　どうかしちゃったの！
ゲルダはグルントラーを背後からかかえて引き離し，右方へと押しやる。グルントラーは画面から出る。
ゲルダ（グルントラーに）：あっちへ行って！
もみ合いで荷車に仰向けになっていたハイニが立ち上がりグルントラーにつかみかかろうと右方向に向かう。ゲルダがそれを止めようとしてハイニの両腕をつかむ。
ハイニ（苦しげに）：やめろよ。
ゲルダ（必死にハイニの腕をつかみながら）：あんた，あんたのために言っとくけどね，もうボイセルキーツには来ない方がいいわよ。
ハイニ（怒りにふるえながら）：僕がどこへ行こうとお前の知ったことか！

ハイニはゲルダの腕をふり払い，左手へ駆け出し画面から消える。

383[0.7].
グルントラーの脇からのミドルショット。戻ってきたグルントラーが橋の欄干の陰からゲルダに声をかける。
グルントラー（ほとんどささやくように）：ねぇ，君……

384[2.1].
ハイニを見送ったゲルダの軽く上からのミドルショット。
グルントラーの声：ゲルダ，こっちへ来いよ。
ゲルダは振り向き右のグルントラーの方へ歩き画面から出る。

385[25.3].
グルントラーの横からの全身像。左から画面に入ってきたゲルダの腕をとり，欄干の横にあるニッチに引き入れる。両者横顔のミドルショット。
グルントラー（性急に，小声で）：早く来いよ。
ゲルダ（反抗的に）：まだ何が欲しいっての？
グルントラー（驚いて）：お前ちょっと変じゃないか。
ゲルダを引き寄せようとするが，ゲルダはグルントラーの腕をふり払う。
ゲルダ（無愛想に）：下がりなさいよ！　（両手を自分の腰にやり，嘲るように）あぁ，そう，あんた，ごほうびがほしいの！
グルントラー：だって当然じゃないか！
グルントラーはゲルダに手を伸ばそうとするがゲルダはそれをふり払い再び自分の腰に手をやる。
ゲルダ（心から軽蔑するように）：何よあんた，あんたには虫酸が走るわよ！　自分のことわかってるの？　自分の仲間を裏切るドブみたいな奴よ！

第 9 章　メディアを通しての美的影響行使　　　　267

グルントラー(明らかに腹を立てた風でゲルダに一歩近づいて)：お前！
ゲルダ(グルントラーに気圧される風もなく，バカにして)：まったく何て奴だろうね！(グルントラーの鼻先に指を突き出して)あんたなんかには指一本でも触れさせないわよ。あのちびのフェルカーをちょっとでも見習ったらどう！(ハイニの走り去った方を指さし，軽蔑したようにグルントラーを見下ろして)　何が悲しくってあんたみたいなクズと！
グルントラーの脇を通って画面右へ走り去る。

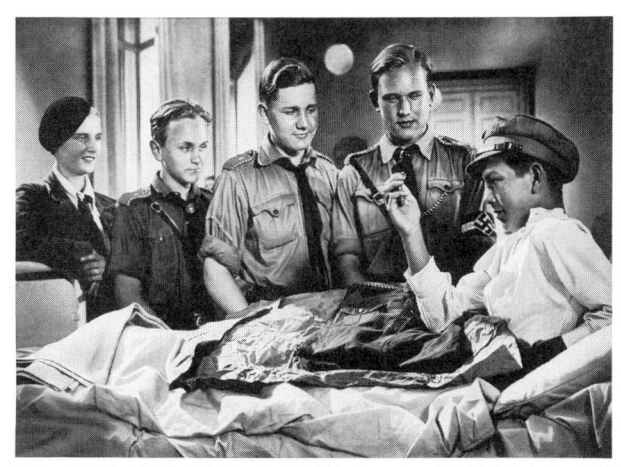

母親の無理心中事件で命拾いして入院したハイニを見舞うヒトラー青年団のメンバーたち[Kalbus 1935: 122]。彼らは入団許可のしるしとして青年団の制服・制帽をプレゼントしてハイニを驚かせる。制帽をかぶった自分の姿を手鏡に映してそれに見入るハイニ。

第10章　アドルフ・ライヒヴァインのメディア教育学
―― 教育的抵抗とは何か ――

1. ナチズムと教育と抵抗

　1970年代以降精力的に進められたライヒヴァイン研究[1]は，アドルフ・ライヒヴァイン(Adolf Reichwein, 1898-1944)の生涯と仕事の三つの重要な側面を明らかにしてきた。(1)新教育的伝統の体現者・実践者としての，(2)ナチズムに対する抵抗運動の闘士としての，(3)メディア教育学・博物館教育学の先駆者としての，ライヒヴァインである。

　ノール，フリットナーらを中心とする「民衆大学」の活動に関わることで職業生活を開始したライヒヴァイン――フリットナーの後任として1925年にイエナの民衆大学の校長となったのがライヒヴァインであった――は，1930年にハレの教員養成アカデミーに教授職を得るもののNSDAPの政権掌握に伴って失職，海外の大学に転出する道もあったといわれるが，結局彼はベルリン近郊の農村・ティーフェンゼーの単級小学校の教員となる道を選ぶ。ライヒヴァインはそこで，作業を中心とする新教育的な方法原理と映画という新しいメディアとを結びつけるユニークな実践を展開した。6年にわたる実践は二つの実践報告――『創り出す生徒たち』[Reichwein 1937b]，『農村学校における映画』[Reichwein 1938]――としても結実する(戦後になって，この二つの実践報告はナチズム体制下の数少ない教育的抵抗を示すものとして高く評価されることになる)。1939年にベルリンの民俗学博物館に転じたライヒヴァインは，博物館と学校を結ぶ

---

[1]　代表的なものを挙げればフリッケ[Fricke 1974]，フーバー/クレプス[Huber/Krebs 1981]，アムルンク[Amlung 1991]，ヒューター[Hüther 2001a]の研究がある。このうちアムルンクの大著はライヒヴァイン研究の水準を飛躍的に高めたものとして定評がある。また日本では，長尾による先駆的紹介[長尾 1989]の他，ドイツ本国での研究に伍しても遜色のない對馬による研究[對馬 1993, 2006]がある。

活動を驚異的なテンポで進める傍ら，シュタウフェンベルク伯を中心とする抵抗運動グループに加わりヒトラー政権の転覆と新ドイツの建設をめざす。彼ら「クライザウ・グループ」の抵抗運動はヒトラー暗殺計画に収斂していった。暗殺計画は，1944年7月20日，会議室にいたヒトラーの間近で爆弾を爆発させることには成功したものの，ヒトラー本人は奇跡的にかすり傷程度で助かり失敗に終わる。その後ライヒヴァインもグループの他のメンバーとともに逮捕され，死刑の判決を受けて処刑された。

　ライヒヴァインの生涯の以上のような簡単な素描からも，上に挙げた諸側面間の密接な関連が浮かび上がってくるであろう。従来の研究において要の位置に置かれてきたのは新教育の伝統(1)である。現代的な「行為指向」の構想を先取りしたライヒヴァインのメディア教育学・博物館教育学(3)は，視覚的な経験を単に受動的なものにとどめず作業のような能動的な活動と組み合わせることで可能となったのだし，また抵抗運動へのライヒヴァインの命がけの参画(2)も，新教育の子供中心・人間中心のヒューマニズムに根ざしていると，そう捉えられるのである。

　本章は以上のような従来のライヒヴァイン研究の枠組みを否定しようとするものでは必ずしもない。本章が試みるのは，メディアとのライヒヴァインの取り組みに焦点を合わせること，そしてそこを突破口として，ライヒヴァインの教育論の，従来の枠組みが素通りしてきた層に問いを向けること，である。この問いは〈教育的抵抗とは何か〉という形をとることになろう。この問いが従来の研究のなかで提起されなかったわけではない。しかしそれは，上述の枠組みによって処理済みの問題として，ほとんど修辞疑問のように扱われてきた[2]。というのも，抑圧的なナチズム体制のもとで新教育的な実践を行うということそれ自体が，教育的抵抗以外の何であろうか。しかもこの抵抗の真正性は，ラ

---

2)「「教育的抵抗」の実体，つまり彼[ライヒヴァイン]の実践がいかなる意味で反ナチズム的であり，その教育学的な立脚点が何であったかについては，いぜんとして明確ではない」[對馬 1993: 146]とする對馬の研究はこの点で例外である。この問いに導かれて，對馬はライヒヴァインの実践を当時の歴史的な文脈——とりわけ学校とヒトラー青年団との対立という当時の教育状況——のなかに位置づけてその歴史的意味をより厳密に確定している。しかし彼の実践の「立脚点」については，對馬もやはり「改革教育(＝ドイツ新教育運動)の成果」[ibid.]にそれを求める点では従来の研究と軌を一にしている。

イヒヴァインの場合彼の悲劇的な死によって裏書きされているのである。──このような問題処理のパターンにおいては，新教育的な伝統からナチズムに対する抵抗はほとんど自動的に導き出される。この導出の流れを妨げるもの──言い換えれば抵抗の困難──は，抵抗が死に直結するようなナチズムの異常な抑圧体制に帰せられ，であればこそ，この誰が見ても異常な(はずの)体制に抵抗する勇気をもっていたライヒヴァインの人物像が顕彰されることになる。

　以上のような問題処理は，「暴力と美化された現実とからなる第三帝国の二重の顔」[Reichel 1991: 17]を十分考慮に入れていないという難点をもつ。ナチズム体制は，単に反対派を暴力的に抑圧するだけでなく，「美化された現実」を作り出すことで体制への主体的・積極的な同意を調達することに腐心した。そのためにラジオや映画のような新しいメディアが巧妙に利用された。このような体制のもとでは，それに対する抵抗の方が，美しい(はずの)現実を破壊する異常なふるまいとして人々の目に映ることになろう。ライヒヴァインがティーフェンゼーでの実践において直面したのは，それが戦争開始前の比較的同意が調達しやすい時期になされていることを考えればなおさら，このような「美化された現実」でもあったはずである。実際，ティーフェンゼーの住人から二度にわたってライヒヴァインの休職を要求する手紙がポツダムの政府長官宛に送られたことが知られている。その一通は，「アドルフ・ヒトラーとバルドゥーア・フォン・シーラッハ──ヒトラー青年団の団長である(引用者注)──の意を十分に体して子供たちを教育」してくれるはずの別のある人物をライヒヴァインに代えて配置するよう要求しているという[Amlung 1991: 357(296); 1999: 64f.]。

　このような「美化された現実」を考慮に入れることで，ライヒヴァインが映画というメディアに取り組んだことが偶然以上の意味をもってくる。また，〈教育的抵抗とは何か〉という先の問いも，単なる修辞疑問に終わらない，さらにはナチズム体制という「異常」な状況に限定されない，切実さをもって浮上してくる。様々なメディアによって知覚様式があらかじめ決定されているように見える状況のなかで教育はそもそも何をなしうるか──これは「プロパガンダの時代」[Pratkanis/Aronson 2001]のただなかで生きる者にとって，つまり現代の私たちにとっても，切実な問いであろう。

以下，本章では，ライヒヴァインの実践を「暴力および美化された現実」という当時の状況に置き直すことで教育的抵抗の困難を浮き彫りにし(2および3)，続いてそのような困難に対処するいかなる戦略がライヒヴァインの教育論に埋め込まれていたかを，メディアとの彼の取り組みのなかに探っていくことにしたい(4)。

2. ティーフェンゼー実践とその評価

ライヒヴァインと新教育的伝統との関係が論じられる際にまず参照されるのはティーフェンゼーでのライヒヴァインの実践である。実際，最初の実践報告『創り出す生徒たち』[Reichwein 1937b]のなかに新教育的な特質を見出すことは難しいことではない。

2.1 ティーフェンゼー実践の新教育的特質

計画学習 ティーフェンゼーでの実践の大枠をなしているのは「計画学習（Vorhaben）」——これは「プロジェクト」の概念で置き換えて理解されることも多い——である[cf. Fricke 1993: 44; Lingelbach 2001: 52]。一連の作業を要求するとともにその一連の作業にまとまりを与える個別テーマが計画学習の核となる。そうした個別テーマの重層的な構築として，ライヒヴァインはティーフェンゼーでの実践を記述している。ティーフェンゼー実践における最も包括的なテーマ——「中核計画学習」[Reichwein 1937b: 30]——は，夏期における「自然」，冬期における「共同体を作る人間」である。夏期に例をとれば，「自然」という包括的なテーマは「植物」「地形」「動物」という中間的なテーマに区分され，「植物」では温室づくりから始めて植物の栽培へ，「地形」では郷土の地図づくりからレリーフづくりへ，「動物」では巣箱づくりから始めてミツバチの観察へ，という具合に一連の具体的な作業が展開される。このそれぞれの作業は，さらにその内部に入れ子的に様々なテーマを誘発することになろう。たとえば，温室づくりでは子供たちは専門のレンガ積み職人や大工の棟梁に助力を仰ぐことになったが，温室の完成式に子供たちはこれらの職人を招いた。そして彼らに感謝する自作の詩を作って職人たちの前で朗読し，冊子にしてそれを贈呈し

ている[37f.]。温室を作る作業が，〈式典を開く〉〈詩とその朗読〉〈冊子づくり〉といったテーマを誘発しているわけである。

　自己活動と共同体　以上のような計画学習の構想によってライヒヴァインがめざしたのは，一方で「子供のなかに自己活動を発達」[ibid.: 85]させつつ，他方で「子供を共同体に関与」[120]させる，ということであった。ライヒヴァインにとって計画学習は，この両方の課題を同時に解決可能にする唯一の形式であった。『農村学校における映画』の冒頭部分で，ライヒヴァインは「計画学習」を次のように規定している。「計画学習は，子供が自己を失うことも[……]，また形もまとまりもない個別知識の断片像によってその能力意識をくじかれることもなしにすますことのできる唯一の形式である」[Reichwein 1938: 5]。

　自己活動の要請はライヒヴァインにとって学習の本性に根拠をもっている。子供が学ぶべき内容は「単純に「伝達」できるような死んだ財ではなく[……]生活そのもの」であり，「生きたものは[……]自分自身の努力で「獲得」されるしかない」[Reichwein 1937b: 86]のだから。計画学習は，明確にイメージ化できる具体的な課題——温室づくりの例を想起してみよう——を設定することで，一連の作業を，しかも子供たち自身がそれを考え出していくような仕方で展開させていくことになる。こうした自己活動的な作業のなかに「獲得」という活動は織り込まれているはずである。したがって当然，「子供の意志の自由で[……]創造的な発展を妨げる」ことになる「盲目の服従」[114]は退けられる。むしろ，「「再現的(reproduktiv)」な生徒に代えて「創造的(produktiv)」な子供を据え」[86]ることが教育者には求められるのである。

　他方，こうした自己活動的で創造的な活動は，その形態においても，扱う主題においても，その位置づけにおいても，「共同体」と不可分に組み合わされている。その形態について言えば，計画学習における作業は，個々人の創意工夫を要求すると同時に，それらが組み合わされて一つの共同的な「仕事(Werk＝作品)」として成就するように配慮されている。作業を通しての仲間集団の形成がめざされるのである。扱う主題においては，計画学習のテーマそれ自体が，社会的存在としての人間を考慮したものになっている。これは「共同体を作る人間」という冬期の包括テーマに示されているとおりである。その位置づけに

ついて見ると，計画学習の活動全体がティーフェンゼーという現実の共同体との深いつながりのなかでなされている。温室づくりの作業での職人たちとのつながりについてはすでに述べたが，こうしたつながりは学校の祝祭において顕著になる。たとえばクリスマスのお祝いでは，年少の子供たちや両親に贈り物を考えること，村人を招いて劇を上演することが子供たちの作業の中心に据えられた。

　計画学習の具体的なテーマが子供の自己活動を活性化させるのだが，テーマのそうした具体性を支えているのは，以上のような様々なレベルにおいて現れる共同体なのである。したがって，ティーフェンゼー実践において強調される「共同体」は，悪しき現実に対置される理想のようなものではない。またそれは，ナチズムの「民族共同体」とは別の方向を向いているものと(少なくとも現在の目から見れば)解釈できる。たしかに，「共同体を作る人間」という冬期のテーマでは，その下位区分に「遺伝(Vererbung)」「民族-人種(Volk-Rasse)」といったナチズムへの妥協の跡をうかがわせる用語が現れるが，実際の作業系列に人種イデオロギーが顔を出すことはない[3]。個別テーマとして挙げられているのは，たとえば，文字通り鳥瞰的な視点から地理を捉え直すことをめざした，「飛行する人間」という意表に出る――考えようによってはナチズムの「血と土」のイデオロギーの逆を行く――テーマである[4]。子供たちは，渡り鳥の飛行を調べてその飛行路と現代のアフリカへの航空路がほぼ重なることを見出し，そこからアフリカの植民地分割に関心を広げ，アフリカ大陸のレリーフづくりに取り組んだ。ここでは，地域や民族を越えた世界的な相互依存関係のなかで

---

[3] 『創造する子供たち』の戦後に出された版では，このことを考慮して編者は「遺伝」を「発達」に置き換えており(「民族-人種」も「民族」で置き換え)，こうした変更は100か所以上に及ぶ。最新のクラフキ他編集の版[Reichwein 1993]も――変更についての注は付しつつ――戦後版を踏襲している。ライヒヴァインを戦後ドイツで受容可能にするためにはこうした変更もあるいはやむをえなかったのかもしれない。しかしライヒヴァインに関する最近の歴史的研究までがこの戦後版に依拠している(このため「発達」という計画学習のテーマがライヒヴァインのテキストからの引用として歴史研究の場に登場するという珍妙なことになる！)のは理解に苦しむ点である。上の「遺伝」というテーマについていえば，これを他の無害な語で置き換えることよりも，こうした言葉の上での妥協をしつつも，実際の作業系列においては人種イデオロギーが顔を出さないという，ライヒヴァインのこの戦術的対応に注目することの方がよほど重要であろう。

共同体が捉え直されているのである。こうした未来指向的な共同体の考え方を、ライヒヴァインはナチズムのイデオロギーを巧妙に利用して提出している。一方で彼は一見ナチズムの運動を肯定するかのように次のように述べる（この部分は戦後版では省略されている）。「ドイツ人はその言語の、その内的本質の、最も内的な表現の偉大な鐘の音を聞き、ともに民族へと融合した」[Reichwein 1937b: 5]。しかしこのような変化の時代であるからこそ、この「民族」を固定的なものとして捉えることはできないのである。「民族はしかし創造的なものとしてのみある。[……]したがって民族に対しても、他のあらゆる被造物同様、出来上がったモデルが基礎にあるわけではない。その運命、その将来の形態は前もって知ることはできない」[ibid.: 120]。

　こうして、共同体自体が外部へ、また未来へと開かれた存在として現れることになるが、このような共同体像は、自己活動と共同体との交錯という計画学習の構図と無縁ではない。ライヒヴァインがオットー（Belthold Otto）の言葉を借りて掲げる「自分で考える人たちの国（Nation von Selbstdenkern）」という目標像[Reichwein 1938: 4]はこのことをよく示している。というのも、この「自分で考える」国民という開かれた国民像・共同体像は、以下にライヒヴァインが述べるように、自己活動を尊重する教育との不可分の関係のなかで考えられているのである。

>　「オットーがここで目標としているもの[「自分で考える人たちの国」]は、子供を自己活動的な存在として認め、そして能力を高めながら自立性の敷居のところまで導く、うまく行けばさらにその敷居を越えて子供を導いていく、そうした教育によってのみ達成することができる」[4f.]。

直接性の希求　以上のような自己活動と共同体とを原理とする学校において

4）　この「「血と土」のイデオロギーの逆を行く」というのは、現在から見てそのように解釈できるということであって、ライヒヴァインの実践においてこのことが明示的に出ているわけではない。明示的には、「ドイツの運命と人間の運命を地政学的に見ることを学ぶ」[Reichwein 1937b: 44]ことが目標に掲げられており、ナチズムの文脈においても十分解釈可能な形をとっている。こうした限界についてはリンゲルバッハの議論[Lingelbach 1997]に関連してのちに考察することになろう。なお、このテーマ選択には、自家用飛行機を所有する冒険的なアマチュア飛行家であったライヒヴァインの個人的な関心が反映してもいるであろう。

は，教師と生徒の関係も従来型の教科中心の学校とは違ったものとなる。この点についても簡単に触れておこう。一言で言えばそれは，両者の関係が間接的・媒介的なものから直接的なものへと変化する，ということである。これは，両者が同等になるということではなく，むしろ逆に，教育者がその生活形式や能力によって子供自身にも納得できる卓越性を示すがゆえに人工的に距離をとる必要がなくなる，ということを意味する。教育者と生徒の間に境界を引くために「国家とその秩序からもらい受けた人工的で媒介的な支え」が必要となったのは，当の境界が本来の「内的な力」を失ったからなのだ[Reichwein 1937b: 121]。ライヒヴァインの考える学校はこの「内的な力」を再獲得することになる。境界線は「もはや前もって与えられた「権威」によってではなく模範によって[……]決定される。このことが意味するのは直接性であり，端的に納得させるもの，信頼のおけるもの，まただからこそ作用するもの，である」[ibid.]。——このような直接性(Unmittelbarkeit)の希求はライヒヴァインの実践報告を貫く隠れたモチーフと言いうるものであって，教育者と生徒の間の関係だけでなく，子供と事物の世界との関係においても直接性が希求される。計画学習はまさに事物との関係の直接性を保障する——「子供が事柄に直接出会う」[ibid.: 30]——ための手だてでもあった。映画というメディアとの取り組みを中心に据えた『農村学校における映画』でも，現実との直接的関係の重要性が以下のように強調されることになる(この論点には後に立ち返ることになろう)。

> 「教育者による先取りや説明や断片化なしに，子供たちは直接，言語や映像に出会うべきである[……]。出会いのこの直接性が子供にとって自明でありふれた事柄になっているかどうかに教育の多くがかかっている。[……]郷土の現実であれ，あるいは映像や言語による報告であれ，あらゆる現実は直接に作用することを欲する」[Reichwein 1938: 6]。

2.2 ナチズム陣営からの評価

以上のようにライヒヴァインの実践報告を眺めたとき，ナチズム体制のもとで新教育の原理にこれほど忠実な実践がなされたこと，また，様々な妥協や偽装をこらしつつも反ナチズム的な——と少なくとも現在の目から見て解釈可能な——考え方が表明されていたことに，驚きの声が上がるかもしれない。もっ

とも，プロローグでも触れたとおり，ナチズム期においても，様々な実験学校がともかくも新教育的な実践を継続していたという事実を最近の研究は明らかにしている。明確にナチズム的な目標に向けて新教育的な方法を実践したヴィットマン（Theodor Wittmann）のような場合さえあった [Hansen-Schaberg 2000]。

ライヒヴァインの実践報告に関して真に驚くべきことは，その実践の新教育的性格よりも，この実践と実践報告がナチズムの陣営から高い評価を受けたという事実であろう。反響の大きさは，部分的には，農村学校の改革・拡張という当時の現実的必要に適応したライヒヴァインの学校構想の実用性に起因していたかもしれない [cf. Amlung 1991: 381f.(317f.)]。しかし，ヒトラー青年団の機関誌『意志と力（*Wille und Macht*）』における書評を見る限り，NSDAP 側の賛同はライヒヴァインの教育理念にまで及んでいる。というのも，そこで称賛の対象になっているのは，子供を主体的な存在と捉える自己活動の原理であり，それを支える共同体の理念であり，教師と生徒の直接的な影響関係なのである。書評はたとえば次のように述べている。

> 「かくも幅広く現代に開かれた形で「学校」のイメージが提示されている。それは，「強制施設」としての昔ながらの学校の観念からはほど遠く，子供の諸力を動員することを知っている学校であり，若き国民が「創り出すというやり方」で（in "schaffender Weise"）活動する学校である。重要なことは何よりも，ライヒヴァインが青年の自己指導という原理を彼の学校［……］へと移し入れていることである。年長の才能ある生徒の指導のもとに置かれているような——少なくともそういうことが時に生じる——「集団」を彼は作り出している。いずれにせよ全員が，「創造的（schöpferisch）」とさえ呼びたくなるような仕方で，創り出しながら（schaffend）学習しているのである」
> [(Rezension) Adolf Reichwein, "Schaffendes Schulvolk," 1938: 55]。

教師と生徒の関係のあり方についても書評は次のように評価する。

> 「ここには単に知識伝達者であるような「教師」はもはや存在しない。［……］彼は，生き方を示して熱中させること（begeisterndes Vorleben）を通して教育しており，青年はこの「卓越した能力」に，確固たる「指導」に，「働きかけ確信させる模範」に倣い，服従し，信頼を寄せるのであるが，そうした模範こそ，帝国青年指導者——これはヒトラー青年団長シーラッハの正式役職名である（引用者注）——があらゆる教育の根本要素と呼ぶのを常としているものである」[56]。

最後に，書評は次のようにライヒヴァインの実践を大いに「歓迎」する。

「[……]ここには，新しい学校教育がいかにその活動領域においてヒトラー青年団の教育的理想にそって自らを構成するかについての道筋が，学校の側から示されているのであって，われわれはそのことを歓迎したい」[56]。

2.3 抵抗の困難

こうして，ライヒヴァインの実践報告における新教育的な要素は，実はナチズム体制にとってたやすく利用可能な部分であることが明らかになる。とすれば——本章冒頭の問題設定をもう一度思い出してほしい——〈教育的抵抗とは何か〉という問いを修辞疑問のように扱うことは到底できないであろう。新教育的伝統を要とする従来のライヒヴァイン理解の構図から，ナチズム体制下におけるライヒヴァインの理論的・実践的活動が教育的抵抗を構成していたという解釈が自動的に導き出されるわけではないのである。

それにしても，ナチズム陣営におけるティーフェンゼー実践の手放しとも言える高い評価を，われわれはいかに理解すべきだろうか。一つの可能性は，ライヒヴァインの使用している概念の多義性にそうした積極的評価の原因を求めることである。フーバーはその種の多義性の典型として，「共同体」という新教育的概念とナチズムによるその「転倒」を挙げている[Huber 1987: 291ff.]。ライヒヴァインが個人を支えるべき存在として「共同体」を理解していたのに対して，ナチズムの側はこの同じ言葉を，個人を否定する存在を指すものとして理解し使用した。ナチズムの「共同体」のなかには，共同体に対置されるべき「極としての「個人」のための場所はどこにもない」[303]のである。クラフキによれば，新教育的概念のこうした多義性は反体制派にとっては「幸運」であった。『創り出す生徒たち』において，ライヒヴァインは，彼の言語使用に忠実に，しかし「自分自身の解釈は表に出すことなしに」，たとえば「共同体」という概念を使用し続ける。ところが，「今や権力を握った側は，こうしたライヒヴァインが，彼ら自身のナチズム的な言語理解に同調しているものと誤って想定することになった」[Klafki 1999: 79]。——このような説明によって，ライヒヴァインの思想的一貫性や新教育的理念の潔白は守られるかもしれない。しかし，彼の実践報告の「抵抗」としての意味は大部分失われることになろう。というのも，「自分自身の解釈」を表に出さない以上，報告の意味づけは支配

的な解釈図式に委ねられる他はない。ヒトラー青年団との関係において実際に出来したように，ライヒヴァインの実践報告はナチズム的教育理念の正当性を証明する具体例として利用されることにさえなる。彼の報告は，後世に向けての投瓶通信のようなものではありえたとしても，ナチズム体制の転覆につながるような役割はそもそももちえなかったということになろう。

　ライヒヴァインの活動のなかにナチズム体制に対する抵抗の可能性を見出すことの困難は，実践報告のレベルから，そこで報告されている実践のレベルに視線を移しても変らない。実践のレベルでも，上に見たような「誤った想定」の余地を意図的に利用することは可能である。リンゲルバッハはこの点に着目し，ライヒヴァインの実践がいかに表向きの見かけとは別の内容を伝達していたか，言い換えれば，いかに「当局の監視からも，同僚や校区の政治的統制からも「隠れた」ところで，破壊活動的に生起」[Lingelbach 1997: 223]していたか，を取り出そうと試みている。たとえば，歴史の授業の中心に置かれた年表づくりでは，一見ナチズムのカリキュラムに忠実に，皇帝やビスマルクが大きく描かれた年表ができ上がる。しかしよく見れば，小さく書き込まれた経済や技術の展開が実は歴史の軸線をなしている。「計画学習」での作業と相まって，ライヒヴァインは人間の労働や民衆の生活を中心に据えるような歴史観を子供に伝えようとしているのである。「外から見る者には隠されている」のだが，「生徒たちは，自分の手と頭を使って，自分たちの祖先がどのように政治的・経済的な出来事に関わっていたかを把握していくことになる」[227]。

　ただし，リンゲルバッハによればこれには限界がある。そうした「リアルな社会学的考察」[227]が現代にまで及ぶことはないからである。「歴史的な知識を現在の生活と結びつけるための，決定的な媒介の輪が欠けていた」[229]のであり，この「空所」は，「ナチズム支配者の遍在するプロパガンダ的自己記述によって不可避的に埋められることになった」[229]。——リンゲルバッハのこの鋭利な分析と批判は，しかし同時に，ナチズム体制下における教育的抵抗の不可能性を宣言しているに等しい。というのも，あの「空所」をライヒヴァインが自ら埋めようとしたとすれば，それはただちに弾圧の対象となり，そもそもティーフェンゼーでの実践は存立しえなかったに違いない。だからこそライヒヴァインの実践は「破壊活動的」になされる他なかった，というのがリ

ンゲルバッハ自身の出発点でもあった。

　こうして，報告のレベルに定位しても実践のレベルに定位しても，抵抗の試みは，ほとんど論理矛盾とも言うべき困難にぶつかるように見える。それが「抵抗」としての実質をもつためには人は旗幟を（「自分自身の解釈」を）鮮明にしなければならないのだが，まさに旗幟鮮明にすることを不可能にしているのがナチズム体制であり，まただからこそナチズム体制は単なる合法性を超えた「抵抗」を要請するような体制だったわけである。

　しかし，教育的抵抗は本当に不可能事だったのだろうか。抵抗を不可能事にしているのは観察者の側であって，ライヒヴァインに教育的抵抗の可能性を探し求めている側の枠組みが，逆に教育的抵抗を一種の論理矛盾として現出させているということなのではないか。というのも，そこでは依然として新教育的な枠組みのなかに，この場合で言えば自己活動に支えられた啓蒙のなかに，抵抗の可能性がもっぱら探し求められている。ところが同時に，まさにそのような啓蒙の可能性の芽をつみとってしまう点に，ナチズム体制の特質が求められている。当然，教育的抵抗は論理矛盾として現れざるをえない。しかし，こうした枠組みからは見えない場所で，ライヒヴァインは教育的抵抗の可能性を示して見せていたのではないか。この抵抗の現場を可視化するためには，われわれはまずライヒヴァインの実践および実践報告が教育的抵抗として位置づく文脈を再構成しておく必要がある。私の見方が間違っていなければ，その文脈とは，リンゲルバッハの言う「遍在するプロパガンダ的自己記述」である。ライヒヴァインが埋めようとして埋められぬ「空所」を，日々埋めていくプロパガンダ——それを無力化するような作用をライヒヴァインの実践は組み込んでいたのではなかろうか。ナチズム体制におけるプロパガンダの現実にここで目を向けることにしたい。

3.「美化された現実」とプロパガンダ

3.1 「指導者」と「民族共同体」への動員

　宣伝省（Reichsministerium für Volksaufklärung und Propaganda）を新設したことに端的に示されているように，プロパガンダの重視はナチズム体制の重要な特

質をなす。「ナチズムの運動を「プロパガンダ運動」と呼んでもまったくおかしくない」[Hoffmann 1988: 79]と言われるほどである[5]。『わが闘争』のなかで，ヒトラーはすでに，「大多数の大衆の感情的な観念世界を掌握」するプロパガンダと，そのために「悟性」にではなく「常に感情に働きかける」ことの重要性を強調していた[Koch 2003: 91 から重引]。政権掌握後，NSDAP は新体制への国民の支持を確保するために組織的なプロパガンダを展開したが，その中心に置かれたのは「民族共同体」と「指導者」という二つの概念である。両者は，「ナチズムの非合理的な世界像」における「二つの主導概念」であり，「他のあらゆるイデオロギー的要素の上位に置かれた定点」であった[Reichel 1993: 114]。ヒトラーという「指導者」を中心として，ドイツ人は今や利害対立を克服して「民族共同体」へと結集するのだとされ，そうした新体制に向けての説得が展開された。

「指導者」を中心とした「民族共同体」のイメージは，ナチズムの中心に位置づく神話であると同時に，政治・経済の変動を否定的に経験してきた「大多数の大衆」にとって，その「感情的な観念世界」を満足させるものでもあった。この調和的なイメージが，反対派の暴力的抑圧や「異物」とされたユダヤ人，ロマの人々などの排除をその裏面に隠していたことは言うまでもない。しかしもちろん，ナチズムのプロパガンダにとって重要だったのは神話と現実の一致ではない。感情的な観念的世界を満足させる神話が，あたかも現実であるかのように見えてくることが重要だったのであって，この意味で，ナチズムのプロパガンダは知覚や感情のレベルでのコントロールをめざしていたと言うことができる。

「指導者」を中心とした「民族共同体」というイメージをナチズムが最も効果的に演出できる場が，1927 年以来ニュルンベルクで開かれてきた党大会で

---

[5] 「プロパガンダ」の語は，18世紀初頭にローマ教皇庁に設置された外国布教のための部署(Congregatio de propaganda fide)に由来する。ドイツにおいて，この語は当初は教皇庁からの，のちにはフランス革命後のフランスからの，ドイツへの影響行使を指すものとして否定的な含意をもって使われた。1900 年前後にこの語は宣伝の専門家たちによって商業宣伝を含めた宣伝一般の意味で使われるようになり，それとともにプラスの意味を得ることになる。政権掌握後，NSDAP はこの語を商業宣伝の意味で使うことを禁止し，もっぱら政治宣伝の意味で用いようとした[Schieder/Dipper 1984]。

あった。入念に演出された党大会の模様は、これにさらに映画的な演出が累乗された形で、レニ・リーフェンシュタールの映画『意志の勝利』(1934)に記録されている。そこでは、個々人は何万人という群衆が織りなす紋様のなかに溶け込んで「民族共同体」の一部となり、整列した大群衆の視線を一身に集めてヒトラーは「指導者」としてのアウラを獲得する。このような舞台装置のなかで、ヒトラーの演説はますます大きな呪文的効果を発揮することができたし、その擬似宗教的なトーンはますます未来を約束するものとして響くことになった。たとえば、1936年の党大会でヒトラーは「指導者」と「民族共同体」との関係を次のように描いている。

> 「諸君はかつて一人の男の声を聞いた。その声は諸君の心を打ち、諸君を目覚ませ、諸君はその声に従った。諸君は何年もの間その声のあとを追ったが、声の主を見ることさえなかった。[……]何百万といる人間のなかに諸君が私を見出したというのは、われわれの時代の奇跡である。そして私が諸君を見出したというのはドイツの幸運である！」[Reichel 1993: 142 から重引]

3.2 娯楽へと侵入するプロパガンダ

党大会やそこでの演説、あるいはその映画化やラジオ中継——これらはもちろんプロパガンダの柱である。それらは、ナチズムが作り出す擬似公共圏に向けて人々を動員することになろう。しかし、ナチズムのプロパガンダがこのような公的な領域への動員に終始すると考えてはならない。ナチズム体制は娯楽という私的領域に侵入するようなより巧妙なプロパガンダをも展開した。こうしたプロパガンダの手法を意識的に展開していったのが、宣伝省大臣ゲッベルスであった。彼のもとには、著述、映画、音楽、演劇、報道、ラジオ、造形芸術という七つの部門をもつ「帝国文化院」が置かれ、そのメンバーとなることがそれぞれの領域での職業活動の必須条件となった。文化諸領域への政治的介入のルートが確立されたわけである。ゲッベルスはしかし、文化諸領域の表現形態からは、直接的な政治的統制の印象を徹底して消去しようとした。政治的信条のおしつけを避けるように、ラジオや映画の製作者に対して彼は繰り返し警告している。「退屈になることだけは禁物である。[……]お盆の上に信条を乗せて出すようなまねだけはしないでほしい」[Goebbels 1971: 94]というのであ

る。もちろん，こうした物言いは彼の政策がリベラルなものであったことを意味しない。政治的なスローガンや信条のあからさまな注入が感情的な反発を生み面従腹背を蔓延させることを彼は知り尽くしていた。彼のプロパガンダはそうした感情的な部分をもコントロールすることをめざしていたのである。そのために彼は，「指導者」と「民族共同体」の神話へと人々を動員するだけでなく，人々が逃避してくつろげる娯楽という私的領域を用意すること——それは同時にこの私的領域に介入しそれを道具化することでもあるが——にも心を砕いたのであった。

　プロパガンダによるこうした私的領域のコントロールは，どのように，またどの程度機能したのだろうか。すでに第9章で，われわれは『ヒトラー少年クヴェックス』(1933)に即して娯楽へと侵入していくプロパガンダのメカニズムに光を当てた。本章では，映画と並んでナチズムが重視したもう一つの「ニューメディア」であるラジオに目を向けることにしたい。

3.3 「リクエストコンサート」

　家庭や職場に直接声を送り届けることのできるラジオ放送は，映画と並んでナチズムのプロパガンダの最も強力な武器となった。ゲッベルスはラジオに「大衆への影響行使の最も現代的で最も重要な道具」[Goebbels 1971: 91]を見ている。それまで高級品であったラジオを普及させるために，「国民受信器 (Volksempfänger)」と名づけた廉価なラジオも開発された。しかし彼はこの道具を使ってナチズムの政策や信条を人々の耳に注ぎ込もうとしていたわけではない。政権掌握直後に政治演説の中継が増加しラジオ離れが起こりかけたとき，政治演説を月2回までに制限してこの傾向に歯止めをかけようとしたのは他ならぬ彼自身である[Reichel 1991: 166]。「いかなる人間もラジオなしでは生きられず，ラジオが端的に日々の必要になる」[Goebbels 1971: 97]ような状態を彼は作り出そうとした。そのためにラジオ番組はまず娯楽でなければならなかった。そして，誰もが心待ちにする娯楽が同時にプロパガンダでもあるという理想状態を，おそらく最もよく実現していた番組が「リクエストコンサート」であった(「リクエストコンサート」の実態について，以下の記述はその大部分をよく調査の行き届いたハンス-ヨルク・コッホの研究[Koch 2003]に負っている)。

図10.1 番組がもとになってできた本『リクエストコンサートを始めます』[Goedecke/Krug 1940]。編者のゲデッケとクルークは番組の司会者でもあった。この表紙にもあるような楽しげな漫画が本文をも彩り、〈戦争を笑いのめす・しゃれのめす〉という姿勢がこの本全体に横溢している。

　ラジオ番組に聴取者からのリクエストを組み込むという試みはすでにラジオ放送開始直後から存在したが、ナチズム体制下のラジオ放送は、それに社会的な文脈を付与することで、巨大な影響力をもつ人気番組を作り上げた。最初のリクエストコンサート——「冬期慈善募金のためのリクエストコンサート」——が放送されたのは1936年1月、その名のとおりリクエストが冬期慈善募金と結びつけられた。冬期慈善募金は、1933/34年の冬以後、NSDAPの党組織を動員し、「ドイツ的社会主義と国民的連帯の表現」[Koch 2003: 169]だとして毎年鳴り物入りで実施された。今やこれがラジオと結びつけられ、募金を表明した人は番組を企画したドイツラジオにお好みの曲をリクエストできるということになった。スローガンは、「あなたがリクエスト、私たちが演奏、それでたくさんの人が助かります」[ibid.: 171]、であった。「冬期慈善募金のためのリクエストコンサート」は冬の時期に年4回の放送となり、通算14回が放送された。ドイツラジオは「100万通近いリクエストを集め、ごくささやかな義

援金をまとめて 60 万マルクを冬期慈善募金に送金することができた」[Goedecke/Krug 1940: 21]。

この番組は，ナチズム体制がめざした「公的領域と私的領域の境界の解消」[Reichel 1991: 170]の一つの実例を示している。人々は自分たちが好む曲を家庭のラジオで聞くという私的領域での娯楽に興じるが，同時にラジオはこの私的領域のただなかに「ドイツ的社会主義」や「国民的連帯」を現前させることになるのであり，さらに人々は「リクエスト」という行為によってこの擬似公共圏――いうまでもなく，どのような曲を演奏しどのようなメッセージを読み上げるかは当局の細部にわたる検閲と指示を経て決定された[Pater 1998: 238]――の形成に参加することにもなる。しかし，この番組が本当の意味でこうした力を発揮し始めたのは 39 年 9 月の第二次世界大戦勃発後のことであった。戦時期はティーフェンゼーでのライヒヴァインの学校実践と時期的には重ならない。しかし戦時期にリクエストコンサートが博した大成功から，われわれはライヒヴァインがティーフェンゼーで直面したと思われるプロパガンダ的な現実をより直截に見て取ることができるであろう。

大戦勃発後，番組は，兵士とその家族からのリクエストを中心にすえた「国防軍のためのリクエストコンサート」に衣替えして続けられた。「国防軍のためのリクエストコンサート」は 39 年 10 月 1 日に放送開始，40 年からは毎週日曜日の夕方 5 時から 10 時が放送時間となり，41 年の番組終了までに 75 回が放送された。それは最も人気のあるラジオ番組となり，人々が心待ちにする休日の夕べの楽しみとなった。ラジオを生活の必需品にするというゲッベルスの理想が実現した形である。ゲッベルス自身この番組には特別の注意を払っていた。前もってプログラムを提出させて，音楽が聴取者の欲求に応えるものになるように気を配った他，全音楽家に対してこの番組にはボランティアで出演すべきことを回状を出して要請している[Koch 2003: 203f.]。1940 年にはこの番組を題材にした映画『リクエストコンサート』――1936 年のベルリン・オリンピックで出会って恋に落ちたカップルが，男性側の秘密軍務ゆえに別れ別れとなり，その後このラジオ番組のおかげで再会を果たすというメロドラマである――が製作されて大ヒットとなったが，ゲッベルスはこの映画に脚本から配役にまでわたって関与してもいる[ibid.; 246]。

前線の兵士にとってラジオから流れる音楽は数少ない娯楽であり，その欲求を満たすという目的がこの番組にあったことは確かとしても，もちろんそれだけが目的ではない。リクエストコンサートが「故郷と前線の架け橋」[Goedecke/Krug 1940: 161]となることがねらいであった。リクエスト曲とともに，その曲をリクエストした兵士から故郷に向けてメッセージが送られ，家族は無事を確認することができた。アフリカの砂漠に駐屯する部隊からは「ビールを注ぐ音」や「美女が入っているお風呂のお湯の音」がリクエストされた[Koch 2003: 188]。故郷に残してきた身重の妻に赤ん坊が生まれたことを知らせるコーナー——それは赤ん坊の「オギャー！」という元気な泣き声で始まるのであった——は「圧倒的な成功」[Goedecke/Krug 1940: 73]をおさめた。兵士は家族からの手紙よりも早くわが子の誕生を知ることができたのである。番組には大量の寄付が集まった。たとえば「母親一人に半ポンドのバター」という寄付の申し出があり，数日後に番組宛に274ポンドのバターが送られてきた[ibid.: 74]。リクエストコンサートのなかで戦死者の名前が呼ばれ，そこではじめて夫や息子の死を知るということもあった。東部戦線で息子をなくした母親からはその息子ヴァルターが好きだったという歌「おやすみ母さん」がリクエストされた[43f.]。以下はその歌詞の一部である。

　　「おやすみ母さん，おやすみ/母さんはいつも僕のことを考えてくれたね/心配させて，てこずらせた息子に/夜には子守歌を歌ってくれたね/おやすみ母さん，おやすみ[……]今日母さんからの手紙が届いた/ほんの短い手書きの手紙/でも僕を思ってくれてることは，千マイル向こうから伝わってきた/母さんがすぐそこにいる気がして，僕は母さんのひざにもたれて座っていた/ふるさとが，すぐそこで僕をやさしく迎えてくれていた/今日はもう遅い，疲れたでしょう/苦労と心配は肩に重かったでしょう/でもあなたの息子はここにいて，あなたのために歌を歌います/朝までゆっくり眠って下さい/おやすみ，母さん」[45]。

司会者はこの歌を流したあと次のように付け加えている。
　　「そして今このお母さんは知ることになったのです。ヴァルターはあなたのためだけに倒れたのではない，みんなのために倒れたのだということを！」[ibid.]
　人々は，リクエストされるバラエティに富んだ音楽を楽しみながら，息子をなくした母親に同情し，赤ん坊の誕生を喜び，無事を確認している家族がいる

ことに思いをはせる。自分も苦しいなかで赤の他人のために寄付をしようという人がいることに心暖まる思いをする。——「民族共同体」が立ち現れてくるわけである。しかしここでも，それは明示的なテーマとして働いているわけではない。「民族共同体」のイデオロギーが，それとして語られたり推奨されたりしているわけではない。むしろ，推奨され促進されるのはここでもある種の知覚のあり方である。上の「おやすみ母さん」のように，音楽そのものがそうした知覚をかたどっていくことにもなる。そして，一見「自然」に見えるそうした知覚——母を思わない息子，息子を思わない母，故郷を思わない人間がいるだろうか！——をなぞるとき，「民族共同体」は擁護すべき現実として——祖国の勝利のために苦難をしのいでいる「われわれ」自身の姿として——立ち現れてくるのである。「リクエストコンサート」という人気番組は，私的領域へと侵入し，娯楽への個々人の自発的な欲求を巧妙に誘い出した。そしてこの欲求を利用して，ナチズムのイデオロギーが一つの擁護すべき現実として見えてくるような知覚のあり方を，推奨し促進した。ここでもまた，第9章で見た映画『ヒトラー青年クヴェックス』の場合と同様，プロパガンダは対象化する意識をかいくぐって知覚のレベルに作用しているのである。

4. 教育的抵抗の現場

　以上のようなプロパガンダ的な現実を考慮に入れることによって，われわれはライヒヴァインが直面していた困難をよりよく理解することができるであろう。それは，先に見たような(本章2.3)，最初から克服不可能であることを宣告された論理矛盾のごとき困難ではないが，ライヒヴァインにとっては，その克服のために慣れ親しんだ新教育的な教育観を越え出ていくことを強いられるような困難であった。プロパガンダによる〈自己活動の植民地化〉とでも呼ぶべき事態がそれである。知覚のレベルにプロパガンダが侵入することによって，自己活動は必ずしも「啓蒙」を下支えするものではなくなってしまう。獲得が自発的・自己活動的になされるという事実は，その獲得される現実の真理性や正当性の指標ではなくなるのである。当の自己活動や自発性そのものが，知覚の支配を介して——リクエストコンサートにおいて人々が「民族共同体」に寄

せた衷心からの支持と賛同を想起してほしい——プロパガンダの支配下に置かれてしまうのだから。このような状況のなかで単に自己活動の理念を掲げ，あるいは「共同体」によって自己活動を具体化しようと試みることは，プロパガンダが作り出す現実を新教育的理念で支えることに帰着してしまう。『意志と力』における書評は，ライヒヴァインもこうした危険から無縁でなかったことを示している。しかし，その実践報告において，ライヒヴァインは単に新教育的な理念を押し立てていただけだったのだろうか。そこには，ほとんどライヒヴァイン自身の意図に逆らってと言いたくなる仕方で，新教育的な教育観を越え出ていくような要素が侵入しているのではなかろうか。私たちは新教育的な枠組みを一旦カッコに入れて彼の実践報告を読み直してみなければならない。

4.1　知覚の美的次元

　新教育的な枠組みをカッコに入れたときに目に入ってくるのは，自己活動以前の感覚や知覚のレベルに，ライヒヴァインが不思議なほど注目していたという事実である。ライヒヴァインによれば，「われわれに語りかけるものが色彩から来るにせよ言葉から来るにせよ，感覚(Empfindung)こそが本質的なのである！」[Reichwein 1938: 14]——感覚・知覚のレベルへのこうした関心は，先に触れた「直接性」へのライヒヴァインの希求と深く関わっているであろう。とりわけ事物との関係の直接性——「直接的な事物経験」[Reichwein 1938: 8]——を追求したとき，事物と人間とのいわば接面の成り立ちが問題として浮上してきたのだと考えられる。この接面にライヒヴァインが見出したのが，感覚であり，意味づけられ感情づけられた感覚としての知覚であった。

　実際，ライヒヴァインは『創り出す生徒たち』のなかで，「見ることについて」「聞くことについて」といった項目を設けて感覚・知覚の問題を主題的に扱っている。「見ること」において問題となるのは形態(Form)を感受できるような感覚の獲得である。「形態の把握と形態の付与における新しい確信が獲得されなければならない」[Reichwein 1937b: 94]。そのために，子供たちは「素材に根拠をもつ単純な形態付与の美を体験」[95]する必要がある。「周囲のあらゆる対象を，新しい目で見，美と合目的性への単純な感情から評価するよう，われわれは自分たちを訓練する」[96]。——このように，世界との接面を求め

第 10 章　アドルフ・ライヒヴァインのメディア教育学　　289

て感覚知覚のレベルに下降していったとき，ライヒヴァインが見出したのは〈美〉の次元（「形態付与の美」「美と合目的性」）であった。この点は「聞くこと」においても変らない。「聞くこと」の訓練において重要な役割を与えられているのは言葉のもつ音楽的要素なのである。「語られた言葉を聞くことは，音形（Klangformen）の把握において訓練されるのであり，器楽や声楽を聞くことは音色（Klangfarbe）に対する感覚を鋭敏にする」[100]。また，「言語においても音楽においても，リズムを聞くすべを心得た人は，その背後に存在する内容の把握も容易になる」[ibid.]とされる。

　ライヒヴァインは，世界との接面を求めて〈美〉の次元にたどり着き，そこに形態や音形や音色やリズムを，つまりは知覚のゲシュタルトとでも言うべきものを見出した。このゲシュタルトは，たしかに主観の側が「付与」するという側面をもつのではあるが，ライヒヴァインが強調するのはそれが「素材に根拠をもつ」という点である。ゲシュタルトは「素材」に触発されることで形成される。ライヒヴァインは，まさにそれが素材に応答したものであるという点に，ゲシュタルトの〈美〉の規準を見ていたように思われる。また素材に応答している限りで，われわれの知覚は素材に密着し素材との接面をなしているわけである。

　ところが興味深いことに，上の引用にもある知覚の「訓練」が試みられるとき，ライヒヴァインは世界との当該の接面から子供を意図的に引き離すことになる。「見ること」の訓練においてライヒヴァインが導入するのは，観察した植物の形を紙とハサミを使って切り絵で再現するという作業である。子供は目の前の植物との視覚接面から引き離され，紙とハサミに向かうことになる。この作業は「自然に育ってきた形態と，形態を創り出す子供との，内的な取り組み」[ibid.: 96]となる。「聞くこと」の訓練では，子供たちはヒマワリの茎を使ったたて笛づくりに挑戦する。美しく正しい音を出すためにどれほど厳密・正確に茎を処理し穴を開ける必要があるかを彼らは経験することになる。「対象における手仕事的な過程が[……]聞くことの訓練に統合されている」のであり，この手仕事的な過程が，音を，「対象的なあり方をとった「純粋な形式」としてはじめて取り出す」ことになるのである[103]。

4.2 知覚に繋留される作業

これらはライヒヴァインのいう「計画学習」の作業の一種だともいえるが，新教育的文脈でいう「作業」や「プロジェクト」に解消できない要素がそこには入り込んでいるであろう。というのも，そこでは世界との関係のあり方そのもの，この場合で言えば知覚のあり方そのものが，これらの作業における探究の対象となっているからである。これに対して，新教育の文脈における「作業」は，世界との関係の特定のあり方をあらかじめ前提にしている。

ケルシェンシュタイナーにおいてもデューイにおいても，「作業(Arbeit, occupation)」の前提になっているのは対象との目的合理的な関係である。ケルシェンシュタイナーの場合[デューイに関しては今井 1993 参照]，「作業」という対象関係は，「遊び」を出発点にして育ってくるものではあるが，「遊び」とは対立する側面をもつ。「遊び」が「単にそれ自身のために行われる」[Kerschensteiner 1964(1913): 51]ような自己目的的な活動であるのに対して，「作業」においては明確に目的と手段が分離する。作業は，仕事(Werk＝作品)の完成という，「意志によってその活動に対して設定された外的な目的」[52]を実現するための，手段なのである。このため，作業は「即事的構え」を，つまり「主観的な傾向，欲望，願望」をあえて抑えて「目的を[……]完全に実現」[47]させるという構えを，主観の側に要求する。こうした「即事的構え」はそれ自体道徳的な価値であり，したがって「作業する人が純粋に即事的にふるまっているような作業はすべて教育的な価値をもつ」[47]。——「作業」を教育の問題として扱うことによってケルシェンシュタイナーが注目するのは，このように主観の側に帰属する特定の「構え」である。そこで想定されている構図をいささか図式化して言えば，個々人はある特定の構えをたずさえて世界へと赴き，世界と出会い，世界を処理することになる。世界との関わりに先立って主観の側に特定の構えが備わっているという，こうした想定が，「自己活動」という観念を支えているはずである。もちろん，主観の側の構えは世界との関わりのなかで形成される。しかしその関わり自体が再び主観の側の何らかの構えを前提にするのであるから，関わりの主導権は常に主観の側にある(主観的な欲望を抑えるのも主観の側なのである)——これが「自己活動」ということの意味ではなかろうか。

ライヒヴァインも，すでに触れたように，新教育の伝統に忠実に自己活動を重視していた。ケルシェンシュタイナーとよく似た形で，ライヒヴァインも遊びから作業へという子供の活動様式の発達を構想している[Reichwein 1937b: 81, 86]。ケルシェンシュタイナーへの直接の言及は見られないものの，ライヒヴァインがケルシェンシュタイナーの作業学校の考え方に影響されていたと判断できる指標は多い。アムルンクによれば「ライヒヴァインの計画学習は作業学校の方法的諸原理に立脚している」[Amlung 2001: 58]という。またクラウトによれば，「ライヒヴァインは，精神的な自己活動と手工的な活動の教育的な意味を強調することによって，実践的なレベルではドイツ新教育の作業学校の伝統(ケルシェンシュタイナー，ガウディヒ，他)に結びついている」[Krauth 1985: 209f.]。しかしライヒヴァインの場合，自己活動への注目は，自己活動の存立を前提にしてそれがもつ「教育的な価値」を論じるという方向に向かうのではなく，むしろ自己活動が成立してくる現場へと向かう。知覚のレベルへの下降はまさにその帰結だったであろう[6]。紙とハサミを使った作業もヒマワリの茎を使った作業も，自分自身の知覚を対象化する可能性を子供に与えることを一貫してめざしている。紙やヒマワリの茎のような素材は，子供を世界との接面から一旦は遠ざける，そしてそのことによって自らの知覚を対象化するのに不可欠の自由空間を作り出す，そのためのメディアとなるのである。

　事物の処理においては即事性が求められるが，そこでの「即事性」は主に美的な意味で理解されている。子供は，自分自身の知覚――切り抜いた紙はきちんと植物の形を示しているか，茎で作ったたて笛はしっかりした音を出しているか――に即して，事柄に即するとはそもそも何を意味するのかを探究する。子供はまた，処理された事物に即して自らの知覚を対象化し，そのことを通して自らの知覚をコントロールする機会を得る。ここには，前もって指定された

---

6) 実はプロパガンダも知覚のレベルに働きかけようとしていた。プロパガンダは，知覚のレベルに侵入して主観の側の構えに働きかけ，そのことによって「自己活動」そのものを操作し，ひいては世界の見え方を操作可能にしようとしていたのである。ペティ/キャシオッポによれば，プロパガンダにおいて問題になるのは客観的事実の伝達(たとえば「ワシントンはアメリカ合衆国の首都である」)ではなく，非・客観的な情報を伝達し，あるいはある意見を事実そのものとして(たとえば「ワシントンは世界で一番美しい首都である」)現出させることなのである[Petty/Cacioppo 1996: 3]。

構えにしばられることなく子供が自らの知覚と取り組むことができるような，主観と客観の間の中間領域が現出している。この中間領域においては，「即事性」はもはや主観の側に前もって備わった構え――事柄を目的合理的に支配するためにこそ事柄の論理に服する，という構え――ではなく，事柄に対して開かれているという，主観の非-規定性を意味することになる。ライヒヴァインは，たしかにケルシェンシュタイナー同様，「作法(Sitte)」や「徳(Tugend)」との関係において「即事性」について語っている[cf. Reichwein 1937b: 12]。しかしライヒヴァインにおいて徳として宣言されるのは，事柄に対する目的合理的な従順というあの前もって規定された構えではなく，事柄に対する美的で開かれた関係であったように思われる。このような立場から見れば，目的合理性という意味での即事性は，それが本当に事柄に即していると言えるのかどうかが問い直されることになろう。

　ここに，しばしば指摘されてきたバウハウスとライヒヴァインとの関係[Amlung 1991: 409(340); Mattenklott 1997: 46]を再確認できるだろう。素材の処理に即して知覚を主題化するというライヒヴァインにおける訓練の構想は，第8章でも見たバウハウスの「準備課程」の構想に極めて近いと言えるからである。客観の優位のもとで，子供は，世界への通路を実験的に探究し，そのことを通して自らの知覚を美的に修練するための，自由空間を獲得する。こうした自由空間を作り出しているのは作業のなかに組み込まれた事物であって，それが子供と世界の間に入って両者を遠ざけるとともに結びつけるメディアとして働いている。世界と主観の間に割って入って知覚の対象化を可能にするというメディアのこうした構造は，映画を中心に据えたライヒヴァインの二番目の実践報告『農村学校における映画』にも見出すことができる。そこではメディアのこの役割が明示的に主題化されることになる。

4.3　事物経験と映像・言語

　映画の組織的な利用はティーフェンゼー実践の一つの大きな特徴をなす。映画の教育利用は，ナチズム体制下で大きく進展したことの一つである。1934年に授業映画の製作・配給を目的として「帝国授業映画局」が設置され，これが全国センターとなって各地の支局を結び，製作した映画を教師の求めに応じ

て貸し出す体制が整ったのであった(ナチズム体制下での映画教育をめぐる理論・実践については第11章で主題的に扱う)。30年代初めに16ミリフィルムが標準化して普及したこともあり[Paschen 1983: 35]、映画の教育利用はそれまでに比べてかなり現実味のあるものとなった。とはいえ、映画の教育利用、特に授業での利用は、教師の側の意識から言っても、また機材その他の物質的条件から言っても、いまだ実験的な段階を脱してはいない。ライヒヴァインの映画教育の実践は、ティーフェンゼーの小学校が「帝国授業映画局の実験学校」[Amlung 1991: 359(298)]となることで可能となっていたのであった。

ティーフェンゼーにおける映画利用の実践は『農村学校における映画』で詳細に報告されている。しかしこの実践報告を読む者は、本、写真などそれ以外のメディアと組み合わされ、また「計画学習」に組み込まれて、映画そのものが目立たないことに、むしろ驚かされるであろう。たとえば、子供たちは『農家の家を造る』(1935)という授業映画を観るが、それは実際に自分たちで家の模型を作るという作業に向かうきっかけを与えるにすぎない。この映画は「農民文化」という大きなテーマの計画学習に組み込まれている。子供たちは、模型づくりを最終目標として、原始時代からの家づくりの歴史を調べ、農民にまつわる物語や詩を読み、農民戦争・三十年戦争について学習し、農家の家の写真を様々な文献から収集する[Reichwein 1938: 39ff.]。先に触れたミツバチの観察、郷土のレリーフづくり、飛行する人間、といった計画学習も、『農村学校における映画』では映画利用と結びつけられている。「飛行する人間」を例として見れば、それはまずベルリン・ウィーン間の定期航空便の様子を描いた授業映画『ベルリン空港の定期航空便』(1937)を観ることから始まる。子供たちは飛ぶことに関する新聞記事を集め、飛ぶことの体験を美しい写真とともに綴ったペーター・ズンプの本を読む。さらに飛行の歴史へ、自然のなかでの飛ぶものの観察へ、鳥とグライダーの比較へと学習は展開し、授業映画『模型グライダーづくり』(1937)を参考にして自分たちでグライダーを作る作業へと至ることになる[81ff.]。

これらの例にも見られるとおり、映画がたやすく子供たちの興味をかきたてるという、その事実自体に教育的な意味を見出すような「ニューメディア」賛美はライヒヴァインには無縁である。彼によれば、「事物の代用として映像を

受け取っては決してならない」のであって、「映像との出会いを利用する前に直接的な事物経験のあらゆる可能性を尽くすべき」なのである[Reichwein 1938: 7f.]。映画を計画学習の枠内に組み込み作業と結びつける必然性もここにある。しかしここでのライヒヴァインの主張を、単純に事物経験の直接性に優位を与え映像を劣位に置いたものと受け取ってはならないであろう。すでに見たように、ライヒヴァインにおいて「直接的な事物経験」は物と物との接触のような物理的な次元に還元されると考えられてはいない。どこまで遡っても、見出されるのは知覚のゲシュタルトという形式であって、この意味で直接性は〈美〉の次元に帰着した。

　ライヒヴァインが映像に割り当てていたのは、この知覚の形式を対象化するという役割であったように思われる。ヒューターはライヒヴァインの映画教育学のこうした再帰的な構造を指摘している。「彼はこの[映画という]メディアを、単に教材提示の道具として使うのではなく、同時にまた、このメディアについての、そして映画を観ることについての、認識自体を伝達しようとする」[Hüther 2001b: 118]。音という流動的なものを「純粋な形式」――たとえば穴と穴との間のインターバル――へと対象化する点にライヒヴァインがたて笛づくりの重要な意味を認めていたことはすでに触れた。同様に、植物の形態を切り抜くという作業は、視覚における輪郭という形式を対象化するものになっているであろう[7]。映画が特別であったのは、この種の対象化が「生きた経過」に関してなされうる点にあった。

> 「重要なのは生きた経過の洞察である(だからこそ映画なのだ)。重要なのはまた、生きた過程の内的な全体性・完結性に親しむことである。[……]映画は、時間的・空間的に分裂した出来事を一まとめにしてそれを生きた統一体として把握可能にしつつ、しかし同時に出来事をそれ自体として、生きた経過として直観可能にするための、われわれが手にしている唯一の手段である」[Reichwein 1938: 60]。

映画も含めた映像の意義が知覚の形式の対象化にあるとすれば、それは「事物の代用」ではありえないし、「事物経験」が先行することにもなる。しかしこれは、映像が教育にとって二次的な意味しかもたないということではない。逆である。教育が、世界との特定の関係を単に前提にするのではなく、世界との関係の実験的な探究・構築のプロセスを含むべきだ――ライヒヴァインはまさ

にそのように考えていたわけだが——とすれば，知覚の形式を対象化することを可能にする映像は，ライヒヴァインにおいて教育の核心に触れる位置を与えられることになる。

　教育における映像の位置は，ライヒヴァインにおいては言語と比肩可能になる。ライヒヴァインは，言語と映像を対立的に捉える，現代でもしばしば見られるような立場をとっていない。彼によれば，「詩的な言語と映像による表現は，同じように直接的なものに関わっているのであり，現実の映像的に捉えられた表現に，簡単に言えば直観に関わっている」[Reichwein 1938: 14]。知覚の形式という「直接的なもの」を可視化・対象化するメディアであるという点では，映像は言語と同一のレベルに位置づくのである。言語についての次のような言明は映像についても妥当すると考えるべきであろう。「言語は事物を模写 (abmalen) するのではなく，事物を新たに造形する。言語は事物の本質を露出 (freilegen) させる」[8]。

　ここでライヒヴァインは，まさに事物経験の直接性の探究を通して，その間接性に逢着している。事物は物理的な意味で直接に与えられているのではなく，言語というメディアにおいて「新たに造形」されることで意味をもった世界として現れてくるのである。しかしそのような「造形」が可能であるためには，事物との接面を実験的に探究・構築する自由空間が確保されていなければなら

---

7) ヒューターが言う「観ることについての認識自体の伝達」は，ライヒヴァインの場合，単純な視覚訓練に帰着するものではなかった。たしかに，ライヒヴァインは映画が示す「構造」を認識できるためには「早い時期の目の訓練」[Reichwein 1938: 25]が必要だとして，「比較する画像観察」から「深化する画像観察」へ，さらに「特化する視覚」へ，という静止画像による視覚訓練を構想している[ibid.: 19-22]。しかし，ここに挙げた例にも見られるように，ライヒヴァインはこうした視覚訓練を前提にして映画利用を考えていたわけではない。視覚訓練もまた計画学習の全体に組み込まれていると考えるべきであろう。実際，ライヒヴァインは「特別の映像の時間のようなものを導入すべきだと考えているわけではない」[ibid.: 20]と述べている。「ライヒヴァインは，批判的な視覚教育の訓練過程をとおして，ナチズムのメディア活動を掘り崩すことをめざしており，それに適合したメディア教育学的な構想を展開した」[Meyer 1981: 199]とするマイヤーの主張は，ライヒヴァインのメディア教育学とプロパガンダ批判とを関係づける点で重要な洞察を含んでいる。しかし，形式的な視覚訓練によってプロパガンダに対抗できると考えるほどライヒヴァインはナイーヴではなかったはずである。メディア教育学とプロパガンダ批判とがいかに結合されるのかは，いまだ解明されていない問題であるように思われる。

ない。そうした自由空間の可能性の条件をなすのが言語や映像のようなメディア，あるいは先に見た紙やヒマワリの茎のようなメディアとしての事物であった。ライヒヴァインの実践および実践報告は，このメディアの領域を，ナチズムの「暴力および美化された現実」に抗して確保しようとしていたと考えられる。というのも，プロパガンダは，知覚を支配可能にするために，まさにメディアのこの自由空間を植民地化することを試みていたからである。

4.4 メディアのなかの抵抗

　メディアの領域を自由空間として確保するということは，しかしライヒヴァインの実践において，具体的にいかなる意味で「抵抗」を示していたのだろうか。これをわれわれは「聞くこと」の例からかなりよく読み取ることができる。先にも触れたこの例を詳しく見ていくことにしたい。

　「聞くこと」においてライヒヴァインがまず重視するのは，「注意して聞くことができる」という状態である。「あらゆる言語教育は聞くことができるということに立脚する」。たしかに，「見ることと同様，聞くことも自然な過程として生じる」が，傾聴ということができるためには訓練が必要である。そしてここを出発点として，「より大きな連関——たとえば一つのメルヘン——を理解をもって聞ける」という段階へ，さらに最終的には，「聞いたことをただちに処理する」という「最後の最も高度な段階」へと，聞くことの訓練は向かうことになる[Reichwein 1937b: 99]。——こうした聞くことの訓練を，ライヒヴァインは当時の政治的現実のなかに以下のように位置づける。

> 「このような「意識的」に聞くことの訓練は，今日実のところすべての成人に求められている能力，つまり長時間にわたる，記述的な，重要な内容をもった演説を意識をもって聞くことができるという能力の準備段階となる。われわれが今日生きているような政治的に密度の高い時代においては，聞き，傾聴し，考えつつ聞くことは，普通の人々にも，日常的な機会に繰り返し求められることなのである」[99]。

ライヒヴァインはまた，聞くことの訓練をラジオの聴取とも関係づけている。ラジオの聴取は聞くことのなかで「最も困難」だというのである。

> 「最も困難なのは——この点では映画を観ることと似ている——ラジオを聞くことで

ある。語り手も身振りも動きも聞き手から遠ざけられている。視覚による支えはここでは許されない。ラジオ中継によって，聞くことは「抽象的」な過程になるのである。訓練された聞き手にとっては，これは利益である。というのも彼は多くの副次的な気をそらすものに邪魔されないですむのだから。しかし，訓練されていない聞き手である子供は，この「純粋に聞くこと」にだんだんと慣れていく必要がある」[99f.]。

以上のように「聞くこと」を分節化し，状況のなかに位置づけたのちに，ライヒヴァインは先に見たような〈美〉の次元での聞くことの訓練を，さらにはたて笛づくりを通しての聞くことの対象化を提案することになる。訓練や作業がなされる状況と，それが位置づけられる政治的・プロパガンダ的状況との，落差が印象的である。ライヒヴァインは「政治的に密度の高い時代」の「要求」について語るが，それと同じレベルで「訓練」を構想するわけではない。実際に訓練がなされる場面は，たとえばたて笛づくりというまったく非政治的な状況である。そこにはナチズムの陣営から見ても非難に値するようなものは何一つ見出すことができない。彼ら自身が子供の活動の「創造的」なあり方を支持していたとすればこれはなおさらである（本章2.2）。しかし，まったく非政治的と見えるたて笛づくりの作業は，「意識的」ということの両義性を利用して，政治的・プロパガンダ的状況を掘り崩すような作用を目論んでいたのではなかろうか。

上の引用において，「意識的」であるとは，ナチズムの現実に積極的に——いわば自己活動的に——賛同し参加することを意味するように見える。ところが，「意識的」に聞くことを訓練するために導入されるたて笛づくりは，むしろそのような自己活動の一時停止をめざしている。先に見たように，たて笛づくりにおいてめざされていたのは，聞くことにおいて捉えられている知覚のゲシュタルトを可視化し探究の対象とすること，その意味で自らの聴取に「意識的」に対することであった。このような探究は，当然，日常的な聴取にも，つまり上の引用にいう演説を聞くことやラジオを聞くことにも，向けられることが期待されていたであろう。ナチズムを積極的に支えるように見えた「意識的」であることは，メディアの領域における自己活動の一時停止を介して，逆にナチズムの政治的・プロパガンダ的現実への抵抗を含意しうるものへと転換するわけである。

こうした転換は,「聞くこと」ほどには明瞭ではないとしても,ライヒヴァインが教育の領域に確保しようとしたメディアの領域全般に見られるものであろう。「見ること」で述べた,植物の姿を紙で切り抜く作業においても,あるいは『農村学校における映画』を通して見られる,様々なメディアによる映画というメディアの相対化においても,直接的知覚の対象化という同様の構造が確認できるからである。このような構造は意図的に隠蔽する必要はない。表面的には,ライヒヴァインの「計画学習」は,子供が事物と直接に出会い事物を自己活動的に支配することをめざしているように見える。このような見かけは,自己活動を通して大衆を動員し操作するというナチズムのプロパガンダの構想に問題なくおさまるものである。しかしそうした見かけの背後で,「計画学習」に導入された〈メディア〉の次元が,自己活動の動員や動員された知覚様式を相対化可能にするような自由空間を開いていたのであった[8]。

ライヒヴァインは,子供が作業において感じ取るべき「素材の尊厳(Weihe des Stoffs)」について語っている[Reichwein 1937b: 12]。素材という客観の側に優位を与えるこうした考え方は,彼の博物館教育学において明示的に美学的な文脈を受け取ることになる[cf. Fricke 1976; Mattenklott 1997]。論文「作業の素材がともに形成する」(1941)において,ライヒヴァインは,「美しい形式をもち実用にも耐えるようなモデルを介して手仕事の精神を産業の領域においても貫徹させる」ことの可能性を探っている[Reichwein 1941a: 151]。その場合に問題となるのは,「素材と形式とを,形式が素材から育ってくるような仕方で再び結びつける」ことであり,そのために人は「自然に与えられた作業素材の固有性に対する感覚」を必要とする[ibid.: 152]。まさにこれが,ライヒヴァインにとっては博物館教育学の出発点となる。というのも,博物館は,様々な対象に

---

8) このように見れば,ホーマンの批判的なライヒヴァイン研究[Hohmann 2007]はやはり肝腎な点を逸していると言わざるをえない。ホーマンは,ナチズム下でのライヒヴァインの言動を精査することで,のちに抵抗運動の闘士となったという事実から逆算して彼の教育実践にもナチズムへの抵抗を読み込むのは短絡であり,抵抗運動に投じるまでのライヒヴァインの理論や実践はナチズムを積極的に支えようとするものであった,と結論づけた。しかし,ナチズム下で公的な活動を展開していた以上,ナチズム支持と解釈できる言動を当時のライヒヴァインが表明していたことは何ら驚くべきことではない。重要なことは,表向きの個々の言動を取り出して白黒をつけることではなく,全体としての彼の教育論・教育理論を取り出し評価することであろう。

即して，素材にふさわしい形式——それを保存してきたのが伝統的な手仕事なのであった——と直接に触れ合う機会を子供に与えることができるからである。論文「学校と博物館」(1941)のなかで，ライヒヴァインはそうした機会を，「日常生活の新たな造形が問われるような趣味の教育(Geschmackserziehung)」[Reichwein 1941b: 162]だとしている。彼にとっては，「われわれの若者を新しい住感覚へ」と導くこと，たとえば「単純で素朴で手仕事的に処理された家具」に対する感覚へと導くことが重要であった[ibid.]。それにしてもなぜ，こうした「趣味の教育」がライヒヴァインにとってそれほどまでに重要だったのだろうか。——ここで再構成した文脈に置き直してみれば，こうした問いに答えることも容易になるであろう。

　ライヒヴァインは，「自分自身の解釈」をたしかに彼の実践報告のなかに表明している。ただしその解釈は彼の実践報告の深部に埋め込まれており，外部からは容易にうかがい知ることができない。その結果，ライヒヴァインの実践報告はナチズム陣営から歓迎されることにもなった。しかし彼の実践報告にならって実践がなされた場合，メディアにおける知覚の対象化や，それによるプロパガンダ的意図の暴露は，ライヒヴァインの意図がその実践において正確に理解されていたか否かとは別に，生起する可能性がある。ライヒヴァイン自身の解釈は，実践のレベルにおいてその効力が発揮されることになるような仕方で，実践報告の奥深くに埋め込まれていたというべきであろう。

5. 感性の自由空間へ

　以上のように見れば，ライヒヴァインの実践および実践報告は，ナチズムの「暴力および美化された現実」に対する，教育的抵抗の戦線を構築していたと解釈することができる。ただしその戦線は，従来の解釈が見ていたのとはまったく別の場所に見出されることになる。つまりそれは，プロジェクト学習における自己活動にではなく，素材への美的な応答性に求められるのであり，〈メディア〉の次元がそうした応答を実現可能にする自由空間を開くはずであった。

　映画やラジオといった新しいメディアを駆使するナチズムのプロパガンダに対して，ライヒヴァインは「直接性」の探求によって対峙しようとした。しか

し，まさにこの「直接性」の探求によって，彼の教育構想はメディアの領域をその中核部分に呼び込んだのだと言える。知覚のレベルへの侵入をはかるプロパガンダの作用に対して，ライヒヴァインは，知覚そのものを探究の対象としうるような〈メディア〉の次元を教育のなかに確保し，そこに感性の自由空間を開くことで対抗しようとした。そこでは，子供たちは様々なメディアに即して世界との関係を対象化し，世界との関係を実験的に探究・構築する可能性を得る。そのような自由を可能にしているのは，新教育的文脈において強調される——そして現代においても「作業」や「プロジェクト」の名において強調される——子供の自己活動や「主体性」ではなく，素材に応答するような美的な対象関係なのであった。ナチズムのプロパガンダ的現実に抵抗する際にライヒヴァインが最終的に拠り所にしたのは，素材に応答する知覚の美的ゲシュタルトの形成であったように思われる。だからこそ，ライヒヴァインにとって「趣味——英語風に言えばテイスト——の教育」は際立った重要性をもつことになった。

　このようなライヒヴァインの教育的抵抗の戦略がどの程度有効であったかは，もちろん別に問われるべき問題である。とりわけ，単に神話を形成するだけでなく娯楽にまで浸透して作用するようなプロパガンダに対してそれがどの程度有効であったかは問題である。ライヒヴァインの教育的抵抗は，「聞くこと」の例にも見られたように，ラジオによる政治演説によって影響行使しようとするような，神話形成的なプロパガンダに多く向けられていたように思われる。しかし，ライヒヴァインの構想がプロパガンダ的現実に対抗する教育的抵抗の一つの可能性を示していたことは確かであろう。そしてこの構想は，われわれが今もなお，あるいは今ますます「プロパガンダの時代」を生きているという事実を考えればなおさら，一つの参照するに足るモデルを提供しているのではなかろうか。

第11章　ナチズム期映画教育論における「事物」と「メディア」

1.「驚くべき中立性」？——導入に代えて

　映画の悪影響を批判しつつも，映画は優れた直観手段であり学校の授業に積極的に導入すべきだというのが，第Ⅱ部でも見たように，20世紀初頭に端を発する映画改良運動・学校映画運動の要求であった。この長年の要求は，皮肉なことにナチズム体制下ではじめて実のある形で実現することになった。文部大臣ベルンハルト・ルストの名で出された1934年6月26日付の布告は，以下のように述べて映画を書籍などと並ぶ「同等の権利をもった学習材」として位置づけている。

>「ようやく新しい国家が，映画という技術的達成に対する心理的な障害を完全に克服したのである。この新しい国家は，映画をも自らの世界観に奉仕させようと決意している。これは，とりわけ学校において，しかも学級での授業において，ただちに実行に移す必要がある。映画は，他のものに比べて動く映像が子供に対して強く訴えかけるところならどこでも，同等の権利をもった学習材として書籍等にとって代わるべきである」[Terveen 1959: 178]。

　この布告に基づいて「帝国授業映画局(Reichsstelle für den Unterrichtsfilm, 略称RfdU)」が設置された。RfdUは1940年に「帝国科学授業映画映像局(Reichsanstalt für Film und Bild in Wissenschaft und Unterricht, 略称RWU)」と改称されたが，以下ではRfdUとRWUの両方をまとめて「授業映画局」と呼んでおきたい。授業映画局は，教育省の下部組織という組織上の位置をもちつつも有限会社の形で運営された[Tolle 1961; Ewert 1998]。生徒一人当たり四半期ごとに0.2レンテンマルクを徴収すると決められた「学習材費」が授業映画局の運営財源となった。授業映画局は，職業学校・専門学校向けの映画や多数の科学映画の他，300本を超える一般学校向けの授業映画を製作した。授業映画のテーマ領域は，生物学から民俗学や歴史，さらにメルヘンにまで至る広がり

をもつ[1]。授業映画局は，教師からの要望を参考にして供給計画を策定し，これをもとに，映画製作者に教師など教育専門家が加わるチームを作って一つひとつの授業映画を製作していった。製作された映画は授業映画局内に設けられたプリント部門で複製され，地方映像センター (Bildstelle) のネットワークを通して各学校に用立てられた。授業映画局はまた，企業と協力して，学校での使用に適した安価な映写装置を開発した。16ミリフィルム，無声，最長でも15分，映画ごとに教師用の手引書を作成する，といった授業映画の共通のフォーマットも確立する。授業映画局の機関誌である『フィルムと映像 (*Film und Bild*)』誌 (1935〜44) には，毎月数多くの授業実践の報告や理論的な考察が掲載された。——まことに目覚ましい成果と言えるだろう。以下でも，この『フィルムと映像』誌に掲載された論文や実践報告，さらには授業映画局製作の授業映画を主要な資料として，ナチズム期映画教育の理論と実践を再構成していきたいと思う。

しかし同時に，授業映画局は，すでに上の引用にも示唆されているように，34年6月26日の布告によって明確にナチズムの「血と土」のイデオロギーに結びつけられてもいた。布告はこの点をさらに次のように具体化してもいる。

「映画が，滞りなく，それにふさわしい位置を学校のなかで得ることが私 [文部大臣ルス

---

1) 本書では触れることができないが，メルヘン映画は授業映画局の授業映画のなかでも最も人気のあるジャンルで，兵士のための慰問映画としても好んで上映された。他の授業映画のプリント数が多くの場合1,000〜3,000本であるのに対して，メルヘン映画は10,000本以上がプリントされることもあった。それだけ引き合いがあったということである。授業映画局のメルヘン映画は，すべてフェルディナント，ヘルマン，パウルのディール兄弟が製作を担当した人形アニメーションであり，グリムやイソップなどの広く知られたメルヘンを人形を使って映像化している。メルヘン映画だけは「最長でも15分」という授業映画の統一フォーマットの例外で，30分以上の作品も多い。ディール兄弟は計8本のメルヘン映画を授業映画局に提供している。授業映画局からの発注は彼らの製作会社にとって経営の柱でもあった。授業映画としての彼らの最初の作品『怖がることを学ぶために旅に出た男の話』(1935) は，残酷なシーンが多いとして批判も出たが——何人もが首を縊られてぶら下がっている下で眠る場面，大きな化け物の猫の首をはねて窓から放り投げる場面，など——メルヘンのもつ荒々しさを表現していて今見ても秀逸である。また，『モグラとウサギの競争』(1938) で登場したモグラおやじのキャラクター「メッキー」は，戦後西ドイツで広く読まれたラジオ・テレビ情報誌『Hör zu!』の表紙マスコットとして使われて広く親しまれ，ある年齢以上のドイツ人なら今でも知らぬ人はないというほどの人気キャラクターとなった [cf. Haeuser/Haeuser 1994; Sackmann 1994]。

ト]の望むところである。映画はその際――私はそこに特別の価値を置くものであるが――とりわけ新しい授業領域である人種学および民俗学(Rassen- und Volkskunde)において，最初から利用可能となるであろう」[Terveen 1959: 178]。

ところが，授業映画局の教育部門長であったクリスティアン・カーゼルマン――のちにハイデルベルク大学の教育学教授(1952-57)――は，戦後の1961年に当時を回顧して，授業映画局の授業映画が「驚くべき中立性」を保っていた[Caselmann 1961: 17]としている。彼によれば，授業映画局は「ナチズム期ドイツにおける一つの例外」[ibid.]なのであった。

　この主張は，すぐ下に見るように，根本的な訂正が必要である。しかし，この主張が何の根拠もなしになされているわけではない。授業映画局の授業映画に学級用のプロパガンダ映画を期待して実際の映画を観ると，その期待は確実に裏切られ，授業映画の「中立性」に一驚を喫することになる。戦後早い時期の研究であり，授業映画局の名誉回復というモチーフも見え隠れする――ただし史料的博捜という点でその後の研究の基盤となった――ルプレヒトの研究[Ruprecht 1959]のみならず，授業映画に残されたナチズムイデオロギーの痕跡を見逃すまいとする批判的なモチーフを強くもったキューンの研究[Kühn 1998]も，授業映画局の授業映画の即事的（ザッハリッヒ）な性格を確認している。「イデオロギーは多くの手引書や関連文献にはその反映が見られるが，これに対して映画それ自体はむしろ淡白な印象を与える」[ibid.: 169]というのである。ユネスコの原型となった連合国教育相会議の専門委員会が終戦直後に提出した「ドイツ教育映画に関する中間報告」(1946)――エヴァートの研究書に再録されている[Ewert 1998: 379-382]――によれば，検査の対象となった授業映画局の授業映画171本のうち，「政治的傾向あり」と評価されたのは21本のみであった。119本が授業映画として価値あり，または部分的に利用可能，と評価されている[cf. Paschen 1983: 58f.]。ナチズム期の民俗学領域の授業映画について包括的な研究をものしたグルンスキー＝ペパーは，民俗学領域の授業映画が事実上すべて戦後西ドイツで引き続き使われ，一部は1970年代まで利用可能な映画のリストに挙がっていたことを跡づけている[Grunsky-Peper 1978: 194ff.]。

　以下では，授業映画を，授業におけるその利用というコンテクストのなかで解釈することで，言うところの「中立性」についてより立ち入って検討するこ

とにしたい。しかしこの検討の主要目標は，授業映画のなかに隠されたナチズムのイデオロギーを暴露することにあるわけではない。主要目標はむしろ，イデオロギー的な強制に対する，授業映画や映画教育論の側の意識的・無意識的な対決と服従を再構成することにある。ナチズムのプロパガンダ政策との対決は——ベンヤミンやアドルノの場合を想起してほしい——現代のメディア理論の形成にとって重要な原動力となった。そして，授業映画局とその周辺には，ナチズムのプロパガンダ政策との，制度的に強制された対決を見ることができる。とすれば，そのような対決から，メディアに関する教育学的な考察の，何らかの現代的な端緒を見出すことができるかもしれない。このような問いはこれまでにも立てられてきたが，その問いはもっぱら，第10章で私たちも検討したアドルフ・ライヒヴァイン——彼は授業映画局の重要な協力者でもあった——に向けられ[Meyer 1978; Degenhart 2001a]，授業映画局全体には向けられてこなかったように思われる。

　ナチズム期の映画教育論の目立った特徴として，メディアを，その最終的な準拠点に，つまり事物の世界に繋留するという，半ば強制されたラディカルさを挙げることができる。プロパガンダから授業映画を区別しようとした授業映画局は授業映画に即事性(Sachlichkeit)を求めたが，その即事性は事物の世界に根拠をもつはずだと考えられた。大衆への恣意的な影響行使に向かいがちなメディアの自己運動は，確固とした事物の世界に繋ぎ止められ，そのことによって歯止めがかけられるべきなのである。しかし，そのような歯止めはいかにして可能になるのだろうか——映画を授業で利用する場合，事物の世界はあくまでも映画というメディアのなかで示される他はないのである。こうした難問から，事物とメディアの錯綜関係についての教育学的な反省が導かれることになった。フリッツ・ハイダーが「事物とメディア」[Heider 1926]——ルーマンが彼のメディア論の，したがってまた彼のシステム理論全体の，端緒に据えた[cf. Luhmann 1998]ことで再評価されている論文である——で示唆したテーマ，つまり事物とメディアの間の境界の流動性が，教育学的な反省の前面に現れ出ることになるのである。——

　このように言うことで，私は以下に展開するはずの議論をあまりに先取りしすぎてしまったようだ。以下ではまず，教育の領域をプロパガンダの領域に対

して明瞭に区別しようとする授業映画局の試みを取り上げ(2)，続いて，教育的な「即事性」を考慮した事物とメディアの分離が，いかに授業映画のイデオロギー的な利用を構造的に支えたかを明らかにする(3.1, 3.2)。この事物とメディアとの境界線は，しかしながら映画教育の実践においてすでに流動化していたのであり，このことは風景映画をめぐる議論に即して明瞭に浮き彫りにすることができる(3.3)。その結果問題となるのは，事物の世界へのメディアによる浸透がいかに理論的にテーマ化されるか(4)，また，そうした理論的な反省の成果に対応した映画教育実践とはどのようなものであるのか(5)，という問いである。

2.「教育」と「プロパガンダ」

　授業映画の「中立性」は，宣伝省(プロパガンダ)から距離をとろうとする授業映画局の粘り強い努力の一つの成果であった。距離を保つ上では，「学習材費」によって確保された授業映画局の財政的独立性が有利に働いた。授業映画局は，こうした制度的独立性を利用するのみならず，独立性を理念的な面から正当化するための映画教育論をも展開した。そうした映画教育論の代表的な例としてクルト・ツィーロルドの綱領的な論文を挙げることができる。ツィーロルドは授業映画局担当の文部省審議官であり，上述の「学習材費」をはじめとする授業映画局の制度設計に中心的役割を果たした。授業映画局設立後は，その局長として，授業映画をも宣伝省傘下の「帝国映画院」に組み込もうとする宣伝省の試みを退け，授業映画を宣伝省の検閲なしに製作・配給する体制を整えた。戦後彼は 1952～64 年の長きにわたってドイツ学術振興会――ドイツにおける研究資金配分の権限を一手に握る重要機関――の事務局長を務めることになる[cf. Kühn 1998: 36f., 265]。

　(1)ツィーロルドはプロパガンダと教育の本質的な相違を強調している。「プロパガンダとは特定の目標に向けての意志の整序であり，教育とは共同体を通しての全体としての人間の形成である」というのである[Zierold 1935: 3]。ここから，一方では，映画のもつ大衆動員的な暗示力ゆえの，プロパガンダに対する映画の本来的な親和性が，他方では教育における映画の，単なる補助手

段としての従属的な位置が，導かれることになる。「技術的な補助手段はすべ
て［……］，最も深くにある心の層への影響行使が問われ人格の核への作用が問
われるような場合には，まさに補助の手段にすぎない」［ibid.］。このようにし
て，授業映画をプロパガンダ映画から明確に区別し，教育および授業映画の管
轄権を宣伝省から切り離すことが試みられた。こうした意図は以下のツィーロ
ルドの主張に明確に表れている。

> 「教育課程とクラス授業の外部から学校に持ち込まれるような映画は授業映画には属
> さない。たとえば(最も重要なグループとして挙げれば)党の管区映画班が学校で上映する
> ような国策的な教育(nationalpolitische Erziehung)のための映画がそうである」［Zierold
> 1936: 101］。

ツィーロルドによるこうした境界設定は，しかしプロパガンダそのものへの
批判を意図するものでも，したがってまたナチズム体制から距離をとることを
意図するものでも，まったくなかった。むしろそれは，ナチズム体制のもとで
教育により枢要な位置づけを与えようとする試みに帰着するものであった。ツ
ィーロルドは次のように言う。

> 「教育の全体性(Totalität)は，全体的国家(der totale Staat)における特別の重要性を教育
> に与える。全体的国家は，教育によってのみ深く根拠づけることができるのである」
> ［Zierold 1935: 2］。

この「教育の全体性」を確保するために必要となるのは，通常の映画が相手に
するような大衆ではなく，指導者としての教師の力が重要な役割を演じるよう
な「比較的小さな共同体」［ibid.: 3］である。授業映画局の事務局長であったク
ルト・ガウガーは，授業映画を利用する際の教師の役割の重要性を，いささか
図式的にではあるが次のように強調している。「「教授映画」は自ら教授しよう
とする。「授業映画」は，生身の教師の手のなかの単なる教授手段であろうと
する」［Gauger 1942: 112］。[2]

（2）プロパガンダを教育から区別するという試みに対応して，授業映画は
「表面的でジャーナリスティックな意味での面白さ」を断念すべきだとされる
［Zierold 1936: 101］。授業映画は，「その専門的な内容によって，その映像言語
の明確さと真迫性によって，映画に視覚的表現を見出した事柄の知識内容・気
分内容によって，人を捉えねばならない」［ibid.］からである。アニメーション，

スローモーション，クイックモーションといった映画特有の手段は，そうした手段なしでは見ることのできない運動を可視化することが問題となるような場合には，授業映画でも用いてかまわない。しかし，「文化映画や劇映画で好んで用いられる映画的モンタージュは，授業映画においては最高度の慎重さをもってしてのみ利用可能」[104]なのである。ツィーロルドのこの要求は，単なるスローガンに終わることなく，授業映画局管轄下の映画製作において実際に実行に移されたように思われる。授業映画の「中立性」という一般的な印象は，そのかなりの部分を，モンタージュに対する極端なほどの禁欲に帰着させることができる。

（3）プロパガンダ映画・劇映画・文化映画に対置された以上のような授業映画の特性は，授業映画が映画を観ることで終わるのではなく，授業のなかでそれを活用することではじめてその十全な意味が得られる，という想定と密接に結びついている。こうした事情をフリードリヒ・コパイ——コパイについては本章 4.3 以下で主題的に論じることになる——は次のように説明している。

「映画館で見られる劇映画の場合［……］関心はたいてい話の筋の緊張とともに消え去る。［……］これに対して授業映画の場合，筋がもたらす緊張は，映画を解釈するなかで，また精神的に活用するなかで実現される緊張に比べれば，無視してよい事柄である」[Copei 1939a: 205]。

劇映画と授業映画のこうした関心の重点の違いについて，別の論者が興味深い観察を残している。ギムナジウムの 1 年生や 2 年生が授業映画を熱心に観るのに対して，劇映画に慣れ親しんでしまった上級生たちは，「彼らの理解する意味でのいかなる「センセーション」もその背後に存在しない」がゆえに，授業映画に退屈してしまう，というのである。「授業映画の冷静さと即事性のなかに，より大きな「センセーション」が存在するということ，つまり，その法

---

2) 従来は「教育映画」(Lehrfilm)が求められてきたが，ナチズムのもとではじめて「授業映画」(Unterrichtsfilm)という新しいジャンルが開拓された，というのがガウガーの主張である。実際には，「授業映画」の語はすでに 1910 年代後半から使われており，20 年代にはかなり普及していた[Kühn 1998: 21]。とりわけ，1925 年にウィーンで開かれた「映像週間」での講演でリヒャルト・マイスターが展開した概念枠組み[Meister 1926]——これについては第 6 章 4.2 で論じた——は，授業映画局における授業映画の構想につながるものであった[Kühn 1998: 24]。

則が大きな世界にも妥当するような，言葉の真の意味で驚きに満ちた小世界の，直接的な直観がそこに存在するのだということ，このことが彼らに開示されることはもはやないのである」[Freisburger 1936: 248]。

3. 授業映画における事物とメディア(1)
——ナチズムイデオロギーと即事性の相補的関係

一方に「授業映画の冷静さと即事性」，他方に映画を活用する授業実践という文脈の決定的重要性——この両端を視野に入れて映画教育の実践を見た場合，気づかされるのは，一見「即事的」な授業映画が，授業実践の文脈のなかではイデオロギー的に，あるいは少なくともイデオロギー補完的に利用されているということである。この傾向は，生物学と民俗学の領域の授業映画にとりわけ明瞭に見ることができる。この二つは「血と土」に象徴されるナチズムのイデオロギーにとって，核となる領域——生物学は「血」に，民俗学は「土」に対応すると言えよう——であった。

3.1 生物学領域の授業映画

生物学の領域一般に言えることであるが，とりわけそのイデオロギー的な核である遺伝論の領域においては，授業映画は意図的に即事的な情報に自らを限定しているように見える。事物の状態を単に再現することに専念しているように見えるのである。キューンの研究は以下のように述べてこの点を強調している。

「人種学と遺伝論は1933年以後新しい中心的なテーマ領域となり，第一義的には生物の授業のなかに位置づけられた。[……]しかし，授業映画局のカタログのなかには，このテーマを中心的に扱ったものとしては二つの映画が見られるにすぎない(『ウサギの卵子の受精と卵割』および『減数分裂と受精』)。『ウサギの卵子の受精と卵割』は大学用映画の短縮版であり，卵子を顕微鏡撮影したものである。渦巻くような大量の精子の動きから卵子の細胞分裂の初期段階に至るまでの経過を映し出している。[……]映画それ自体にも，手引書にも，授業におけるこの映画の利用可能性について論じた3本の論文にも，遺伝論に関してナチズム思想との関連は見られない」[Kühn 1998 195]。

授業映画局の生物学部門の部門長であったプレーブスティングは，他ならぬ「遺伝論・人種論および優生学」が，映画による適切な直観化の困難な領域であることを強調している。「人種論は本質的に，映画にふさわしく表現することが不可能であるような，統計的に確認される事実に基づいている」[Pröbsting 1936a: 155]というのである。彼は，『父親たちの罪』(1935)，『道からはずれて』(1935)といったNSDAPの人種政策部が製作したプロパガンダ映画——いずれも精神障害者に対する差別に満ちた悪名高いものである——を学校で利用する可能性について検討している。授業映画局は，『父親たちの罪』を試しに教師たちの利用に供してその報告を求めていた。この調査の結果に基づいて，プレーブスティングはこの可能性について慎重な態度を示している。年少の生徒たちにとっては，その映画のショッキングな内容ゆえに「心理的負担が大きすぎる」[ibid.: 156]懸念があるというのである。

こうした慎重さを，ナチズムの人種イデオロギーに対する，留保を示すものと誤解してはならない。プレーブスティングは，16歳以上の生徒のクラスでなら『父親たちの罪』を見せることは大いに可能だと考えていた[ibid.]。それだけではない。もっと重要なことは，授業映画局のこうした慎重な，一見即事的な態度が，人種イデオロギーに対して完全に補完的に機能していたということである。生物学的情報が「即事的」に，堅実に示されれば示されるほど，それに立脚する人種イデオロギーもより信じるに足るものとして現れる，という関係が成り立っていたと考えられるのである。

こうした比例関係の具体的な事例として，キューンも言及していた『ウサギの卵子の受精と卵割』(1936, 図11.1)についてのバルトマンの実践報告を挙げることができる。この映画を生徒に見せて授業に利用する過程で，バルトマンは以下のように遺伝形質の決定的な重要性を強調している（『 』内は教師の発言である）。

> 「『受精の瞬間に新しい生命体は遺伝的に確定されるわけです。その遺伝形質を変えることはもうできません。』/『そしてこれはこの生命体にとって重要であるというにとどまらず，この後に続くすべての世代にとっても重要です。なぜなら，遺伝形質については，ある生命体は自分が遺伝的に受け継いだものをさらに手渡すことができるだけだからです。』」[Bartmann 1942: 6f.]

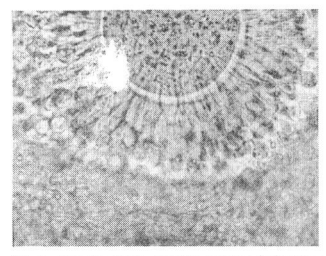

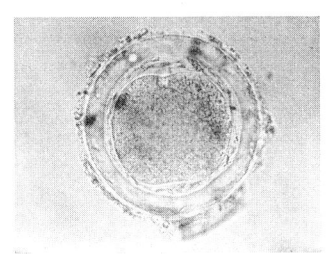

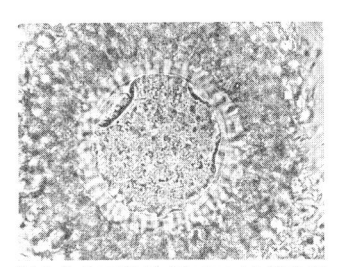

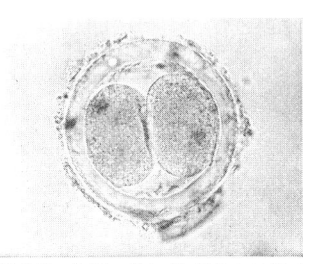

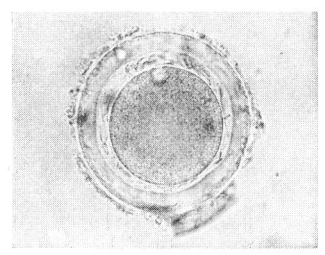

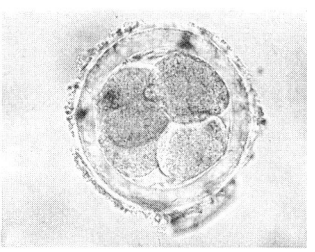

図 11.1　映画『ウサギの卵子の受精と卵割』からの場面 [Lentz 1936: 254]

優生学との相補関係は見逃しようがないであろう。扱われている映画の情報内容の堅実さは，優生学的な要請——悪しき遺伝形質を後続世代に残さないよう心せよ——の信憑性を高めることにむしろ貢献している。プレーブスティングは，まさにこのようなあり方を人種論における望ましい映画利用と考えていた

ように思われる。彼は次のように人種生物学の授業における「言語主義」の現状を嘆いている。

> 「人種生物学(Rassenbiologie)の授業においては，残念ながら今日なお言語主義が支配している。［……］したがって，もし授業において，生きた細胞の細胞分裂の過程を理想的なクイックモーションによって明確に示す，しかもできれば染色体の振る舞いを観察できるような形で示す映画が利用可能になったとしたら，それは極めて大きな価値をもつであろう」［Pröbsting 1936b: 357］。

先に挙げた『ウサギの卵子の受精と卵割』においてクイックモーションによって印象深く示されていたのが，まさに受精後の細胞分裂の様子であった。授業映画は，こうした仕方で，人種生物学の，事物に即した堅固な基盤を示すべきなのである。その帰結は，事物世界のイデオロギー化であろう。

　事物世界のイデオロギー化は，生物学の領域のなかでも動物を扱った映画の授業での活用においてさらに明瞭に観察できる。その典型的な事例として，映画『ハジロコチドリ』(1935，図11.2)に関するハンス・アマンの実践案［Ammann 1937］を挙げることができる。アマンは当時，南部バイエルン地方管轄の州授業映画局の所長。すでに1920年代から，彼は教育における映画・スライド利用の指導的な専門家として知られていた。ルプレヒトによれば，「アマンのよりわかりやすい規則は，彼の同僚たちの理想論——ルプレヒトはコパイとライヒヴァインをその例として挙げている［引用者注］——よりも，実際の学校運営においてははるかに大きな影響力をもった」［Ruprecht 1959: 172］という。アマンがここで取り上げている『ハジロコチドリ』は，ひな鳥を守るためのこの鳥に特徴的な偽装行動——羽を怪我したような行動を親鳥が見せて敵の注意をひな鳥から引き離す——と，ひな鳥自身の逃避行動を記録した6分ほどの映画である。それ自体としてはまったく「中立的」な映像であり，先に触れた連合国側の特別委員会の報告書でも「価値ある教育映画」と評価されている［Ewert 1998: 379］。この映画は戦後の東ドイツでも新たな手引書［Weckel 1953］を付して引き続き使われた。

　アマンによれば，この映画は，「ともに体験すること」「その場に居合わせること」を生徒たちに伝える生物学的な体験映画と呼ぶことができる」［Ammann 1937: 4］という。しかしそのような「体験」を可能にするためには，

図11.2　映画『ハジロコチドリ』の一場面［Blumenthal 1941: 13］

授業での作業が不可欠なのである。「映画に即した，注意深い，よく準備され，計画的になされる授業での作業によってのみ，個々の映画に現実に含まれている内容を生徒たちに伝えることが可能となる」［5］。『ハジロコチドリ』に関してアマンが提案している授業での作業，そしてそれによって彼が伝えようとする内容は，以下の引用に見られるように，明確に優生学的なイデオロギーを指向するものであった。

> 「おそらく最も重要なことは，「生命にとって重要な本能」，「淘汰」，そうした遺伝素質をもって生まれなかった者，つまり「遺伝病質」の子孫の，自然淘汰による絶滅，人間界において遺伝病質の子孫を残さないことの重要性，等々といった基本的概念の明確化である。映画のなかに直観化されている出来事をこのように拡張する点にこそ，教育的教授にとっての映画による作業の利点が存在する。他のいかなる補助手段・直観手段も，これほどの直接性と深い印象をもってこうした機会を提供することはできない」［6f.］。

以上をまとめて次のように言うことができるだろう。授業映画局の授業映画は，事物世界をできる限り「中立的」に表象する透明なメディアであろうとする。それは，プロパガンダ映画とは違って，教師に用立てられる単なる直観手段にとどまるべきなのである。授業映画とその教育的利用とのこうした布置においては，事物とメディアは明確に区別され，同時に指示的な関係——メディアは事物の世界を指示するのである——のなかに配置される。そのことによっ

て，イデオロギー，つまり世界についての特定の観念あるいは解釈は，事物世界に立脚する何かしら即事的なものとして浮上することになる。両者を，つまり観念の世界と事物の世界を結びつけているのがメディアである。そしてこの結合は，メディアが透明なものとして観念されるがゆえに説得的なものとなる。とすれば，授業映画というメディアの「中立性」は，ナチズムのイデオロギーに対立するものではなく，むしろそれを補完するものだったと言えるだろう。

3.2　民俗学領域の授業映画

同様のことは，生物学と並びイデオロギー的な意味を最も担わされていた領域である民俗学の領域についても言える。グルンスキー＝ペパーは，「民俗学的」と呼ぶことのできる授業映画局製作の授業映画を以下の四つのカテゴリーに区分している。

> 「Ⅰ．労働世界の表現としての伝統的な手仕事，Ⅱ．各地方の民俗と習俗，Ⅲ．農民の生活と労働，Ⅳ．民間伝承（メルヘン，寓話，歌謡）」[Grunsky-Peper 1978: 185]。

「民俗学的」な映画は非常に広い範囲を包括するわけである。グルンスキー＝ペパーはこの4領域の全体にわたる詳細な検討を行っている。この検討において彼が4領域のそれぞれに見出しているのは，民俗学的な授業映画が，それ自体としては即事的で非プロパガンダ的な形式と内容にもかかわらず，ナチズムの「血と土」のイデオロギーに適合的な特定の社会像を表象している，ということである。「都市的な生活様式に対立するものとして考えられた，牧歌的な農村的・農民的生活という模範像」[ibid.: 260]がそれである。グルンスキー＝ペパーはさらに，映画教育論における「体験」指向の考え方が映画の多義的なメッセージをナチズムイデオロギーの方向へと整序する役割を果たしていた，とも指摘している。したがって――

> 「授業映画局製作の民俗学関係の映画は，ナチズムの学校教育の，担い手というよりも幇助者であったが，「強烈な体験を与える」直観手段として，一部の映画製作者や授業映画局の担当者たちの意図とは裏腹に「血と土」の意味で解釈され利用された」[301]。

この見解は，生物学の領域でも「体験」に対して決定的な映画教育上の役割が与えられていたことを想起すればなおさら，納得のいくものである。民俗学

の領域での同様の事例として，映画『ニーダーザクセンの農家のいろりの火』
(1936)についてのヨハンナ・クノップの実践報告[Knop 1937]を挙げることができる。この映画は，農家の大広間にあるいろりに火をつけ食事を用意する年取った農婦の姿を描いている。このまったく「冷静」[cf. Grunsky-Peper 1978: 213]な映画を，クノップは「国策的」に利用しようとする。

> 「この場合に重要なのは，ニーダーザクセンの農家の建築様式や調度の詳細ではない。第三帝国における世襲農地法による農民解放という偉業の受容に向けて，子供の心を熱くさせることが重要なのである。今日のこの国策的な出来事に組み込まれることで，この映画は国策的な映画となる」[Knop 1937: 102]。

映画がこうした「国策的(staatspolitisch)」な意味で活用可能となるために，子供には，冷静なイメージ連鎖の背後にその象徴的な意味を――たとえば「ゲルマン的部族の原初状態」あるいは「太陽，雲，嵐，雨，星々の，兄弟としての農民」[ibid.]を――予感し体験することが求められる。クノップによれば，このような予感・体験は，子供にとっては一見そう思えるほどには困難ではない(ここでも『　』内は教師の発言として想定されている部分である)。

> 「そうした思想は，子供にとってあまりに難しいと思えるかもしれないが，映像からそれがいわばにじみ出ているために，単純な形であれば子供にも十分理解可能である。子供をこうしたナチズム的なものの見方へと引き込むためには，しばしば単純な言葉で足りる。たとえば，パンを農婦が切り分けているとき，『誰がこれを食べるのだろう？』『そうだね，パンは次々と手渡されていくね，次々と……』『で，どうしてこの農婦はこんなにも真剣な顔をしているのだろう？』[……]」[ibid.: 103]

クノップにおける授業映画のこうした利用の仕方は，決して例外ではなかった。それは，先にも触れたアマンによる「分かりやすい規則」に従ったものだったのである。アマンは次のように述べている。

> 「時として，映画活動の教育的価値は即事的価値をまったく超えるところに位置する場合もある。たとえば，昔ながらの手仕事についての印象深い映画の多くは，生徒が手仕事の細部を理解できるように即事的な経緯を明確にする，ということがその任務なのではない。/教育的な観点がより高次の観点としてある。手仕事をそれとして見聞すること，そうした仕事と職人という身分とを，民族共同体の一環として尊重すること，がそれである」[Ammann 1936b: 217]。

グルンスキー=ペパーは，アマンのこの主張に，ハンス・キュルリスの以下のような発言を対置している[cf. Grunsky-Peper 1978: 232]。

　「良質の手仕事映画を作る秘訣は[……]常に，本物の手職人に，その本物の，できる限り歪められていない環境のなかで確実に出会うことである」[Cürlis 1936: 82]。

ここには，アマンのような利用者の立場とは対照的な製作者の立場が表れている，というのである。キュルリスは数多くの授業映画を製作しており，上に取り上げた『ニーダーザクセンの農家のいろりの火』も彼の製作した映画であった。

　しかし，事柄に忠実であることへの要求(キュルリス)と即事性を超える教育的体験の持つ価値への要求(アマン)との間の対照は，対立関係というよりも，むしろ補完関係として捉えるべきであろう。映画が「即事的価値」を持ち，事物世界の姿を透明に提示しているという見かけを持つほど，その映画の「教育的価値」も高まる，つまり授業場面における「国策的」な利用の説得力も高まる，という関係が成り立っていたように思われるのである。

3.3　風景映画の可能性をめぐる議論

　メディアによる透明な媒介という図式は，しかしすでに映画教育の実践のレベルにおいて決定的な修正を被っていた。こうした状況は，風景映画の可能性をめぐる議論においてとりわけ明瞭になる。

　地理という科目にも「血と土」イデオロギーを支える中心的な位置が割り振られていた[Kühn 1998: 178]。また，教師たちの間では，見知らぬ土地の様子を生徒たちに生き生きと示すことのできる風景映画への需要は引き続き強かった。にもかかわらず，授業映画局は風景映画の可能性に対して「最高度の慎重さ」[Zierold 1936: 103]をもって対応した。その根拠を，ツィーロルドは，「風景は映画的に捉えることが特別困難」[ibid.]だという点に見ている。同様の見解は先に言及したアマンも表明している。アマンによれば，「風景は，それ自身としては映画の題材ではなく，「静的」な対象である以上，静止画像のための素材」[Ammann 1936a: 47f.]なのである。——この「フィルムに適した素材」であるか否かという議論は，明らかにメディアによる透明な媒介という上述の図式に立脚している。事物の状態が動的・映画的でない以上，それは映画に適した

ものではない，なぜならメディアは事物の状態を透明に——つまり何かしら映画に適さないものとして——再現してしまうから，というわけである。まさにそれゆえに，動的でない風景を授業映画の対象にしようという試みは，不可避的にメディアによる透明な媒介という図式との対峙へと結びつくことになった。

　授業映画局の内部で風景映画の可能性を理論的に根拠づけようとしたのが，授業映画局の一般教育学校部門の部門長であったフリドリン・シュミットである（彼は戦後，授業映画局の後継組織である「科学・授業用映画映像局（FWU）」の理事長となった）。シュミットは，映画製作者の側の積極的な造形に，風景映画の可能性を見ていた。彼によれば，風景を映画の対象にする者は，「風景に関する主観的イメージ」から出発するか，それとも「無数の事実資料」から出発するか，という問いに直面せざるをえない。シュミットは明らかに前者の立場をとっているようである。

> 「最終的には映画を創造する者の自分の作品に対する内的態度に関わるそうした問いによって，造形の問題が前面に押し出されることになる。映画に適した題材という古い問題が，風景映画においては他の場所以上に喫緊の問題となる」[Schmid 1940: 131]。

　この「古い問題」は，しかし，ツィーロルドやアマンが想定していたような安定した構図——動的な題材は映画的であり，静的な題材は非映画的である，といった——には収まってはいない。映画による「造形」が題材のあり方にも作用すると考えられるからである。ここで不可欠とされている映画的な「造形」は，シュミットによれば「風景体験」を可能にすることに向けられていた。

> 「ある映画の価値は，どれほどの量の知識をそれが伝達するか，ということよりも，どの程度，またいかなる強度において子供に風景体験を伝達しうるか，にかかっている」[Schmid 1937: 61]。

この「体験」という論点は，生物学や民俗学の領域の授業映画でも決定的な意味をもったが，そこでは体験の生起はおもに授業場面——「授業による作業」——に期待されていた。ところが，上の引用に見られるとおり，風景映画をめぐる議論においては，「体験」生起の拠点が授業における映画の利用という局面から映画というメディア自体へと移動しているのである。

　風景映画に関してシュミットが挙げている二つの契機——一方における映画による風景の意図的造形，他方における風景体験の生起——の間には，密接な

第 11 章　ナチズム期映画教育論における「事物」と「メディア」

関係があると考えられる。この両者の関係を，授業映画『アルゴイ・アルペンの登山者』(1937)に即してわかりやすく描き出しているアルフレート・グイリーノの論文[Guilino 1940]を参照してみたい。グイリーノによれば，映像だけをもとにして自分にとって未知の風景について適切な観念を得ることは子供にとって決して容易なことではない。にもかかわらず，このアルペン映画は，「風景を，あらゆる広告的な麗々しさから離れて，その偉大な崇高さにおいて現出」せしめることに成功している[ibid.: 138]。その秘密を，グイリーノは体験の創出に見ている。この映画では，アルペンの風景を距離をとって示すのではなく，二人組の登山者にカメラが同行しているのである。そのため——

> 「こうした[山上から眺められた]遠景を，それを見る子供もまた，静止画像でただちにそれを提示されるのとはまた違った目で享受することになる。映画の場合，子供は山歩きの労苦をいわば自分自身で感じ取ったのであり，このような共体験(Miterleben)のあとでは，子供は遠さや高さの何たるかをより良く理解することができる」[139]。

風景のこのような「共体験」は，スライドの場合にようにただちに風景が与えられるだけでは生じない。それは山登りの時間的進行から生じるのであり，しかもその進行を子供が共感的に追遂行できることが重要となる。

> 「ここから，風景映画にとっては魅惑的な話の筋が不可欠だということが明らかになる。こうした話の筋は，偶然とはおよそ無縁に，舞台装置との因果的な連関のなかに置かれる必要がある。/そのような話の筋の担い手となることができるのは，描かれる風景との内的な関係を持った人間である」[ibid.: 140]。

『アルゴイ・アルペンの登山者』の場合には，急峻な地形と格闘する登山者が，筋の担い手となり，描かれる風景と観客とを結ぶ接点となっている。グイリーノは，この種の接点として動物も利用可能であることを付け加えている。

以上のようなグイリーノの考察から明らかになるのは，メディアによる構築という契機(「魅惑的な話の筋」)が，風景映画の可能性をめぐる議論のなかで不可避のものとして浮上しているということである。このことによって，事物とメディアの明確な区分という既成の図式は根本的に疑問視されることになる。事物の世界——この場合には風景——が真に伝達可能になるためには，事物の世界はメディアによって再構成されねばならない，ということになるのである。

このことによって事物とメディアの間に明確な境界線を引くことは難しくなるであろう。メディアの作用が事物——この場合には風景という不動の事物の世界——を動的にし体験可能にするといった事態を，テーマ化する必要が出てくるのである。

4. 映画教育論的な反省

風景映画をめぐる議論において明るみに出た事態，つまり事物とメディアの相互依存という事態は，映画教育論の理論的反省のレベルにおいてもテーマ化されていた。このテーマ領域に関して重要な貢献をなした代表的な理論家として，以下ではホフマン，カーゼルマン，コパイの3人を取り上げてみたい。

4.1 ホフマン——メディアの領域への自己限定

コトブスの教員養成大学の教授であったアルツール・ホフマンは，『フィルムと映像』誌に彼が発表した数多くの論文を通して，学校における映画・映像利用の徹底した擁護者として際立つ存在であった。ホフマンは，映画を学校に導入することの必要性を，映像が「民衆教育・民衆指導の巨大権力」[Hoffmann 1937: 217]へと上昇したことの必然的な帰結としてメディア史的に根拠づけている。たとえば新聞において，画像による説明の役割は著しく増大した。「印刷された言葉における抽象的な告知から映像における生き生きした展示へ，という転換」[ibid.: 219]は見逃しようがない。授業映画に対する多くの「不満や拒絶」を，ホフマンはこうした現実に対する認識不足の結果だと切って捨てる。「それらは，教師層のうちの当該グループが，深層の変化と巨大な運動にまだ無頓着なままにとどまっていることを問わず語りに示す目印」[ibid.]にすぎないのである。

ホフマンは，メディア史的趨勢に順応するようにという教師層への彼の要求を，ペスタロッチの直観概念に依拠して正当化している。言葉から映像への転換のなかに，ホフマンは精神的萎縮からの解放という契機を見るが，言葉の知識による人類一般の萎縮状況を批判し，言葉の知識に代えて直観を教育学の原理に高めたのが他ならぬペスタロッチであった。「彼[ペスタロッチ]は，「直観

第11章　ナチズム期映画教育論における「事物」と「メディア」

の普遍的な道具」としての目が，新しい認識の神格化された聖所に，つまり文字と本に，あまりにも限定されてしまっていると訴えた」[ibid.]というのである。この引用によく表れているように，ホフマンにおいては，ペスタロッチの直観の概念は映像を見るということにほとんど解消されている。

以上のような映像のメディア史的・教育学的優位を前提にすると，映像が人間にいかなる体験を生み出すのかがホフマンにとって決定的に重要となる。ホフマンによれば，静止映像とは根本的に異なる「独特の様式と価値をもった体験形式」[Hoffmann 1938: 97]を映画に認める必要がある。

>「静止した映像に集中している場合，見ることは暫時とどまること(Verweilen)の可能性によって特徴づけられるのに対して，映画体験の構築においては，すべてが，じっくりと見て沈潜することに対立している」[ibid.: 106]。

「じっくりと見て沈潜すること」からの映画のこうした離反は，しかしホフマンにとっては必ずしも注意散漫――それは第6章でも見たように伝統的に教育の敵と見なされてきた――に結びつくものではない。逆である。映画は，「注意の固定化」を通して，観客に対して「前もって与えられた視野の範囲」を強制することができる[ibid.: 109]。このため，われわれは「自分自身の裁量によって自由に視野のサーチライトを当てられるような，全空間的な現実をもはやわれわれの眼前に保持してはいない」[ibid.]。にもかかわらず，映画の映像は「単に見られるのみならずともに体験される」[ibid.: 101f.]。しかも，特別の「感情の強調」[ibid.: 121]を伴って体験されるのである。

こうした特別の体験形式を利用することで，映画は人間に対して深部に及ぶ作用を与えることができる，とホフマンは言う。

>「気分，感情，気質，思慮への強力な作用を介して，映画体験の影響はさらに深い層に及ぶことになる。その影響は，衝動，願望，努力，意志，決断，信条の操縦・錬成に及ぶのである」[ibid.]。

こうした深層への影響の可能性を示すものとして，ホフマンは二つの授業映画を例に挙げている。『カメルーンにおけるドイツの文化活動』(1935)および『ドイツの西部国境Ⅰ――800〜880』(1936, 図11.3)である。双方とも，ドイツの国家目標に奉仕するような態度の錬成が期待できる，という。前者においては「世界におけるドイツの民族的主張を支える戦士たること」[ibid.: 122]，後

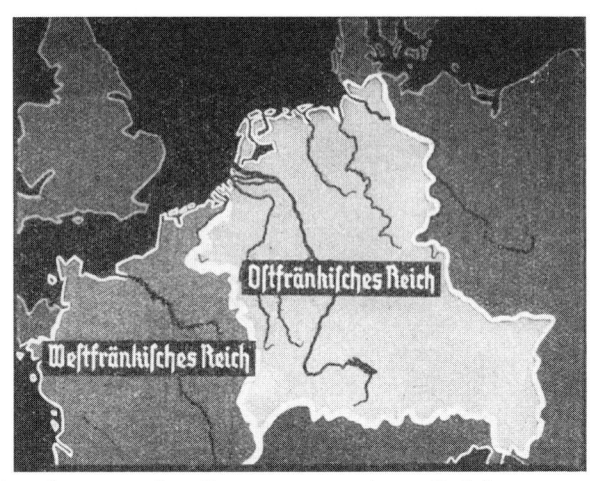

図 11.3　映画『ドイツの西部国境 I ──800〜880』の一場面 [Reichwein 1936a: 258]

者においては「ある民族の生命線に対応した国境の構築のために，あらゆる政治的出動に向けて覚醒し待機している」[ibid.: 123] こと，が目標になる，というのである。

　ホフマンにおいては，体験を構築・操縦するような映画の作用──それは風景映画をめぐる議論において不可欠の役割を果たしていた──が理論的に反省され詳細に分析されている。この分析はしかし，もっぱら映像とその映画的造形というメディアの領域の内部を動いている。このため，分析の道筋は，気分，感情，等々への映画体験の作用についての議論へと，いわば短絡させられてしまう。事物の世界との関連は，除外されるか，あるいはせいぜい空所として（「全空間的な現実をもはや[……]保持してはいない」という状態として）取り残されるにすぎない。ホフマンにおける事物の契機の欠如は，先にも触れた，映像への直観概念の一面的な限定にも表れていた。これに関してはすでに当時から批判が寄せられていた。以下の一節は直接ホフマンに向けられたもので，ペスタロッチが「直観」によって言語主義に対置しようとしたのは映像ではなく「事柄 (Sache)」ではなかったか，というもっともな批判である。

　　「いや違う。ペスタロッチは言葉の詰め込みとアルファベットの寄せ集めで疲弊していた学校に対して，事柄へと，繰り返し事柄へと立ち返るよう訴えたのである」

[Mahlow 1942: 88]。

　ホフマンの場合，空所となった「事柄」の場所に事物としての堅固さをもった別の何かが浮上していた。ドイツの民族的主張にとって死活的な重要な「カメルーン」がそれであり，政治的出動に値する「西部国境」がそれである。ホフマンが言及している二つの映画は，ともに，連合国側の専門委員会が「政治的な傾向あり」と判断した数少ない映画に属する[Ewert 1998: 379, 380]。ここでは「西部国境」についての映画に着目してみよう。

　これは，動く歴史地図とも言うべきアニメーション映画であり，フランク王国の三分割以後の領土の変転を描いている（このシリーズは『ドイツの西部国境Ⅳ——1815〜1936』(1937)まで計4本が製作されることになる）。授業映画局の授業映画の統一フォーマットに従って背景音楽もなく，歴史的変遷の淡々とした描写に徹しているとも言えるが，同時に，ドイツの西部国境がライン川のはるか西方に位置することも可能だ，というメッセージを強くにじませてもいる。この映画については，ライヒヴァインが論文「歴史における直観——『ドイツの西部国境Ⅰ』を手がかりとして」[Reichwein 1936a]において主題的に扱っている。そこでライヒヴァインは，以下のように，映画が提示する地図上の動きを歴史的な現実と取り違えることがあってはならない，と警告している。

　「アニメーションで描かれた空間的移動の滑らかさが，歴史的現実そのものであるかのような印象を映画が子供のなかに残すとすれば，それは危険なことであろう。教師の任務は，映画を授業で取り扱う際に，こうした空間的変化の多様な制約条件を繰り返し示唆することにある」[ibid.: 258]。

ホフマンの議論は明らかに，まさにライヒヴァインが避けるべきだとして警告していた映像と現実の取り違えに帰着するように思われる。ホフマンのメディア史的・メディア教育学的な反省は，事物とメディアの間の分離，そして分離を前提とした上での連結，という図式——この図式が事物世界のイデオロギー化を支えていたのであった——を，メディアの側から裏打ちし固定化しているのである。

4.2　カーゼルマン——事物の領域への接近

　事物世界のメディアによる浸透についてのホフマンの反省は，「カメルー

ン」や「西部国境」に関するイデオロギー的な観念の物象化に至る他なかった。彼の反省はメディアの領域の内部で完結していた。事物の領域は空所として放置され，メディアによる恣意的な構成に譲渡可能な状態に置かれることになった。事物世界のメディアによる浸透についての反省は，結局なされないままにとどまる。これに対して，事物の領域を包摂しうるようなメディア論的反省に向けての端緒を，カーゼルマン——冒頭で戦後におけるその発言について触れた——が『フィルムと映像』誌に発表した諸論考に見ることができる。以下で手短かに彼の試みについて触れておきたい。

彼の論文「現実，芸術，カメラ」を，カーゼルマンは次のような哲学的な問いから始めている。「事物は，われわれがそれを感覚で知覚しているとおりの存在なのだろうか？」[Caselmann 1944: 34]——カーゼルマンは，人間の認識の本質的に主観的な性質から出発する。われわれに与えられているのは，「われわれの感覚がわれわれに示すままの経験という名の事物」[ibid.]にすぎない。カメラの目もまた，「選択の必要性，決断の必要性」[36]ゆえに，依然として主観的である。「写真や映画による世界の再現は，したがって，純粋に客観的なイメージを帰結するものではまったくない。それは常に著しく主観的に色づけされている」。それだけに次のような問いが差し迫ったものとなる。「われわれは世界の映像による再現を断念し，その代わりに若者たちをもっぱら直接自然へと連れ出すべきなのか？」[38]

「映像による再現」に対するこうした懸念をカーゼルマンは退ける。彼はむしろ，現実の再構成がもつ「大きな教育的利点」をそこに見ている。映像による再構成は，それが美的に造形されているとすればなおさら，現実をより集中的に，より体験的に，したがってより教育的な仕方で，受容可能にすることができる，というのである。

> 「映画のカットは，それを行う際に，即事的・合理的原理のみならず心理学的・芸術的な原理にも依拠しており，現実を造形し，集約し，より高い段階へと，つまり芸術的・教育的段階へと押し上げるのに一役買うことになるが，こうした芸術的・教育的段階こそが現実を人間形成的にするのである」[41]。

ここでは，ホフマンが詳細に分析したようなメディアの作用が大きな役割を演じている。ホフマンの場合と同様，「人間精神のより深くにある非理性的な

層に働きかける」[ibid.: 40]という映画やスライドのもつ力が強調されている。しかし，ホフマンと違って，カーゼルマンは現実という契機を断念してはいない。

> 「映像は現実ではない。それは世界と人間との間の，客観と主観との間の架け橋であり，それゆえに，自己認識を育てるような人間形成によく役立つことができる。しかし主体が自己認識を獲得するのは，客観との，環境との，取り組みにおいてのみである」[ibid.: 41]。

カーゼルマンの議論は，事物世界のメディアによる浸透を，その十全な意味において教育学的に反省する可能性を開いている。彼は映像を，したがってまたメディアを，現実への「架け橋」として捉え，そしてまさにこの点に，メディアの人間形成的な契機を見ているからである。しかし，この「架け橋」は，カーゼルマンの場合，個人と世界の相互作用に人間形成のメカニズムを見る古典的人間形成論の枠組みに収まる形で，「世界と人間との間の，客観と主観との間の架け橋」として解釈された。カーゼルマンにおいては，いわば手つかずの客観的世界が，主観が対峙すべき対象として依然として前提にされている。メディアによる事物世界の浸透についての徹底した映画教育論的考察は，次に扱うコパイを待たねばならない。

4.3　コパイ——「シンボル的認識」から「事物の相貌」へ

フリードリヒ・コパイは1929年にベルリン大学のシュプランガーのもとで「人間形成過程における実り多き瞬間」をテーマに学位を取得している[Copei 1930]。この学位論文は戦後の西ドイツでボルノウ，クラフキらによって取り上げられ，教育の過程の非連続的構造に光を当てた先駆的な研究として高く評価されることになる[山元 2007]。学位取得後，彼はキールの教育学アカデミーの講師となるが，1933年，NSDAPによる政権獲得とともに，一時期社会民主党の党員だったこともある彼は講師の職を追われることになる。故郷のヴェストファーレンに戻って小学校教師を務めたのち，1942年からは授業映画局の専門員として活動した。『フィルムと映像』誌におけるコパイの議論は，アドルフ・ライヒヴァインの仕事と並んで——ナチズム体制下でアカデミズムの世界を追われて小学校教師となったという経歴においても両者は似通っているが

——ナチズム期の映画教育論的考察の到達点を示している。コパイはある論文のなかでライヒヴァインの名前を挙げて言及しており[Copei 1939a: 208]，少なくともコパイはライヒヴァインの存在を意識していたであろう[3]。しかしその活動も1945年1月に軍隊に招集され終わりを告げる。彼の消息は戦争末期の混乱状態のなかで途絶えたまま，戦死の報が妻のもとに届けられたのであった[cf. Wehrmann 1982: 17f.; 123f.]。

　コパイは，映画の教育的意味は現実の再現にあるのではない，ということを彼の議論の前提に据えている。論文「授業映画における直観と思考」[Copei 1939a]において，コパイはまず，映画に現実の再現を見ようとする当時の映画教育論の前提的了解を定式化している。「映画こそが，授業では普通手が届かないような多くの事物や経過を目の当たりに示し，未知の概念をそこから展開するという可能性を提供している。それゆえに，対象，過程，概念の直観を創出する点において映画は群を抜いている」[ibid.: 201]，というのである。こうした主張——そこでは事物とメディアの間の明確な分離と連結が最初から前提にされている——は，「「自然な」思考にとってたとえどれほどそれが確からしく響く」としても，コパイによれば間違っている[ibid.]。

　教育にとって映画が貴重であるのはなぜか。コパイによれば，その理由は何よりも，「映画のなかでは見ることと考えること，イメージと意味とが独特の仕方で浸透し合い，相互に高め合っている」[ibid.]点にある。その際に決定的に重要なことは，この両者——見ることと考えること，イメージと意味——を，具体的な感覚データの集まりから抽象的な概念へ，といった帰納的な手続き（たとえば）によって架橋する必要はない，ということである。「むしろ，一つの具体的なもの，一つの映像の動きに即して，突然，より深い，心動かす認識がひらめく」のである。そして「この種の理解の際に，人は好んで「体験」という言葉を使う」[208]。こうした体験的な理解を，コパイは「シンボル的認識」と名づけている。「映像の動きとより深い意味把握との間の接触はシンボル的認識において最も直接的」[207]だというのである。シンボル的認識にお

---

3) ライヒヴァインとコパイを比較検討した論考もあるが[Schwab 1988]，授業映画局における両者の関係がまったく考察の対象になっていないのは惜しまれる点である。

いて，イメージ的・感覚的なものと意味的なものとは，論理的・線形的な手続きなしに「最も直接的」に，いわば垂直的に折り重ねられ融合する，と考えられるのである。

「直観」は，コパイによれば単純に事物や映像を見ることにおいて成立するのではなく，「意味の把握」において成立する。「合理的なものであれ非合理的なものであれ，何らかの意味の把握によってはじめて，見ることは[……]直観となる」[209]。——このような意味把握は，「シンボル的認識」のあの垂直的な結合において難なく実現されているであろう。コパイは，映画の決定的な教育的意味を，こうした強調された意味での直観をそれが可能にする点に見ている。コパイによるこうした映画の教育学的な意味づけにおいては，事物世界のメディアによる浸透が前提条件として想定されている。すでに「直観」のレベルで見ても，事物は透明に眼前に差し出されるわけではない。それは最初からシンボル的な意味を伴って現れるのである。シンボル的認識のこうした直接性は，しかし，メディアによる浸透によって，とりわけ映画において，可能になるのであった。

シンボル的認識におけるイメージと意味との間の垂直的な結合の構造は，先に取り上げたクノップの実践報告——『ニーダーザクセンの農家のいろりの火』をめぐっての——を想起させずにはいない。そこでは，いろりの火で作業をする農婦の姿に「ナチズム的なものの見方」を重ね，両者を垂直的に結合することが試みられていた。しかし，クノップの授業とは違って，コパイの省察はこの種の利用の仕方に対する批判的な視点をむしろ開くことになる。コパイは，単にそれを見ることを要求しさえすればよいような，メディアから自由な事物世界を前提にしてはいないからである。

事物世界のメディアによる浸透は，単に直観における意味把握を可能にするのみならず，メディアによる現実の構成をも可能にする。こうした問題との教育学的な取り組みを，コパイの論文「映画造形の心理学的諸問題」[Copei 1944]に見ることができる(この論文は『フィルムと映像』誌の最後の号に掲載された)。コパイによれば，映画が「現実の模像，それどころか代用を提供する」という「授業映画に関して教師の多く」が有している想定は妥当性を欠く[95]。これは，上に見た1939年論文(「授業映画における直観と思考」)でも述べられてい

た認識である。しかしコパイはこの 1944 年論文で一歩を進める。「映画は現実の模写ではなく，造形的な変形である」[ibid.: 90]というのである。現実は，それを表現しようとすれば不可避的にメディアによる変形を被らざるをえない。そこから次のような問いが差し迫ったものとして浮上する。つまり——

「映画的なものの本質にあるこのような現象像の変形という条件下で，そもそも「現実の把握・表現」ということが語れるのだろうか？」[ibid.]

こうした問いに直面して，コパイは，メディアによって浸透された現実を，「事物の相貌(Physiognomie der Dinge)」[ibid.]という様相において捉えることを試みる[4]。映画においては，「死んだ事物が[……]生命をもち，不気味で幽霊的なものとなり，活性化される。[……]そうした事例からわれわれが感じ取るのは，映画的表現が，事物の相貌，つまりは事物の表出内容(Ausdrucksgehalt)を，高度に伝達することができる，ということである」[ibid.: 96]。

映画的な変形において際立たせられるような事物の相貌は，上述したような強い意味での直観の獲得を，おそらくは事物そのものより以上に促進することになろう。というのも，映画的な変形においては，見ることと考えること，イメージと意味との間の垂直的な結合を意図的に前もって構造化しておくことが可能である。コパイによれば，授業映画においては科学映画以上に事物の相貌が重要となる。「なぜなら，ここでの対象は，事物の現実それ自体ではなく，前もって処理され把握された特定の認識内容であって，そうした認識内容が教授学的に伝達されることになる」[ibid.]からである。

この種の映画的変形は，しかし現実の捏造へと至る可能性もある。「この可能性は，対象がカメラの目で見られた場合，その現実性格を変更する可能性があるだけに，大いに現実味をもつ」[ibid.]。こうした洞察から，対象の「現実性格」を歪めるような類いの映画的変形に対する以下のような批判が出てくることになる。

「表現固有の冷静で即事的な目的が，この表現の本質を変更するような映像造形によって危険にさらされることがあってはならない。いかなる表現も，対象の内的法則を，

---

4) ベンヤミンはエッセイ「蔵書の荷解きをする」のなかで以下のように同様の用語法を使っている。「収集家は事物の世界の観相学者(Physiognomikcr der Dingwelt)である」[Benjamin 1980(1931)a: 389(136)]。

その現実性を，尊重しなければならない。[……]映画的表現は常に，それが表象する世界の切片の，現実性格に適合したものでなければならないだろう」[ibid.]。

　ここには，メディアのプロパガンダ的利用に対して批判的な視点を向ける可能性が，浮上している。重要なことは，こうした視点が，メディアとは無縁の事物の存在を前提にするような通常の図式——この図式はそのことによって事物世界についての支配的な観念を補強することになるのであった——から出てきたものではない，ということである。コパイは事物世界のメディアによる浸透を大前提としている。そうした浸透の結果，世界は「相貌」という形態で現れることになる。それだけになおさら問題になるのは，メディアによって浸透された世界のなかで「対象の現実性格」はいかに確保されうるのか，という問いである。——この問いに対する答えは，もはや理論的反省のレベルにおいてではなく，授業映画の実践的利用のレベルに求めるべきであろう。以下では，コパイ自身と，第10章で扱ったライヒヴァインの，それぞれ授業実践を検討してみたい。

5. 授業映画における事物とメディア(2)
　　——事物へのメディア的接近の試み

5.1 『峡谷の形成』——コパイの授業実践
　コパイは，映画と教育について理論的な考察を深めるだけでなく，『フィルムと映像』誌上で自身の授業実践についての報告も行っている[Copei 1939b]。そこで彼が使用したのは『峡谷の形成』(1937)という映写時間1分半足らずの映画である。この映画は，ヴュルツブルク大学の地理学研究室が実験的な設定のなかで製作したものである[cf. Passarge 1937; Wurm 1937]。

　鉄で作った四角形の大きな盥に，小石，砂，水を慎重に混ぜ合わせてゆるやかな丘陵地状の地形を作り，この人工的な地形の上に四隅の噴霧器から細かな「雨」を降らせ，生じる変化を映画に収めたのであった(図11.4)。土に水が浸透し，それ以上水をため込めなくなった段階で崩落が始まる。崩落は下の端から始まり，次第に上部へと拡大していくが，同時に左右に枝分かれして多数の「支流」が形成される。「こうして，われわれの目の前には，樹木のように枝分

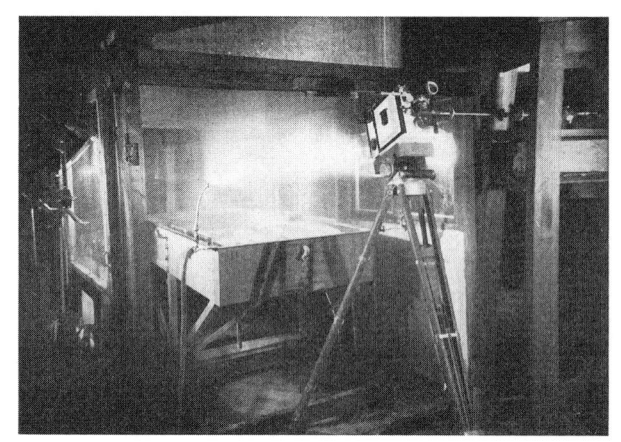

図 11.4　映画『峡谷の形成』の撮影の様子 [Wurm 1937: 104]

かれした小さな河川システムが姿を現す」[Passarge 1937: 10]。約 30 分かかったこの過程が，クイックモーションによって 1 分 19 秒に短縮して収められた。

　コパイはこの映画を，小学校 3・4 年生の郷土科の授業で使用した。彼が教師をしていた村の周辺の地形は砂地の台地で，川が台地を刻んで樹木のように走っている。コパイは子供たちにこの特徴的な地形を実地調査させる。子供たちは数多くの谷が樹木のように枝分かれしていることを確認した。映画『峡谷の形成』は，この実地調査の後，そうした地形がどのように形成されたかを考えるために使用された。この映画の「非常に冷静な，ほとんど抽象的ともいえる経過」[Copei 1939b: 3]にもかかわらず，子供たちは樹木様の峡谷地形が刻々と形成される様子を固唾をのんで見守った。二度目に見たときには，子供たちからは自然に声が上がった。「水が砂を削っている！　ボロボロと落ち始めた！　ずいぶん速く削るなー！　もう谷になって流れている！[……]ああ，地面が崩れ落ちた！　本当に木の形だ！」[ibid.: 4]——映画を見た後には次のような疑問が出た。「現実も映画で見たとおりのものだったのだろうか？[……]今でも川はずっと土を削り続けているのだろうか？」[ibid.]——子供たちは自分たちの経験や祖父母の話から洪水で土地が崩れたことがあることを思い出し，川が今も砂を削り続けていることに気づく。さらに，古い年代記から村の洪水の歴史を知り，川沿いの植樹などから，人々が今日もなおいかに「土地を削る

川」と対峙しようとしているかを考察する[4f.]。

　この授業で，映画は，事物世界への特別の通路を可能にするために利用されている。映画の投入によって，不動に見えた地形が突然動的なものに変化するのである。

> 「子供は，一見硬直し不変な自然の形態（「樹木」）を，映画のなかで突如動的なもの，流動するものとして，したがって生成したものとして，まだからこそ常に生成変化するものとして体験し認識する。これは，この年齢段階においてようやくためらいがちに目覚めていく歴史的な思考の展開にとって非常に重要な端緒である」[5]。

コパイはここで，メディアによる事物世界の浸透についての彼の理論的な認識を実践化していると言って良いだろう。映画によって，静止しておりテコでも動かないように見える地形を動態化することが，何ら実際に地形を動かすことなく，可能になる。映画というメディアのなかで，地形は動的なものとして浮上するのである。このメディアによる変身において，事物世界の相貌——この場合には樹木様の峡谷地形——は，子供の叫びが証しているように，経験可能なものとして現出するのである。

5.2 『亜麻』——ライヒヴァインの授業実践とその文脈

授業映画『亜麻』　第10章で取り上げたライヒヴァインも，「事物の相貌」に迫るような授業実践を『フィルムと映像』誌に報告している。そこで彼が利用しているのは『亜麻』（1936，図11.5）という授業映画である。10分足らずのこの映画は，亜麻を収穫し繊維に加工するまでの過程を描いている。繊維を得るまでに非常な手間ひまのかかることが亜麻という作物の特徴でもある。まず収穫した亜麻を長期間水に浸して茎を柔らかくした後，水から取り出した茎を砕き，さらに繰り返し繊維以外のものを梳きとって，ようやく利用可能な繊維を取り出すことができる。亜麻を処理するためのこうした根気のいる作業は女たちの仕事とされてきた。映画は，伝統的な女たちの手仕事を中心に，この亜麻の製造の過程を淡々と描く。モンタージュの使用が極端に抑制されており，即事的(ザッハリッヒ)であることを重視した授業映画の一つの典型と言える。また，「牧歌的な農村的・農民的生活という模範像」[Grunsky-Peper 1978: 260]を描き出している点で，グルンスキー＝ペパーが指摘した民俗学的授業映画一般の特徴をよく

図 11.5　映画『亜麻』の場面［Reichwein 1937a: 177］

示してもいる。この映画に描かれたような女たちの手仕事による亜麻の収穫・加工という伝統的な作業形態は，すでに映画製作の時点で遠い過去のものとなっていたのである。

　この，一見何の変哲もない映画に関して，『フィルムと映像』誌上には，ライヒヴァインのものを含めこの映画を主題的に扱った四つもの実践報告が発表されている。これはおそらく偶然ではない。この授業映画は当時の政策的文脈に深く組み込まれている。その文脈を再構成することで，われわれは一見即事的な授業映画の，さらにはそれを使用した授業実践の，イデオロギー的含意を，先に述べた一般的構図——即事性とイデオロギー性の補完的関係——を越えて，より細密に明らかにすることができるだろう。そしてそうした具体的な文脈のなかにライヒヴァインの授業実践を位置づけ，その意味を探ることもできるだろう。以下では，この授業映画をめぐる当時の農業政策の文脈を再構成し，続いてこの映画を利用した授業実践の検討に移りたい。

　亜麻をめぐるナチズムの農業政策　　亜麻は，ナチズムの農業政策にとって，多くの意味で戦略的に重要な位置づけをもっていた［cf. Schilling 1935］。亜麻は，その茎を加工して繊維を取り出すことでリンネルの材料となったが，それだけではない。脱穀された亜麻の実を搾れば亜麻仁油の原料ともなった。さらにその油を搾った残りのモミ殻は，豊富な脂肪分と蛋白質を含み，良質の飼料として利用された。この三つ——繊維材料，脂肪，飼料——は，1936年の四か年計画において外国からの輸入に頼らず自給できる体制を整えるべきことが宣言された，まさにその農産物に該当する［Münkel 1996: 121］。こうした農業政策の

背後には，戦争準備の政策と，そのために必要となる自給自足体制の追求があった。

　亜麻の生産増進はナチズム体制下で特別精力的に推進された。亜麻の作付面積は，1933年の4,900ヘクタールから，1936年の44,100ヘクタール，1939年の83,200ヘクタールへと飛躍的に増加した[cf. ibid.: 123]。亜麻というテーマは，ナチズムの「成果」を数字の上で示すことのできる格好の題材でもあった。これに加えて，亜麻という作物は，「古ゲルマン的」な神話や慣習と結びついて，イデオロギー的にも重要な意味を担わされていた[古内 2003: 291-293]。亜麻の収穫は「アドルフ・ヒトラー亜麻贈与(Adolf-Hitler-Flachsspende)」という儀式で祝われた。亜麻は，農民的共同体のシンボルとしてプロパガンダ目的でも利用されたのである。ナチズム体制下での農業政策は農民の私的イニシアティヴの制限を必要としていた。政権側は，亜麻という作物に象徴される農村の隣保関係を強調することで，私的イニシアティヴの制限をより容易に実行可能にしようとしたのであった。「亜麻は組織政策と生産政策を結びつける象徴的存在」[ibid.: 293]だったのである。

　『亜麻』を使った授業実践　　映画『亜麻』に関する四つの実践報告はすべて，上述のような亜麻の政治的・イデオロギー的な位置づけを反映したものになっている。ハマン[Hamann 1938]がこの映画をナチズム体制下の農業政策の文脈に組み込んでいるのに対して，ホマーディング[Hommerding 1939]は民俗学的な側面に関心を集中させることでイデオロギー的文脈を浮き彫りにしている。ホフマイスターの報告[Hofmeister 1938]ではこの両方の文脈が考慮されている。以下では，ハマン(1)とホマーディング(2)の報告について検討し，この両者との対比において，この映画を利用したライヒヴァイン(3)の授業[Reichwein 1937a]の意味を明らかにしていきたい。

　(1)　ハマンの授業は，その方法的側面における洗練度において際立っている。授業の準備のために，ハマンは村の古老夫婦からかつての亜麻栽培について聞き取りを行った。また，彼はある農家から，亜麻栽培のための昔の道具を教材として借り受けた。映画を観るに先立って，教師はその道具を生徒に見せ，子供たちにこの授業の目標――「私たちは映画を観て，ドイツの農民がどのようにドイツの原材料の増大に貢献できるかを知りたいと思います」[Hamann

1938: 208]——を明確化する。映画を観た後，子供たちは映画のなかでよくわからなかった部分について報告し合い，内容の確認を行った。

　映画の本格的な活用が始まるのは 2 限目である。ハマンは，掛図に亜麻の作付面積の歴史的変遷を示す表を掲げる。子供たちはそれを見ながら，なぜ 1933 年まで亜麻栽培が減少の一途をたどってきたかを議論し，また，祖父母たちが亜麻から布だけでなくどのように油や飼料を得ていたかを発表する（教師はあらかじめ，祖父母から話を聞くように子供たちに促していたのである）。ハマンはさらに，主な農産物についてその国内需給率を示す棒グラフを掛図に掲げる。議論の結果，子供たちは以下のような結論に達することになった。

「1. われわれは不足している原材料を自分たちで生産しなければならない。なぜなら，不足している原材料を外国から買うために自分たちの資金や外貨を無駄にすることは許されないからである。［……］/2. 戦争が起こった場合を考えて，われわれはこうした原材料を十分に生産できる状態になければならない。なぜなら，敵国が外国からの輸入を妨害する可能性があるからである」[ibid.: 209]。

そして「最後に私は，得られた印象を確固たるものにするために，子供たちにこの映画をもう一度見せる」[ibid.]。

　ハマンはここで，授業映画によるメディア的表象を，事物（触れることもできる実際の道具）や事物の状態（統計的数値）に結びつけようと試みている。そのことによって作り出される信憑性は，しかし，自給自足体制と戦争準備に向かうナチズム政権の農業政策にもっぱら結びつけられてしまう。ここでは授業映画は，事物世界をそのイデオロギー化へと結合し，そのことによって子供たちを特定の政治的目標に向けて動員する，そのための手段として利用されているのである。

　(2)　ホマーディングの授業は，「亜麻からリンネルへ」という単元の一部をなすものである。生徒たちはすでに「四か年計画における亜麻の経済的意味」[Hommerding 1939: 214]については学習していた。映画『亜麻』を使った授業では，ホマーディングは「そこに現れた民俗の諸形態，とりわけわれわれの郷土の民俗を，再び目覚めさせる」[ibid.]ことを試みた。こうした試みにとって，授業映画は大きな役割を演じたという。なぜなら，亜麻をめぐる伝統的な慣習はすでに大部分失われていた。映画を観ることを通して，教師は，埋もれた共通

の記憶を再度活性化することへと，小さな「郷土研究者」[215]たちを励ますことができた。「かつては，亜麻が高く育つようにと女たちが亜麻の上を跳んだそうだ」。あるいは，「何人かの生徒は，亜麻の加工が私たちの地域でも女たちの特権であったことを，祖父母から聞いて知っていた。老人たちが物語るところでは，それが幸福な結婚を約束するのだった」[ibid.]。「亜麻」という言葉をめぐる様々な言い回しが議論される。農家の生徒は，学校に映画で見たのと同じ亜麻を加工するための道具をもってきた。そこに刻まれた「1824」という数字が道具の古さを示していた。

　この種の「郷土研究」はまったく罪のないものに見えるかもしれない。しかしそれは伝統なるものへの選択的な遡及によって，また事物の選択的な利用によって，上に述べたようなナチズムの農業政策上のプロパガンダを補完しているのである。ここでも授業映画は，事物世界とイデオロギーの世界とを媒介している。ホマーディングは民俗学に焦点化した彼の授業を以下のように正当化している。

>「ここ[民俗学]では，生徒は民俗の表現形式を手がかりとして父祖の共同体生活のなかへと分け入り，民俗資料の人種的な諸前提を学び，祖先の思想を知り理解する」[ibid.: 214]。

　(3)　一見したところ，ライヒヴァインの実践報告は，上の二つの実践報告，とりわけハマンのそれと，大差ないように見える。「職業学校[ここでライヒヴァインが論じているのは農村職業学校における授業である]は，若き営農家を，その職業の政治的評価に関わる重要問題にも通暁させる」べきだ[Reichwein 1937a: 175]，というのがライヒヴァインの実践の前提である。そうした重要問題として，彼は「原材料と外貨の状態が，営農家——しかも一人ひとりの！——に，自国産の繊維原料の生産者として，先送りできない要請を突きつけている」[ibid.]という現下の状況を挙げている。映画を観るための準備として，ライヒヴァインも，国内での亜麻栽培の衰退とナチズムのもとでのその再建を取り上げている。

　しかしライヒヴァインは，ハマンのように，ナチズムの農業政策の目標像を生徒たちに印象づけるためにこの授業映画を投入しているわけではない。彼にとって映画は，生徒たちの目を，彼方にある政治的目標に向けるのではなく，

いわば足下に，事物への手仕事的な接近様式へと向けるべきものであった。「この映画は，収穫と加工についての昔ながらの知を再度目覚ますことに貢献しようとしている」[Reichwein 1937a: 177]というのである。──この言明は，昔ながらの慣習のなかに「民俗の表出形態」を再発見しようとするホマーディングの目論見とは明確に区別する必要があろう。ライヒヴァインにとっての問題は「昔ながらの知」なのである。したがって，彼の注目は，映画のなかで詳細に描き出されている具体的な労働過程に向けられる。この映画のなかでは──

「乾燥から脱種，浸漬，砕茎を経て梳毛までの加工の重要な諸段階，つまり営農家の問題であるあらゆる仕事が，厳密な個別撮影によって描写され，このためそれを見る者は，その経過から自分自身の実践に役立つものを読み取ることができる」[ibid.]。

ライヒヴァインはここで，映画というメディアを介することで，事物への基礎的・要素的な接近様式──ここでは亜麻という困難な作物を例にとっての──を経験可能にすることを試みている。そうした接近様式は単に亜麻に限定されるものではなく，一般的な妥当性を要求することができる。上の引用に続けて，ライヒヴァインは次のように述べている。

「しかし，おそらくもっと重要なことは，映画が，亜麻に関する作業を，見る者にとって身近なものにし，見る者の意識に植え付ける点である。事柄について得られたこの直観は，これから先，若き営農家の職業的思考に随伴することになる」[ibid.]。

こうしたライヒヴァインの思考の背後には，手仕事に「技術の原初形態」[Reichwein 1936b: 78]を，つまり事物を目的に沿って処理するための知と技芸の原初形態を，見る彼の考え方がある。授業映画局が数多く製作した手仕事に関する授業映画について論じた際に，彼はこうした「技術の原初形態」が映画のなかでは「形作る手」によって体現されるとともに表現されている点に注目している。実際，『網かごづくり』(1934)，『農民の陶器づくり』(1934)といった手仕事を主題とした映画において印象深いのは，事物に触れて人工物を形作っていく手の繊細巧妙な働きである(図11.6，図11.7)。ライヒヴァインは『農民の陶器づくり』に関して次のように述べている。「この映画は，形作る手の背後に，人間の内的な形成力・造形力が働いていることを明らかにしている」[Reichwein 1943: 43]。映画『亜麻』においても，収穫されたままの堅い茎から

第 11 章　ナチズム期映画教育論における「事物」と「メディア」　　335

図 11.6　映画『網かごづくり』の一場面［Reichwein 1936b: 78］

図 11.7　映画『農民の陶器づくり』の一場面［Hartjen 1941: 107］

しなやかな亜麻の繊維への変化が女たちの手の動き・手の表情とともに映し出されていく。映画の投入によって，ライヒヴァインは，手と事物とのこうした動的な接面に生徒たちの注意を向けることを期待していたと考えられる。

　ライヒヴァインは，映画『亜麻』の授業における活用の最後に，同名のアンデルセンの童話を読むことを提案している。これは意外の念を引き起こすかもしれない。ライヒヴァイン自身も，多くの人がこの提案を「当初は憫笑する」だろうと認めている［Reichwein 1937a: 178］。この提案は，しかし彼の立場の首尾一貫した帰結であり，十分に了解可能である。このアンデルセンの童話は，擬人化された亜麻自身の視点からその収穫と処理の過程を物語ったものであった。ライヒヴァインによれば，「亜麻についてのこの童話も，小さな事物の，

その地上的な存在をめぐって，いかに民衆が思考とイメージと信仰の世界を紡ぎ出していくかの実例となっている」[ibid.]。このように，ライヒヴァインにとって「技術」とは，近代のテクノロジーのように事物を素材としてのみ用立てるものではなかった。むしろ技術，つまり「形作る手」は，「小さな事物」をめぐる「思考とイメージと信仰の世界」を解明し形にするべきものであった。そのことによって浮き彫りになるものを，コパイの用語法を使って「事物の相貌」と呼ぶことができるだろう。映画は——さらにここでは童話も——ライヒヴァインにおいて，事物の相貌を明るみに出し接近可能にするメディアとして投入されているのである。

6. 「即事性」イデオロギーを超えて

　ナチズムのプロパガンダ政策との制度的に強制された対峙から，いかなるメディア教育学的な試みが生まれたのか，という最初の問いに立ち戻ってみよう。教育省と宣伝省との管轄権をめぐる鞘当てを背景として，授業映画局は「教育」と「プロパガンダ」を概念的に明確に区別し，そのことによって授業映画という領域に対する自らの管轄権を確保しようとした。こうした「教育」への籠城によって，映画というメディアと教育との関係が授業映画局周辺では一層集中的に議論されることになった。そうした議論のなかでは「事物」という契機が映画教育実践の焦点として浮上した。プロパガンダとの区別を明確にするために授業映画は即事性を保持することが求められたが，この即事性は最終的には事物に支えを見出すべきものと考えられたからである。

　この要求は，プロパガンダによって広められていく支配的なナチズムのイデオロギーを，授業映画の言うところの事物に立脚する即事性によって下支えすることに，大勢としては落着した。授業という映画利用の文脈は，両者——ナチズムのイデオロギーと授業映画——を架橋する上で中心的な役割を果たした。授業映画それ自体においても，その授業における利用においても，メディアと事物とが明確に区別され，かつ互いに指示的な関係にある，ということが前提にされていた。事物とメディアのこうした分離と結合の図式のなかで，事物世界は，ナチズムのイデオロギーを映画というメディアによって裏書きするため

第 11 章　ナチズム期映画教育論における「事物」と「メディア」　　337

の究極的な支えとして役立てられることになる。

　まさにそれゆえに，こうしたメディアによる透明な伝達の図式を問いに付すことは，「即事的」な授業映画のイデオロギー的機能化，という構図との対峙に道を開くことになった。半ば強制され半ばは自ら望んだ「教育」への籠城と，そこから帰結する事物とメディアとの明確な区別への固着は，こうした固着——それは風景映画をめぐる議論に見られるように映画教育の実践においてすでに危ういものとなっていたのだが——がはらむ問題との集中的な取り組みをも誘発することになった。そのことによって，メディアによる透明な伝達，という上述のような図式を問題化し，事物とメディアの関係を反省的に構成する可能性が開かれる。事物世界は，メディアによって浸透されたものとして現れることになる。それはもはやイデオロギー化の不動の支えではありえないのである。

　ただしそこでは，映画教育論的な反省がどれほど真剣に事物の領域を扱っているかが決定的な分岐点をなしていた。これは現代の状況から見ても重要な論点であろう。事物世界がメディアによって浸透されているということの認知は，この知見をメディアによる操作に利用するという方向に向かう可能性を大いにもっている。ホフマンは，たとえそうとは意図していなかったとしても，その反省をメディアの領域に限定し，事物の領域を空所として放置することによって，明らかにそうした道に進んでいた。これに対してコパイは，事物の領域を，それがメディアによって浸透された状態において探索しようと試み，そこに「事物の相貌」を見出した。この事物の相貌は，「シンボル的認識」を手がかりとして，一方では現実の直観を可能にするが，他方では現実の捏造にも道を開くのであった。

　『峡谷の形成』を利用したコパイの実践，『亜麻』についてのライヒヴァインの実践は，メディアによって浮き彫りにされた事物の相貌を直観に結びつけるが，そこでの直観は支配的なイデオロギーとの補完関係に単純には解消されない。それはなぜか。両者には，映画投入におけるある共通の契機を認めることができた。それは，事物の堅固さをもった馴染みの現実がメディアによる浸透によって異化される，という契機である。この異化は，世界についての何らかの前もって与えられた観念によって短絡的に安定化させられることなく，その

まま現実へと差し戻され再結合される。事物の相貌は，ライヒヴァインにおいてもコパイにおいても，こうした異化および再結合の過程のなかで浮上する。事物の相貌は，そしてその直観は，このような仕方で事物へと，事物の「現実性格」へと結びつけられ，そのことによってメディアによる恣意的操作に対する抵抗力を示すことになる。

　授業映画局の達成は，学校での映画利用を現実のものにしたという組織論的な意味においてのみならず，全体としてはナチズムのイデオロギーに同調的であったその組織のなかで，メディア教育学的な反省と実践の批判的試みを胚胎させていたという意味でも，注目すべきものである。16 ミリフィルム，無声，最大でも 15 分，といった，授業映画局が授業映画に対して作り上げたフォーマットは，敗戦後にドイツを占領した戦勝国の目から見ると，すでにあまりに時代遅れのものと映った。それは「ドイツの授業映画の後進性」[Paschen 1983: 59]の現れと見なされた。授業映画局の枠内での映画教育の理論と実践は，たしかにナチズムのもとでの一回限りの不幸な星回りの所産であった。それはしかし，そのアクチュアリティを今なお失っていないような様々な試みを後世に遺したのである。

エピローグ

　18世紀末のシラーやシュライアマハーから出発して，ナチズムが崩壊しようとする第二次世界大戦末期の状況まで，私たちはこうしてともかくもたどりついた。私たちの出発点の問いは〈ナチズムはなぜ勝利したのか〉であり，この問いに教育思想史の観点からアプローチするというのが私たちの目論見であった。これまでの叙述によって，答え，とまでは行かずとも何か見通しのようなものは得られたのだろうか。

1. 〈メディア・美・教育〉の変遷
不透明性への接続

　映画という19世紀末に登場した新しいメディアは，不透明性の浮上という，19世紀の経過とともに顕在化してきた状況――それは〈美〉の観点・〈メディア〉の観点のそれぞれから観察可能であった――に，教育との接点を見出していった。「映画改良運動」に即して見たように，映画が教育関係者の視界に登場した当初は，旧来からの〈教育〉の枠組みに映画を押し込む試みがなされた。しかし次第に，とりわけ第一次世界大戦下のプロパガンダへの要請と結びついて，不透明化した主体への作用様式として映画が利用されていく。それとともに，教育の枠組みにも変化が生じる。教育が，感覚や感情といった感性のレベルに積極的に介入する働きとして意識されるようになるのである。これはしかし，映画によって教育が変化したという単純な因果関係の話ではない。不透明な主体に働きかけることを目論み，そのために感性のレベルに照準を合わせるような教育論は，すでにニーチェに先駆的に顔をのぞかせていた。教育のこうした自己理解は新教育において常態となる。新教育においては，子供の側の自発的な自己活動を前提にした上で，いかにそれを表出させ適切に統御するかが教育の課題となる。教育論の側が，すでに映画が接続可能な状態にまで教育の自己理解を変化させていたのである。ただし，映画は教育論が用意した場所におとなしく収まったわけではない。新教育的な教育論の構図が教育の領域へと映画を迎え入れたのだが，映画改良論者ゼルマンの場合に典型的に表れていた

ように(第6章4.1)，映画は教育論の側の意図をかいくぐって教育の領域深く侵入し，教育論の変容を加速させることになる．

　映画との接続を可能にした教育論の側のいわば自生的な変化は，〈美〉の次元に目を向けることでより明瞭に浮かび上がってくる．旧来の「教育」の枠組みを揺るがすような教育論の変容は芸術教育の領域に顕著に見られた．教育を〈美〉の次元と直結させ，そのことによって学校教育や教師・生徒関係の正当性を疑問視するような急進的な主張が，ワイマール期の芸術教育論には現れていた．リットを中心とするアカデミズム教育学は，急進的な芸術教育論がもたらした自己活動の野放図な解放に歯止めをかけようとする．そして，子供の側の自己活動を教師の側の教育的指導と〈嚙み合わせ〉ることで教育の正当性の再構築を試みる．この試みは表面的には成功した．しかしこうした方策の大前提にあった市民的教養の正当性は，実のところ足元から揺らいでいたのであった．――他方，同時代の建築学校バウハウスに着目すると，以上のようなメインストリームの議論とは異質な芸術教育の構想が兆していたことがわかる．バウハウスの予備課程では，知覚――それは意味づけ・感情づけがされた感覚である――の問題が教育の焦点となる．そこでは，〈内なるもの〉の表出として芸術を捉えるのではなく，知覚を世界と人間の接面と捉えてその省察・制作として芸術を捉えるような見方(同様の見方はメインストリームの中心部にいたハートラウプのなかにも実は人知れず存在したのだが)が打ち出されていた．したがってそこでは，自己活動の表出を促進しつついかにそれを統御するか，〈美〉の次元と教育をいかに架橋するか，といったリットが頭を悩ませた問題が教育の問題として浮上することはない．むしろ，知覚をめぐるコミュニケーションを，可能にするようなメディアの構築が，「芸術」であり，かつ「教育」なのであった．

　〈美〉の次元との関係で教育論が追求してきた感性のレベルへの作用は，映画に代表される〈メディア〉の次元との接続によってより効果的に，かつ徹底して実現できるように見える．映画の作用は，感性のレベルに侵入して知覚の様式をあらかじめ形成してしまう可能性を開いていたからである．ナチズムの教育学は，こうした可能性を積極的に取り込み，教育論の変容を加速させる．その帰結は政治的プロパガンダへの教育論の接近であった．クリークの「ミュ

ーズ的教育」の構想は，知覚の様式の先回り的形成という，同時代のプロパガンダ映画と同型的な作用をめざしていた。クリーク自身，大衆煽動の技法を教育の模範にすると公言してもいた。

自己活動の機能転換

　ナチズムの教育学は，子供の自己活動の促進という新教育を支えた強力なモチーフを否定しないままに，新教育が自己活動の担い手として想定していた主体像を瓦解させる。教育において自己活動を尊重することが，やがて「自分で考える人たちの国」へと結実するはずだ，というのが新教育の想定であった。デューイが「注意」の問題を能動的な作業によって解消できると考えたのも，同種の想定に立ってのことである。ところが，知覚様式への先回りを企てるような教育学によって，こうした想定は存立の基盤を失う。活動が他の誰でもなくまさに「自己(Selbst)」に根拠をもつということが，自己活動(Selbsttätigkeit)から「自分で考える人(Selbstdenker)」への道筋を支えるはずであった。ところが，メディアを介して感性のレベルにまで介入の手が及ぶことで，その「自己」は根拠としての意味を失うことになる。若々しく将来を約束するものをナチズムに感じるような知覚の様式が形成されてしまえば，「自己」を根拠にした思考は，まさに自らの感覚・感情に忠実であることによって，ナチズムの将来性を確信する方向へとますます導かれてしまう。少なくとも，そう確信する蓋然性の高い個々人が形成されることになる。そうなると，自己活動を尊重することは，ナチズムを批判するどころか，むしろナチズムを積極的に支える方向に作用してしまうであろう。

　ナチズムの教育学へと収斂していくような教育論の変容に対して，アカデミズム教育学は有効な対抗策を打ち出すことができなかった。アカデミズム教育学のあの〈嚙み合わせ〉の構図においては，無垢なままに生成する自己活動が前提にされ，教育的作用は，そのようにして引き出され表現された自己活動に事後的に関与していくことになる。ところが，〈美〉と〈メディア〉の結合によって変容した教育論においては，統御はむしろ知覚という，いわば自己活動以前の局面に侵入し知覚に特定の傾向性を練り込んでしまう。自己活動はもはや無垢なものとして生まれはしないのである。自己活動以前の局面に浸透して

いくこのような作用を教育がもちうるということを、アカデミズム教育学はそもそも想定していない。ヘルバルトの言う「倫理的趣味」の場合（第2章2.2）とは違って、ここでは知覚の様式はもはや生活形式に埋め込まれてはおらず、逆にメディアによって生活形式から切り離されて人為的な構築の対象とされているのである。自己活動の原理を骨抜きにするような〈メディア・美・教育〉の布置を、そのただなかにいながら対象化できないという限界は、新教育的な教育論一般に言えることであろう。——このように見れば、自己活動以前の知覚の領域に芸術教育の照準を合わせるバウハウスの実践は、第8章で述べたような限界はあったとしても、大きな可能性を持っていたことがわかる。

ナチズムとの対峙

　ナチズムと対峙可能であるような教育学構想が映画教育の領域から生まれたことはおそらく偶然ではない。ナチズム期に入ると、政権の強力なテコ入れもあって、映画の教育利用の制度的な整備が一挙に進み、映画を書物と同等の教材として学校教育に導入するという映画教育関係者の長年の夢に実現の可能性が出てくる。映画教育の領域は、ナチズム体制という、教育論の変容・変質にとっての順風下で、改めて〈メディア〉と〈美〉と〈教育〉の関係が問われ再調整される現場となった。映画教育論が〈メディア・美・教育〉をめぐる突出した議論の場となった原因はおそらくここにある。〈メディア・美・教育〉の布置を、新教育やアカデミズム教育学の枠組みを越える形で対象化する可能性が、まさに映画教育に関する考察において開かれたのであった。そしてそこから、ナチズムを唯一可能な選択肢として現出させることになる教育論の袋小路に、ひそかに風穴を開けるような教育学構想も芽生えてくる。

　興味深いことに、ナチズム体制という順風下においても、教育をプロパガンダに包摂するというクリークの目論見がそのまま実現したわけではなかった。政権内にその種の目論見が存在したことは、自らの管轄下に授業映画を組み込もうとする宣伝省の企てが示している。しかしこの企ては結局成功しなかった。授業映画局は、教育省の管轄下にとどまってプロパガンダと教育の原理的区別を強調することができたし、授業映画にナチズムのイデオロギーを注入しようとする教育省中枢の意向にさえ半ば抗して、即事的な授業映画を作り続けるこ

とができた。しかしこのことがナチズム体制への抵抗を意味していたわけではない。即事的な授業映画は，まさに即事的である——言い換えれば，メディアが透明であり映画が事物の状態をそのまま写し取っているかのように見える——ことによって，ナチズムのイデオロギーやナチズム体制下のプロパガンダの現実と補完的な関係を結ぶことができた。ここには，自己活動の尊重という自らの原理に忠実であることによってナチズム体制を支えてしまった新教育の教育論の場合と，同型的なジレンマを見ることができる。即事性への要求は，映画の教育利用の出発点たる映画改良運動においてすでに掲げられていた(第3章5)。この不動の要求が,〈メディア・美・教育〉の布置の変化によってその意味合いを根本的に変えられてしまうのである。

　ナチズムのプロパガンダに対峙する可能性をもった映画教育論は，即事性をめざすナチズム期映画教育論の主流とは逆に，メディアの不透明性を，除去すべき障害としてではなく好機——自らの知覚の，つまり自らと世界との接面の，探究を促すための好機——として利用しているように思われる。ライヒヴァインにせよコパイにせよ，プロパガンダに即事性を対置し，対置することでメディアの透明性を護持するという立場をとってはいない。むしろメディアの不透明性・創造性が彼らの議論の出発点となる。コパイは，映画の教育的意味は現実の再現にあるのではないということを再三強調していた。映画は，日常的な知覚を異化し「事物の相貌」を露わにするために，そしてそのことによって事物の意味を直観的に把握可能にするために，投入されるのであった。ライヒヴァインの場合は，映画だけでなく，紙とハサミ，手作りのたて笛，といった新教育好みの教授メディアも含めて，対象との密着関係から子供を引き離すためにメディアが投入されていた。そのことによって，自らの知覚に反省的に関わることができる自由空間を開くことが可能になると考えられたのであった。いずれの場合も，メディアは世界と人間との間を透明に媒介するのではなく，むしろ視線を屈折させて自らの知覚に注意を向けさせることになる。ここでも教育の作用は自己活動以前の知覚の局面に向かうが，それは知覚に特定の傾向を練り込んで自己活動を所期の方向へと動員するためではない。逆に，そのようなプロパガンダ的な現実を感性のレベルで対象化することがそこではめざされているのである。

現代的教養の可能性

ニーチェの先駆的な試み以降,不透明な主体に作用するための手がかりとして感性のレベルが教育論の重要な対象として浮上してくるが,教育論における感性の対象化は,感性を知性(カント的に言えば「悟性(Verstand)」)に対置し,知性に対して感性を持ち上げるという文化批判的な傾向に絶えず引きずられてきた。芸術教育論にこうした傾向は顕著に認められる。「ミューズ的教育」の構想はその一つの帰結であった。こうした傾向のはらむ危険性を的確に指摘し能力付与という教育の地道な課題をそれに対置したリットの慧眼は大いに称えられてよい。しかしその際にリットが拠り所とした市民的教養の理念は,社会統合という教育のもう一つの課題との関係で正当性を問われる状況にあった。市民的教養の理念は,しかし単に大衆民主主義という政治的・社会的状況によって挑戦を受けていただけではない。プロローグで触れたような「理論的人間」に対するボイムラーの原理的批判は,単にイデオロギーだと切って捨てるわけにはいかない哲学的な説得力をもっている。この点でリットはより伝統的である。リットは感性と知性を対立関係に置く図式を文化批判的傾向と共有していた。彼が肩入れするのはもちろん文化批判とは逆の知性の側であるが,そのことによって逆の方向から同じ図式を支えていたとも言える。しかも彼が肩入れする知性の正当性の基盤はすでに揺らいでいた。基盤のこの脆弱さが,感性を前にしては知性を,社会統合を前にしては能力付与を,打ち捨てても構わないとするナチズムの単純な解消路線に,チャンスを与えることになった。

これに対してライヒヴァインとコパイの映画教育論が提起していたのは,感性と知性を対立関係に置くのでも,一方の優位において他方を抑止または放擲するのでもなく,両者を相互浸透の関係に置くという対案である。そこでは,〈メディア〉の次元と〈美〉の次元の結合によって日常的な――プロパガンダによって浸透された――知覚が異化され,知覚に省察的に関わるための自由空間が開かれることになる。ここには,特権的な市民的教養の理念に依拠することなく現実への知的な関与を可能にする現代的教養の可能性が,おぼろげながらではあるが浮上しているであろう。

2. 経験の可能性を求めて

　ライヒヴァインとコパイの映画教育論に，私たちは，プロパガンダ的現実のただなかに「経験」の可能性を開こうとする，知謀豊かな試みを読みとることができるかもしれない。いかに「経験」を可能にするかというこの問題は，本書掉尾の「補論」でアドルノに即して見るように，ナチズム期にとどまらず，戦後西ドイツにおける「過去の克服」——そこで「克服」の対象となっているのは言うまでもなくナチズムという「過去」である——の文脈でも，中核的な問題として浮上することになる。アドルノは「過去の克服」の問題を「経験」の可能性・不可能性の問題に収斂させた。その前提にあったのは，アドルノが決定的な影響を受けたヴァルター・ベンヤミンの議論であったと思われる。

経験の貧困——ベンヤミン的視点

　ベンヤミンはライヒヴァインやコパイと同時代を生きた（ここに名前を挙げた人々の生没年を確認しておけば，ベンヤミン 1892～1940，ライヒヴァイン 1898～1944，コパイ 1902～1945，アドルノ 1903～1969 である）。そのベンヤミンの，現代という時代についての重要な診断の一つが，「経験の貧困」であった。1933 年のエッセイ「経験と貧困」のなかで，「経験の貧困」という事態をベンヤミンは第一次世界大戦後のドイツの状況によって例示している。

> 「経験の相場はすっかり下落してしまった。しかもそれは，1914 年から 18 年にかけて，世界の歴史のなかでも最も物凄い経験の一つをした世代において起こっている。ひょっとするとこれは，見かけほど不思議なことではないのかもしれない。当時私たちは確認できたのではなかったか。戦場から帰還してくる者たちが言葉を失っていることを。伝達可能な経験が，豊かにではなく貧しくなって彼らは帰ってきたのだった」[Benjamin 1980(1933): 214(373)]。

こうした事態の原因を，ベンヤミンはテクノロジーの圧倒的な進展と，それによって生じた人間と外界の間の極端なまでの落差に見る。

> 「まだ鉄道馬車で学校に通っていた一つの世代が，野天の下に放り出され，空に浮ぶ雲以外はすべてが変貌してしまった風景のなかに立っていた。破壊的な電流や炸裂が交錯する力場のただなかに，ちっぽけで弱々しい人間の身体が立っていた」[ibid.: 214(374)]。

人間が置かれることになったこのような状況の一つの帰結が,「経験(Erfahrung)」に代る「体験(Erlebnis)」の優位である。外界の圧倒的な力に曝された人間は,外界に対して安んじて知覚の扉を開くことができない。過剰な刺激が一気に流れこんで精神に深刻な傷を与える危険があるからである(最近よく耳にする「PTSD(心的外傷後ストレス障害)」が思い浮かぶだろう)。そのような帰結を避けようとすれば,人は意識によってショックに対する防護壁を築き,流入してくる刺激を意識的にコントロールする他はない。しかしそれは経験を遮断することでもある。「ショックがそのように捕捉され,そのようにして意識によって防御されると,ショックを引き起こすような出来事は端的な意味での体験の性格を与えられることになる」[Benjamin 1980(1939): 614(429)]――このように,経験の貧困と体験の優位は表裏一体の関係にある。出来事を自己の奥深くに受け入れて咀嚼し,そのことで自己自身を変容させていくゆるやかな過程が伝統的な意味での経験だとすれば,体験とは,意識によって,言い換えれば既成の解釈の網によって出来事を――それが自己の奥深くに侵入しないように――捕捉し解釈した,その帰結なのである[1]。したがって体験は,それがどれほど「刺激的」であったり「新鮮」であったりしても,人を深部において変容させることはないであろう。体験においては,出来事が人に到来するのではなく,人の側がその「意外性」も含めたお望みの刺激を出来事に求める。出来事は,あらかじめ予期され解釈された枠のなかでの刺激の供給源に還元されてしまうのである(「体験型」のツーリズムのように)。

「経験の貧困」に対する立場

経験の貧困という自らが認識した現実に対して,ベンヤミンがどのような立場をとっていたかは,実は必ずしも明確ではない。経験の貧困を,批判的に克服すべき現実と捉えているようにも,また積極的に前提にすべき現実と捉えているようにも見える。この両義性は〈メディア〉の次元の位置づけによく表れている。一方で,体験の優位――これに対してはベンヤミンは明確に批判的で

---

1) こうしたベンヤミンの経験/体験概念の哲学的・思想史的文脈については第8章注5を参照。

ある——という事態と，メディアはいわば共犯関係を結んでいる。「新聞の意図は，出来事を，読者の経験に関わってくる可能性のある領域から遮断することにある」[ibid.: 610(424)]。新聞に代表されるようなマスメディアは，自分自身の経験に照らして出来事を咀嚼するまでもなく「それ自体で理解できる」[Benjamin 1980(1936)a: 444(295)]ような情報をそのつど提供してくれる。そしてそれが出来事を捕捉するための解釈の網を作り出す。出来事は「ああ，例のあの〇〇か」で処理可能になる。マスメディアの提供する情報によって，ショックに対する防護壁があらかじめ張りめぐらされてしまうわけである。

しかし他方，こうした事態は，メディアが知覚の集団的拡張の可能性をもつことを示唆してもいる。この可能性を如実に示すメディアとしてベンヤミンが引き合いに出すのが映画である。ベンヤミンによれば，伝統的な芸術が精神集中(Sammlung)を要求するのに対して，映画は対照的に意識の緊張が緩んだ気散じ(Zerstreuung)の状態で受容される(ここには第6章で見た「注意」の問題が浮上している[2])。映画の受容は，作品を前にして個々人の視覚的な精神集中を要求する絵画よりも，気散じの状態で集団的・触覚的に受容される建築空間の場合に似ている。このため，映画は，意識による防護をかいくぐって知覚にショックを与え，さらにこの新たな知覚への慣れを集団レベルで作っていく可能性をもつ。ベンヤミンはここに，現代的な条件のもとでの，現代的な課題に対応する「経験」の可能性を見た。

> 「歴史の転換期において人間の知覚器官が直面する課題を，単なる視覚，つまり観想という手段によって解決することはまったく不可能なのである。それらの課題は，触覚的受容の導きによって，慣れ(Gewöhnung)を通して，少しずつ克服されていく。[……]気散じの状態での受容は，芸術のあらゆる分野においてますます顕著になってきており，統覚の根本的な変化の徴候であるが，このような受容の最適の訓練手段となるのが映画である。そうした受容形態に応えるものを，映画はそのショック作用のなかに備えている」[Benjamin 1989(1936): 381(625f.)]。

---

2) 第6章でわれわれが参照したクレーリーは，注意の集中と散漫を対極関係に置くベンヤミンの構図を批判し，この両者が表裏一体であるという新たな構図を打ち出した[Crary 1999: 50f.(54)]。しかしこのことは，「注意」をめぐる彼の探究がいかに強くベンヤミンの先駆的洞察に結びついているかを物語るものでもある。「注意」をめぐるベンヤミンとクレーリーの問題設定の違いについてはすぐあとの本章注3をも参照。

映画の潜在力

　ライヒヴァインとコパイは，ベンヤミンと同様，映画というメディアのなかに「経験の貧困」を克服する可能性を求めていたと言えるだろう。彼らが対峙したプロパガンダ的現実は，まさに「経験の貧困」の極致と言える。単にマスメディアが知覚の様式をあらかじめかたどってしまう（第10章3.3）というだけではない。ナチズムのプロパガンダ映画は，気散じ状態の観客——ベンヤミンはそこに映画の可能性を見ていたのだが——を眠り込ませ，精神を集中してスクリーンの物語に没入するような〈夢見る観客〉を作り出そうとしていたのであった（第9章）。これは精神集中という伝統的な芸術享受の態度を政治的プロパガンダに利用するものであり，ベンヤミンはこれを「政治の美学化」と呼んで批判した（ここでは「経験の貧困」は克服すべき対象である）。これに対置されるのが，上述のような気散じ状態における現代的経験の創出である。気散じ状態での芸術受容は，伝統的な〈美〉の次元——それは市民的教養理念とも不可分に結びついていた——に構造転換をもたらすとともに，プロパガンダ的現実の転覆にもつながるはずであった（ここでは「経験の貧困」は新たな現実を創出するための前提となる）。ベンヤミンはそれを「芸術の政治化」と呼ぶ[Benjamin 1989 (1936): 384 (629)][3]。

　ライヒヴァインとコパイの映画教育論にも同様の試みを，つまりプロパガンダ的現実を掘り崩すような経験の可能性を映画のなかに探るという試みを，読み取ることができる。彼らが距離をとろうとした授業映画局主流の「即事性」路線は，映画を現実の忠実な表象とみなしてそこに子供を没入させようとするものである。このような映画利用がベンヤミンの言う「政治の美学化」と親和的であることは明らかであろう。これに対して，ライヒヴァインとコパイは映画のなかにむしろ現実との距離を確保するための異化作用を求めていた。これをベンヤミンにならって「ショック作用」と呼ぶこともできる。彼らの映画利用の試みは，ショック作用による経験の創出という点ではベンヤミンの構想と

---

3) 精神集中と気散じとをベンヤミンが対極関係に置いた背景にはこのような事情があったと思われる。彼の対置図式は，精神集中を政治的に利用するプロパガンダの現実にいかに対峙するかという明確な実践的動機をもっており，「注意」問題の構築過程の歴史的跡づけをめざすクレーリーとは明らかに出発点を異にしているのである。

重なる部分をもつ。彼らもまた，プロパガンダ的現実に対峙する可能性を現代的な経験のなかに探っていたのである。

教育的抵抗の構図

しかし，ライヒヴァインとコパイが探り当てた経験への具体的な道筋は，彼らが念頭に置いていたのが授業映画だということを考えれば当然とも言えるが，ベンヤミンが描いた道筋とはかなり異なっている。ベンヤミンが描いていたのは，ショックを集団的に受け入れてそれに慣れ，受け入れた新たな知覚様式を習慣化していく，というマクロレベルでの道筋である。これに対してライヒヴァインとコパイが定位するのは授業というミクロレベルのコミュニケーションであった。ベンヤミンの構想は，触覚的受容とその習慣化という，知性による対象化以前の領域に着目している。これに対してライヒヴァインとコパイは，知性に自由な活動の空間を用意するために知覚への映画の作用を役立てようとした。映画によるショック作用は，人間と世界との「自然」な密着状態を，この密着状態を支える知覚という土台に一撃を加えることで解除するはずであった。プロパガンダ的現実の呪縛を解かれた知性は，世界を自ら探索するチャンスを得ることになる。

ここで試みられているのは，プロパガンダ的現実に別の「真の」現実を対置するということではない。知覚にあらかじめ特定の傾向を練り込んでいくプロパガンダに抗して，知性の背後で築かれていく知覚の習慣に省察の光を当てることが試みられている。めざされているのは，知覚のレベルに遡って，そこから開始されるような世界の知的探索である。このような探索によって，世界の新たな相貌を発見し，ひいては世界を見る自己自身を変容させる可能性が開かれることになる。これは，プロパガンダ的現実のただなかで，プロパガンダ的現実に抗して「経験」の可能性を開くことを意味するだろう。——あまりに迂遠な道のりだと思われるかもしれないが，政治的な抵抗とは異なる教育的抵抗の道がここでは選び取られているのである。

経験の可能性に照準を合わせた以上のような教育的抵抗の試みによって，市民的教養とは一線を画した現代的教養への展望が開かれてもいる。市民的教養の理念の前提にあったのは，普遍的とされた知や精神に関与しそれを分け持つ

ことによってこそ，個々人は自律的な存在へと形成されるのだ，とする想定である。こうした想定の信憑性は，ニーチェの教養批判によって揺るがされ，19世紀末以降の新教育の時代にはすでに半ば失われていた。新教育が対案として打ち出したのは，形骸化した知や精神に代って子供の自己活動が，そしてその基盤にある〈内なるもの〉――力動的な生命――が，教育を支えるべきだとする想定である。この想定は知性に対抗して感性を称揚する文化批判的な枠組みに組み込まれ，政治的な動員のために利用されていく。メディアを介した感性のプロパガンダ的操作がそれを決定的に促進した。ライヒヴァインやコパイが目の当たりにしていたのは，その帰結としてのナチズムの現実である。彼らは，プロパガンダ的な感性操作の通路となっていた映画というメディアをいわば逆手にとって，映画のショック作用によってプロパガンダ的現実を異化しようとした。彼らが試みていたのは，現実をめがけた知的探索の駆動である。そのような探索は，知覚に貼り付いてくる感性操作の皮膜を突き破るような出来事を，つまりはプロパガンダ的現実のただなかでの経験を，可能にするはずであった。ここで想定されている経験の生起にとって，普遍的なものへの関与や服従は必ずしも必要ではない。「真の」現実やそれを表象する知の存在を前提にすることなく，感性のレベルで着手される現実探索が知性を駆動することになるのである。

3. 遺贈されたもの

「経験」の問題に議論を収斂させることで，私たちはナチズムをめぐる問題をあまりに一般化してしまっただろうか？　ナチズムは，ホロコーストをはじめとして極めて特異な，法外な現象であった。それは現代社会一般の運命のようなものではもちろんないし，とすれば防ぐ手だてもあったはずである。抵抗へのエネルギーが残っていたのなら，それは本来，ナチズムの勝利を阻止するためにこそ使われるべきだったであろう。その意味では，ライヒヴァインらの抵抗の試みは明らかに遅すぎた。先に私は教育的抵抗という道が選び取られたのだと述べたが，その実態は政治的な抵抗が封じられた結果としての強いられた選択であった。第10章の冒頭で紹介したように，第二次世界大戦の勃発を間近にひかえた1939年5月，ライヒヴァインは小学校教員の職を辞して民俗

学博物館に移り，それとともに政治的な抵抗運動に身を投じていく。これもまた，教育的抵抗という迂遠な道では「遅すぎる」ことが明らかになった状況下での，強いられた選択だったかもしれない。政治的な抵抗はもはや合法性を装うことすらできず，ヒトラー暗殺計画へと行き着かざるをえなかった。

しかしこのように進むべき道が狭く限定されていたがゆえに，ナチズムに対峙しようとした人々の理論的洞察はかえって研ぎ澄まされ，長い射程を獲得することになった。彼らが取り組んでいたのはナチズムという特異な，一回限りの現象である。しかしそこから生まれた理論的洞察は，プロローグで示唆したような現代社会一般が分け持っている空所を，たしかに指し示していたように思われる。ここでは私たちはそれを経験の可能性の問題として取り出そうと試みた。

現代的条件のもとでいかに経験の可能性を創出するかは，教育および教育学の課題として重要性を失っていない。「学習」をめぐる近年の議論を想起してほしい。学力の国際比較で話題を呼んだ OECD の PISA 調査などをきっかけとして，学習の成果や効用については，教育の領域を越えて盛んに議論されるようになってきた。ところがそれに反比例するように，学習は今ある社会のなかでの機能性に解消され，外部から観察困難で「エビデンス」になりにくい学習の経験については，ますます〈論じる必要のないこと〉として片づけられる傾向にある［今井 2014, 2015］。経験の可能性への教育学的問いは，依然として空所にとどまっているように思われるのである。

奥深い井戸の底から空を見上げると，昼間でも星が見えるといわれる。ちょうどそのように，暗い谷間のような時代のなかにあってかなたを見上げた人々の目は，現代の私たち——自由にものが言える明るい時代を生きていると信じている私たち——には見えなくなってしまった星々を，その視野の先に捉えていたのではなかろうか。

補論　「過去の克服」と教育
―― アドルノの場合　1959～1969 ――

1.『アンネの日記』とアドルノ

1950年代末から，西ドイツでは反ユダヤ主義の根強い残存をうかがわせる事件が目立つようになる[Brochhagen 1999: 319-344; 石田 2002: 141-144]。シナゴーグには鉤十字の落書きがされ，ユダヤ人墓地が荒らされた。政府の白書によれば，59年のクリスマスから60年1月28日までのわずか1か月余りの間に，その種の事件は西ドイツ全土で470件を数えたという[Brochhagen 1999: 320]。西ドイツ政府内部では，こうした反ユダヤ主義的事件の頻発を，西ドイツの対外的信用の失墜を狙った東ドイツなど東側諸国の謀略に帰する意見が強かった。首相のアデナウアー自身がこうした見方を強く主張していた。しかし政府全体がこうした見方で一枚岩になっていたわけではない。たとえば外務省には別の見方があった。外務次官のファン・シェルペンベルクが在外公館に送った回状（60年1月20日付）には，むしろこうした事件によって，「忌まわしい過去との，しばらく前からすでに始まっている開かれた公共的な取り組みが力強く活性化」され，「連邦共和国の民主主義が強化されるだろう」との期待が表明されている。そしてこうした好ましい展開を期待させる予兆として挙げられたのが，西ドイツにおける『アンネの日記』の熱狂的な受容ぶりであった[Brochhagen 1999: 337]。

フランク一家をかくまったミープ・ヒースらの機転でかろうじて官憲の押収を免れたアンネ・フランクの日記は，戦後，強制収容所からただ一人生還した父親のオットー・フランクに手渡され，1950年にオランダで出版される。同年中には早くもドイツ語の翻訳が出され，それは70万部を売る大ベストセラーとなった。舞台化もなされた。1956年から59年の間に，『アンネの日記』の上演はのべ2,150回に上り，175万人がそれを見たと推定されている[Brochhagen 1999: 514]。普通の市民のこうした反応に照らせば，上記外務省の見解は，政府内の良識派を代表する堅実な見通しと映るだろう。

同じ頃——1959年秋——に行った講演「過去の総括——それは何を意味するか」のなかで，アドルノはこの『アンネの日記』現象に触れている。そこでのアドルノの議論は，上のような良識派の意識をも逆なでせずにはいない類い

のものである。

　「舞台化された『アンネの日記』をたまたま見て，ともかくあの娘だけは少なくとも生かしておくべきだったのにと，上演後感動しながら語ったというあるご婦人の話を私は聞かされたことがあります。［……］反ユダヤ主義は本質的な点でユダヤ人と関係しており，ユダヤ人との具体的経験によって克服できるとする前提に，人はあまりに依拠しすぎております。正真正銘の反ユダヤ主義者は，そもそもいかなる経験もなしえないこと，聞く耳をもたないことによって定義されるのです」［Adorno 1977 (1959): 570f. (181f.)］。

　『アンネの日記』のような作品がもたらす感動でさえ，根深い偏見の核心部分には到達できないのだとしたら，何が可能なのだろうか。アドルノによれば，だからこそ啓蒙が必要なのである。「彼ら自身のなかで人種的偏見を引き起こしているメカニズムを意識させる」こと。「啓蒙としての過去の総括とは，本質的にそうした主体への転回(Wendung aufs Subjekt)であり，主体の自己意識の，したがってまた自我の，強化」［ibid.: 571 (182f.)］なのである。ここでいう啓蒙は，したがって，たとえば『アンネの日記』の舞台が上演されるのを友人と一緒に観るといった，通常の文化的・社会的経験には還元できない。啓蒙のためには，個々人の経験(あるいは経験不能)への意図的介入が，言い換えれば教育的作為が必要となる。ここに，50年代末以降アドルノがますます教育の問題に積極的に発言するようになっていった理由の一つを見ることができるだろう。未公刊資料を駆使してアドルノの教育論を詳細に再構成したパフラートも，教育へのアドルノの積極的関心の背後に「主体への転回」というモチーフを見ている［Paffrath 1992: 15］。

2. アドルノと教育と「過去の克服」

　普通，アドルノは教育に対して冷淡だったと見られている［Paffrath 1987］。そうした通念には，『啓蒙の弁証法』『ミニマ・モラリア』『否定弁証法』そして遺著『美の理論』といった一連の主要著作に横溢する高踏的な知識人としてのアドルノのイメージが何ほどか作用しているだろう。たしかに，30年代・40年代のホルクハイマーやアドルノの論著に教育への関心は希薄である。そ

の背後には，「リベラル派のユダヤ系知識人の教育オプティミズム」とは対照的な彼らの歴史観があった[Albrecht et al. 1999: 389]。古代ギリシア以来の啓蒙の試みは結局ナチズムの野蛮に帰着した，という『啓蒙の弁証法』(1946)のペシミスティックな歴史的展望のなかに，教育の占める積極的な場所はありそうもないのである。『権威主義的パーソナリティ』では，アドルノは「社会変革の代りに教育を」という見方に疑惑の目を向けている[Adorno 1975(1950): 395ff. (397ff.)]。ドイツへの帰還後も，たとえば音楽の領域で，アドルノは音楽を教育や人間形成の手段と見るような音楽観を徹底的に批判した[Adorno 1973 (1956)]。ボルノウについての「哲学者気分の教育学者」[Adorno 1973(1964): 429(34)]，クリークについての「正教授に任用された国民学校教師」[ibid.: 480 (119)]といった『本来性の隠語』での言い回しからは，この両者がともにナチズム体制に協力的だったことを差し引くとしても，「教育」一般に対する悪意さえ漂ってくるだろう。批判理論の枠組みと教育学の問題設定とはそもそも相容れない——たとえば，「理論と実践は結合されねばならないという教育学者に共通する要求は，批判理論の根源的な懐疑とは相容れない」[Gruschka 1988: 52f.]——という主張は，批判理論を教育学に導入しようとした「解放的教育学」の試みが一旦挫折したあとではなおさら[cf. 今井 1985]，かなりの説得力をもって響いたのである。

しかしアドルノは，のちのハーバーマスほどではないにしても，公的問題に積極的に発言する知識人としての一面ももっていた。公的議論の場にアドルノが進出する上で大きなきっかけとなったのが，他でもない 50 年代末からの「克服されざる過去」の社会問題化である。これに対するアドルノの発言のなかでは，上にも見たように教育は中心的なテーマとなった。しかも，彼は単なるディレッタントとして教育について発言したのではない。1958 年，ドイツ社会学会のなかに教育社会学部会が作られるが，アドルノはその設立メンバーの一人であった。彼はそこで様々なプロジェクトを提案するなど主導的な役割を果たし，1962 年から 68 年まで部会長を務めている[Paffrath 1992: 107ff.]。教育社会学部会はまた，ハーバーマス，フリーデブルクなど，フランクフルト学派第二世代の活躍の舞台ともなった。

今日では，有名な 1985 年のヴァイツゼッカー演説「荒れ野の 40 年」に象徴

されるように，ドイツは自らのネガティヴな過去を真摯に反省している国だ——ついでに言えば日本などとは違って——という評価が定着している。しかし，50年代末の西ドイツは，冒頭にも見たとおりこれとはかけ離れた状況にあった。20年ほどの間のこのような変貌は，いかにして可能になったのだろうか。その要因は様々に挙げられるだろうが，「過去の克服」問題をめぐって60年代にフランクフルト学派——言うまでもなくアドルノはその中心的存在であった——が強力な知的陣営を形成したということも要因の一つに数えられてよい。教育論を核心部分に組み込んだアドルノの議論が，「過去の克服」問題のその後の展開に決定的な影響を与え，ひいては，「連邦共和国の知的建国」[Albrecht et al. 1999] とさえ呼ばれるような西ドイツにおける社会意識の巨大な地殻変動へとつながっていくことになった。

　本補論の目的は，敗戦によって形の上では過去のものとなったナチズムが，戦後(西)ドイツにおいてどのように教育の問題として受けとめられ扱われていったかを，アドルノの目を通して一瞥することにある。「過去の克服」問題という文脈を仲立ちにして，1950年代から60年代にかけての西ドイツ社会の動態とアドルノの教育論とを結びつけ，そのことを通してアドルノの教育論の特質を浮き彫りにしていきたい。そのことによって，われわれは，経験の可能性をいかに開くか，というあの問題が依然として空所にとどまっていたという事態をも，目撃することができるだろう。以下ではまず「克服されざる過去」についてのアドルノの認識の土台となったと思われる「集団実験」プロジェクトについて概観したのち(2)，上にも触れた「過去の総括」講演の内容をより立ち入って紹介し(3)，「知的建国」に至る過程でアドルノとフランクフルト学派が果たした役割を描き出す(4)。そして，こうした文脈にアドルノの教育論を位置づけることで，その特質を明らかにしたい(5)。

3. 「集団実験」のプロジェクト

3.1　社会研究所の三つのプロジェクト

　戦前から戦後にかけて社会研究所が行った共同研究の成果として，『権威と家族に関する研究』[Horkheimer 1936]，『権威主義的パーソナリティ』[Adorno

1975(1950)］，そして『集団実験』［Pollock 1955］の三つを挙げることができる。アドルノは，『権威と家族に関する研究』には参加していないが，後二者の共同研究には中心的なメンバーとして加わり，主導的な役割を果たしている。これら三つの共同研究は，ドイツにおけるナチズムの勝利という同時代的経験を三者三様に映し出している。また，共同研究の成果である三冊の大著は，ナチズムによって強いられた社会研究所の「長征」の痕跡をも示している。『権威と家族に関する研究』はパリのアルカン社からドイツ語（一部フランス語）で，『権威主義的パーソナリティ』はニューヨークのハーパー社から英語で，『集団実験』はフランクフルトのヨーロッパ出版局からドイツ語で，それぞれ刊行されているのである[1]。

　『権威と家族に関する研究』は，ナチズムのような反民主主義的な体制はなぜ，またいかにして民衆の支持を得ることができたのか，という問いに答えるために，当時水と油と見られていたマルクス主義と精神分析を統合するという斬新な理論枠組みを提出した。『権威主義的パーソナリティ』は，より一般的に，ファシズムを支えるような性格構造，言い換えれば，制度的には確保されているはずの自由を自ら放棄し喜んで権威に服従するような性格構造の，経験的解明をめざした。「ファシズム尺度」――「F 尺度」，別名「A 尺度」（アドルノの A である）――が開発され，「権威主義的パーソナリティ」の構造や形成条件が探究されていった。

　『権威と家族に関する研究』が「フランクフルト学派」の金字塔として，『権威主義的パーソナリティ』が社会学の古典として，それぞれ確固たる位置づけを与えられているのに対して，三番目の『集団実験』は取り上げられることが

---

1)　社会研究所（Institut für Sozialforschung）は，ユダヤ人実業家ヘルマン・ヴァイルが提供した巨額の基金をもとに，フランクフルト大学附属の，しかし財政的には独立した研究所として 1923 年に設立された。1930 年にホルクハイマーが所長に就任して以後，研究所はマルクス主義と哲学と経験的調査を結合する独自の研究構想のもと，多くの俊才――アドルノをはじめ，マルクーゼ，フロム，それにエピローグで触れたベンヤミンなど，のちに「フランクフルト学派」と呼ばれることになる理論家たち――を集める。ユダヤ人であった彼らはナチズム政権の成立とともに亡命を余儀なくされるが，研究所の基金は危機を見越してオランダに移しておいたために没収を免れ，社会研究所はジュネーヴからニューヨークへと本拠を移しつつ活動を続けることができた［cf. Jay 1973］。研究所は 1951 年にフランクフルトに戻り，ハーバーマスらに代表される「第二世代」を育てることになる。

少なく位置づけも曖昧である。しかし，戦後の社会研究所が取り組んだこの巨大プロジェクトは，以下に見るように，極めて野心的な方法論的目論見をもっていた。しかもこの目論見は本補論の関心事である「過去の克服」問題と深く結びついている。「集団実験」プロジェクトの方法論は，ナチズムを可能にした社会心理学的条件が戦後西ドイツにおいてどの程度，またどのように残存しているか，を解明するために開発されたと言ってもよい。そして，「過去の克服」問題に関するその後のアドルノの発言は，この共同研究で得られた知見を主要な源泉にしているように思われる。

3.2 「集団実験」プロジェクトの方法論

「集団実験」プロジェクトは「「世論」研究への寄与」[Pollock 1955: 3]を意図したものであった。ただし，フランツ・ベームが「序言」で述べているように，そこで考えられていたのは，選挙，新聞記事，政党綱領，等々に表れるような表向きの世論(öffentliche Meinung)ではない。それとは区別された「裏の世論(nicht-öffentliche Meinung)」の解明がめざされた[ibid.: XI]。こうした裏の世論を取り出すためには，通常の質問紙調査では不十分であることが当然予想される。そこで考案されたのが，書名にもなっている「集団実験」という手法であった。見知らぬ旅人同士が列車のコンパートメントで出会い，ひととき議論に興じる，といった状況が「集団実験」のモデルとなった[35]。そうした状況でこそ，単なるタテマエでも，またむき出しのホンネでもない，人びとの間で前意識的に共有された意見があらわになるのではないか。「集団実験」が解明をめざしたのは，「前意識のなか，潜在的な構えのなかに準備されている超主観的要素」[279]であった。そのような「社会心理学的性向」は，「現在の状況下では十分な影響力をもつに至っていないとしても，[……]強力な客観的勢力と再度結びつくことがあれば，再び予想もつかない威力をふるう可能性がある」[280]と考えられたのである。

「集団実験」の調査は1950年から51年にかけて行われ，ホワイトカラー，熟練・未熟練労働者，主婦，学生，農民といった，属性を異にする約1,800人がその対象となった。年齢も10代から70代までと様々であった。被験者は8人から16人のグループごとに，社会研究所の研究員の司会のもと討論を行っ

た．その議論の模様が記録されたが，プロトコル化されたのは1,635人による121グループの討論，プロトコルは全体で6,392ページにもなったという[Wiggershaus 1986: 487]．討論を活発化するために，研究所や大学に被験者を集めるのではなく，従業員食堂，組合の談話室，酒場の片隅など，人びとが日常的に議論を交わす場所が選ばれた．バイエルンの農村で行われた討論では，議論が白熱して殴り合いが起きかねない状況が出来したという[Pollock 1955: 286]．

　討論の活発化と方向づけに重要な役割を果たしたのが，「基本刺激」として考案された架空の新聞投稿である．これは，戦争末期から1950年8月（つまり調査時点の直前）まで占領軍の一員としてドイツ各地を見聞したアメリカ軍士官が，敗戦後のドイツの実情を故国の人びとに知らせるためにアメリカの新聞に書き送った報告，という形をとっている．その報告は，勤勉で知的で善意に満ちたドイツ人の積極的側面を強調する一方で，過去を直視しようとしないドイツ人の傾向も指摘する．「ヒトラーがそれ［ようやく過ぎ去った災厄］の火付け役を演じたのだ，ということについては，彼らは耳を貸そうとしない」[Pollock 1955: 502]．彼らは自分たちが不当な仕打ちをされたと感じている．また，自国の誤りを認めてそれについて議論することは弱さのしるしだと見ている．ユダヤ人に対する敵意も依然として根強い．アメリカ南部で起きた黒人に対するリンチ事件について報道がなされると，勇んでその話題を持ち出しナチズムのユダヤ人迫害を相対化しようとする．今後またドイツ人がヒトラーやスターリンのような人物に追随することは可能性として十分ありうる．一人の強固な男が現れて最良の政治を実現してくれると今なお彼らが考えている点に危険がある．真の民主主義をドイツにも実現することが必要である．そうなってはじめて「この国民は本当の意味で偉大な貢献をなすことができるだろう」[503]．

　このような「基本刺激」が感情的なものを含む激しい反応を――それがアメリカ軍士官の報告という形をとっているだけになおさら――引き起したであろうことは容易に想像できる．それこそ，「裏の世論」を明らかにするために「被験者のより深い層から発する情動を伴った発言を引き起こす」[276]というこのプロジェクトのねらいどおりのことであった．シェルスキーと並んで社会研究所のライバルとなるケルン学派の中心人物ルネ・ケーニヒは，アドルノ宛の書簡で，この「基本刺激」が「あなたたちの作業チームの主要業績」であり

「小さな傑作」だと賞賛しているという[Demirovic 1999: 361(145)]。

3.3 量的分析

記録された個々の発言は，そこに含まれる主題(たとえば「強制収容所と戦争での残虐行為への共同責任」)とそれに関する主張(「条件付き容認」「歴史的正統化」「拒否」等)ごとに分解されてコード化され，定量的な処理がなされた。処理されたデータは，「民主主義に対する態度」「罪に対する態度」「ユダヤ人に対する態度」「西側諸国への態度」「東側諸国への態度」「再軍備に対する態度」「ドイツ人の自己評価」という七つの大主題に即して集計・分析されている。その結果はまさに「胸ふたぐ」[Wiggershaus 1986: 490]ものであった。ナチズムの過去が何ら克服されていないことを調査結果は強く示唆していたからである。以下では，本稿の主題と密接に関連する最初の三つの主題について概要を述べる。

民主主義への態度　民主主義への態度について見ると，最も多いのが民主主義に条件つきで同意する者で68％，これに対して22％は民主主義を根本的に拒否しており，民主主義に心から同意しているとみなせるのは10％にすぎなかった[139]。民主主義を拒否する立場に属する典型的な発言をいくつか挙げておこう。

A.「民主主義のドイツ，ですか。民主主義はどんな国にも合うというものではないと思います。たぶんイギリスには合うでしょうし，アメリカにも合うでしょう。でもドイツでどうかと言えば，絶対に合わないと私は思います」[Pollock 1955: 145]。

B.「このアメリカ人は将来に不安を感じている……ドイツ国民がまたヒトラーのような人間に追随するかもしれない，ヒトラーでなければスターリンか，と。このアメリカ人の不安は間違っていないと私には思えます。一人の強固な人物のなかにしか政治のリーダーシップを確立する手立てはないわけで，その意味ではこのアメリカ人の不安は間違っていない」[147]。

C.「やっぱりね，良いことがずいぶんあったのです。1945年になって悪いことを聞かされたけれど，当時はまだそんなこと何ひとつ聞いていませんでしたし。正直な話，1933年から1939年までの間，6年間ですね，

これは庶民にとっても大変な躍進の時代でした。もちろん，それが軍備拡張のおかげだったことは確かです。しかし戦争を避けることだってやろうと思えばできたでしょう」[147]。

罪に対する態度　罪に対する態度はどうであったか。ナチズムへの共同責任，戦争や強制収容所で行われた残虐行為に対する共同責任について，最も多かったのがこれを拒否する者で 51％，条件つきで共同責任を認める者は 44％，共同責任を積極的に認める者は 5％にすぎなかった[151f.]。まず，条件つきで責任を認めるタイプの発言。

D.「あの連中がわれわれに後から語って聞かせていること，あれは全部ナンセンスですよ。だって私たちだけに罪があるというわけじゃないんだから」[155]。

E.「端的に言えば，若者を断罪するのは大きな間違いで，その間違いが今行われているんです。ああしたことに何とか抵抗し，抵抗することで人種憎悪や人種迫害を何とかやめさせるというような可能性は，若者にはまったくなかったと思います」[156]。

F.「自分の考えを口に出すことなんてそもそもできなかったんです。自分が同じ不幸に突き落とされるかもしれないという危険がいつでもあったんですから」[158]。

次に，責任を拒否するタイプの発言をいくつか拾ってみよう。

G.「ヒトラーは全世界から承認されたんですよ。全世界がヒトラーを承認したあとで，それまでヒトラーに反対していたドイツの大多数の人もようやく自分にこう言い聞かせるようになったんです。そうか，全世界がヒトラーを承認したのか。自分だけがそこからはずれていていいのか，とね。お偉い政治家たちがヒトラーをもう承認しているんです。しがない庶民の私ならなおさら，歩調を合わせないわけにはいかないでしょう」[156f.]。

H.「このアメリカ人，自分たちがドイツ人に加えた被害に対して罪の気持ちはかけらもないんでしょうかね。彼が破壊したドイツの町のことですよ。彼はそれに対して何の罪の気持ちももってないんでしょうか」[158]。

I.「強制収容所について言えば，強制収容所で何が行われていたか，ドイ

ツでは誰も知らなかったというのが偽りのない事実です。そこに近寄ることさえできなかったんですから」[159]。
J.「プロパガンダが徹底していましてね，強制収容所で何が起こっているかなど，ほとんど漏れ聞こえてくることもなかったんです。新聞は読んでいましたよ。でも新聞にそんなことは載っていなかったです」[159]。

ユダヤ人に対する態度　ユダヤ人に対する態度では，反ユダヤ主義に関する発言が分析されている。反ユダヤ主義的でない，あるいは際立って親ユダヤ的であるとされた者が計38％であったのに対して，限定的ではあるが反ユダヤ主義的とされた者が25％，極めて反ユダヤ主義的とされた者が37％に上った。特徴的であったのは，他のテーマに比べて発言者が少なかったことである。このテーマに触れたのは被験者の22％にとどまった。これは，この問題がナチズム下で起こった事柄のなかでも特別に強く情動に働きかける微妙なテーマであることをうかがわせる，という[162]。限定的ではあるが反ユダヤ主義的，極めて反ユダヤ主義的，とされた発言を一つずつ挙げておく。最初の発言は，東欧のユダヤ人とドイツのユダヤ人を区別している点で「限定的」と評定されている。
K.「ユダヤ人は，というか一部のユダヤ人ですね，とくにポーランドのユダヤ人，彼らは今また大手を振って歩いてますが，私はどうも性に合いません。もしユダヤ人というのがああいう連中のことをいうのなら，できれば姿も見たくないですね。しかしドイツのユダヤ人に対しては，ドイツ国民はたぶん何のわだかまりももうもっていないでしょう」[166]。
L.「われわれがユダヤ人を好きになれない理由はユダヤ人が労働をしないからですよ。ユダヤ人がやるのは商売だけです」[167]。

3.4　質的分析

以上のように，「集団実験」は戦後ドイツにおける「克服されざる過去」の問題を容赦なく暴き出した。しかし分析はこれまで見てきたような定量的な分析にとどまらない。詳細な質的な分析も行われており，そこでは，精神分析的な枠組みを利用して，「罪と防衛」——質的分析の中心をなす『集団実験』第5章のタイトル——の社会心理学的なメカニズムが分析されている。『集団実

験』は，「序言」のなかでこのプロジェクトに関わった所員の名前がまとめて挙げられるだけで，各章別の執筆者は挙げられていない。しかし，この「罪と防衛」の章は，ヴィガースハウスによればアドルノの手になるものである[Wiggershaus 1986: 527]。

「罪と防衛」の分析を主導するのは，共同責任の否認が抑圧を伴っている，という視点である。上に挙げた例にも表れているように(I, J)，共同責任を否認する人びとの多くが，残虐行為の事実を知らなかったと主張する。あるいは，それは噂でしかなく，事実と確認できるような確かな情報はなかったと主張する。しかし噂こそ，ナチズム下の市民生活において情報源として頼りにされていたものなのである。ここには「知ることの防衛[＝受け入れ拒否]へと向う欲動経済的傾向」[Pollock 1955: 285]が見られる。誰もが残虐行為の事実について何かしら耳にしていたに違いない。しかしそれがあまりにも常軌を逸した事実であったために，「聞いたことを一種の検閲機制によって消し去る」[285]方向に向ったと考えられる。この防衛機制・検閲機制が，引き続き，ただし今度は戦後の状況における自己正当化のために，利用されているわけである。

一見ナイーヴな「私は知らなかった」という告白の背後には，こうした無意識レベルをも含めた抑圧の構図が隠されている。同様の構図は，罪や共同責任を否認する態度の背後にも認められるだろう。つまり，「罪の潜在的経験と呼べるようなものが事実そこにある」のだが，にもかかわらず「この経験が抑圧され合理化されている」[280]と想定されるのである。ナチスの所業に対する罪や共同責任を拒否する人は，単に自分の身の潔白を主張したくてそうしているのではない。「なされてしまったことをやはり不当だと見て，それゆえに否認している」[280]と見るべきなのである。個々人の意識によってはコントロールされていないこうした非合理的なメカニズムは，同様に非合理的な反応をもたらす可能性がある。たとえば投射という防衛機制がそれである。「自分自身の欲動の動き，自分自身の無意識と自分自身のなかの抑圧されたものが，他者に押し付けられることになる。人はそれによって自分自身の超自我の要求に応えるのであり，同時に，当然の報いという名目のもと，自分自身の攻撃的傾向を解き放つ機会を見出す」[350]。上に挙げた例でも，連合軍の空爆に対する非難(H)や東欧ユダヤ人に対する嫌悪(K)に，そうした投射の一端を見るこ

とができるだろう。

　このように、「集団実験」のプロジェクトは、「克服されざる過去」の現実を暴き出しただけでない。それは、罪や共同責任の否認が、単なる知的不誠実あるいは自己欺瞞の問題であるにとどまらず、抑圧という力動的なメカニズムを伴っていることを浮き彫りにした。とすればなおさら、「克服されざる過去」は、政治的に見ても由々しい問題として現れてくる。「克服されざる過去」は、たとえば投射といった防衛機制を作動させ、合理的にはコントロール困難な集団的な攻撃性を生み出してしまうかもしれない。それはまさに、「社会心理学的性向」が「再び予想もつかない威力をふるう」という事態である。さらに、そうした将来的な危惧にとどまらず、「克服されざる過去」はすでに現在の時点である種の「威力」をふるっているかもしれない。『集団実験』の報告書のなかでは明示的に述べられていないが、民主主義に対する予想外に否定的な反応と「克服されざる過去」の存在との間に何らかの関係を想定することは十分に可能であろう。上述の発言(A, B)に見られるように、民主主義に対する否定的な態度と戦勝国に対するルサンチマンとの間には相関があり、戦勝国に対するルサンチマンは、「集団実験」プロジェクトの仮説に従えば、「克服されざる過去」が要請する投射の一帰結と考えることができるからである。「民主主義への態度」を定量的分析の際の筆頭テーマとして掲げるという構成自体が、「克服されざる過去」と民主主義への態度との間の関係を想定していたとも言えるだろう。『集団実験』において、「過去の克服」問題は、個々人の心理に深く根ざすとともに政治的な広がりをもち、かつ西ドイツ社会の将来を左右するような緊急性をもった問題として捉え直された。

4.「過去の総括」講演

　以上のように、社会研究所の「集団実験」プロジェクトは、すでに1950年代半ばの段階で、西ドイツ社会に根強く残る「克服されざる過去」にスポットライトを当てていたのであった。冒頭に述べたように、反ユダヤ主義が西ドイツで社会問題化するのが1959年末から1960年にかけてのことである。「集団実験」プロジェクトを主導したアドルノにとって、こうした事態は、自らの認

識の正当性を再確認するものと映ったに違いない。であればこそ，それを偶発的な事件と見ることはできず，西ドイツ社会の現状に対する危機感は一層強まったであろう。50年代末以降，アドルノは「過去の克服」問題を中心として公的な議論の場で積極的に発言していく。その結果，彼はアカデミックな研究の枠を越えて知識人として脚光を浴びるようになる。公的な議論へのこうしたアドルノの進出の重要なきっかけとなったのが，冒頭でも触れた1959年の講演「過去の総括——それは何を意味するか」であった。この講演は，「過去の克服」という概念が西ドイツ社会に浸透していくに当って決定的な意味をもつことになる。ノルベルト・フライによれば，「克服されざる過去」という言葉はそれ以前から使われていたが，50年代末からこの問題が政治的対立をはらんだ論争的テーマとして表面化する。アドルノの講演は，この言葉の「用法を決定づけた同時代のテキストのなかで最も重要なもの」[Frei 1999: 9]だという。

　この講演で，アドルノはまず，過去を記憶から消し去ろうとする傾向が戦後西ドイツに顕著であり，にもかかわらず，あるいはそれゆえに，「人びとがそこから逃れようと欲している過去はまだ最高度に生命力を保っている」[Adorno 1977(1959): 555(158)]という現実を指摘する。「ナチズムは生き延びている」[ibid.]。しかも，「民主主義のなかでナチズムが生き延びることの方が，民主主義に対抗してファシズム的な傾向が生き延びることよりも，潜在的にはより危険」[555f.(158)]なのである。

　ナチズム残存の徴候は，ナチズムの過去を忘れ去り取り繕おうとする様々な試みのなかに現れる。そうした徴候が次々と指摘されることになるが，そこでアドルノが依拠しているのは「集団実験」プロジェクトの成果である。個々の事象については，したがってここでは繰り返さない。過去の忘却によるナチズムの残存というこの問題を，アドルノは，『集団実験』でも示唆されていたような西ドイツにおける民主主義の未成熟という問題に収斂させていく。過去の忘却が重大なのは，それが「裏の世論」[558(163)]——先に見たとおり，この言葉も『集団実験』に由来する——になっている点にある。過去の忘却は，ナチズムによって膨らまされたドイツ人の「集団的ナルシシズム」[563(170)]を，何とか保持しようとする集団的努力に根ざしている。このために，過去に目をつぶろうとする傾向は，たとえ公言はされなくとも「世論」となるほどに広く

共有されているのである。ナチズムの時代への回帰を暗に希求しているという点でも，集団への同化を通して個々人の有能感を確保しようとしているという点でも，そこには反民主主義的な傾向が認められるだろう。しかしアデナウアー時代の「過去処理政策」[Frei 1999]を支えていたのはこうした「世論」である。「克服されざる過去」は民主主義のなかで生き延びているナチズムそのものであり，それは民主主義を内部から掘り崩すだけになおさら危険だとアドルノは認識したに違いない。

　ただしアドルノは，民主主義の空洞化が，集団的ナルシシズムといった心理学的な概念だけでは説明できないことも強調している。心理学的な状況は，客観的な条件の主観における現れである限りで意味をもつ。「さんざん論じられてきた過去の総括が今日まで成就せず，その戯画に，空疎で冷酷な忘却に変質したのは，ファシズムに結実した客観的な社会的条件が存続していることに由来する」[566(175)]。その社会的条件とは，大多数の人びとが置かれている他律状態であり，これが自律という民主主義の理念を空洞化させてしまう。「彼ら[大多数の人びと]が生きようとすれば，所与のものに順応しそれに自分を合わせる他に道はない。民主主義の理念が訴える自律的な主体性を彼らは揉み消さざるをえず，自我を断念する限りでのみ自己を維持することができる」[567(176)]。こうした状態では，人びとが「自律への義務を免れようと欲し[……]，集合的自我のるつぼへと自らを投じる」[567(177)]のも，まったく不合理とは言えないだろう。

　アドルノは，自らの提示する以上のような現実像が誇張を含んだ一面的なものであることを認めている。戦後西ドイツの民主主義の状況は，ワイマール期に比べて決して悪くないのである。「ドイツの民主主義も，したがってまた過去の真の総括も，もしそのために時間やその他のものが十分に与えられさえすれば，見通しはけっして悪くない，といった主張があるが，たしかにこれは楽観的すぎるとは言えないだろう」[568(177f.)]。しかしアドルノが警告するのは，そうした一見バランスのとれた判断が「悪しき意味で静観的なもの」[568(178)]を含んでいるということだ。「時間が十分に与えられさえすれば」などと述べる人は，自らの社会の運命を傍観者的に見てしまっているのである。こうした警告から，アドルノは一挙に「民主的な教育（ペダゴーギク）」の必要を導き出す。その

補論 「過去の克服」と教育　　369

一節を，多少長くなるが引用しておきたい。

　「われわれは世界史の単なる傍観者ではない。世界史の大空間のなかを勝手にあちこちと動き回るわけにはいかないのである。また，世界史そのものも，ますます破局へのリズムに歩調を合わせつつある。おのずからすべてが良くなっていくような時間を，歴史の主体に許容してくれているようには見えないのである。これは民主的な教育の必要を直接的に指し示している。何よりも，起こったことについて啓蒙することで忘却に対抗する必要がある。忘却は，忘れ去られたことの正当化へと実に手もなく合流してしまう。たとえば，我が子からヒトラーについての気づまりな質問を受けるはめになった親が，自分の身の潔白を証明しようとするあまり，あの時代にも良いところがあったとか，本当のところそれほどひどくもなかったとかと語ってしまうような場合がそれである。ドイツでは政治の授業をけなすことが流行になっている。政治の授業に改善の余地があることは確かだろう。しかし，教育社会学が手にしているデータが示すところによれば，政治の授業は，それがわずらわしい義務としてではなく真剣に行われれば，普通思われている以上に良い働きをするのである」[568(178)(強調引用者)]。

　歴史の趨勢に信頼が置けず，傍観者的な態度がありえないだけでなく許されないからこそ，意図的に現実に介入する働きとしての教育が求められることになる。その第一の課題は過去に関する啓蒙であり，政治の授業にそのための中心的な役割が期待されている。この一節に見られるように，アドルノは教育に対して諦観的でも悲観的でもない。むしろ，傍観者的な態度を越えて人びとの意識に「啓蒙」という形で介入するその働きを積極的に評価しているのである。ここから思弁的な教育学への彼の辛辣な批判も出てくる。「教育学は，人間の存在をめぐる沈思黙考の二番煎じに無駄な時間を費やすのではなく，その扱いが不十分だと言って盛んに非難されている再教育（リエデュケーション）のような課題を，自らに引き受けるべき」[569(180)]だというのである。教育学は，哲学的観想（テオリーア）――それ自体が，ここでハイデッガーがあてこすられているようにアドルノにとっては疑わしいものだが――のまねごとに走るのではなく，人びとの意識への作用という，教育本来の実践的（プラクシス）・制作的（ポイエーシス）課題にもっとまともに取り組むべきだ，というのがアドルノの主張であろう。

　もちろんアドルノは，こうした「啓蒙」の作用が容易なものでないことを十分認識していた。これは本章の冒頭で見たとおりである。そこで取り上げられ

た経験の不可能という問題は，反ユダヤ主義のみならず「過去の克服」一般にもあてはまる困難であろう。しかしアドルノの場合，こうした困難は，教育の作用に対する悲観や諦観に結びつくのではなく，むしろ逆に，「主体への転回」としての教育の必要性を一層強調することにつながったのであった。

5．「過去の克服」から連邦共和国の「知的建国」へ

アルブレヒトによれば，「連邦共和国の知的建国は，その過程においてある時点をそもそも特定できるとするなら，1959年に始まる」[Albrecht et al. 1999: 568]という。それは，「克服されざる過去についての議論が勃発し，政治的教育学がこのテーマを引き受けた」年であった[568]。「政治的教育学」というのはいささか曖昧な言葉だが，念頭に置かれているのはアドルノを始めとしてハーバーマス，フリーデブルクらフランクフルト学派の教育論であろう。ここでアルブレヒトが言う「知的建国」とは，「過去の克服」を通しての西ドイツ国家の正統性の再獲得の過程であり，同時にドイツ人の新しいアイデンティティ――「ドイツ人であるとは，ナチズムの過去と対決している，ということを意味する」[570]――の獲得の過程である。以下，主にアルブレヒトの研究に従いながら，「過去の克服」に関するアドルノ（およびフランクフルト学派）の主張がこの「知的建国」にいかなる役割を果たしたかを概観しておきたい。

右の図（図 補論1）は，ドイツ放送アーカイヴに登録された1,225のラジオおよびテレビ番組のデータからアルブレヒトが集計したものである［Albrecht et al. 1999: 230］。それぞれの人物が出演した，あるいは話題として取り上げられた番組の合計を示している。これを見ると，マスメディアへのアドルノの登場は，50年代後半から急増し，60年代後半に頂点を迎えることがわかる。ホルクハイマーも同様の傾向を示している。

もう一つ図を見ていただこう。下の図（図 補論2）は，ホルクハイマーが業者に委託して収集させていた社会研究所関連の新聞記事をアルブレヒトが整理・集計したものである［Albrecht et al. 1999: 206］。これを見ると，集計された1950年から73年までの期間に，社会研究所に対する関心の高まりには三つの波があることがわかる。最初の波は社会研究所がフランクフルトに再建された

補論 「過去の克服」と教育　　371

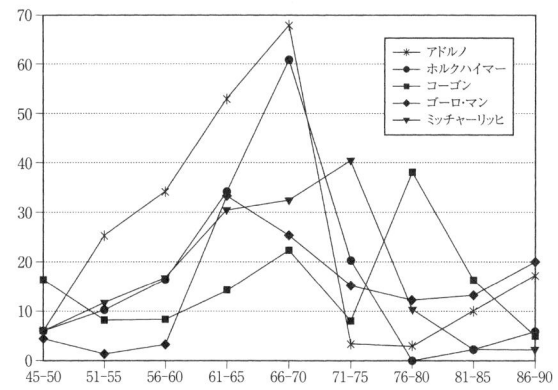

図 補論 1　ラジオ・テレビ放送の時期的推移［Albrecht et al. 1999 を改変］

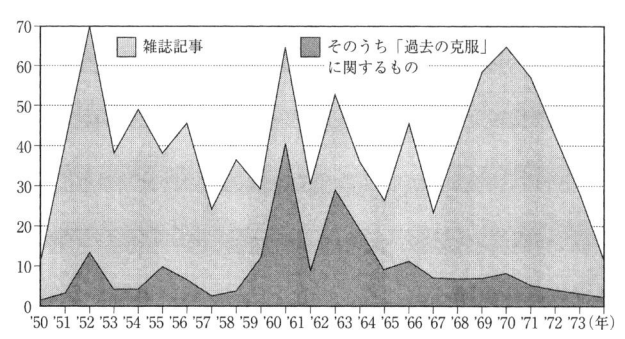

図 補論 2　フランクフルト学派に関する雑誌記事［Albrecht et al. 1999 を改変］

1951年，最後は学生運動が盛んになった60年代末である。その中間の1960年に第二の波が見られるが，濃いグレーの部分が示すように，この第二の波を押し上げていたのが「過去の克服」問題への関心の高まりであった(「国民社会主義」「ユダヤ人」「反ユダヤ主義」といったキーワードを含む記事を，アルブレヒトは「過去の克服」に関わるものとして分類している)。1950年代末に顕在化する反ユダヤ主義の波に際して，アドルノとホルクハイマーはしばしば講演やラジオ討論などに招かれ，公的な注目を浴びる存在になっていった。以上の二つのデータを重ね合わせるなら，アドルノ(およびホルクハイマー)への公的な関心は50年代末の「克服されざる過去」の社会問題化をひとつのきっかけとして高まり，そのまま60年代末の学生運動と結びついたフランクフルト学派への関心に引き継がれていったと見てよいだろう。

　1959年はまた，ドイツ社会学における学派対立が表面化した年でもあった。50年代初頭までは，社会研究所も，ケルンのケーニヒ，ハンブルク(1960年にはミュンスターに転じるが)のシェルスキーといった他の社会学派も，経験的研究の推進という点では関心が一致していた。ところが，50年代半ばになって対立が芽生えてくる。1956年，ケーニヒは，「1955年のドイツ社会学」と題する論文[König 1956]のなかで，シェルスキーとゲーレンの規範的な議論を明示的に批判し，社会研究所のヘーゲル＝マルクス的な背景を暗に批判した[Albrecht et al. 1999: 174f.]。こうした対立が表面化したのが1959年ベルリンでの社会学会大会(アドルノが「半教養の理論」[Adorno 1972(1959)]を講演した大会でもある)であった。この大会の基調講演「社会学と哲学」[Horkheimer 1985(1959)]で，ホルクハイマーは，経験的研究の前提として，あるべき社会とは何かを規定する哲学の重要性を指摘した。社会学の対象たる「社会」をどう構想するか，という原理的な問題をめぐって対立が生じ，50年代の学派間の合意は終焉する。シェルスキーの著書『ドイツ社会学の位置決定』[Schelsky 1959]についての書評「三つの社会学」[Dahrendorf 1960]で，ダーレンドルフは規範的・存在論的(シェルスキー)/経験的・分析的(ケーニヒ)/批判的・弁証法的(アドルノ，ホルクハイマー)という三分割図式を提案したが，この図式は多くの入門書に取り入れられて定説化する[Albrecht et al. 1999: 182]。こうした対立が60年代の「実証主義論争」へとつながっていくことになる(その直接の発端とな

補論 「過去の克服」と教育　　　　373

図 補論 3　クリューゲルによる「フランクフルト学派」のカリカチュア

ったのは 1961 年チュービンゲンでの社会学会大会におけるポパーとアドルノの論争であるが)。

　アルブレヒトによれば，現在われわれが思い浮かべるような「フランクフルト学派」のイメージは，こうした学派対立のなかで形成されたものである。50 年代には，社会研究所，とくにホルクハイマーは，戦前の研究所の歴史をむしろ隠蔽しようとしていた。それが典型的に見られるのが『社会研究誌』復刻に対する一貫した躊躇である[Albrecht et al. 1999: 263f.]。ホルクハイマーは，アデナウアー体制下の西ドイツにおいて社会研究所の地歩を築くべく腐心しており，そのためには，社会研究所のマルクス主義的伝統を前面に出すことは得策とは考えられなかった。60 年代末の学生運動につながる政治的高揚のなかで，30 年代の社会研究所のマルクス主義的伝統が再発見され，そこに遡及する形で「フランクフルト学派」のイメージが形成されていったのである。

　よく知られた上のカリカチュア(図 補論 3)はフォルカー・クリューゲルによるもので，ホルクハイマーの著作の書評[Herhaus 1968]のなかで使われた。このカリカチュアは，アルブレヒトによれば，ここに描かれた 4 人(ホルクハイマーを後ろ盾として，左からマルクーゼ，アドルノ，ハーバーマスが並んでいる)の理論の諸要素を「一つの永遠の複合体へと融合させる「フランクフルト学派」という理論的な理念像を構築する上で，あまたある学位論文以上に貢献した」[Albrecht et al. 1999: 219]という。

　フランクフルト学派は，60 年代の，特に知的・政治的な関心をもった若者にとっては，単なる社会学の一学派以上の存在であった。イェーガーによれば，

フランクフルト学派の社会理論は，「多くある仮説の一つにすぎないのではなく，包括的な自己認識の仕方を提供し，人生の意味に関する知的なプログラムとなるものであり，ある種の生活の雰囲気だったのである」[Jäger 2003: 134f. (270f.)]。フランクフルト学派の理論は，60年代末の学生運動を担った，1938～48年生まれの「68年世代」ないし「抗議世代」の生活感情や生活様式の一部になっていった。「抗議世代」に典型的な経験として，権威的な親世代に対する心理的な反撥と社会の現状に対する批判との密接な結びつきがある。「過去の克服」問題はこの両者の結節環として働いた。自分自身が痛切に経験し反撥した家庭内の権威主義はかつてのファシズムの残滓であり源泉でもあるものとして解釈可能になり，親世代が作り上げた戦後の社会秩序に対する批判はファシズム的過去を克服し将来のファシズムの芽を摘む行為として解釈可能になる。このような解釈を可能にしたのが，家族の権威的構造や権威主義的パーソナリティの問題に着目するフランクフルト学派の社会心理学的なファシズム理論であった。親世代やその生活形式を「フランクフルト学派の諸理論の助けを借りて解釈」することで，「個人的生活経験と社会政治的課題との結合が作り出された」[Albrecht et al. 1999: 528]のである。

　アルブレヒトは，西ドイツにおける「過去の克服」問題の展開を象徴する三つの著作を挙げている[ibid.: 507-519]。まず，マイネッケの『ドイツの悲劇』(1946)がある。マイネッケは，ナチズムをキリスト教的西洋の価値からの離反の帰結と見て，ゲーテ時代の人文主義的伝統への回帰によるナチズム克服を展望した。これが敗戦直後の「過去の克服」の基本テキストとなった。次にプレスナーの『遅れてきた国民』(1959)が挙げられる。プレスナーは，英仏と比べた国民国家の成立の遅れと，そこから来る「ドイツ特有の道」にナチズムの遠因を見て，ドイツもまた西欧的な理念・制度を指針とすべきだとした。このプレスナーの主張は，シェルスキーの言う「懐疑的世代」(1926～37年生まれ)の経験に適合的であった。最後に，アレクサンダー・ミッチャーリッヒとマルガレーテ・ミッチャーリッヒの『喪われた悲哀』(1967)がある。両ミッチャーリッヒは，第三帝国時代の過去が心理的に抑圧されている点に問題を見た。ヒトラーへの同一化によって補償されていた自我の弱さが表面化し，ナルシシズムが傷つけられる不安から過去を直視できない点が問題なのである。ナチズムの

メカニズムを直視できるようにするための個人意識の変革が必要とされる。この主張は「抗議世代」の若者たちに受容されていった。ナチズムの問題を，過去の問題としてではなく，現代を生きる個々人の問題として捉えることがこの理論によって可能になったのであった。

　この三つの理論とフランクフルト学派の位置関係はどうだったのだろうか。A. ミッチャーリッヒは，フランクフルト学派の一員に数えることはできないだろうが，制度的にはフランクフルト大学の同僚であり，フロイト研究所の所長として社会研究所と良好な協力関係にあった[Albrecht et al. 1999: 160-162]。彼は思想的にもフランクフルト学派に強い影響を受けている[Jay 1973: 127, 321 (180, 201f.)]。「過去の克服」の理論においても両者の間には多くの共通性を見ることができるだろう。フランクフルト学派もまた，「過去の克服」の社会心理学的な側面を強調することで，現代を生きる個々人の生き方の問題として「過去の克服」を捉え直すことを可能にしたのであった。同時に，フランクフルト学派，とりわけアドルノには，「ゲーテ，ベートーベン，そしてカントへの入り口を再度開いた」[Müller-Doohm 2007: 109]という側面がある。また，とりわけドイツへの帰還直後は，東西対立のなかで西ドイツを西欧的な民主主義理念につなぎ止めることに熱心であった。アルブレヒトによれば，フランクフルト学派の立場は，ミッチャーリッヒ的な社会心理学的な見方を基盤にしつつ，ドイツ文化の人文的遺産を重視する点ではマイネッケ理論に，西欧的な民主主義の理念に準拠する点ではプレスナー理論に（プレスナーも「集団実験」プロジェクトの時期には社会研究所と密接な関係にあった[Albrecht et al. 1999: 159f.]），それぞれ通じる要素を含んでいる。こうした統合的な立場ゆえに，フランクフルト学派の理論は「過去の克服」問題をテコに「知的建国」へと至る過程を推進する上で極めて適合的であった。ここに見られるようなフランクフルト学派の「過去の克服」理論の三つの要素は，アドルノの教育論においても枢要なものとして現れてくる。

　フランクフルト学派は，60年代のイデオロギー的・政治的対立の高揚のなかで，アカデミックな「学派」であることを越えて広く人びとの社会的・政治的意識や生活意識に影響を及ぼす「知的陣営」となっていった[Albrecht et al. 1999: 187f.]。先に触れたように，1959年に端を発する「知的建国」のプロセス

は，それまでの「過去処理政策」を批判し，「過去の克服」を通して，西ドイツ国家の正統性を，単なる法的・制度的な正統性を越えて再獲得する過程であった。フランクフルト学派，とりわけアドルノは，「克服されざる過去」を告発し，また「克服されざる過去」の背後にあるドイツ社会の社会心理学的な状況を指摘することで，「知的建国」の重要な推進力となったと考えられるのである。ミュラー=ドームによれば，「指導的な大学教師であり公的な知識人であるという二重の活動によって，アドルノは重要な政治的役割を果たしたが，その役割は連邦共和国における民主主義的意識の形成にとって明らかに僥倖であった」[Müller-Doohm 2007: 108]。

6. アドルノの教育論再考

アドルノのなかに教育論を探ろうとした場合，人間の成長・成熟についての独自のアイデアを彼の本領である文化論，文化産業論，芸術論から取り出す，という行き方がまずは考えられる[cf. Kappner 1984; 白銀 2003]。このような人間形成論的な解釈の意義を疑おうとは思わない。しかし，これまでも示唆してきたとおり，「過去の克服」という文脈のなかにアドルノの教育論を据えた場合には，別の側面が浮かび上がってくる。所与の現状（「克服されざる過去」という現状）を否定すべきものと見てこの現状を変えることをめざす教育論，としての側面である。同時代のボルノウに典型的に見られるような[cf. Bollnow 1965]，現状を基本的に肯定して，現状のなかの「教育的」なるものを解釈学的に取り出すことを課題と見る精神科学派の教育論[2]とは問題設定が根本的に異なるのである。しかも，冒頭で述べたように，それ自身は積極的な意味をもった文化的・芸術的・社会的経験を，「過去の克服」の文脈に限って言えばアドルノは必ずしも信用していない。だからこそ，結果をコントロールできないそうした

---

2) 西ドイツにおいては，こうした精神科学派の教育論が少なくとも 1970 年代前半までは教育学の主流であった[Blankcrtz 1982: 258]。ナチズム期の雌伏を経て，精神科学的教育学が復権を果たしたわけである。ただし，1960 年代半ばからは，フランクフルト学派の影響を強く受けた教育学の一派も登場し影響力を強めていく。「解放的教育学」と呼ばれるこの教育学派の形成と展開については今井[1985]を参照。

通常の経験とは異なる，教育的な作用が必要とされた。この両方の意味で，アドルノは，結果のコントロールをめざすような優れて「教育的」なコミュニケーション[cf. 今井 2008]を問題にし，そこへの積極的介入を構想していた，と考えられるのである。以下では，こうしたアドルノの教育論の特質をよく示すインタビュー記事をまず取り上げる(6.1)。そこからアドルノの教育論の主要な論点を取り出した上で，それぞれの論点について，他のテキストも参照しつつ順次論じていくことにしたい(6.2〜6.4)。

6.1 『生徒シュピーゲル』誌インタビュー

『生徒シュピーゲル』はフランクフルトのクリンガー・シューレを拠点に発行されていた「フランクフルトの経済学校(商業学校，高等商業学校，経済ギムナジウム，職業学校)のための生徒新聞」(同誌奥付)である。管見の限りではドイツのどの公立図書館・大学図書館にも所蔵されておらず，雑誌本体に巻号なども記されていないため，この雑誌の来歴や刊行時期については不詳である。この極めて「マイナー」な雑誌の 1968 年第 2 号(推定同年 4 月刊行，全 54 ページ)に，アドルノとホルクハイマーに対するインタビュー記事が二段組み 4 ページにわたって掲載されている[Horkheimer/Adorno 1968]。クリンガー・シューレは 1803 年創設の伝統ある職業学校で，現在も 60 年代当時と同じマウアー通りに存続しているが，校舎改築中のため詳しい調査を行うことはできなかった。インタビューを含む第 2 号は，編集部からの連絡書簡などの関連資料とともに，フランクフルト大学図書館のマックス・ホルクハイマー・アルヒーフに保管されており閲覧可能である(資料番号は V 151, 44, 44a, 44b, 45, 46 および XII 29, 2)。

この『生徒シュピーゲル』誌インタビューでのアドルノの発言は，彼の教育論の主要な論点を手短かに要約するものになっている。このインタビューの背景には高揚する学生運動があった。第 2 号には「大学は現代の動物園？——なぜ学生たちは街に出るのか」という解説記事も見られる。また，第 2 号の巻頭記事「前号の公開書簡に対する返答」は，「もっと政治の授業を増やしてほしい」「カリキュラム編成に生徒も関わらせてほしい」といった生徒側の要求に対する校長からの「返答」である。インタビューでも，学生運動の急進化とい

う状況が議論の前提に置かれている。二人は同席してインタビューに答えており，このインタビューは二人の間の間接的な討論にもなっている。ホルクハイマーとアドルノの発言は核心的な部分で極めて対照的である。インタビューに表れたアドルノの教育論の主要な論点を，ホルクハイマーの立場と対比しつつ取り出してみたい。論点は，政治教育をめぐる問題，権威をめぐる問題，教養（教育内容）をめぐる問題，の三つに整理できる。

政治教育をめぐる問題　インタビューの大半を費やして論じられるのがこの問題である。議会制民主主義の道筋を放棄して直接行動に訴える若者たちの急進化を「政治教育の失敗」と見る意見があるが，という『生徒シュピーゲル』編集部の問いかけに対して，アドルノは以下のように答えている。政治的行動を引き起こしているという点にではなく，逆に政治的無気力を引き起こしている点に「政治教育の失敗」がある，というのである。

「政治の授業の失敗という問題は一つのファクターとして存在しています。しかしそれは，政治の授業が政治的騒乱の原因だというよりも，ある種の政治的無気力に政治の授業が関与しているという意味においてです」[20]。

この問題は，次の「良い政治の授業の規準としてどんなものが挙げられるでしょうか」という問いかけをきっかけとしてアドルノとホルクハイマーの立場の違いを際立たせることになる。ホルクハイマーは，現代の諸問題に明確に関わっていくことが政治の授業の最重要の規準だとしつつ，政治の授業が，「憲法が生徒たちに「愛される」ということに貢献する」ことも必要だと主張する。「憲法は，人びとにそれが浸透するように受容される必要があるのではないか」というのである[20]。これに続くアドルノの発言は，ホルクハイマーの意見に対する批判的な注釈であるとともに，政治教育に関する彼の立場を良く示してもいる。少し長くなるが引用しておきたい。

「今の[ホルクハイマーの]発言は中心的なポイントの一つに触れるものです。[……]一方で，人びとが民主的憲法との一種の同一化を行うことは，期待されてよいことです。他方，現在の政党政治体制の内部では，授業自体が党派的であってはならないという命令が支配しています。そのことによって，民主的理念に内容を充当することには最初から狭い限界が設定されてしまっています。このため教師は自分がどうすべきかわからない状態に置かれるのです。一方では，教師は若者を民主主義へと教育するのだ

とされます。他方，実現された民主主義とは何かという問いを教師が真剣に考えた場合，政党政治的なプロパガンダを行っているという非難をただちに覚悟せねばなりません。［……］政治の授業を行い，かつ民主主義を真剣に考えている人は，はじめから〈丸い四角〉のようなものに直面させられるのです」[20]。

アドルノによれば，このようなジレンマゆえに，政治の授業がかえって政治的無気力を生む結果になっているのである。そうならないための良い政治の授業の規準として，アドルノは二点を挙げている。第一に，政治を「様々な利害の表現として見る」ことである。政治の授業は「議会制民主主義の手続き規則のような表面的現象を教えることで満足することは許されず，全体社会的な力のゲームを明らかにする必要がある」。しかも，「利害の状況は，相互了解がまったく不可能なほどに対立的である場合もある」のだ。第二に，「政治的成人性と呼べるものを達成すること」が挙げられる。言い換えれば，「出来合いの形で差し出される集団的スローガンのようなものを単純に受け入れるのではなく，洞察に基づいて政治的判断や政治的決断に至るということ」である[21]。

権威をめぐる問題　次に浮上するのが権威をめぐる問題である。編集部によれば，生徒からは，教師は権威を振りかざしすぎる，という意見が多く出ている，という。これに対する二人の対応にも対照的な部分が見られる。アドルノは，以下のように，教師の権威をできる限り「事柄の権威」に限定しようとする。

> 「権威の問題は非常に本質的なことに触れています。教師が自分の教える事柄について理解しているということが決定的に重要だと私は以前から考えています。事柄の権威と呼ばれているものが支配している場合には，生徒はそれに依拠することができると私は思います。しかし，いわゆる全体社会的な支配状況の，単なる写しにすぎないような盲目の権威に対しては，生徒は反撥します」[22]。

アドルノは，教師の側から教育の権威的な構造を解体していくべきだと主張する。「重要なのは，制度的に何かを変えることよりも，むしろ内的な権威構造を意識化によって——まさに教師の側から——変革すること」であり，「教師が伝統的な市民的権威理想をもはや単にナイーヴに受け継ぐのではなく，自らそれに不信の念をもつということ」なのである[22]。これに対して，ホルクハイマーは人格的な権威にも積極的な意味を認めようとする。「教師がまじめ

に生徒のことを考えており，自分の課題を生徒を援助することに見ているということを生徒が感じ取っていれば，それは単なる事柄の権威ではなく，ある意味で人格的な権威でもある」というのがホルクハイマーの主張である[22]。

生徒による教師批判についての反応の違いは，以上のような権威についての両者の考え方の違いに対応している。「生徒が教師を批判することは正当でしょうか？」という質問に対して，アドルノが「言うまでもありません！ それは無条件に正当です」と言下に答えるのに対して，ホルクハイマーは「もし批判すること自体がスローガンにならなければ，そうでしょう」と留保をつけているのである[22]。

教養（教育内容）をめぐる問題 　批判の正当性をめぐるこの議論は，教育内容についてのアドルノの特徴ある主張に結びついていく。ホルクハイマーは批判に対して留保をつけた。「批判は，もしそれが教師と生徒の間の意味ある対峙を許すような仕方で表明されるならまったく正当」であるが，「しかし批判は流行になることも，決まり文句になることもある」というのである。これに対してアドルノは，「批判の制限は大きな困難を引き起こす」としてホルクハイマーに反論する。アドルノによれば，批判のための批判という現象もあるが，それに対する対処は難しくないのである。というのも——

「次のように言えばよいのです。批判は当然，伝達される教育内容（レーアシュトップ）との間で何らかの調和を保っていなければならない，と。つまり，生徒はまず内容を習得し，それを身につけ，理解する必要があるわけです。そうなってはじめて，議論したり批判したりすることが可能になります。私は批判を，事柄（ザッヘ）に付け加わる何かではなく，本来，事柄それ自体を構成するものだと見ています。教師は，単に外面的であるにすぎない批判から，その外面性を奪取する能力をもつ必要があるのです」[22]。

この一節でインタビューは終っている。この一節には難解な部分もあるが，アドルノが批判と「内容」や「事柄」との間を連続的に捉えようとしていることは理解できるだろう。一方で，「批判」という形での事柄への関与が「事柄それ自体を構成する」とされる。たとえ「外面的」であるとしても，批判的関与は事柄の理解に深く関わっていると考えられるのである。他方，批判は内容との間で調和を保っている必要がある，とされる。つまり，批判は非合理的なものであってはならず，教育内容を理念的に基礎づけている合理性を先取りし

ている必要がある。この両者，つまり事柄への関与としての批判の実態と，批判の合理性への理念的要請とは必ずしも一致しないだろう（たとえば「外面的」批判の場合）。そこで内容の習得・理解の要求が出てくることになる。内容の習得・理解は，この両者の橋渡しをする，つまり批判の「外面性を奪取」するべきなのだ。したがって，ここでのアドルノの言葉を，まずは批判抜きの習得・理解を要求していると解するべきではなく，批判と習得・理解との関係はあくまで動的・相互浸透的に解するべきであろう。ここには，あとで詳しく見るように，客体との関係における主体の変容というヘーゲル的な「経験」の弁証法を重ねて見ることができる。この一節には，教養をめぐるアドルノのヘーゲル的な立場が顔をのぞかせているように思われる。

6.2 政治教育の構想

『生徒シュピーゲル』誌のインタビューから，アドルノの教育論の三つの論点を取り出した。このうち，現実への積極的介入として教育を構想するという彼の教育論の特質が最もよく表れているのは，政治教育をめぐる議論である。これについては，すでにしばしば言及してきた。アドルノの見るところ，「克服されざる過去」の問題は，自律という民主主義を支える理念を骨抜きにするような社会心理学的・全体社会的な条件と深く結びついているのであった。したがって政治教育は，それが民主主義を指向する以上，このような条件の改変をめざす必要がある。そのために彼は，インタビューでの発言にもあったように，政治的中立性を装って民主政治の手続き的側面のみを教授する，現にある利害対立を隠蔽して協力や話し合いのみを強調する，といった，当時支配的であった政治教育のあり方[cf. 近藤 2005: 23ff.]を厳しく批判したのであった。

アドルノの政治教育構想は，政治が個々人の利害と結びついた問題であることを示すために，全体社会的な利害対立を洞察させること，そしてそうした政治教育を可能にするために，政治的中立性の見せかけを強制されないような前提条件を学校に作り出すこと，をめざすものであった。彼はこうした要求を以下のように「社会学」という言葉で総括している。

> 「あらゆる政治教授は，アウシュヴィッツを反復しない，ということにそろそろ集中すべきであろう。これが可能になるのは，政治の授業が何らかの権力と衝突すること

に不安をもつことなく，大っぴらにこの最重要の事柄に取り組む場合に限られるだろう。そのためには，政治の授業は社会学に姿を変える必要があろう。つまり政治の授業は，政治の諸形態という表面の背後にその場所をもつような全体社会的な権力抗争について教示する必要があろう」[Adorno 1977(1967): 690(133)]。

こうした政治教育の目標として設定されるのが，インタビューでも強調されていた「成人性(成熟)」である。アドルノは，下の引用に見られるように教育を「正しい意識の構築」と捉えるが，こうした教育概念は「成人性(成熟)」という政治教育の目標とも重なるものである。

「私が教育ということでそもそも何を考えているかを，[……]思い切って述べてみたいと思います。いわゆる人づくりではありません。外から人間を作るような権利を人はもっていないからです。また，単なる知識伝達でもありません[……]。そうではなく，正しい意識の構築，です。これは際立った政治的な意味をもつでしょう。正しい意識という理念は，そう言ってよければ政治的に要請されているのです。つまり，単に機能するというのではなくその概念にふさわしく働く民主主義は，成熟した人間を必要とするのです」[Adorno 1971(1966): 107]。

6.3 教育における権威の両義性

以上のように自律と成人性を目標に据えて構想された政治教育は，しかし，学校においていかに実現されるのだろうか。というのも，学校自体が権威的な構造を根深くもっていることは，インタビューにも表れているようにアドルノ自身がしばしば強調する点である。教育内容がたとえどれほど民主主義の理念にかなっていても，その伝達の様式が権威主義的なものにとどまっていたのでは，結局効果は上がらないのではなかろうか。インタビューでは教師の意識改革に解決策が求められていた。また，教師批判の正当性を即座に認めているように，アドルノは学校における権威的関係の改変を重視していた。しかし，彼はこれが構造的な問題であることも十分に認識していたと思われる。

「教職に関するタブー」と題する論文(1965)のなかで，アドルノは，権威主義が「教師の存在論」と深く結びついている可能性を指摘する。出発点の問いは，教職に対する根強い軽蔑や嫌悪がどこから来るのか，である。アドルノは次のように言う。

> 「教師の否定的イマゴの背後には, [カフカの『審判』にも出てくる] 笞刑吏というイマゴがある。[……] 私はこの [教師＝笞刑吏という] 複合が, 体罰が禁止されたのちも, 教職に関するタブーを考えるときの鍵になると見る」[Adorno 1977(1965): 662(94)]。

教師は社会秩序を根本のところで支えている身体的暴力の代理人役を強制させられている, というのである。「それなしではやってはいけないのだが, しかしそれが悪であると人々が知り抜いていること, 直接そんなことに手を染めるには自分は高邁すぎるのだが, 実は自分自身が後ろで糸を引いており, それゆえに二重に卑しめられていること, これを行うのが教師なのである」[664(97)]。

しかも, 教師が強制されているこうした不公正(アンフェアネス)は, インタビューでは「人格的権威」から区別されていた「事柄の権威」にまで及ぶ。以下で分析されているのは, この両方の権威が実態においては分かちがたく融合しているという事実である。

> 「生徒に対する知識の優越さえ [……] そうした不公正を何ほどかもっている。この優越それ自体が教師としての機能と不可分であるため, 教師は, 正当な権利があるとはいえないこの優越を押し通すことになるのだから。ところが, この知識の優越は教師に, 彼が欲しくてたまらない権威を何度でも与えてくれるのである。不公正は, ここでだけ例外的に存在論という用語を使わせてもらえれば, いわば教師の存在論のなかに埋め込まれている [662f.(95)]。

以上のように, アドルノは, 教師の, ひいては学校の, 権威主義的構造とその不公正を容赦なく暴き出した。しかし他方で彼は, 権威と自律との逆説的な関係をも指摘している。精神分析的な知見に基づいて, 自律にとっての権威の内面化の必要性をも彼は強調する。「おとなしい」子供の方がのちに自律的な態度を身につけ,「反抗的」な子供がかえって権威に迎合する大人に育つ, という現象をアドルノは好んで引き合いに出す [Adorno 1971(1968): 132; 1971(1969): 139f.]。それを一般化すれば,「半教養の理論」における以下の一節のようになろう。

> 「曲りなりにも伝統と個人の間の仲立ちをしてきたのは, 権威であった。フロイトによれば, 自我の原理としての自律はまず父親像との同一化において生じ, そこで獲得されたカテゴリーを用いてやがて家庭環境の非合理に楯突くことになるわけだが, 似

たような段取りで教養は社会的に発達した。その人道的な必要について疑問の余地のない学校改革は、時代遅れの権威を取り除いた。しかし改革が、精神的なものの体得と内面化が廃れる傾向に一層拍車をかけることにもなったのであって、実はそうした内面化に自由も依拠していたのである」[Adorno 1972 (1959): 105 (69)]。

6.4　経験への能力、としての教養

　教育における権威をめぐる以上のような一見両義的なアドルノの見解を理解するためには、第三の論点である教養の問題を考慮に入れる必要があるだろう。権威主義がもたらすネガティヴな帰結としてアドルノが危惧するのは、権威主義的パーソナリティの極致としての「操作的性格」である。操作的性格は硬直した現実関係を特徴としており、冒頭で触れられた反ユダヤ主義者がその典型であるように、経験への能力を欠いている。「アウシュヴィッツの反復を阻止する試み」においてアドルノがまっさきに課題として挙げるのは、操作的性格の成立を阻止することである[Adorno 1977 (1962): 484 (49)]。上の引用にある「精神的なものの体得と内面化」は、本来「自由」を可能にし経験の可能性を広げるはずのものである。権威、とりわけ「事柄の権威」は、ある時点で強制であったものが自由に転化するという、こうした経験の時間的な構造のなかで正当化されるべきものであろう。実際、アドルノは「経験への教育」と「成人性への教育」を、ある対談のなかで以下のように「互いに相等しい」ものと見ている。

　　「本来、意識を作りなしているものは、現実との、内容との関係における思考であり、主体の思考形式・思考構造と主体自身でないものとの間の関係です。意識あるいは思考能力のこうしたより深い意味は、形式論理的な進行に尽きるものではありません。むしろそれは、経験をする能力と文字どおり重なり合うのです。思考することと精神的経験をすることとは、同じ一つのことだと申し上げたいと思います。その限りでは、経験への教育と、成人性への教育とは[……]互いに相等しいのです」[Adorno 1971 (1966): 116]。

　以上のような「経験」「経験への教育」の考え方は、対談相手のベッカーにアドルノ自身が「私は昔ながらのヘーゲル主義者です。これは自分ではどうしようもありません」[Adorno 1971 (1966): 118]と漏らしているように、極めてヘ

ーゲル的なものであろう。「個々の人間の発展はヘーゲルが「外化」と呼んだものを介してのみ，つまり，一人の人間がある事柄にまったく我を忘れ，身を捧げるということによってのみ，達成される」[Adorno/Becker 1956: 19] とアドルノは言う。こうした外化を通しての自己還帰の過程が「経験」なのである。

しかし，このようなヘーゲル的な「経験」の現実的条件が現代においては奪われている，というのが，アドルノの文化産業論や人間形成論における大前提だったはずである。経験能力の欠如は，「操作的性格」において極端な形で現れているとしても，現代社会に生きる人間全体が多かれ少なかれ共有している趨勢だとアドルノは見ていたはずである（これはエピローグでも触れたベンヤミンから，アドルノが受け継いだ見方である）。たとえば，「教育――何をめざして？」と題するベッカーとの対談を見てみよう。対談相手のベッカーは，教材過多による疎外状況を克服するために現代の教育学がいかに子どもの自発性を尊重した教育方法を開発しているかを強調している。ところがアドルノは，「それに対して私は一定の留保を表明しておきたい」と反論する。彼によれば，「今日われわれが直面している最も深刻な問題は，経験への能力を人間がまったく失ってしまっていること」[Adorno 1971 (1966): 113] なのである。

人間形成論のレベルでのアドルノの現状認識はあくまでペシミスティックである。アドルノとの対談のなかで，ベッカーは，不断の変化への対応が個々人に求められるという労働環境の変化を，教育の立場から積極的に評価しようとしている。「不断の変化をもちこたえることへの教育は，個人的なものに対してまったく新しい重要性を与えるもの」だというのである。これに対して，アドルノは以下のように反論している。

> 「しかし私が思うに，社会は一般的に言って今日でも非個人化を，つまり皆が同調することを優先させています。これと並行して，自我形成の内的な弱体化が進行しています。これは，以前から心理学においては「自我の弱さ」として知られているものです。結局のところ，個人それ自体は，つまり，自分の利害にひたすら固執するような仕方で個人化され，自己自身をいわば最終目標とみなすような人間は，それ自体大いに問題があるということも考える必要があります」[Adorno 1971 (1966): 117f.]。

後段で指摘されているナルシシズム的個人は，まさに個人に固執することで経験への能力を喪失した状態にあると言えるだろう。

人間形成論レベルでアドルノが提示する脱出口は，以上のような否定的現実の意識化である。愛にあふれた子供時代を子供たちに過ごさせよう，と主張する「愛の奨励」にもアドルノは批判的な目を向ける。「愛は直接的なものであり，媒介された諸関係とは根本的に矛盾する」。したがって「愛の奨励［……］は，それ自身，冷酷さを永遠化するイデオロギーの構成部分である」。第一になすべきことは，愛の奨励ではなく，「冷酷さが自らを意識するように促すこと」なのである［Adorno 1977(1967): 688f.(130f.)］。「半教養の理論」を締めくくる以下の一文は，こうした「意識化」という方策を綱領的に示している。

　「自らの必然的に変り果てた姿である半教養への，批判的な自己意識という形でしか，今日の教養は明日に生き残る可能性をもっていないのである」［Adorno 1972(1959): 121 (95)］。

　こうした意識化は，しかしいかにして可能になるのだろうか。アドルノの理論全体を見渡せば，意識化のメディアとして最も有望なのは芸術ないし美的経験である。しかし，「過去の克服」の文脈においては，すでに触れてきたとおり，まさに美と芸術の領域での経験に信頼が置けないからこそ「主体への転回」としての教育が求められたのである。教育の領域で有望と思える候補は現れる——教師自身による権威的構造の解体，教育内容の習得による経験能力の獲得，愛の奨励，等——が，そうしたものへの期待は，アドルノ自身の批判的分析によって次々と背負い投げを食わされることになる。「意識化」という方策は，その引き受け手の見込みがないままに振り出されているように思われるのである。

7. アドルノの教育論と戦後西ドイツ

　本補論でわれわれは，1959年という年を起点として，アドルノと社会研究所の活動に焦点を合わせて「過去の克服」の文脈の再構成を試みた。1959年は様々な意味で節目となる年である。一方で「克服されざる過去」の社会問題化があった。この問題に対する決定的な態度表明によって，アドルノはアカデミズムの枠を越えて公的議論の場に押し出される。アカデミズム内部を見ても，ドイツ社会学の学派対立が本格的に形をとり始めるのがこの年である。60年

代末の学生運動において頂点を迎えるイデオロギー対立の季節が始まり，やがて「フランクフルト学派」が次第に吸引力を発揮していく。この両者，つまり「過去の克服」問題へのアドルノの関与とフランクフルト学派の知的陣営化とが相まって，連邦共和国の「知的建国」へと至る過程の端緒が最終的に開かれたと言えるだろう。

アドルノの教育論は「過去の克服」問題を抜きにしては考えることができない。「アウシュヴィッツを繰り返してはならない」ということは，アドルノにとって「教育への第一番目の要求」であった[Adorno 1977(1967): 674(110)]。「過去の克服」の文脈にアドルノの教育論を据えてみると，その現実介入的な性格が浮き彫りになる。既存の歴史的・文化的現実から教育への指針を読み取ることに教育学の課題を見る，当時支配的であった精神科学的教育学の解釈学的な教育学理解とは対照的に，アドルノの教育論は，「克服されざる過去」という否定的現実を変えることに自らの課題を見ていたのである。こうした彼の教育論の性格に対応して，教育もまた，意識に介入して意図的に構築するという——「正しい意識の構築」というアドルノによる「教育」の定義を想起してほしい——実践的・制作的な側面において理解されることになる。

アドルノの場合，教育には，民主主義にとって不可欠な「政治的成人性（成熟）」を，否定的な現実に抗して育成するという極めて重大な使命が帰せられ，したがってまた大きな期待が寄せられていた。他方，こうした教育本来の使命の実現には深刻な困難があることもアドルノは明確に認識していた。一つは学校のもつ権威的な構造であり，もう一つは現代文化の諸条件がもたらす構造的帰結としての経験能力の欠如である。経験能力の欠如を前提せざるをえないからこそ，アドルノは「経験への教育」ないし「成人性への教育」を求めた，つまり教育的な作為のなかに経験と成人性への可能性を求めた，と言えるかもしれない。ところが，そうした作為のただなかに，「教師の存在論」に根ざすような困難が発見されるのである。

教育の使命への手放しとも言える信頼とは対照的に，教育の実践的・制作的側面がもつ限界についての分析には，アドルノらしい「批判的理性」[藤田 1982]の炯眼が光っている。その結果あらわになった教育論のジレンマは「意識化」というレトリックによって解消されることになるが，この「意識化」が

いかにして可能になるかについて，教育論のなかで立ち入って論じられることはなかった。

　アドルノの教育論は，教育についての整合的な説明体系として人びとを説得したのではなく，「過去の克服」という文脈におけるその訴求力によって人びとに影響を与えた。しかしその影響は，「克服されざる過去」の呪縛を解き，学校に批判的理性の新鮮な空気を送り込むことに貢献した。教育理論としてのその破綻にもかかわらず，「政治的成人性(成熟)」の理念を教育の領域において活性化させたという意味で，アドルノの教育論と西ドイツ社会との遭遇はまさに「僥倖」だったと言えるだろう。

謝　辞

　どうしてこんなに長くかかってしまったのだろう。初出一覧を見ていただければわかるとおり，本書につながる論文を最初に発表したのは1989年のことである。それからすでに四半世紀以上が過ぎている。もっとも，当時は「映画と教育」という滅法面白いテーマを見つけて夢中になっていただけで，その後への見通しがあったわけではない。そのせいか早々に目移りすることにもなった。次に浮上してきたのがベンヤミンという難物である。彼の思想——それは「映画と教育」というテーマの発想源にもなっていたのだが——を教育思想として読み解く，しかも「メディア」の概念を軸にして読み解く，という可能性に探りを入れることになった。

　ベンヤミンをめぐる手探りの試みが，恩師・小笠原道雄先生のご高配で思いがけず学位論文という形でまとまった後(1994年に受理されたこの論文は1998年に『ヴァルター・ベンヤミンの教育思想——メディアのなかの教育』として刊行された)，私はアレクサンダー・フォン・フンボルト財団の奨学金を得て，ベルリン自由大学のディーター・レンツェン(Dieter Lenzen)教授のもとで研究する機会を得た。1995年から96年にかけてのこの一年間の経験は大きかった。そこで様々な刺激を受け，次の大きなテーマを見つけたと思ったのである。ベンヤミン(1892~1940)が生きた時代のドイツの教育思想をベンヤミン的視点から描き切る，という気宇壮大な構想で，この構想を私は1996年秋の教育思想史学会で発表した。教育思想史学会での発表は，45分程度の報告の後，それを肴にたっぷり1時間，徹底した討論を行うという，研究者にとって(悪)夢のような舞台である。そこでの討論を踏まえて書いたのが，本書第1章の原型となる「メディア・美・教育——20世紀ドイツ教育思想史序説」であった。「序説」などと気負っているところにも表れているように，その時には『メディア・美・教育』という本をすぐにも書き始められると思っていたのである。

　しかしその後研究は遅々として進まなかった。言い訳をすれば，時務的なテーマについて考えたり書いたりする機会が増えたという事情があった。そうした書きものを一冊にまとめる機会も幸いにして与えられたが(『メディアの教育学

──「教育」の再定義のために』東京大学出版会，2004年），自分の「本務」はあくまでドイツ教育思想史の研究にある，と自分自身に対しては言い聞かせていたのである。「本務」に関わる論文も細々と書き継いではいた(本書第5, 7, 8章)。しかしこの「本務」という言葉，正味のところは，自分の時務的な考察の生ぬるさを「本務ではないので」と言い訳するための単なる口実ではないのかと，ゴールの見えない『メディア・美・教育』を前に自問することも多かった。

そうした私に，正真正銘「本務」に戻る機会を与えてくれたのが，ドイツの同僚たちとの研究交流である。とりわけフンボルト財団からの支援はその後も大きな支えになった。2004年と2012～13年のそれぞれ半年間，私は再びベルリン自由大学で研究する機会に恵まれた。かつてお世話になったレンツェン教授はベルリン自由大学の学長に就任され，さらにはハンブルク大学学長に転じられた。そんなこともあって，最初の研究滞在の際に交誼を得てその開かれた学風に感銘を受け，共同研究での交流を深めてもいたクリストフ・ヴルフ(Christoph Wulf)教授にホスト役をお願いすることになった。ヴルフ教授のもとで，私は昔のお屋敷を改造した居心地の良い研究所に一室を与えられ，申し分のない条件のもとで研究に専念することができた。

長期滞在のおりには様々な偶然に恵まれることも多い。そんななかでとりわけ印象深いのは，2004年の滞在時のザビーネ・ライヒヴァイン(Sabine Reichwein)氏との出会いである。当時ベルリン日独センターの要職に就いておられた上田浩二教授が，日本思想の研究で著名な小林敏明教授に私を引き合わせて下さった。その小林教授の奥様が，ナチズムに対する抵抗運動の係累の人々を支援する活動をしておられた関係から，その時私が集中的に調べていたアドルフ・ライヒヴァインの末娘であるザビーネさんをご存知で，私に紹介して下さったのである。ライヒヴァインの4人の遺児のなかでも父親の風貌と気質を最も受け継いでいるといわれるザビーネさんの圧倒的な活力，そして自由闊達さは，私に強い印象を残した。本書第10章に組み込まれたライヒヴァイン論のなかには，その印象が何ほどか反映されているはずである。

2012～13年の滞在のおりには，今度はザビーネさんの紹介でグンター・デムニッヒ(Gunter Demnig)の「つまずきの石」のプロジェクトを知ることになった。ベルリンの街を歩いていると，石畳の舗石が真鍮色に輝いているのを目

にすることがある。舗石が金属板になっていて，そこには人名らしき文字と何年から何年までという年号が美しく刻まれている。それはナチズムの時代に強制収容所に送られて命を奪われた人の名前と生没年である。名前が刻まれたその人は，舗石の目の前の建物に住んでいて，そこから連れ去られたのであった。舗石を墓碑銘に変えるというこの活動は，彫刻家のデムニッヒが長年取り組んでいるプロジェクトである。すでにドイツ内外の500以上の都市に，彼が「つまずきの石(Stolpersteine)」と名づけたこうした墓碑銘が設置されている。この活動を，デムニッヒは当初ゲリラ的に何の許可も受けずにやっていた。道路を管理するお役所との間でいざこざもあったらしい。しかし今ではつまずきの石の設置は市長なども参加する一大イベントになっている。私が誘われた2012年11月のベルリン中心部の舗道での設置にも大勢の人が集まり，地元テレビ局の取材も入っていた。そして，アメリカとイスラエルから招待された，かつての住人の孫に当る2人の高齢の紳士が，たった今設置されたつまずきの石を前に，彼らの祖母がどのような人であったかを弔辞のように読み上げた。

　私たちは数百万にのぼるユダヤ人やロマの人々などがナチズム体制下で殺害されたという事実を知っている。膨大すぎる数字はどこか現実離れした響きを持つ。しかし，息子夫婦がドイツを見限っても自分の故郷を去りかねていた一人のユダヤ人女性が，実際にここから着の身着のままで連行されたのである。数百万という数字の一つひとつがどれほどの重みを持ったものであったかを，改めて思い知らされる。同時に，ドイツにおける過去との取り組みが，こうした草の根の活動によって支えられた筋金入りのものであることも思い知らされたのであった。

　2012〜13年の滞在の主目的は，ナチズム期の授業映画を実際に観てみることであった。授業映画を観る場所としてベルリンは最適である。国立公文書館の映画部門であるフィルムアルヒーフが市内にあり，ここには授業映画局が製作した映画のほとんどが収められている。ただし，所蔵されている授業映画の多く，おそらく90％以上が「閲覧不可」とされている。古いフィルムは一般の閲覧に供するためにはリプリントやDVD化が必要であるが，授業映画のようなマイナーなジャンルはどうしても後回しにされてしまうようである。今回，研究目的ということで特別の許可をもらい，「閲覧不可」の映画をも観ること

ができたのは幸運であった。こうした閲覧の手続きや映画資料の探索ではフィルムアルヒーフのローランド・フォイツィック(Roland Foitzik)氏にお世話になった。いつ訪ねても，快くオフィスに迎え入れて長時間にわたって私の面倒な問い合わせに対応してくれた彼の親切は忘れられない。ヴルフ教授の研究所でも，助手のニカ・ダルヤン(Nika Daryan)，講師のイングリット・ケラーマン(Ingrid Kellermann)，ニーノ・フェリーン(Nino Ferrin)，中国からの留学生で毎日のように学生食堂で昼食をともにした陳紅燕(Chen Hongyan)，邱関軍(Qiu Guanjun)，といった研究所の仲間たちには，議論に付き合ってもらったり，論文のアイデアにコメントをもらったりと，大いに助けられた。

この2012～13年の滞在に向けて準備をする頃には，鈍重な私にもようやく『メディア・美・教育』のゴールが見え始めていた。ワイマール期の映画教育論が空白部分として残っていたため，片手間仕事的に少しずつ探りを入れていたのだが，渡独の直前，森田尚人・森田伸子教授ご夫妻の退職記念論集への寄稿という私にとって大事な仕事に，この調査の成果の一端を組み込むことができた(本書第6章)。ベルリン滞在も終わり近くになって，ナチズム期映画教育論について第11章のもとになるドイツ語論文を仕上げたときには，いよいよ最後のピースを手にしたという感触を得ることができた。

ピースは出揃ったものの，全体の図柄は実はまだ見えていなかった。何しろ，四半世紀にわたって散発的に書き継いできた論文群である。「本務」と思い定めて一つひとつに精魂をこめたつもりではあるが，それだけに，そのつど一回完結で調べたり書いたりしてきた。初期の「映画と教育」関連の論文にいたっては問題設定さえまだ定まっていなかった。雑多なピースが集まって果たして意味のある図柄が浮び上るのか，ひょっとしたら全面的に書き改めねばならないのではないかと，恐る恐る過去の論文を再読し始めた。その過程で改めて気づかされたのは，このプロジェクトが，私にとっては四半世紀どころかもっと前にルーツを持つということであった。浮び上ってきたのは，私が学部学生時代にドイツの教育思想に関心を持ち始めた出発点で抱いた単純素朴な問い，〈ナチズムはなぜ勝利したのか〉という問いだったのである。

それと同時に，「補論」のアドルノ論が本書の文脈のなかに位置づくべきものとして浮上してきた。いや，むしろ話は逆で，アドルノ論で獲得した地点か

ら振り返ることではじめて，きちんとした都市計画もなしに建てられた家屋群の間を縫って通る一筋の道のようなものとして，〈ナチズムはなぜ勝利したのか〉という問いが見えてきた，ということだったかもしれない。論文を書き継いでいた時には，この問いは前面に出てはいなかった。意識的に遠ざけていたと言っても良い。ベンヤミンの時代を描くという目論見からすれば，当然ナチズムの問題が終結部に来ることにはなる。しかし，すべてが結局ナチズムに流れ込んで一旦そこで歴史が終結するかのような，したがってまたナチズムが絶対のリトマス試験紙となってすべてが評価されるような，そんな単純な歴史は描きたくなかった。そもそも，〈メディア・美・教育〉という枠組みは，ドイツ現代史をケースとして扱いつつ，それを教育思想の現代的構造一般へと架橋するための，半ば歴史的・半ば理論的な構築物だったはずなのだ。そう思って見直すと，アドルノ論で描いた戦後の地点が重要な意味を持ってくる。そこから展望することで，ナチズムの時代をくぐり抜けてなお残る，現在の私たちにまでまっすぐにつながる「経験の貧困」という問題が，ナチズムにチャンスを与えてしまった空所として浮び上ってくるからである。

　このアドルノ論は，「戦後ドイツにおける「過去の克服」」をテーマに秋田大学の對馬達雄教授をリーダーとして進められた共同研究に参加した，その成果として書かれたものである。私はこれを，ナチズムの時代で完結する『メディア・美・教育』とは別の文脈の仕事と考えていた。したがって〈美〉や〈メディア〉を特別意識した内容にはなっていない。その仕事が，本書にとっての扇の要のような位置に浮上したのは嬉しい驚きであった。

　長くはかかったが幸運に恵まれた，そして，ここにお名前を挙げた以外にも実に多くの方々に支えられてできあがった仕事であることを実感する。私は比較的多くの大学を職場としてきたが，幸運なことにどの大学でも研究の自由を享受することができた。成果も見込めない研究に長年従事することを許された同僚諸氏に心から感謝したい。とりわけ，現在の勤務校である日本女子大学の恵まれた研究環境は，本書をまとめる上で大きな支えとなった。日本の，特に人文科学系の研究は，「改革」に疲弊した国立大学ではなく，落ち着いた研究環境を提供する一部の私立大学でこそ花開くのではないか——そんなことさえ

感じさせられたのであった。

　幸運に恵まれた研究ではあるが，汗牛充棟のドイツ教育思想史研究に本書が何ほどのものを付け加ええたかについて幻想を持っているわけではない．ただ，鈍牛の歩みであったことの功徳として，人工的に計画された都市にはない，自然に成長してきた街並みの面白さに似たものが出たのではないかと，それだけは密かに胸に恃むところがある．

　出版にあたっては今回も東京大学出版会の後藤健介氏にお世話になった．本書全体の意図を素早く見抜き，構想段階から出版に向けて支援していただいたのは何よりの励みになった．記して感謝したい．

初出一覧

第1章
「メディア・美・教育——20世紀ドイツ教育思想史序説」『近代教育フォーラム』6, 1997, 81-98.
「古典的人間形成論——シラーからニーチェまで」今井康雄編『教育思想史』有斐閣, 2009, 143-163.

第2章
「〈教育とメディア〉の歴史的編成——ペスタロッチからバウハウスまで」『日本の教育史学』49, 2006, 188-192.

第3章
「20世紀初頭ドイツにおける映画と教育(1)——映画改良運動の形成と展開」『東京学芸大学紀要』40, 1989, 197-210.

第4章
「20世紀初頭ドイツにおける映画と教育(2)——雑誌『映像とフィルム』(1912-15)の分析」『東京学芸大学紀要』43, 1992, 43-55.
Film und Pädagogik in Deutschland 1912-1915. Eine Analyse der Zeitschrift "Bild und Film", *Bildung und Erziehung*, 47(1), 1996, 87-106.

第5章
「芸術教育と映画批判——コンラート・ランゲの場合」『人文学報（教育学）』（東京都立大学）, (34), 1999, 29-49.

第6章
「注意——教育的介入を亢進させる虚焦点」森田尚人／森田伸子編『教育思想史で読む現代教育』勁草書房, 2013, 331-358.

第7章
「ワイマール期ドイツにおけるアカデミズム教育学と芸術教育——美は教育にいかなる困難と可能性を導き入れたか」『東京大学大学院教育学研究科紀要』41, 2002, 41-65.

第8章
「バウハウスの教育思想・試論——イッテンとモホリ=ナギの対比をとおして」『教育学年報』8, 2001, 385-427.

第9章
「メディアを通しての美的影響行使——『ヒトラー青年クヴェックス』の場合」『「美的なもの」の教育的影響に関する理論的・文化比較的研究』（平成14-16年度科学研究費補助金・基盤研究(B)研究成果報告書. 研究代表者・今井康雄), 2005, 48-71.
Aesthetic Mobilization through Media. The Case of "Hitlerjunge Quex", in: Yasuo Imai/Christoph Wulf (eds.). *Concepts of Aesthetic Education. Japanese and European Perspectives,* Münster: Waxmann, 2007, 49-63.

第10章
「アドルフ・ライヒヴァインのメディア教育学——教育的抵抗とは何か」『東京大学大学

院教育学研究科紀要』44, 2005, 1-19.
Elemente des Widerstandes in der Medienpädagogik Adolf Reichweins, *Zeitschrift für Erziehungswissenschaft*, 8(3), 2005, 443-463.

第 11 章
Ding und Medium in der Filmpädagogik unter dem Nationalsozialismus, *Zeitschrift für Erziehungswissenschaft*, Souderhelt 25, 2013, 229-251.
「ナチズム期映画教育論における「モノ」と「メディア」」『教育哲学研究』(110), 2014, 1-28.

補論
「「過去の克服」と教育——アドルノの場合」對馬達雄編『ドイツ　過去の克服と人間形成』昭和堂, 2011, 157-204.

引用文献

Ackerknecht, Erwin. 1918. *Das Lichtspiel im Dienst der Bildungspflege*, Berlin: Weidmann.

Adorno, Theodor W. 1971（1966）. Erziehung -- wozu?, *Erziehung zur Mündigkeit. Vorträge und Gespräche mit Hellmut Becker 1959-1969*, Frankfurt a.M.: Suhrkamp, 105-119（「教育は何を目指して」『自律への教育』原千史／小田智俊／柿木伸之訳, 中央公論新社, 2011, 147-166）.

――. 1971（1968）. Erziehung zur Entbarbarisierung, *Erziehung zur Mündigkeit. Vorträge und Gespräche mit Hellmut Becker 1959-1969*, Frankfurt a.M.: Suhrkamp, 120-132（「野蛮から脱するための教育」『自律への教育』原千史／小田智俊／柿木伸之訳, 中央公論新社, 2011, 167-185）.

――. 1971（1969）. Erziehung zur Mündigkeit, *Erziehung zur Mündigkeit. Vorträge und Gespräche mit Hellmut Becker 1959-1969*, Frankfurt a.M.: Suhrkamp, 133-147（「自律への教育」『自律への教育』原千史／小田智俊／柿木伸之訳, 中央公論新社, 2011, 187-208）.

――. 1972（1959）. Theorie der Halbbildung, *Gesammelte Schriften*. Vol. 8, Frankfurt a.M.: Suhrkamp, 93-121（「半教養の理論」『ゾチオロギカ――社会学の弁証法』三光長治／市村仁訳, イザラ書房, 1970, 49-95）.

――. 1973（1956）. Zur Musikpädagogik, *Gesammelte Schriften*. Vol. 14, Frankfurt a.M.: Suhrkamp, 108-126（「音楽教育によせて」『不協和音――管理社会における音楽』三光長治／高辻知義訳, 平凡社, 1998, 193-223）.

――. 1973（1964）. Jargon der Eigentlichkeit. Zur deutschen Ideologie, *Gesammelte Schriften*. Vol. 6, Frankfurt a.M.: Suhrkamp, 413-526（『本来性という隠語――ドイツ的なイデオロギーについて』笠原賢介訳, 未来社, 1992）.

――. 1975（1950）. Studies in the Authoritarian Personality, *Gesammelte Schriften*. Vol. 9.1, Frankfurt a.M.: Suhrkamp, 143-509（『権威主義的パーソナリティ』田中義久／矢沢修次郎／小林修一訳, 青木書店, 1980）.

――. 1977（1959）. Was bedeutet: Aufarbeitung der Vergangenheit, *Gesammelte Schriften*. Vol. 10.2, Frankfurt a.M.: Suhrkamp, 555-572（「過去の清算の意味するところ」『批判的モデル集Ⅰ――介入』大久保健治訳, 法政大学出版局, 1971, 157-184）.

――. 1977（1962）. Notiz über Geisteswissenschaft und Bildung, *Gesammelte Schriften*. Vol. 10.2, Frankfurt a.M.: Suhrkamp, 494-498（「精神科学と教養についての覚え書」『批判的モデル集Ⅰ――介入』大久保健治訳, 法政大学出版局, 1971）.

――. 1977（1965）. Tabus über dem Lehrberuf, *Gesammelte Schriften*. Vol. 10.2, Frankfurt a.M.: Suhrkamp, 656-673（「教職にかんするタブー」『批判的モデル集Ⅱ――見出し語』大久保健治訳, 法政大学出版局, 1971）.

――. 1977（1967）. Erziehung nach Auschwitz, *Gesammelte Schriften*. Vol. 10.2, Frankfurt a.M.: Suhrkamp, 674-690（「アウシュビッツ以後の教育」『批判的モデ

集II——見出し語』大久保健治訳,法政大学出版局,1971,110-133).
——. / Becker, Hellmut. 1956. Kann Aufklärung helfen? Erwachsenenbildung und Gesellschaft. Gespräch zwischen Theodor W. Adorno und Hellmut Becker im Abendstudio des Hessischen Rundfunk am 13. Dezember 1956, Max-Horkheimer-Archiv.
——. / Horkheimer, Max. 1984(1944). Dialektik der Aufklärung, *Gesammelte Schriften*. Vol. 3, Frankfurt a.M.: Suhrkamp (『啓蒙の弁証法——哲学的断想』徳永恂訳,岩波書店,1990).
Albrecht, Clemens / Behrmann, Günter C. / Bock, Michael / Homann, Harald / Tenbruck, Friedrich H. 1999. *Die intellektuelle Gründung der Bundesrepublik. Eine Wirkungsgeschichte der Frankfurter Schule*, Frankfurt a.M./New York: Campus.
Albrecht, Gerd. 1983. *Arbeitsmaterialien zum nationalsozialistischen Propagandafilm: Hitlerjunge Quex. Ein Film von Opfergeist der deutschen Jugend*, Frankfurt a.M.: Deutsches Institut für Filmkunde.
Altenloh, Emilie. 1913. Theater und Kino, *Bild und Film*, 2(11/12), 264-266.
——. 1914. *Zur Soziologie des Kino. Die Kino-Unternehmung und die sozialen Schichten ihrer Besucher*, Jena.
Amlung, Ullrich. 1991. *Adolf Reichwein, 1898-1944 : ein Lebensbild des politischen Pädagogen, Volkskundlers und Widerstandskämpfers*, Frankfurt a.M.: dipa (『反ナチ・抵抗の教育者——ライヒヴァイン 1898-1944』対馬達雄／佐藤史浩訳,昭和堂,1996年).
——. 1999. *"… in der Entscheidung gibt es keine Umwege". Adolf Reichwein 1898-1944. Reformpädagoge, Sozialist, Widerstandskämpfer*, Marburg: Schüren.
——. 2001. Adolf Reichweins reformpädagogisches "Schulmodell Tiefensee" (1933-1939), in: Thüringer Forum für Bildung und Wissenschaft(ed.), *Herausforderungen an die Pädagogik: Rückschau und Zukunftsorientierung an der Jahrhundertwende*, Jena, 50-69.
Ammann, Hans. 1936a. Ist das Stehbild überflüssig geworden?, *Film und Bild*, 2(2), 47-49.
——. 1936b. *Lichtbild und Film in Unterricht und Volksbildung*, München: Deutscher Volksverlag.
——. 1937. Der Halsbandregenpfeifer. Gedanken zur unterrichtlichen Auswertung des gleichnamigen Unterrichtsfilms. Erweiterung nach einem kurzen Referat bei der Arbeitstagung der Landesbildstellenleiter und der Filmreferenten für Lehrerhochschulen, *Film und Bild*, 3(1), 4-7.
新井保幸. 1980.「イデオロギーとしての「純粋教育科学」——E・クリークにおける「教育科学」と「全体主義」の関係」『教育哲学研究』(41), 40-56.
Arendt, Hannah. 1982. *Lectures on Kant's Political Philosophy*, edited by Ronald Beiner, Chicago: University of Chicago Press (『カント政治哲学の講義』浜田義文監訳,法政大学出版局,1987).

Asmus, Walter. 1968. *Johann Friedrich Herbart. Eine pädagogische Biographie, Bd. 1: Der Denker 1776-1809*, Heidelberg: Quelle & Meyer.
オーモン / ベルガラ / マリー / ヴェルネ．2000．『映画理論講義——映像の理解と探究のために』武田潔訳，勁草書房．
Baeumler, Alfred. 1934. *Männerbund und Wissenschaft*, Berlin: Junker und Dünnhaupt.
——. 1942. *Bildung und Gemeinschaft*, Berlin: Junker und Dünnhaupt.
——. 1943. *Politik und Erziehung. Reden und Aufsätze*, Berlin: Junker und Dünnhaupt.
Balázs, Béla. 2001(1924). *Der sichtbare Mensch oder die Kultur des Films*, Frankfurt a.M.: Suhrkamp.（『視覚的人間——映画のドラマツルギー』佐々木基一／高村宏訳，岩波書店，1986）．
Bartmann, Hans. 1942. Der Unterrichtsfilm F 69 "Befruchtung und Furchung des Kaninscheneies" im Biologieunterricht der 5. Klasse einer ländlichen Oberschule, *Film und Bild*, 8(1), 5-7.
Bateson, Gregory. 1980. An Analysis of the Nazi Film "Hitlerjunge Quex", *Studies in Visual Communication*, 6(3), 20-55（『大衆プロパガンダ映画の誕生——ドイツ映画『ヒトラー青年クヴェックス』の分析』宇波彰／平井正訳，御茶の水書房，1986）．
ボードリー．1999．「装置——現実感へのメタ心理学的アプローチ」『「新」映画理論集成 2．歴史／人種／ジェンダー』フィルムアート社，104-127．
Bauer, Kurt. 2008. *Nationalsozialismus*, Wien/Köln/Weimar: Böhlau.
Bayerdörfer, Hans-Peter 1992. Theater und Bildungsbürgertum zwischen 48er Revolution und Jahrhundertwende, in: M. Rainer Lepsius (ed.). *Bildungsbürgertum im 19. Jahrhundert, Teil III, Lebensführung und ständische Vergesellschaftung*, Stuttgart: Klett, 42-64.
Belstler, Hanns. 1923. Filmunterricht, *Der Bildwart*, 1(2), 70-75.
——. 1924. Eisen. Unterrichtlicher Versuch einer Sinngebung durch den Film, *Der Bildwart*, 2(1/2), 14-18.
Benjamin, Walter. 1980(1929).（Rezension）G.F. Hartlaub, Der Genius im Kinde, *Gesammelte Schriften*. Vol. 3, Frankfurt a.M.: Suhrkamp, 211-212.
——. 1980(1931)a. Ich packe meine Biblitothek aus. Eine Rede über das Sammeln, *Gesammelte Schriften*. Vol. 4, Frankfurt a.M.: Suhrkamp, 388-396（「蔵書の荷解きをする」『ベンヤミン著作集』11, 藤川芳朗訳，晶文社，1975, 12-16）．
——. 1980(1931)b. Kleine Geschichte der Photographie, *Gesammelte Schriften*. Vol. 4, Frankfurt a.M.: Suhrkamp, 368-385（「写真小史」『ベンヤミン・コレクション』1, 久保哲司訳，筑摩書房，1995, 551-581）．
——. 1980(1933). Erfahrung und Armut, *Gesammelte Schriften*. Vol. 2, Frankfurt a.M.: Suhrkamp, 213-219（「経験と貧困」『ベンヤミン・コレクション』2, 浅井健二郎訳，筑摩書房，1996, 371-384）．
——. 1980(1936)a. Der Erzähler. Betrachtungen zum Werk Nikolai Lesskows, *Gesammelte Schriften*. Vol. 2, Frankfurt a.M.: Suhrkamp, 438-465（「物語作者——ニコライ・レスコフの作品についての考察」『ベンヤミン・コレクション』2, 三宅晶子訳，筑摩書房，1996, 283-334）．

———. 1980(1936)b. Das Kunstwerk im Zeitalter seiner technischen Reproduzierbarkeit, *Gesammelte Schriften.* Vol. 1, Frankfurt a.M.: Suhrkamp, 471-508（「技術的複製可能性の時代の芸術作品（第3稿）」, 山口裕之訳,『ベンヤミン・アンソロジー』, 河出書房新社, 2011, 295-358）.

———. 1980(1939). Über einige Motive bei Baudelaire, *Gesammelte Schriften.* Vol. 1, Frankfurt a.M.: Suhrkamp, 605-653（「ボードレールにおけるいくつかのモチーフについて」『ベンヤミン・コレクション』1, 久保哲司訳, 筑摩書房, 1996, 417-488）.

———. 1989(1936). Das Kunstwerk im Zeitalter seiner technischen Reproduzierbarkeit (zweite Fassung), *Gesammelte Schriften.* Vol. 7, Frankfurt a.M.: Suhrkamp, 350-384「複製技術時代の芸術作品（第二稿）」『ベンヤミン・コレクション』1, 久保哲司訳, 筑摩書房, 1995, 583-640）.

Blankertz, Herwig. 1982. *Geschichte der Pädagogik: von der Aufklärung bis zur Gegenwart*, Wetzler: Büchse der Pandora.

Blumenthal, H. 1941. Die Schalplatte im Biologieunterricht. Erfahrungen und Wünsche, *Film und Bild*, 7(7/8), 132-136.

Bolland, Jürgen. 1955. *Die 'Gesellschaft der Freunde' im Wandel des hamburgischen Schul- und Erziehungswesens*, Hamburg: Verlag der Gesellschaft der Freunde des vaterländischen Schul- und Erziehungswesens.

Bollenbeck, Georg 1994. *Bildung und Kultur. Glanz und Elend eines deutschen Deutungsmusters*, Frankfurt a.M./Leipzig: Insel.

Bollnow, Otto Friedrich. 1965. *Die anthropologische Betrachtungsweise in der Pädagogik*, Essen: Neue Deutsche Schule Verlagsgesellschaft.

Bothe, Rolf (ed.). 1994. *Das frühe Bauhaus und Johannes Itten. Katalogbuch anläßlich des 75. Gründungsjubiläums des Staatlichen Bauhauses in Weimar*, Ostfildern-Ruit: Hatie.

Bremer, Heidi. 2005. *Theodor Litts Haltung zum Nationalsozialismus. Unter besonderer Berücksichtigung seiner Vorlesungen von 1933 bis 1937*, Bad Heilbrunn: Klinkhardt.

Brochhagen, Ulrich. 1999. *Nach Nürnberg. Vergangenheitsbewältigung und Westintegration in der Ära Adenauer*, Berlin: Ulstein.

Brunner, Franz. 1923. Inwieweit läßt sich der Unterrichtsfilm in den Volksschul-Unterricht einbauen?, *Der Bildwart*, 1(1), 25-28.

Brunner, Karl. 1913. *Der Kinematograph von heute — eine Volksgefahr*, Berlin: Veterländischer Schriftenverband.

Buck, Günther. 1985. *Herbarts Grundlegung der Pädagogik*, Heidelberg: Winter.

Caselmann, Christian. 1944. Wirklichkeit, Kunst und Kamera, *Film und Bild*, 10 (5/6), 34-41.

———. 1961. Geschichte und Probleme vom Film, Bild und Ton im Unterricht, in: Wolfgang Tolle (ed.). *Reichsanstalt für Film und Bild in Wissenschaft und Unterricht*, Berlin, 1-24.

Caton, Joseph Harris. 1980. *The utopian vision of Moholy-Nagy : technology, society, and the avant-grade : an analysis of the writings of Moholy-Nagy on the visual arts*, Diss. Princeton Univ.

Claus, Jürgen. 1987. *Das elektronische Bauhaus. Gestaltung mit Umwelt*, Zürich: Edition Interform.

Conradt, Walter. 1910. *Kirche und Kinematograph*, Berlin: Walther.

Conze, Werner / Kocka, Jürgen. 1985. Einleitung, in: Werner Conze/Jürgen Kocka (eds.). *Bildungsbürgertum im 19. Jahrhundert, Teil I: Bildungssystem und Professionalisierung in internationalen Vergleichen*, Stuttgart: Klett-Cotta, 9-26.

Copei, Friedrich. 1930. *Der fruchtbare Moment im Bildungsprozeß*, Leipzig: Quelle & Meyer.

——. 1939a. Anschauung und Denken beim Unterrichtsfilm, *Film und Bild*, 5(8), 201-209.

——. 1939b. Ein Sachfilm in der Grundschule, *Film und Bild*, 5(1), 3-5.

——. 1944. Psychologische Fragen zur Filmgestaltung, *Film und Bild*, 10(9/12), 90-98.

Crary, Jonathan. 1990. *Techniques of the Observer. On Vision and Modernity on the Nineteenth Century*, Cambridge, Mass./London: MIT Press（『観察者の系譜——視覚空間の変容とモダニティ』遠藤知巳訳，十月社，1997）.

——. 1999. *Suspensions of Perception: Attention, Spectacle, and Modern Culture*, MIT Press（『知覚の宙吊り——注意，スペクタクル，近代文化』岡田温司監訳，平凡社，2005）.

Cürlis, Hans. 1936. Mensch und Umwelt in Handwerksfilm, *Film und Bild*, 2(3), 81-83.

Curtade, Francis / Cadars, Pierre. 1975. *Geschichte des Films im Dritten Reich*, München: Hanser.

Dahlhaus, Carl. 1990. Das deutsche Bildungsbürgertum und die Musik, in: Reinhart Koselleck(ed.). *Bildungsbürgertum im 19. Jahrhundert, Teil II, Bildungsgüter und Bildungswissen*, Stuttgart: Klett, 220-236.

Dahrendorf, Ralf. 1960. Die drei Soziologien. Zu Helmut Schelskys 'Ortsbestimmung der deutschen Soziologie', *Kölner Zeitschrift für Soziologie und Sozialpsychologie*, 12, 120-133.

Dannmeyer, C. H. 1907. *Bericht der Kommission für "Lebende Photographie" erstattet am 17. April 1907 im Auftrag des Vorstandes der Gesellschaft der Freunde des vaterländischen Schul- und Erziehungswesens zu Hamburg*, Hamburg: Hermann Kampen.

Degenhart, Armin. 2001. *"Bedenken, die zu überwinden sind ..." Das neue Medium Film im Spannungsfeld reformpädagogischer Erziehungsziele. Von der Kinoreformbewegung bis zur handlungsorientierten Filmarbeit Adolf Reichweins*, München: KoPäd Verlag.

Demirović, Alex. 1999. *Der nonkonformistische Intellektuelle. Die Entwicklung der Kritischen Theorie zur Frankfurter Schule*, Frankfurt a.M.: Suhrkamp（『非体制順応的知識人——批判理論のフランクフルト学派への発展　第一分冊』仲正昌樹監訳，御

茶の水書房, 2009).
Derbolav, Josef. 1987. Richard Meisters kulturphilosophische Pädagogik und ihre wissenschaftliche Bedeutung, in: Dietrich Benner(ed.). *Impulse europäischer Geistesgeschichte*, Sankt Augustin: Richarz, 281-291.
デカルト. 1967. 「情念論」『世界の名著 22 デカルト』野田又夫編訳, 中央公論社, 409-519.
Dewey, John. 1976(1899). The School and Society, *The Middle Works*. Vol. 1, Carbondale/Edwardsville: Southern Illinois University Press, 1-109 (『学校と社会』宮原誠一訳, 岩波書店, 1957).
Diederichs, Helmut H. 1986. *Anfänge deutscher Filmkritik*, Stuttgart: Robert Fischer.
――(ed.). 1987. *Der Filmtheoretiker Herbert Tannenbaum*, Frankfurt a.M.: Deutsches Filmmuseum.
Döpp-Vorwald, Heinrich. 1962. Einleitung, *Aus Herbarts Jugendschriften*, Weinheim: Beltz, 3-59.
Döpp, Robert. 2003. *Jenaplan-Pädagogik im Nationalsozialismus*, Münster: Lit.
Drewek, Peter. 1995. "Grenzen der Erziehung". Zur wissenschafts- und disziplingeschichtlichen Bedeutung des Grenzendikurses in der Weimarer Republik, in: Peter Drewek/Klaus-Peter Horn/Christa Kersting/Heinz-Elmar Tenorth (eds.). *Ambivalenzen der Pädagogik. Zur Bildungsgeschichte der Aufklärung und des 20. Jahrhunderts*, Weinheim: Deutscher Studienverlag, 311-333.
Drewek, Peter. 1996. Die Herausbildung der "geisteswissenschaftlichen" Pädagogik vor 1918 aus sozialgeschichtlicher Perspektive. Zum Strukturwandel der Philosophischen Fakultät und zur Lehrgestalt der Universitätpädagogik im späten Kaiserreich und während des Ersten Weltkriegs, *Zeitschrift für Pädagogik*, 34. Beiheft, 299-316.
Droste, Magdalena. 1997. Lázló Moholy-Nagy ― Zur Rezeption seiner Kunst in der Weimarer Republik, in: Gottfried Jäger/Gudrun Wessing(eds.) *über moholy-nagy. Ergebnisse aus dem Internationalen László Moholy-Nagy Symposium*, Bielefeld: Kerber, 23-36.
Dudek, Peter. 1999. *Grenzen der Erziehung im 20. Jahrhundert. Allmacht und Ohnmacht der Erziehung im pädagogischen Diskurs*, Bad Heilbrunn: Klinkhardt.
Elias, Norbert. 1969(1939). *Über den Prozess der Zivilisation: soziogenetische und psychogenetische Untersuchungen*, Frankfurt a.M.: Suhrkamp (『文明化の過程』(上)(下), 赤井慧爾／中村元保／吉田正勝訳, 法政大学出版局, 1977/78).
Ewert, Malte. 1998. *Die Reichsanstalt für Film und Bild in Wissenschaft und Unterricht (1934-1945)* Hamburg: Kobač.
Fiedler, Jannine / Buschfeld, Ben. 1997. Von der Virtualität der Wahrnehmung im 20. Jahrhundert - Ein Gespräch zwischen Lázló Moholy-Nagy und Marshall McLuhan, in: Gottfried Jäger/Gudrun Wessing(eds.). *über moholy-nagy. Ergebnisse aus dem Internationalen László Moholy-Nagy Symposium*, Bielefeld: Kerber, 181-188.
Findeli, Alain. 1987. Die pädagogische Ästhetik von Laszlo Moholy-Nagy und seine

Rolle bei der Umsiedlung des Bauhauses nach Chicago, in: Peter Hahn(ed.). *50 Jahre new bauhaus. Bauhausnachfolge in Chicago*, Berlin: Argon, 33-50.

―. 1990. Moholy-Nagy's Design Pedagogy in Chicago (1937-46), *Design Issues*, 7(1), 4-19.

Flitner, Andreas. 1992. *Reform der Erziehung. Impulse des 20. Jahrhunderts*, München: Piper (『教育改革――20世紀の衝撃』森田孝監訳, 玉川大学出版部, 1994).

Flitner, Wilhelm. 1921. *Laienbildung*, Jena: Diederichs.

―. 1927. Begrenzung und Sachlichkeit. Bemerkungen zum Weimarer Pädagogischen Kongreß, *Die Erziehung*, 2, 125-128.

―. 1932. Die musikalische Bildung und die Zeitlage, *Die Musikpflege*, 2, 491-500.

―. 1933. Die deutsche Erziehungslage nach dem 5. März 1933, *Die Erziehung*, 8, 491-500.

―. 1955. Zur Einführung, *Zeitschrift für Pädagogik*, 1(1), 1-4.

Forch, Carl. 1913. Die Sensation im Kinodrama und anderwärts, *Bild und Film*, 2(7), 164-165.

Frei, Norbert. 1999. *Vergangenheitspolitik. Die Anfänge der Bundesrepublik und die NS-Vergangenheit*, München: Deutscher Taschenbuch Verlag.

Freisburger, Walther. 1936. Der Jugendliche zwischen Unterrichtsfilm und Spielfilm, *Film und Bild*, 2(6), 247-249.

Fricke, Klaus. 1974. *Die Pädagogik Adolf Reichweins. Ihre systematische Grundlegung und praktische Verwirklichung als Sozialerziehung*, Bern/Frankfurt a.M. : Lang.

―. 1993. *Adolf Reichwein. Ein Wegbereiter der modernen Erlebnispädagogik?*, Lüneburg: Verl. Ed. Erlebnispädagogik.

Friedell, Egon. 1978(1912). Prolog vor dem Film, in: Anton Kaes(ed.). *Kino-Debatte : Texte zum Verhältnis von Literatur und Film 1909-1929*, München: dtv, 42-47.

深川雅文. 1997. 「光と影――モホイ＝ナジの射程」川崎市民ミュージアム編『バウハウスの写真』, 8-20.

古内博行. 2003. 『ナチス期の農業政策研究 1934-36――穀物調達措置の導入と食料危機の発生』 東京大学出版会.

二上正司. 1986. 「イッテンの造形教育思想」『芸術教育学』1, 21-41.

Gadamer, Hans-Georg. 1986. *Wahrheit und Methode. Grundzüge einer philosophischen Hermeneutik*, Tübingen: Mohr (『真理と方法』Ⅰ, Ⅱ, Ⅲ, 轡田收他訳, 法政大学出版局, 1986-2012).

Gall, Lothar (ed.). 2003. *Regierung, Parlament und Öffentlichkeit im Zeitalter Bismarcks. Politikstile im Wandel*, Paderborn: Schöningh.

Gauger, Kurt. 1942. Der Unterschied von "Lehrfilm" und "Unterrichtsfilm", *Film und Bild*, 8(9), 111-113.

Giesecke, Hermann. 1999. *Hitlers Pädagogen. Theorie und Praxis nationalsozialistischer Erziehung*, Weinheim/München: Juventa.

Goebbels, Josef. 1971. *Reden*, edited by Helmut Heiber, Vol. 1(1932-1939), München: Heyne.

Goedecke, Heinz / Krug, Wilhelm. 1940. *Wir beginnen das Wunschkonzert für die Wehrmacht*, Berlin/Leipzig: Nibelungen.
Götze. 1911. Jugendpsychologie und Kinematograph, *Zeitschrift für Kinderforschung*, 16, 416-417.
Grempe, P.M. 1915. Vom Mimodrama zum Kinodrama, *Bild und Film*, 4(6), 123-125.
Grüner, Stefan 2002. Zwischen Einheitssehnsucht und pluralistischer Massendemokratie. Zum Parteien- und Demokratieverständnis im deutschen und französischen Liberalismus der Zwischenkriegszeit, in: Horst Möller/Manfred Kittel(eds.). *Demokratie in Deutschland und Frankreich 1918-1933/40 : Beiträge zu einem historischen Vergleich*, Oldenbourg: Wissenschaftsverlag, 219-249.
Grunsky-Peper, Konrad. 1978. *Deutsche Volkskunde im Film. Gesellschaftliche Leitbilder im Unterrichtsfilm des Dritten Reichs*, München.
Gruschka, Andreas. 1988. *Negative Pädagogik. Einführung in die Pädagogik mit Kritischer Theorie*, Wetzler: Büchse der Pandora.
Guilino, Alfred. 1940. Erlebnis der Landschaft im Film. Gedanken zu dem Unterrichtsfilm F174 "Bergsteiger in den Allgäuer Alpen", *Film und Bild*, 6(10), 138-140.
Gunning, Tom. 1995. An Aesthetic of Astonishing: Early Film and the (In)Credulous Spectator, in: Linda Williams(ed.). *Viewing Positions: Ways of Seeing Film*, New Brunswick, NJ: Rutgers Univ. Press, 114-133 (「驚きの美学――初期映画と軽々しく信じ込む(ことのない)観客」岩本憲児／武田潔／斉藤綾子編『「新」映画理論集成 1. 歴史／人種／ジェンダー』フィルムアート社, 1998, 102-117).
ガニング. 2003. 「アトラクションの映画――初期映画とその観客, そしてアヴァンギャルド」長谷正人／中村秀之編『アンチ・スペクタクル――沸騰する映像文化の考古学』東京大学出版会, 303-315.
Habermas, Jürgen. 1962. *Strukturwandel der Öffentlichkeit. Unersuchungen zu einer Kategorie der bürgerlichen Gesellschaft*, Darmstadt/Neuwied: Luchterhand (『公共性の構造転換』細谷貞雄訳, 未来社, 1973).
――. 1985. *Der philosophische Diskurs der Moderne. Zwölf Vorlesungen*, Frankfurt a.M.: Suhrkamp (『近代と哲学的ディスクルスⅠ, Ⅱ』三島憲一／轡田収／木前利秋／大貫敦子訳, 岩波書店, 1990).
Haeuser, Adolf / Haeuser, Luisa (eds.). 1994. *Mecki. Märchen und Schnurren. Die Puppentrickfilme der Gebrüder Diehl*, Frankfurt a.M.
Häfker, Hermann. 1913. *Kino und Kunst*, Mönchengladbach: Volksvereins-Verlag.
Hagendorf, Herbert / Krummenacher, Joseph / Müller, Hermann-Josef / Schubert, Torsten (eds.). 2011. *Wahrnehmung und Aufmerksamkeit. Allgemeine Psychologie für Bachelor*, Heidelbert: Springer.
Hagener, Michael. 1998. Aufmerksamkeit als Ausnahmezustand, in: Norbert Haas/Rainer Nägele/Hans-Jörg Rheinberger(eds.). *Aufmerksamkeit*, Eggingen: Edition Klaus Isele, 273-294.
Hamann, W. 1938. Unterrichtsstunde mit dem Film "Der Flachs"(F 66/1936), *Film und Bild*, 4(8), 208-209.

Hansen-Schaberg, Inge. 2000. Das Spannungsfeld "Reformpädagogik und Nationalsozialismus" im Volksschulunterricht nach der historischen Zäsur 1933, in: M. Dust(ed.). *Pädagogik wider das Vergessen. Festschrift für Wolfgang Keim*, Kiel: Götzelmann, 431-453.
Hansen, Miriam. 1995. Early Cinema, Late Cinema: Transformation of the Public Sphere, in: Linda Williams(ed.). *Viewing Positions: Ways of Seeing Film*, New Brunswick, NJ: Rutgers Univ. Press, 134-152 (「初期映画／後期映画——公共圏のトランスフォーメーション」吉見俊哉編『メディア・スタディーズ』せりか書房, 2000, 279-299).
Hartlaub, Gustav Friedrich. 1922. *Der Genius im Kinde. Zeichnungen und Malversuche begabter Kinder*, Breslau: Hirt.
——. 1927. Impressionismus, Expressionismus und Neue Sachlichkeit, *Kunst und Jugend*, 7(8), 185-190.
——. 1929. Grenzen der Kunsterziehung, *Die Erziehung*, 4, 663-674.
——. 1930. *Der Genius im Kinde: ein Versuch über die zeichnerische Anlage des Kindes*, Breslau: Hirt.
長谷川哲哉. 1997. 「W・フリットナーのミューズ教育論」『和歌山大学教育学部教育実践研究指導センター紀要』7, 105-118.
——. 1998. 「ミューズ教育の研究（Ⅲ）——「ミューズ的」の概念について」『美術教育学』19, 255-269.
——. 1999. 「1920年代のミューズ教育思想について——近代ドイツにおけるミューズ教育思想の明確化の過程」『和歌山大学教育学部紀要・教育科学』49, 105-127.
——. 2005. 『ミューズ教育思想史の研究』 風間書房.
Hasenclever, Walter. 1978(1913). Der Kintopp als Erzieher. Eine Apologie, in: Anton Kaes(ed.). *Kino-Debatte: Texte zum Verhältnis von Literatur und Film 1909 - 1929*, München: dtv, 47-49.
Haus, Andreas. 1978. *Moholy-Nagy. Fotos und Fotogramme*, München: Schirmer-Mosel.
Heckmann, Erwin. 1921. Der Kunstunterricht im Deutschen Landerziehungsheim Ilsenburg am Harz, *Die Neue Erziehung*, 3(5), 138-141.
Hegel, Georg Wilhelm Friedrich. 1986(1807). *Phänomenologie des Geistes, Werke*, Vol. 3, Frankfurt a.M.: Suhrkamp(『精神の現象学』(上)(下), 金子武蔵訳, 岩波書店, 1971/79)
Heider, Fritz. 1926. Ding und Medium, *Symposion*, (2), 109-157.
Hein, Peter Ulrich 1991. *Transformation der Kunst. Ziele und Wirkungen der deutschen Kultur- und Kunsterziehungsbewegung*, Köln/Wien: Böhlau.
Hellwig, Albert. 1914. *Kind und Kino*, Langensalza: Hermann Beyer.
Helm, Ludiger / Tenorth, Heinz-Elmar / Horn, Klaus-Peter / Keiner, Edwin. 1990. Autonomie und Heteronomie — Erziehungswissenschaft im historischen Prozeß, *Zeitschrift für Pädagogik*, 36(1), 29-50.
Hennig, Eike. 1991. "Diesen Faschistenlümmeln ist nicht zu trauen": "Hitlerjung Quex" im pädagogischen Einsatz, in: Martin Loiperdinger(ed.). *Märtyrerlegenden im NS-*

Film, Opladen: Leske+Budrich, 173-185.
Henseler, Joachim. 2000. *Wie das Soziale in die Pädagogik kam. Zur Theoriegeschichte universitären Sozialpädagogik am Beispierl Paul Natorps und Herman Nohls*, Weinheim/München: Juventa.
Herbart, Johann Friedrich. 1887(1802/04). Pestalozzis Idee eines ABC der Anschauung, *Sämtliche Werke*. Vol. 1, Langensalza: Beyer, 151-274.
——. 1887(1808). Allgemeine Practische Philosophie, *Sämtliche Werke*. Vol. 2, Langensalza: Beyer, 439-458.
Herhaus, Ernst. 1968. Kritische Theorie der Gesellschaft. Frühe Arbeiten von Max Horkheimer, *Publik. Informationen, Meldungen, Analysen und Bilder dieser Woche*, (11 (1968.12.6)), 23.
Herrmann, Ulrich. 1987. "Neue Schule" und "Neue Erziehung" — "Neue Menschen" und "Neue Gesellschaft". Pädagogische Hoffnungen und Illusionen nach dem Ersten Weltkrieg in Deutschland, in: Ulrich Herrmann(ed.). *"Neue Erziehung", "Neue Menschen". Ansätze zur Erziehungs- und Bildungsreform in Deutschland zwischen Kaiserreich und Diktatur*, Weinheim/Basel: Beltz.
——. 1995. Von der Revolution der Schule zur Wiederentdeckung der Grenze. Zur Selbstrevision und Historisierung der deutschen Reformpädagogik in der Weimarer Republik, *Zeitschrift für Pädagogik*, 41(1), 121-136.
Herrmann, Ulrich / Nassen, Ulrich (eds.). 1993. *Formative Ästhetik im Nationalsozialismus. Intentionen, Medien und Praxisformen totalitärer ästhetishcer Herrschaft und Beherrschung (=Zeitschrift für Pädagogik, 31. Beiheft)*, Weinheim/Basel: Beltz.
Herrmann, Ulrich / Oelkers, Jürgen (eds.). 1989. *Pädagogik und Nationalsozialismus*, Weinhaim/Basel: Beltz.
Herzogenrath, Wulf. 1974. Laszlo Moholy-Nagy als Bauhaus-Lehrer, in: Wulf Herzogenrath (ed.). *Laszlo Moholy-Nagy*, Stuttgart: Hatie, 115-121.
——. 1988. *bauhaus utopien. Artbeiten auf Papier*, Stuttgart: Edition Cantz.
Hespe, Reiner. 1985. *Der Begriff der Freien Kinderzeichnung in der Geschichte des Zeichen- und Kunstunterrichts von ca.1890-1920. Eine problemgeschichtliche Untersuchung*, Frankfurt a.M.: Lang.
Hight, Eleanor M. 1995. *Picturing Modernism. Moholy-Nagy and Photography in Weimarer Germany*, Cambridge/Mass.: MIT Press.
Hilker, Franz. 1921. Schule und Kunst, *Die Neue Erziehung*, 3(5), 131-135.
Höckner, Hilmar. 1921. Die pädagogische Behandlung der musikalischen Sachwerte, *Die Neue Erziehung*, 3(5), 159-161.
Hoffmann, Arthur. 1937. Großmacht Bild, *Film und Bild*, 3(9), 217-220.
——. 1938. *Bild und Film im Unterricht. Die neuen Aufgaben nach Zielsetzung und Verfahren*, Stuttgart/Berlin.
Hoffmann, Hilmar. 1988. *"Und die Fahne führt uns in die Ewigkeit". Propaganda im NS-Film*, Frankfurt a.M.: Fischer.
Hofmeister, Richard. 1938. Die unterrichtliche Auswertung des Films: "Der Flachs,

Ernte und Aufbereitung"(F 66/1936), *Film und Bild*, 7(7), 187-189.
Hogrebe, Wolfram. 1996. *Societas Teutonica: Profile der Frühromantik und das Elend der deutschen Geselligkeit*, Erlangen/Jena: Palm und Enke.
Hohmann, Christine. 2007. *Dienstbares Begleiten und später Widerstand : der nationale Sozialist Adolf Reichwein im Nationalsozialismus*, Bad Heilbrunn: Klinkhardt.
Hojer, Ernst. 1997. *Nationalsozialismus und Pädagogik. Umfeld und Entwicklung der Pädagogik Ernst Kriecks*, Würzburg: Könighausen & Neumann.
Hommerding, Richard. 1939. Der Unterrichtsfilm im Dienste der Volkskunde aufgezeigt an dem Film "Der Flachs"(F 66), *Film und Bild*, 5 (8), 214-215.
Horkheimer, Max (ed.). 1936. *Studien über Autorität und Familie*, Paris: F. Alcan.
――. 1985(1959). Soziologie und Philosophie, *Gesammelte Schriften*. Vol. 7, Frankfurt a.M.: Fischer, 108-121.
Horkheimer, Max / Adorno, Theodor W. 1968. Professor Dr. Max Horkheimer und Professor Dr. Theodor Adorno nehmen Stellung zu aktuellen Fragen, *Schülerspiegel*, (2), 19-22.
Horn, Klaus-Peter / Link, Jörg-W. (eds.). 2011. *Erziehungsverhältnisse im Nationalsozialismus. Totaler Auspruch und Erziehungswirklichkeit*, Bad Heilbrunn: Klinkhardt.
星加良司. 2007. 『障害とは何か――ディスアビリティの社会理論に向けて』 生活書院.
Hoyer, Timo. 2002. *Nietzsche und die Pädagogik. Werk, Biografie und Rezeption*, Würzburg: Könighausen & Neumann.
Huber, Wilfried. 1987. Die Perversion reformpädagogischer Begriffe im Nationalsozialismus – unter Berücksichtigung der Sprache von Adolf Reichwein, in: Christian Salzmann(ed.). *Die Sprache der Reformpädagogik als Problem ihrer Reaktualisierung. Dargestellt am Beispiel von Peter Petersen und Adolf Reichwein*, Heinsberg: Agentur Dieck, 285-354.
Huber, Wilfried / Krebs, Albert (eds.). 1981. *Adolf Reichwein 1898-1944. Erinnerungen, Forschungen, Impulse*, Padaborn: Schöningh.
Humboldt, Wilhelm von. 1968(1793). Theorie der Bildung des Menschen Bruchstück, *Gesammelte Schliften*, Vol. 1 Berlin: _De Gruyter, 282-287.(「人間形成の理論(断篇)」『人間形成と言語』, クラウス・ルーメル／小笠原道雄／江島正子訳, 以文社, 1989, 47-53)
Hüther, Jürgen (ed.). 2001a. *Vom Schauen zum Gestalten. Adolf Reichweins Medienpädagogik*, München: KoPäd Verlag.
Hüther, Jürgen, 2001b. "Nicht nur Bilder sehen, sondern ihr Bedeutung erkennen". Eine mediengeschichtliche und medienpädagogische Einordnung der Schriften Adolf Reichweins, in: Jürgen Hüther(ed.) *Vom Schauen zum Gestlalten. Adolf Reichweins Medienpädagogik*, München: KoPäd Verlag, 107-125.
市野川容孝. 2006. 『社会』 岩波書店.
飯田収治／中村幹雄／野田宣雄／望田幸男. 1966. 『ドイツ現代政治史――名望家政治から大衆民主主義へ』 ミネルヴァ書房.

今井康雄. 1985.「解放的教育学」小笠原道雄編『教育学における理論=実践問題』学文社, 115-138.
──. 1993.「ベンヤミンとデューイ──二つの教育思想の差異の構造」『教育哲学研究』(68), 1-14.
──. 1998.『ヴァルター・ベンヤミンの教育思想──メディアのなかの教育』世織書房.
──. 2004.『メディアの教育学──「教育」の再定義のために』東京大学出版会.
──. 2008.「教育において「伝達」とは何か」『教育哲学研究』(97), 124-148.
──. 2014.「学習の経験とメディアの物質性──「示すこと」の教育理論に向けて」『教育哲学研究』(109), 1-7.
──. 2015.「教育にとってエビデンスとは何か──エビデンス批判をこえて」『教育学研究』82(2), 2-15.
──編. 2009.『教育思想史』有斐閣.
石田勇治. 2002.『過去の克服──ヒトラー後のドイツ』白水社.
石村秀登. 1998.「美的教育と社交性──シュライエルマッハーの社交性理論を手がかりに」『大学院教育学研究紀要』(九州大学), 1, 279-287.
Itard, Jean. 1994. *Victor de l'Aveyron*, Paris: Éditions Allia (『新訳 アヴェロンの野生児──ヴィクトールの発達と教育』中野善達/松田清訳, 福村出版, 1978).
Itten, Johannes. 1963. *Mein Vorkurs am Bauhaus. Gestaltungs- und Formenlehre*, Ravensburg: Otto Maier (『造形芸術の基礎──バウハウスにおける美術教育』手塚又四郎訳, 美術出版社, 1970).
──. 1990. *Die Tagebücher. Stuttgart 1913-1916, Wien 1916-1919*, edited by Eva Badura-Triska, Wien: Löcker.
Jacobi, Heinrich. 1921. Grundlagen einer allgemeinen Musikerziehung, *Die Neue Erziehung*, 3(5), 155-158.
Jäger, Gottfried 1997. Animato. Das Kunstwerk im Zeitalter seiner elektronischen Manipulierbarkeit, in: Gottfried Jäger/Gudrun Wessing(eds.). *über moholy-nagy. Ergebnisse aus dem internationalen László Moholy-Nagy Symposium*, Bielefeld: Kerber, 13-22.
Jäger, Lorenz. 2003. *Adorno. Eine politische Biographie*, München: Deutsche Verlags-Anstalt (『アドルノ──政治的伝記』大貫妙子/三島憲一訳, 岩波書店, 2007).
Jay, Martin. 1973. *The Dialectical Imagination. A History of the Frankfurt School and the Institute of Social Research, 1923-1950*, Boston/Tronto: Little, Brown and Company (『弁証法的想像力──フランクフルト学派と社会研究所の歴史 1923-1950』荒川幾男訳, みすず書房, 1975).
Jöde, Fritz. 1921. Musik in der Schule. Leitgedanken zu einem Referat, *Die Neue Erziehung*, 3(5), 158-159.
Kalbus, Osker. 1922. *Der deutsche Lehrfilm in der Wissenschaft und im Unterricht*, Berlin: Heymann.
Kalbus. Osker. 1935. *Vom Werden deutscher Filmkunst, 2. Der Tonfilm*, Altona-Bahrenfeld.

Kant, Immanuel. 1957(1790). *Kritik der Urteilskraft*, Hamburg: Meiner.
カント. 1964. 『判断力批判』(上)篠田英雄訳, 岩波書店.
——. 1990. 『判断力批判』(上)牧野英二訳 (『カント全集 8』) 岩波書店.
Kappner, Hans-Hartmut. 1984. *Die Bildungstheorie Adornos als Theorie der Erfahrung von Kultur und Kunst*, Frankfurt a.M.: Suhrkamp.
川崎市民ミュージアム編. 1997. 『バウハウスの写真』.
Kemp, Wolfgang. 1979. "*... einen wahrhaft bildenden Zeichenunterricht überall einzuführen" : Zeichnen und Zeichenunterricht der Laien, 1500-1870. Ein Handbuch*, Frankfurt a.M.: Syndikat.
Kempe, Fritz. 1976(1953). Der Unterrchtfilm in Deutschland, in: Gerhard K. Hildebrand(ed.). *Zur Geschichte des audiovisuellen Medienwesens in Deutschland*, Trier: Spee.
Kerschensteiner, Georg. 1905. *Die Entwicklung der zeichnerischen Begabung: neue Ergebnisse auf Grund neuer Untersuchungen*, München: Gerber.
——. 1964(1913). *Begriff der Arbeitsschule*, München/Oldenburg: Teubner.
菊池龍三郎. 1972. 「ヘルマン・ノールと社会教育運動(1)——民衆大学運動を中心に」『茨城大学教育学部紀要』22, 83-90.
——. 1973. 「ヘルマン・ノールと社会教育運動(2)——民衆大学運動と青少年福祉活動」『茨城大学教育学部紀要』23, 165-173.
"Kinematographenbesitzer und Lehrerschaft". *Allgemeine Deutsche Lehrerzeitung*, 1914.1.9.
"Kinematographie und Projektion". *Pädagogische Zeitung*, 1913.11.27.
Klafki, Wolfgang. 1999. Adolf Reichwein: Bildung und Politik, in: Roland Reichwein(ed.). *Adolf Reichwein. Widerstandskämpfer und Pädagoge*, Erlangen/Jena: Palm & Enke, 53-80.
Klafki, Wolfgang / Brockmann, Johanna-Luise (eds.). 2002. *Geisteswissenschaftliche Pädagogik und Nationalsozialismus. Herman Nohl und seine 'Göttinger Schule'*, Weinheim/Basel: Beltz.
Klebinder, Paul (ed.). 1912. *Der Deutsche Kaiser im Film*, Berlin: Verlag Paul Klebinder.
Knop, Johanna. 1937. Der Film "Das Herdfeuer im niedersächsischen Bauernhaus" im nationalpolitischen Unterricht, *Film und Bild*, 3(4), 102-103.
Koch, Friedrich. 1987. *Schule im Kino. Autorität und Erziehung vom 'Blauen Engel' bis zur 'Feuerzangenbowle'*, Weinheim/Basel: Beltz.
——. 1993. "Hitlerjunge Quex" und der hilflose Antifaschismus. Zum nationalsozialistischen Jugendfilm, *Zeitschrift für Pädagogik* (31. Beiheft), 163-179.
Koch, Hans-Jörg. 2003. *Das Wunschkonzert im NS-Rundfunk*, Köln/Weimar/Wien: Böhlau.
小松弘. 1986. 「コンラート・ランゲの映画美学再発見」『映像学』(34), 2-15.
——. 1991. 『起源の映画』 青土社.
Kommer, Helmut. 1979. *Früher Film und späte Folgen: zur Geschichte der Film- und*

Fernseherziehung, Berlin: Basis.
近藤孝弘. 2005.『ドイツの政治教育――成熟した民主社会への課題』岩波書店.
"Konferenz für Schul- und Volkskinematographie". *Pädagogische Zeitung*, 1911.9.14.
Konrad, Franz-Michael. 1993. Grenzen der Erziehung? Zur "Revision der pädagogischen Bewegung" in der Erziehungsdebatten der Weimarer Republik, *Neue Sammlung*, 33(4), 574-599.
Kostelanetz, Richard (ed.). 1970. *Moholy-Nagy*, New York/Washington: Praeger.
Kracauer, Siegfried. 2012 (1947). *Von Caligari zu Hitler. Eine psychologische Geschichte des deutschen Films, Werke*, Vol. 2.1, Frankfurt a.M.: Suhrkamp (『カリガリからヒットラーまで』平井正訳, せりか書房, 1971).
Krauth, Gerhard. 1985. *Leben, Arbeit und Projekt. Eine konzeptionsgeschichtliche und vergleichende Studie über die gesellschaftliche, pädagogische und didaktische Bedeutung der Projektidee in reformpädagogischen Bewegungen*, Frankfurt a.M.: Lang.
Krieck, Ernst. 1932. *Nationalpolitische Erziehung*, Leipzig: Armanen.
――. 1933. *Musische Erziehung*, Leipzig: Armanen.
Kroll, Thomas. 2013. Die Monarchie und das Aufkommen der Massendemokratie. Deutschland und Großbritannien im Vergleich (1871-1914), *Zeitschrift für Geschichtswissenschaft*, 61(4), 311-328.
Krüger, Johannes. 1923. Die Filmschule, *Der Bildwart*, 1(2), 81-82.
Kühn, Michael. 1998. *Unterrichtsfilm im Nationalsozialismus : die Arbeit der Reichsstelle für den Unterrichtsfilm, Reichsanstalt für Film und Bild in Wissenschaft und Unterricht*, Mammendorf: Septem Artes.
Kunert, Hubertus. 1973. *Deutsche Reformpädagogik und Faschismus*, Freiburg: Schroedel.
Kurz, Gerhard. 1996. Das Ganze und das Teil. Zur Bedeutung der Geselligkeit in der ästhetischen Diskussion um 1800, in: Christoph Jamme (ed.). *Kunst und Geschichte im Zeitalter Hegels*, Hamburg, 91-104.
Lampe, Felix. 1924. *Der Film in Schule und Leben*, Berlin: G.S. Mittler.
Langbehn, Julius. 1909 (1890). *Rembrandt als Erzieher*, Leipzig: Hirschfeld.
Lange, Konrad. 1893. *Die künstlerische Erziehung der deutschen Jugend*, Darmstadt: Bergstraeßer.
――. 1902. *Das Wesen der künstlerischen Erziehung*, Ravensburg: Maier.
――. 1907. *Das Wesen der Kunst*, Berlin: Grote.
――. 1912. Der Kinematograph vom ethischen und ästhetischen Standpunkt, in: Konrad Lange/Robert Gaupp (eds.). *Der Kinematograph als Volksunterhaltungsmittel*, München: Callway.
――. 1913. Die "Kunst" des Lichtspieltheaters, *Die Grenzboten*, (72), 507-518.
――. 1920. *Das Kino in Gegenwart und Zukunft*, Stuttgart: Enke.
――. 1966 (1902). Das Wesen der künstlerischen Erziehung, in: Hermann Lorenzen (ed.). *Die Kunsterziehungsbewegung*, Bad Heilbrunn: Klinkhardt, 21-26.

Langewand, Alfred. 1993. Eine pädagogische Kritik der reinen praktischen Vernunft? Überlegungen zum Gehalt und historischen Ort von Herbarts "pädagogische" Kant-Kritik in seiner "ästhetischen Darstellung der Welt als Hauptaufgabe der Erziehung", *Zeitschrift für Pädagogik*, 39(1), 135-156.

Lehberger, Reiner (ed.). 1994. *Weimarer Versuchs- und Reformschulen am Übergang zur NS-Zeit*, Hamburg: Curio.

Lemke, Hermann. 1908. Ein modernes Veranschaulichungsmittel, *Schule und Technik*, 1, 3-4.

―. 1911. *Durch die Technik zur Schulreform. Zwei modern-technische Lehrmethoden und Veranschaulichungsmittel in der Schule der Zukunft*, Leipzig.

Lentz, Ruth. 1936. Die Verwendung des Films: "Befruchtung und Furchung des Kanincheneies" im Unterricht, *Film und Bild*, 2(8), 253-255.

Lichtwark, Alfred 1898. *Übungen in der Betrachtung von Kunstwerken*, Dresden: Kühtmann (「芸術作品鑑賞訓練」『芸術教育と学校』岡本定男訳, 明治図書, 85-120).

―. 1966(1887). Kunst in der Schule, in: Hermann Lorenzen (ed.). *Die Kunsterziehungsbewegung*, Bad Heilbrunn: Klinkhardt, 44-55 (「学校における芸術」『芸術教育と学校』岡本定男訳, 明治図書, 64-84).

Lingelbach, Karl Christoph. 1970. *Erziehung und Erziehungstheorie im nationalsozialistischen Deutschland*, Weinheim: Beltz.

―. 1997. Das laufende Band der Geschichte. Zum verborgenen Lehrplan in Adolf Reichweins Schulmodell Tiefensee, *Jahrbuch für Pädagogik*, Jg.1997, 219-230.

―. 2001. Adolf Reichweins Schulpädagogik, in: Jürgen Hüther (ed.). *Vom Schauen zum Gestalten. Adolf Reichweins Medienpädagogik*, München: KoPäd Verlag, 126-145.

Link, Jörg-W. 1999. *Reformpädagogik zwischen Weimar, Weltkrieg und Wirtschaftswunder : pädagogische Ambivalenzen des Landschulreformers Wilhelm Kircher (1898-1968)*, Hildesheim: Lax.

Litt, Theodor. 1926. Die gegenwärtige Lage der Pädagogik und ihre Forderungen, *Möglichkeiten und Grenzen der Pädagogik. Abhandlungen zur gegenwärtigen Lage von Erziehung und Erziehungstheorie*, Leipzig: Quelle & Meyer, 1-60.

―. 1927a. Die gegenwärtige pädagogische Lage und ihre Forderung, in: Georg Ried (ed.). *Die moderne Kultur und das Bildungsgut der deutschen Schule: Bericht über den Pädagogischen Kongreß des Deutschen Ausschusses für Erziehung und Unterricht, Weimar 7. - 9. Oktober 1926*, Leipzig: Quelle & Meyer, 1-11.

―. 1927b. *Führen oder Wachsenlassen. Eine Erörterung des pädagogischen Grundproblems*, Berlin/Leipzig: Teubner (『教育の根本問題――指導か放任か』石原鉄雄訳, 明治図書, 1971).

―. 1927c. Vom Bildungsganzen und der Kunsterziehung, *Kunst und Jugend*, 7(8), 181-185.

―. 1928. Die gegenwärtige Lage der Pädagogik, in: Zentralinstitut für Erziehung

und Unterricht in Berlin (ed.). *Musikpädagogische Gegenwartsfragen. Eine Übersicht über die Musikpädagogik vom Kindergarten bis zur Hochschule. Vorträge der VI. Reichsschulmusikwoche in Dresden*, Leipzig: Quelle & Meyer, 2-4.
Luhmann, Nilkas. 1998. *Die Gesellschaft der Gesellschaft 1*, Frankfurt a.M.: Suhrkamp (『社会の社会』1, 馬場靖雄／赤堀三郎／菅原謙／高橋徹訳, 法政大学出版局, 2009).
Lukács, Georg. 1978 (1913). Gedanken zu einer Ästhetik des Kinos, in: Anton Kaes (ed.). *Kino-Debatte: Texte zum Verhältnis von Literatur und Film 1909-1929*, München: dtv, 112-118.
Mahlow, Paul. 1942. Beobachtung, Versuch, Lehrausflug und Unterrichtsfilm. Eine grundsätzliche Erörterung, *Film und Bild*, 8 (7/8), 87-92.
Mai, Ekkehard. 1977. Kunstakademie im Wandel. Zur Reform der Künstlerausbildung im 19. Jahrhundert. Die Beispiele Berlin und München, in: Hans Maria Wingler/Rolf Bothe (eds.). *Kunstschulreform 1900-1933*, Berlin: Hann.
―. 1985. Zur Vorgeschichte des Vorkurses. Künstlerausbildung an Kunstakademie vor und um 1900, in: Rainer Wick (ed.). *Ist die Bauhauspädagogik aktuell?*, Köln: Walter König, 11-27.
Mandelkow, Karl Robert 1990. Die bürgerliche Bildung in der Rezeptionsgeschichte der deutschen Klassik, in: Reinhart Koselleck (ed.). *Bildungsbürgertum im 19. Jahrhundert, Teil II, Bildungsgüter und Bildungswissen*, Stuttgart: Klett, 181-196.
Mann, Thomas. 1990. *Buddenbrooks. Verfall einer Familie, Gesammelte Werke in dreizehn Bänden*, Vol. 1, Frankfurt a.M.: Fischer (『トーマス・マン全集1, ブデンブローク家の人々』森川俊夫訳, 新潮社, 1972).
増田文雄／野崎武夫編. 1999.『デジタル・バウハウス――新世紀の教育と創造のヴィジョン』NTT出版.
松本彰. 1981.「ドイツ「市民社会」の理念と現実――Bürger概念の再検討」『思想』(683), 27-53.
Mattenklott, Gundel. 1997. Aspekte ästhetischer Erziehung im Werk Adolf Reichweins, in: Lother Kunz (ed.). *Adolf Reichwein (1898-1944)*, Oldenburg, 35-53.
Meister, Richard. 1925. Zur gegenwärtigen Lage des Schulfilmproblems, *Der Bildwart*, 3 (10), 720-724.
―. 1926. Der Unterrichtsfilm, seine Didaktik und Methodik, in: Josef Ludwig Bergstein/Heinrich Fuchsig/Adolf Hübl (eds.). *Die Wiener Bildwoche. Bericht über die vom Österreichischen Bildspielbund gemeinsam mit dem Zentralinstitut für Erziehung und Unterricht in Berlin und dem Bildspielbund Deutscher Städte vom 9. - 14. Oktober 1925 in Wien veranstaltete VI. Deutsche Bildwoche*, Wien: Österreichischer Bildspielbund, 59-79.
Menze, Clemens. 1971. Der Übergang von der ästhetisch-politischen zur literarisch-musischen Erziehung, *Vierteljahresschrift für wissenschaftliche Pädagogik*, 47 (1), 1-33.
メッツ. 1978.「フィクシオン映画とその観客」蓮實重彦／鈴木啓司訳,『エピステーメ

―』4(3), 82-113.
Metz, Christian. 2002(1977). *Le signifiant imaginaire. Psychoanalyse et cinéma*, Christian Bourgois Éditeur (『映画と精神分析――想像的シニフィアン』鹿島茂訳, 白水社, 1981).
Meyer, Peter. 1978. *Medienpädgogik. Entwicklung und Perspektiven*, Könighausen/Ts.: Hain.
三井秀樹. 1996. 『美の構成学――バウハウスからフラクタルまで』 中央公論社.
宮島久雄. 1979. 「バウハウスにおけるモホリ＝ナギの基礎課程」『デザイン理論』(18), 72-84.
宮田光雄. 1991. 『ナチ・ドイツの精神構造』 岩波書店.
水田恭平. 1997. 「美的思考の誕生」『批評空間』(Ⅱ-12), 36-50.
望田幸男. 1998. 『ドイツ・エリート養成の社会史――ギムナジウムとアビトゥーアの世界』 ミネルヴァ書房.
Moholy-Nagy, László. 1967(1927). *Malerei, Fotografie, Film*, Mainz/Berlin: Kupferberg (『絵画・写真・映画』利光功訳, 中央公論美術出版, 1993).
――. 1968(1929). *Von Material zu Architektur*, Mainz/Berlin: Kupferberg (『材料から建築へ』宮島久雄訳, 中央公論美術出版, 1992).
Moholy-Nagy, Sibyl. 1969. *Moholy-Nagy. Experiment in Totality*, Cambridge/Mass.: MIT Press (『モホイ＝ノジ――総合への実験』下島正夫／高取利尚訳, ダヴィッド社, 1973).
Mollenhauer, Klaus. 1986. Der frühromantische Pädagoge F.D. Schleiermacher, *Umwege. Über Bildung, Kunst und Interaktion*, München: Juventa, 137-159 (「初期ロマン派の教育学者シュライアマハー」今井康雄訳, 『回り道――文化と教育の陶冶論的考察』玉川大学出版部, 2012, 181-210).
――. 1989. Ästhetische Bildung als Kritik, oder: Hatte das "Bauhaus" eine Bildungstheorie?, in: Hermann Röhrs/Hans Scheuerl(eds.). *Richtungsstreit in der Erziehungswissenschaft und pädagogische Verständigung*, Frankfurt a.M. u.a.: Lang, 287-303 (「批判としての美的教育。あるいは、『バウハウス』は教育理論をもっていたか？」今井康雄訳, 『現代ドイツ教育学の潮流』玉川大学出版部, 1992, 320-340).
Möller, Otto. 1921. Ziele und Wege des Zeichenunterrichts, *Die Neue Erziehung*, 3(5), 141-143.
Mommsen, Wolfgang J. 1994a. *Bürgerliche Kultur und künstlerische Avangarde 1870-1918*. Kultur und Politik im deutschen Kaiserreich, Frankfurt a.M./Berlin: Propyläen.
――. 1994b. Die Herausforderung der bürgerlichen Kultur durch die künstlerische Avantgarde. Zum Verhältnis von Kultur und Politik im Wilhelminischen Deutschland, *Geschichte und Gesellschaft*, 20, 424-444.
Montessori, Maria. 1909. *Il Metodo della pedagogia scientifica applicato all'educazione infantile nelle Case dei Bambini*, Roma: Max Bretschneider.
――. 1916. *L'autoeducazione nelle scuole elementari*, Roma: P. Maglione & C. Strini.

―. 1964. *The Montessori Method*, New York: Schocken (『モンテッソーリ・メソッド』阿部真美子／白川蓉子訳，明治図書，1974).
モンテッソーリ．1990.『自発的活動の原理――続モンテッソーリ・メソッド』阿部真美子訳，明治図書．
森田伸子．1986.『子どもの時代――『エミール』のパラドックス』新曜社．
本村健太．1998.「マルチメディア時代のバウハウス――芸術と電子テクノロジーの統合に向けて」『岩手大学教育学部研究年報』58(1), 21-31.
Müller-Doohm, Stefan. 2007. *Adorno-Portraits: Erinnerungen von Zeitgenossen*, Frankfurt a.M.: Suhrkamp.
Müller, Fritz. 1915. Der Weltkrieg, *Bild und Film*, 4(4/5), 89-91.
Müller, Gerhard. 1978. *Ernst Krieck und die nationalsozialistische Wissenschaftsreform*, Weinheim/Basel: Beltz.
Münkel, Daniela. 1996. *Nationalsozialistische Agrarpolitik und Bauernalltag*, Frankfurt/New York: Campus.
Murawski, Friedrich. 1912. Kinoglossen eines Lehrers, *Bild und Film*, 2(2), 44-45.
長尾十三二．1989.「教養と実践の統一を求めて――アドルフ・ライヒヴァインの生涯と思想」『自己形成の教育――学校教育の再生をめざして』明治図書，14-58.
Neu, Till. 1978. *Von der Gestaltungslehre zu den Grundlagen der Gestaltung: von Ittens Vorkurs am Bauhaus zu wissenschaftsorientierten Grundlagenstudien: eine lehr- und wahrnehmungstheoretische Analyse*, Ravensburg: Maier.
Neumann, O. 1971. Aufmerksamkeit, *Historisches Wörterbuch der Philosophie*, Vol. 1, Basel/ Stuttgarat: Schwabe, 635-646.
Neuner, Ingrid. 1980. *Der Bund Entschiedener Schulreformer 1919-1933. Programmatik und Realisation*, Bad Heilbrunn: Klinkhardt.
Nietzsche, Friedrich. 1988. *Kritische Studienausgabe*, 15 vols., München/Berlin/New York: dtv/de Gruyter (『ニーチェ全集』第Ⅰ期全12巻，第Ⅱ期全12巻，白水社，1979-1985).
西村拓生．1999.「プリズムとしてのシラー『美育書簡』――「美と教育」に関するトピカのために」『近代教育フォーラム』8, 137-148.
――. 2009.「ハーバーマスのシラー『美育書簡』論：教育的公共性における「美的なるもの」のアクチュアリティに関する覚書(2)」『奈良女子大学文学部研究年報』, 6, 161-172.
Noetzel, Wilfried 1992. *Humanistische Ästhetische Erziehung. Friedrich Schillers moderne Umgangs- und Geschmackspädagogik*, Weinheim: Deutscher Studien Verlag.
Nohl, Herman. 1919(1915). Vom deutschen Ideal der Geselligkeit. Dem Andenken Karl Brügmanns gewidmet, *Pädagogische und politische Aufsätze*, Jena: Eugen Diederichs, 36-57.
――. 1926a. Die Einheit der Pädagogischen Bewegung, *Die Erziehung*, 1, 57-61.
――. 1926b. *Zur deutschen Bildung*, Göttingen: Vandenhoeck & Ruprecht.
――. 1933a. Die pädagogische Bewegung in Deutschland, in: Herman Nohl/Ludwig

Pallat(eds.). *Handbuch der Pädagogik*, Vol. 1, Langensalza: Beltz, 302-374. (『ドイツの新教育運動』平野正久他訳, 明治図書, 1987).
――. 1933b. Die Theorie der Bildung, in: Herman Nohl/Ludwig Pallat(eds.). *Handbuch der Pädagogik*, Vol. 1 Langensalza: Beltz, 3-80.
――. 1949(1926). Gedanken für die Erziehungstätigkeit des Einzelnen mit besonderer Berücksichtigung der Erfahrungen von Freud und Adler, *Pädagogik aus dreißig Jahren*, Frankfurt a.M.: Schulte-Bulmke, 151-160.
Oestreich, Paul. 1927. Ruhe! Herr Litt?, *Die Neue Erziehung*, 9(1), 33-38.
小笠原道雄. 1974. 『現代ドイツ教育学説史研究序説――ヴィルヘルム・フリットナー教育学の研究』 福村出版.
小川哲哉. 2008. 『フリットナー民衆教育思想の研究――ドイツ青年運動から民衆教育運動へ』青簡社.
岡本英明. 2000. 「チュービンゲン学派のミューズ的=美的教育論とその特質――失われた"aisthesis"(感性的知覚, 感覚)を求めて」『解釈学的教育学の研究』九州大学出版会, 129-160.
大藪泰. 2009. 「共同注意研究の現状と課題」『乳幼児医学・心理学研究』18(1), 1-16.
Ortmeyer, Benjamin 2006. Pädagogik, Rassismus und Antisemitismus : Ernst Krieck, in: Micha Brumlik(ed.). *Erziehungswissenschaft und Pädagogik in Frankfurt - eine Geschichte in Portraits : 90 Jahre Johann Wolfgang Goethe-Universität*, Frankfurt a.M.: Johann W. Goethe Universität, 41-67.
――. 2010. *Mythos und Pathos statt Logos und Ethos. Zu den Publikationen führender Erziehungswissenschaftler in der NS-Zeit: Eduard Spranger, Herman Nohl, Erich Weniger und Peter Petersen*, Weinheim/Basel: Beltz.
Osterhald, Erich. 1978(1913). Wie die deutschen Dramatiker Barbaren wurden, in: Anton Kaes(ed.). *Kino-Debatte: Texte zum Verhältnis von Literatur und Film 1909-1929*, München: dtv, 96-100.
Ott, Ernst Hermann. 1971. *Grundzüge hermeneutisch-pragmatische Pädagogik in Deutschland. Eine Monographie über die Zeitschrift "Die Erziehung" von 1925-1933*, Göppingen: Kümmerle.
――. 1984. Die Pädagogische Bewegung im Spiegel der Zeitschrift "Die Erziehung". Ein Beitrag zur Erziehungs- und Bildungspolitik der Weimarer Republik, *Zeitschrift für Pädagogik*, 30(5), 619-632.
Otto, Gunter. 1969. *Kunst als Prozeß im Unterricht*, Braunschweig: Westermann.
Owen, David. 1994. *Maturity and Modernity. Nietzsche, Weber, Foucault and the Ambivalence of Reason*, London/New York: Routledge (『成熟と近代――ニーチェ・ウェーバー・フーコーの系譜学』宮原浩二郎／名部圭一訳, 新曜社, 2002).
"Pädagogische Konferenz im Ministerium der geistlichen und Unterrichts-Angelegenheiten am 24. und 25. Mai 1917". 1977(1917). in: H.D. Haller/D. Lenzen (eds.). *Wissenschaft im Reformprozeß. Aufklärung oder Alibi?*, Stuttgart, 133-157.
Paffrath, F. Hartmut. 1987. Theodor W. Adornos Skepsis gegenüber Pädagogik und Erziehung, in: Hein Retter/Gerhard Meyer-Willner(eds.). *Zur Kritik und*

Neuorientierung der Pädagogik im 20. Jahrhundert. Festschrift für Walter Eisermann zum 65. Geburtstag, Hildesheim: A. Lax, 29-37.
――. 1992. *Die Wendung aufs Subjekt. Pädagogische Perspektiven im Werk Theodor W. Adornos*, Weinheim: Deutscher Studien Verlag.
Pander, Hans. 1927. 45 mathematische Filme, *Der Bildwart*, 5(12), 833-839.
Paschen, Joachim. 1983. *AV-Medien für die Bildung. Eine illustrierte Geschichte der Bildstellen und des Instituts für Film und Bild in Wissenschaft und Unterricht*, Grünwald.
Passarge, Siegfried. 1937. *Talbildung (Rückschreitende Erosion), Beihefte der Reichsstelle für den Unterrichtsfilm (F 155/1937)*, Stuttgart/Berlin: Kohlhammer.
Passuth, Krisztine. 1986. *Moholy-Nagy*, Weingarten: Kunstverlag Weingarten.
Pestalozzi, Johann Heinrich. 1932(1801). Wie Gertrud ihre Kinder lehrt, ein Versuch, den Müttern Anleitung zu geben, ihre Kinder selbst zu unterrichten in Briefen von Heinrich Pestalozzi, *Sämtliche Werke*, Vol. 13, Berlin/Leipzig: de Gruyter, 181-555 (「ゲルトルートはいかにしてその子を教うるか」『ペスタロッチー全集』11, 長田新訳, 平凡社, 1960, 1-225).
Petty, Richard E. / Cacioppo, John T. 1996. *Attitudes and Persuasion: Classic and Contemporary Approaches*, Colorado/Oxford: Westview Press.
ペヴスナー. 1974. 『美術アカデミーの歴史』中森義宗／内藤秀雄訳, 中央大学出版部.
Pfeffer, W. 1900. Die Anwendung des Projectionsapparates zur Demonstration von Lebensvorgängen, *Jahrbücher für wissenschaftliche Botanik*, 710-745.
Pieper, Lorenz. 1912. Kino und Drama, *Bild und Film*, 1(1), 4-8.
――. 1913. (Rezension) Dr. A. Sellmann, Der Kinematograph als Volkserzieher, *Bild und Film*, 2(5), 123-124.
Pietsch, Otto. 1913. "Kientopp", *Bild und Film*, 2(9), 212-214.
Pollock, Friedrich (ed.). 1955. *Gruppenexperiment. Ein Studienbericht*, Frankfurt a.M.: Europäische Verlagsanstalt.
Popert, Hermann Martin. 1927a. *Hamburg und der Schundkampf. Buch 1. Schumutz- und Schundliteratur*, Hamburg: Deutsche Dichter-Gedächtnis-Stiftung.
――. 1927b. *Hamburg und der Schundkampf. Buch 2. Filmfragen*, Hamburg: Deutsche Dichter-Gedächtnis-Stiftung.
Pratkanis, Anthony R. / Aronson, Elliot. 2001. *Age of Propaganda. The Everyday Use and Abuse of Persuasion*, New York: Holt.
Pröbsting, Günter. 1936a. Filme zur Rassenkunde und Rassenhygiene, *Film und Bild*, 2(5), 155-156.
――. 1936b. Rassenbiologie und Unterrichtsfilm, *Film und Bild*, 2(11), 356-359.
Prondczynsky, Andreas von. 2007. "Zerstreutheit s. Aufmerksamkeit": historische Rekonstruktion eines spannungsvollen Verhältnisses, *Jahrbuch für historische Bildungsforschung*, 13, 115-137.
Pylyshyn, Z.W. 2011. *Things and Places. How the Mind Connects with the World*, Cambridge/Mass.: MIT Press. (『ものと場所――心は世界とどう結びついている

か』小口峰樹訳, 勁草書房, 2012).
Reiche, Eugen. 1923. Filmschule oder Arbeitsschule?, *Der Bildwart*, 1(6/7), 185-188.
Reichel, Peter. 1991. *Der schöne Schein des Dritten Reich: Faszination und Gewalt des Faschismus*, Hanser.
Reichwein, Adolf. 1936a. Anschauung in der Geschichte. Aus Anlaß des Films "Deutsche Westgrenze I", *Film und Bild*, 2(8), 255-259.
――. 1936b. Volkskunde - Film - Landschule, *Film und Bild*, 2(3), 75-81.
――. 1937a. Filmeinsatz in der ländlichen Berufsschule. Betrachtungen um den Film vom Flachs, F 66/1936, *Film und Bild*, 3(7), 174-178.
――. 1937b. *Schaffendes Schulvolk*, Stuttgart/Berlin: Kohlhammer.
――. 1938. *Film in der Landschule. Vom Schauen zum Gestalten*, Stuttgart/Berlin: Kohlhammer.
――. 1941a. Der Werkstoff formt mit, *Die Werkbücherei*, Jg. 1941(Folge 2), 35-49.
――. 1941b. Schule und Museum, *Deutsches Schulverwaltungs-Archiv*, 38(1/2), 3-12.
――. 1943. Handwerkfilme der RWU volkskundlich gesehen, *Film und Bild*, 9(3/4), 40-44.
――. 1993. *Schaffendes Schulvolk ― Film in der Landschule. Die Tiefenseer Schulschriften ― Kommentierte Neuausgabe*, edited by Wolfgang Klafki, Weinheim/Basel: Beltz.
Reiss, Wolfgang A. 1981. *Die Kunsterziehung in der Weimarer Republik. Geschichte und Ideologie*, Weinheim/Basel: Beltz.
Rennert, Marwine. 1912. Ein Abgrund, der nicht zu überbrücken ist, *Bild und Film*, 2(1), 18-19.
――. 1913a. Heureka, *Bild und Film*, 2(5), 112-114.
――. 1913b. Victor Hugo und der Kino. Französische und deutsche Filmkunst, *Bild und Film*, 2(6), 129-131.
――. 1914. Nationale Filmkunst, *Bild und Film*, 4(3), 53-54.
――. 1915. Kriegslichtpiel, *Bild und Film*, 4(7/8), 139-141.
(Rezension) Adolf Reichwein, "Schaffendes Schulvolk". 1938. *Wille und Macht*, Jg.1938, 55-56.
Richter, Hans-Günther. 1981. *Geschichte der Kunstdidaktik. Konzepte zur Verwirklichung von ästhetischer Erziehung seit 1880*, Düsseldorf: Schwann.
――. 2003. *Eine Geschichte der ästhetischen Erziehung*, Niebüll: Videel.
Richter, Johannes. 1909. Die Entwicklung des kunsterieherischen Gedankens. Ein Kulturproblem der Gegenwart, Leipzig: Quelle & Meyer.
Robb, Kevin. 1993. Asebeia and sunousia: The issues behind the indictment of Socrates, in: Gerald A. Press(ed.). *Plato's Dialogues. New Studies and Interpretation*, Rowman & Littlefield.
Roetzler, Willi (ed.). 1978. *Johannes Itten. Werke und Schriften*, Zürich: Orell Füssli.
Röhrs, Hermann. 1980. *Die Reformpädagogik. Ursprung und Verlauf in Europa*, Hannover: Schroedel.

Rosenthal, Alfred. 1915. Filmpolitik, *Bild und Film*, 4(12), 259-260.
ルソー. 1963. 『エミール』 (上)(中)(下), 今野一雄訳, 岩波書店.
Ruprecht, Horst. 1959. *Die Phasenentwicklung der Schulfilmbewegung in Deutschland*, Diss. München.
Sackmann, Eckart. 1994. *Mecki. Einer für alle*, Hamburg: comicplus.
坂越正樹. 2001. 『ヘルマン・ノール教育学の研究: ドイツ改革教育運動からナチズムへの軌跡』 風間書房.
佐野靖. 1998. 「音楽教育における「ミューズ的」アプローチの意義と課題(I)——その思想と展開」『音楽教育研究ジャーナル』(9), 17-33.
Scheibe, Wolfgang. 1978. *Die Reformpädagogische Bewegung. Eine einführende Darstellung*, Weinheim: Beltz.
Scheller, Willi. 1913. Die neue Illusion, *Bild und Film*, 3(9/10), 227-229.
——. 1914. (Rezension) Altenloh, Dr. Emilie, Zur Soziologie des Kinos, *Bild und Film*, 4(2), 45-47.
Schelsky, Helmut. 1959. *Ortsbestimmung der deutschen Soziologie*, Düsseldorf/Köln.
Schibas, Franz. 1913. Wie meine Schülerinnen die Filmstücke beurteilen, *Bild und Film*, 3(2), 37-39.
Schieder, Wolfgang / Dipper, Christof. 1984. Propaganda, *Geschichtliche Grundbegriffe*. Vol. 5, Stuttgart: Klett-Cotta, 69-112.
Schiller, Friedrich. 2005(1795). Über die ästhetischen Erziehung des Menschen in einer Reihe von Briefen, *Sämtliche Werke*, Vol. 8, Berlin: Aufbau, 305-408 (「人間の美的教育について」『美学芸術論集』石原達二訳, 冨山房, 1977, 83-224).
Schilling, E. 1935. Die wirtschaftliche Bedeutung der Flachspflanze: Faser, Ölrohstoff und Futtermittel, *Der Flachsbau. Seine wirtschaftliche Bedeutung, Anbau, Gewinnung und Verwertung,* Berlin: Paul Parey, 5-15.
Schleiermacher, Friedrich Daniel Ernst. 1984(1799). Versuch einer Theorie des geselligen Betragens, *Kritische Gesamtausgabe*, Vol. I, 2, Berlin: de Gruyter, 165-184.
Schlink, Wilhelm 1992. "Kunst ist dazu da, um geselligen Kreisen das gähnende Ungeheuer, die Zeit, zu töten." Bildende Kunst im Lebenshaushalt der Gründerzeit, in: M. Rainer Lepsius (ed.). *Bildungsbürgertum im 19. Jahrhundert, Teil III, Lebensführung und ständische Vergesellschaftung*, Stuttgart: Klett, 65-81.
Schmid, Fridolin. 1937. Geographische Unterrichtsfilme, *Film und Bild*, 3(3), 57-64.
——. 1940. Über den Landschaftsfilm, *Film und Bild*, 6(10), 131-134.
Schmid, Josef. 1809. *Die Elemente des Zeichnens: nach Pestalozzischen Grundsätzen bearbeitet*, Bern: Haller.
Schmitt, Carl. 1926. *Die geistgeschichtliche Lage des heutigen Parlamentalismus*, Berlin: Duncker. (『現代議会主義の精神史的地位』稲葉素之訳, みすず書房, 2000).
Schmitt, Heiner. 1979. *Kirche und Film: kirchliche Filmarbeit in Deutschland von ihren Anfängen bis 1945*, Boppard: Boldt.
Schonig, Bruno. 1973. *Irrationalismus als pädagogische Tradition : die Darstellung der*

Reformpädagogik in der pädagogischen Geschichtsschreibung, Weinheim: Beltz.
Schröter, Urlich. 1991. "Hitlerjunge Quex": Nationalsozialistische Gesinnung – der Verlauf einer politischen Karriere "bis in den Tod", in: Martin Loiperdinger(ed.). *Märtyrerlegenden im NS-Film*, Opladen: Leske+Budrich, 109-148.
Schultze, Ernst. 1911. *Der Kinematograph als Bildungsmittel*, Halle: Weisenhaus.
Schwab, Martin. 1988. Adolf Reichwein und Friedrich Copei : Schule als Lebensstätte und Lernort, *Grundschule: Konzepte und Materialien für eine gute Schule*, 20（10）, 67-70.
Schwenk, B. 1977. Pädagogik in den philosophischen Fakultäten — zur Entstehungsgeschichte der "geisteswissenschaftlichen" Pädagogik in Deutschland, in: H.D. Haller/D. Lenzen(eds.), *Wissenschaft im Reformprozeß. Aufklärung oder Alibi?*, Stuttgart, 103-131.
Seidenfaden, Fritz. 1966. *Die musische Erziehung in der Gegenwart und ihre geschichtlichen Quellen*, Ratingen: Henn.
Selle, Gert. 1981. *Kultur der Sinne und ästhetische Erziehung. Alltag, Sozialisation, Kunstunterricht in Deutschland vom Kaiserreich zur Bundesrepublik*, Köln: DuMont.
Sellmann, Adolf. 1912. *Der Kinematograph als Volkserzieher?*, Langensalza: Beyer.
——. 1913. Der Film als Lehrmittel, *Allgemeine Deutsche Lehrerzeitung*, 1913.12.5.
——. 1914. *Kino und Schule*, Mönchen-Gladbach: Volksvereins-Verlag.
四方幸子．1999．「ポスト・バウハウス——拡散する情報身体としての現在」『10+1』(17), 166-173.
白銀夏樹．2003．「人間形成における時間的連続性に関する一考察——時間意識をめぐるアドルノの思想を手がかりとして」『近代教育フォーラム』12, 211-223.
Skladny, Helene. 2013. *Ästhetische Bildung und Erziehung in der Schule : Eine ideengeschichtliche Untersuchung von Pestalozzi bis zur Kunsterziehungsbewegung*, München: kopaed.
杉山精一．2001．『初期ヘルバルトの思想形成に関する研究』風間書房．
助川晃洋．2000．「ノールと社会的教育学とのかかわり——ノールにおける「教育的関係」の成立の必要性の認識とその背景的事由」『宮崎大学教育文化学部研究紀要(教育科学)』2, 107-122.
鈴木幹雄．1987．「ドイツにおける芸術教育構想としての「ミューズ的教育」とその問題点」『神戸大学教育学部研究集録』87, 9-19.
——．1997．「ライナー・ヴィーク著『バウハウス教育学』とバウハウス再評価についての一考察——改革芸術学校バウハウスとその造形芸術上の遺産を手掛かりとして」『美術教育学』18, 137-151.
——．2001．『ドイツにおける芸術教育学成立過程の研究』風間書房．
鈴木晶子．1991．『判断力養成論研究序説——ヘルバルトの教育的タクトを軸に』風間書房．
Tannenbaum, Herbert. 1914. Probleme des Kinodramas, *Bild und Film*, 3(3/4), 60-63.
田代尚弘．1995．『シュプランガー教育思想の研究：シュプランガーとナチズムの問題』

風間書房.
Tengelyi, László. 2002. Vom Erlebnis zur Erfahrung, in: Wolfram Hogrebe(ed.). *Grenzen und Grenzüberschreitungen*, Berlin: Akademie, 788-800.
Tenorth, Heinz-Elmar. 1976. Geschichte und Traditionalisierung. Zur Wissenschaftsgeschichte der Historiographie in der Geisteswissenschaftlichen Pädagogik, *Bildung und Erziehung*, 28(6), 494-508.
――. 1984. Berufsethik, Kategorieanalyse, Methodenreflexion. Zum historischen Wandel des "Allgemeinen" in der wissenschaftlichen Pädagogik, *Zeitschrift für Pädagogik*, 30(1), 49-68.
――. 1989. Pädagogisches Denken, *Handbuch der deutschen Bildungsgeschichte*. Vol. 5, München: Beck, 111-154.
Terveen, Fritz (ed.). 1959. *Dokumente zur Geschichte der Schulfilmbewegung in Deutschland*, Emsdetten: Lechte.
Thomale, Eckhard. 1970. *Bibliographie Ernst Krieck. Schrifttum - Sekundärliteratur - Kurzbiographie*, Weinheim: Beltz.
Thums, Barbara. 2008. *Aufmerksamkeit: Wahrnehmung und Selbstbegründung von Brockes bis Nietzsche*, München: Fink.
Tolle, Wolfgang (ed.). 1961. *Reichsanstalt für Film und Bild in Wissenschaft und Unterricht*, Berlin.
Trabant, Jürgen. 2006. *Europäisches Sprachdenken. Von Platon bis Wittgenstein*, München: Beck.
Trilling, Lionel. 1972. *Sincerity and Authenticity*, Harvard University Press. (『「誠実」と「ほんもの」――近代自我の確立と崩壊』野島秀勝訳, 法政大学出版局, 1989).
對馬達雄. 1993. 「ナチス体制下の教育的抵抗――ライヒヴァインとティーフェンゼー農村学校」『思想』(833), 145-171.
――. 2006. 『ナチズム・抵抗運動・戦後教育――「過去の克服」の原風景』昭和堂.
"Über die künftige Pflege der Pädagogik an den deutschen Universitäten. Gutachtliche Äußerungen zu der Pädagogischen Konferenz im Preußischen Ministerium der geistlichen und Unterrichts-Angelegenheiten am 24. und 25. Mai 1917". 1918. *Zeitschrift für pädagogische Psychologie und experimentelle Pädagogik*, 19, 209-234.
Waldenfels, Bernhard. 2004. *Phänomenologie der Aufmerksamkeit*, Frankfurt a.M.: Suhrkamp.
Warstat, Dieter Helmuth. 1982. *Frühes Kino der Kleinstadt*, Berlin: Spiess.
Warstat, Willi. 1912. Kinematograph und Schule, *Bild und Film*, 2(3), 59-62.
――. 1915a. Der patriotische Film, wie er ist und wie er sein könnte, *Bild und Film*, 4(6), 109-111.
――. 1915b. Der Weltkrieg und die Schulkinematographie, *Bild und Film*, 4(12), 244-246.
渡邊隆信. 2000. 「田園教育舎運動の史的再構成――「ドイツ自由学校連盟」の創設と活動に着目して」『教育学研究』67(3), 322-332.
ヴェーバー. 1980. 『職業としての政治』脇圭平訳, 岩波書店.

Weckel, Horst. 1953. *Beiheft zum Unterrichtsfilm Der Halsbandregenpfeifer*, Berlin: Volk und Wissen.

Wehrmann, Volker (ed.). 1982. *Friedrich Copei 1902-1945. Dokumente seiner Forschungen aus Pädagogik, Schule und Landeskunde*, Detmold: Lippischer Heimatbund.

Wick, Rainer. 1982. *Bauhaus-Pädagogik*, Köln: DuMont.

――. 1991. Das elektronische Bauhaus. Kritische Bemerkungen anläßlich eines Buches von Jürgen Claus, *Kunst und Unterricht*, (152), 16-21.

――. 1997. *Johannes Itten: Kunstpädagogik als Erlebnispädagogik?*, Lüneburg: Verl. Ed. Erlebnispädagogik.

Wiggershaus, Rolf. 1986. *Die Frankfurter Schule. Geschichte ― Theoretische Entwicklung ― Politische Bedeutung*, München/Wien: Hanser.

Wingler, Hans Maria (ed.). 1975. *Das Bauhaus*, Bramsche: Rasch.

Wingler, Hans Maria / Bothe, Rolf (eds.). 1977. *Kunstschulreform 1900-1933*, Berlin: Hann.

Wojtun, Helmut 2000. *Die politische Pädagogik von Ernst Krieck und ihre Würdigung durch die westdeutsche Pädagogik*, Frankfurt a.M.: Lang

Wulff, Osker. 1921. Die psychologischen Grundlagen der Kinderkunst, *Die Neue Erziehung*, 3(5), 135-138.

Wünsche, Konrad. 1989. *Bauhaus. Versuche, das Leben zu ordnen*, Berlin: Wagenbach.

Wurm, A. 1937. Das Werden der Landschaft im Film, *Film und Bild*, 3(4), 103-105.

山元有一．2007.「フリードリヒ・コーパイ（I）――『教育過程における実り多き瞬間』とその意義」『鹿児島女子短期大学紀要』42, 215-242.

山内紀幸．1999.「「自由から規律が生まれる」という物語――「モンテッソーリ・メソッド」の成立過程の分析から」『近代教育フォーラム』8, 175-186.

山﨑高哉．1993.『ケルシェンシュタイナー教育学の特質と意義』玉川大学出版部.

吉本篤子．2011.「ハインリヒ・ヴォルガストの児童文学批判――世紀転換期ドイツにおける読書教育をめぐって」『研究室紀要』（東京大学大学院教育学研究科基礎教育学研究室), 37, 67-79.

Zierold, Kurt. 1935. Bedeutung und Grenzen des Films als Erziehungsmittel, *Film und Bild*, 1(1), 2-4.

――. 1936. Gestaltungsprobleme des Unterrichtsfilms, *Film und Bild*, 2(4), 101-105.

"Zur Kinematographenfrage". *Pädagogische Zeitung*, 1911.9.7.

索　引

あ行

『噫無情』（カペラニ，1913）　93
愛国的学校・教育制度友の会　69, 73, 75, 141
アウグスティヌス　Aurelius Augustinus　134
遊び　39-40, 251, 290
アデナウアー　Konrad Adenauer　355
『新しい教育』 Die Neue Erziehung　162, 164, 167
アドルノ　Theodor W. Adorno　42, 234
　『アンネの日記』現象についての辛辣なコメント　355f.／　教育に対する冷淡さ　356f.／　教育への関心の強さ　356f.／　『生徒シュピーゲル』誌インタビュー　377-380／　政治教育の構想　378f., 381f.／　教師の存在論　382f.／　『啓蒙の弁証法』　41, 357／　『権威主義的パーソナリティ』（1950）　357, 359／　『集団実験』「第5章 罪と防衛」　364-366／
『亜麻』（授業映画，1936）　329-332, 334, 337
アマン　Hans Ammann　311, 314-316
　映画『ハジロコチドリ』に関する授業案　311／　風景映画に対する慎重な態度　315
『網かごづくり』（授業映画，1934）　334-335
アムルンク　Ullrich Amlung　269, 291
『アルゴイ・アルペンの登山者』（授業映画，1937）　317
アルテンロー　Emilie Altenloh　95-97, 143
　大都市生活と映画　95／　学位論文『映画の社会学によせて』をめぐって　96f.／　注意問題との関連　145f.
アルバース　Josef Albers　216
アルブレヒト　Clemens Albrecht　370, 373f.
アレント　Hannah Arendt　36
アンデルセン　Hans Christian Andersen　335
『アンネの日記』（1947）　355f.
イェーガー　Lorenz Jäger　373
イェーデ　Fritz Jöde　164, 166, 189
『意志と力』Wille und Macht　244, 277
『意志の勝利』（リーフェンシュタール，1934）　244, 282
イタール　Jean Itard　131, 138, 140
市野川容孝　39
イッテン　Johannes Itten　47-52, 56, 64, 130, 201f.
　描画教育論：シュミットとの比較　48f.／　予備課程の構想　205f.／　新教育との関連　206f., 212-215／　新教育を超える要素　208-212／　「体験」の重視　210f.／　「指導か放任か」という新教育的ジレンマ　214／　イッテンの予備課程に関するクレーの報告　212
『一般ドイツ教員新聞』 Allgemeine deutsche Lehrerzeitung　82
イデオロギー　3, 304, 313, 315, 321, 344
　ナチズムの――　301, 308f., 313, 343
インス　Thomas Ince　72
『イントレランス』（グリフィス，1916）　78
ヴァーグナー　Richard Wagner　42, 45, 57
ヴァイツゼッカー　Richard von Weizsäcker　357
ヴァイル　Hermann Weil　359
ヴァルシュタート　Willi Warstat　99-103
ヴァルデンフェルス　Bernhard Waldenfels　137, 139
ヴィガースハウス　Rolf Wiggershaus　365
ヴィック　Reiner Wick　201-204, 206f., 217f., 222
ヴィットマン　Theodor Wittmann　277

ウィトゲンシュタイン　Ludwig Wittgenstein　8
ヴィルヘルム２世　Wilhelm II　14
ヴェーバー　Max Weber　12f., 38
ヴォルガスト　Heinrich Wolgast　69
ヴォルテール　Voltaire　28
『ウサギの卵子の受精と卵割』（授業映画，1936）　308-311
ヴュンシェ　Konrad Wünsche　204, 214, 234
『裏窓』（ヒッチコック，1954）　246
ヴルフ　Osker Wulff　162-164
映画　14, 20, 25f., 46f., 64, 67, 69f., 89f., 194, 224, 241, 271, 276, 282, 292-294, 299, 301, 322, 324f., 336, 339f., 347-350
　　──改良運動　Kinoreformbewegung　46, 67, 70, 73, 78-80, 82-87, 89, 117, 119, 133, 141, 143, 249, 339
　　──教育　20, 89, 129, 137, 141, 144, 241f., 301f., 315, 318, 324, 336-337, 342, 348
　　──劇　Kinodrama　90-96, 99
　　──体験　85, 311
　　──の目的利用　73, 75, 78
　　──のメディア的特性　120f., 122f.
　　──批判　46, 73, 104, 106, 142, 147
　　教育──　Lehrfilm　76, 78, 307
　　自然──　75, 122, 125
　　授業──　Unterrichtsfilm　303-308, 312-313, 316, 325-327, 334, 336-338, 342-343
　　俗悪──　72, 83-84, 92-93
　　風景──　305, 315-317, 337
　　メルヘン──　302
エストライヒ　Paul Oestreich　162, 173
NSDAP　Nationalsozialistische Deutsche Arbeiterpartei（「ナチ党」も見よ）　1, 6, 15, 194, 196f., 243-245, 269, 277, 281, 284, 309, 323
エラスムス　Desiderius Erasmus　152
『映像とフィルム』　Bild und Film　46, 67, 89f., 146
エリアス　Norbert Elias　152
エルネマン　Heinrich Ernemann　77

オーモン　Jacques Aumont　246
オットー　Berthold Otto　275
オットー　Gunter Otto　167, 171
音楽教育　164f.

か　行

カーゼルマン　Christian Caselmann　303, 318, 321-323
　授業映画局製作の授業映画の「驚くべき中立性」　303／　事物世界とメディアとの浸透関係への問い　321f.／　古典的人間形成論の構図　125／　「現実，芸術，カメラ」（1944）　322f.
ガウガー　Kurt Gauger　306
ガウディヒ　Hugo Gaudig　291
『牡蠣の王女』（ルビッチュ，1919）　123
「過去の克服」　3f., 345, 355f.
カスティリオーネ　Baldassare Castiglione　152
ガダマー　Hans-Georg Gadamer　210
『学校と技術』　Schule und Technik　79f.
『「活動写真」委員会報告書』　69f., 141
ガニング　Tom Gunning　251
〈噛み合わせ〉の図式　175, 186, 197f., 208, 340f.
『カメルーンにおけるドイツの文化活動』（授業映画，1935）　319
感覚　31, 41, 54-56, 61, 98, 108, 139, 231, 288f.
感性　129, 299, 399, 343f., 350
感情教育　152f.
カンディンスキー　Wassily Kandinsky　201
カント　Immanuel Kant　1, 27, 29, 32f., 35f., 54, 56, 135, 343, 375
気散じ　Zerstreuung（「注意散漫」も見よ）　143, 151, 347f.
ギムナジウム　5, 41, 79, 114, 157, 176, 183, 307
キャダール　Pierre Cadars　244
キューン　Michael Kühn　303, 308
キュルタッド　Francis Curtade　244
キュルリス　Hans Cürlis　315
『教育』　Die Erziehung　172, 183, 197
教育運動　155, 158, 171-173, 175-176, 182,

185-187, 196-198
教育学　4, 157-159
　　アカデミズム——　129, 130, 155f., 241, 340, 342
　　解放的——　357, 376
　　精神科学的——　156, 158-159, 171-172, 176f., 182
　　ナチズムの——　1-5, 9, 18, 19, 26, 155, 340
教育思想　201-203, 234
　　新教育の——　198
『教育新聞』 *Pädagogische Zeitung*　80
教育理論
　　バウハウスの——　234, 242
『峡谷の形成』（授業映画，1937）　327f., 337
共同体　2, 11, 16, 36, 38, 190-193, 196, 199, 272-275, 277, 305f., 331
　　——と社会　38
　　民族/民衆——　Volksgemeinschaft　190f., 193, 274, 281, 283, 287, 314
教養　Bildung（「人間形成」も見よ）　5-8, 12, 17, 19, 30, 43f., 47, 130, 188f., 339, 344, 348f.
グイリーノ　Alfred Guilino　317
クニッゲ　Adolph Knigge　153
クノップ　Johanna Knop　153, 314, 325
クラウス　Jürgen Klaus　203f.
クラウト　Gerhard Krauth　291
クラカウアー　Siegfried Kracauer　71
クラフキ　Wolfgang Klafki　323
クリーク　Ernst Krieck　3f., 6f., 9f., 13, 16, 199, 236, 241, 340-342, 357
　　「純粋教育科学」の構想　3／市民的教養への批判　5f.／大衆動員と教育の融合　9／ペスタロッチに大衆動員の手法を見る　9f.／総力戦体制への適応不全　16／「ミューズ的教育」の構想　10, 191-194／「教育運動」の袋小路をナチズムの方向へ突破する　197f.／『国策的教育』（1932）　6-15／『ミューズ的教育』（1933）　191-194
クリーゲル　Volker Kriegel　373
グリーゼバッハ　Eberhard Griesebach　172

グリフィス　David Wark Griffith　72, 145
グリム　Herman Grimm　43
クリューガー　Johannes Krüger　145f., 151
クルツ　Gerhard Kurz　37-39
グルンスキー＝ペパー　Konrad Grunsky-Peper　303, 313, 315, 329
クレー　Paul Klee　201, 213
クレーリー　Jonathan Crary　135, 347f.
『グレンツボーテン』 *Die Grenzboten*　119
グレンペ　P. M. Grempe　97f.
グロピウス　Walter Gropius　205, 215-217
計画学習　Vorhaben　272-274, 276f., 290f., 293f., 298
経験　30, 345-351, 381, 384-386
　　——と体験　346
　　——能力　384-387
　　——の貧困　345f., 348
芸術教育　109f., 129, 155f., 206, 231
　　——運動　110, 126, 155, 160, 207, 208, 223
　　——論　162f., 198, 224
啓蒙　138, 280, 287
ケース　Anton Kaes　104
ゲーテ　Johann Wolfgang von Goethe　29, 41, 91, 222, 374f.
ゲーデル　Kurt Gödel　6
ケーニヒ　René König　361, 372
ゲーレン　Arnold Gehlen　372
ゲッツェ　Carl Götze　160
ゲッベルス　Josef Goebbels　242, 244, 282, 285
ケリー　Grace Kelly　246
ケルシェンシュタイナー　Georg Kerschensteiner　115f., 207, 209, 290-292
　　即事性へと導く手段としての作業　209／「作業」の諸前提　290f.／ライヒヴァインとの対比　291f.／『描画能力の発達』　115, 207
『減数分裂と受精』（授業映画，1937）　308
「克服されざる過去」　356f., 372, 376, 388
国民国家　28

『国民の創生』（グリフィス，1915）　78
コステラネッツ　Kostelanetz　216
コパイ　Friedrich Copei　311, 318, 323-329, 336-338, 343-345, 348-350
　　授業映画にとっての授業の重要性　307 ／ ライヒヴァインとの関係　323f.／ 映画の教育的意味を現実再現に見る通念への批判　326f.／ シンボル的認識と「事物の相貌」　325f.／ メディアのプロパガンダ的利用に対する批判の可能性　326f.／ 映画『峡谷の形成』による授業実践　327-329 ／ メディアの浸透による事物の相貌の現出　329 ／ 『人間形成過程における実り多き瞬間』（1930）　323 ／「授業における直観と思考」（1939）　324f.／「映画造形の心理学的諸問題」（1944）　325-327
コマー　Helmut Kommer　89
小松弘　109, 117, 120f., 125
コミュニスト　245-247, 254-257
コメニウス　2
娯楽　67, 78, 104, 236, 282
コンディヤック　Étienne Bonnot de Condillac　135

さ　行

作業　290, 300
シーラッハ　Baldur von Schirach　243, 271, 277
シェイクスピア　William Shakespeare　91
シェラー　Willi Scheller　95-98
シェルスキー　Helmut Schelsky　359, 372, 374
シェンチンガー　Karl Aloys Schenzinger　243
自己活動　2, 198, 207, 277, 287f., 290f., 298-300, 340f., 343, 350
指導者　2, 281, 283
実写　83, 86, 91f., 142
シバース　Franz Schibas　97-98
事物　301f.
　　──経験　288, 292
　　──とメディア　318, 321, 325
　　──の相貌　323, 326-327, 336-338
市民文化　6, 87, 95, 97-98
社会研究所　358f., 370, 372f., 375
　　『権威と家族に関する研究』（1936）　358f.／『権威主義的パーソナリティ』（1950）　358 ／『集団実験』（1955）　358f., 364, 366f.
『社会研究誌』　Zeitschrift für Sozialforschung　373
社会統合　15
社交　33, 37-40, 152f.
　　──と社会　33, 36
　　──性　35, 39
　　──的性格　36
シューベルト　Franz Schubert　42
授業映画局　301-303, 307, 312f., 316, 323f., 334, 338
シュタインホーフ　Hans Steinhof　243
シュタウフェンベルク　Claus Philipp Graf von Stauffenberg　270
シュテルツェル　Gunta Stölzel　210
シュトゥールマン　Adolph Stuhlmann　112f., 116, 160
シュナイダー　Ernst Schneider　207
シュプランガー　Eduard Spranger　2, 6, 158, 172, 185f., 196, 323
シュペーア　Albert Speer　235
シュミット　Carl Schmitt　14
シュミット　Fridolin Schmid　316
シュミット　Josef Schmid　47-54, 62f.
シュライアマハー　Friedrich Daniel Ernst Schleiermacher　29, 36, 38-42, 44, 46f., 61, 153, 339
　　家庭生活・職業生活に対する社交生活の重要性　36f.／ 芸術作品としての社交生活　36 ／ 社交性と社会　36f.／ 社交生活が個々人にもたらす「しなやかさ」　38f.／ 社交的活動による社会の漸進的改善　40 ／「社交的な振る舞いの理論の試み」（1799）　35-40
シュリンク　Wilhelm Schlink　43, 44
シュルツェ　Ernst Schultze　84
シュレンマー　Oskar Schlemmer　217

索　引

ショーペンハウアー　Arthur Schopenhauer
　　57
ショック　346-350
シラー　Friedrich von Schiller　25, 29-36,
　　41f., 44, 46f., 91, 153, 222, 223, 235, 251
　　芸術は社会の改善と個人の改善の出発点
　　となる　30／「美的状態」の最終目標
　　化　30f.／「社交」の観念　31f.／社
　　交と市民的公共性　32f.／美と社交の
　　関連　34f.／『人間の美的教育に関する
　　連続書簡』(1795)　25, 30-37, 41, 222
新教育　2, 18, 130, 198f., 201f., 204-209, 212,
　　214f., 221, 223, 233, 236, 269f., 276-277, 281,
　　288, 290f., 339-341, 343, 350
人種学　309f.
身体　48-52, 61f., 211f.
　　不透明な——　48, 51f., 107
シンボル的認識　323
スクラドニー　Helene Skladny　50
スターリン　Josif Stalin　361
ステレオタイプ　101, 245
生　Leben　2, 149, 198f., 350
精神集中　Sammlung　188, 213, 347f.
『生徒シュピーゲル』　Schülerspiegel
　　377f., 381
青年運動　183f., 193, 195
成人性(成熟)　Mündigkeit　382, 387
生物学　308, 310f., 313, 316
セガン　Édouard Séguin　140
ゼルマン　Adolf Sellmann　82-86, 92, 144-
　　146, 339
　　現実の代理としての映画　82, 84／映
　　画体験の問題点　84f.／著書『民衆教
　　育者としての映画？』のピーパーによる
　　書評　92／注意問題解決のための映画
　　利用　144／映画導入による教育論の
　　変容を典型的に示す　339f.
センセーション　96, 103
宣伝省　242, 280, 305
即事性　242, 291f., 303, 305, 308f., 314f., 329,
　　331, 336f., 342f., 348

た　行

ダールハウス　Carl Dahlhaus　42
ダーレンドルフ　Ralph Dahrendorf　372
第一次世界大戦　144, 339, 345
体験　149, 210, 211, 218, 311, 313, 316f., 324
　　——の優位　211
　　経験と——　(→経験)　346
大衆　47, 93
　　——文化　95f., 98, 129
　　——民主主義　12, 18, 25, 67, 129, 344
第二次世界大戦　339, 350
タンネンバウム　Herbert Tannenbaum
　　94, 96
知覚　30, 248-250, 252f., 288-292, 294, 300,
　　339, 341, 347-350
　　——のゲシュタルト　289, 294, 297
『父』（パストローネ／テスタ，1912）　92
『父親たちの罪』（NSDAP人種政策部，1935）
　　309
「血と土」　302, 308, 313, 315
チャップリン　Charles Chaplin　123
注意　Aufmerksamkeit, attention　129,
　　131f., 198, 319
注意散漫　Zerstreuung（「気散じ」も見よ）
　　137, 139, 142, 151
中央教育研究所　Zentralinstitut für Erzie-
　　hung und Unterricht　148
直接性　275-276, 288, 294-295, 299-300
直観　53-56, 64, 67, 84, 112, 150, 308f., 312,
　　319f., 324f., 338
ツァイドラー　Kurt Zeidler　172
ツィーラート　W. Zierath　219-220
ツィーロルド　Kurt Zierold　305f., 316
　　授業映画局の制度設計　305／「教育」
　　と「プロパガンダ」の区別　305-307／
　　風景映画に対する慎重な態度　315
對馬達雄　269, 270
ディーデリヒス　Helmut H. Diederichs
　　90, 93
抵抗　349-351．
　　教育的——　269f.
帝国授業映画局　Reichsstelle für den Unter-

richtsfilm（RdU）（→授業映画局） 242, 292, 293, 301
帝国科学授業映画映像局　Reichsanstalt für Film und Bild in Wissenschaft und Unterricht（RWU）（→授業映画局） 301
ディール兄弟　Gebrüder Diehl　302
ディルタイ　Wilhelm Dilthey　158, 210
デカルト　René Descartes　134
テクノロジー　216, 335, 345
手仕事　173f., 179, 185, 198, 203, 205, 223f., 334
テノルト　Heinz-Elmar Tenorth　158f.
デューイ　John Dewey　2, 139, 140, 198f., 290, 341
　米国の新教育　2／　注意に関する議論　140f.／「作業」の諸前提　290
テンゲリ　László Tengelyi　211
テンニース　Ferdinand Tönnies　38
『ドイツの西部国境Ⅰ――800～880』（授業映画．1936）　319-321
ドイツ民衆教育普及協会　76
同一化　245
トマジウス　Christian Thomasius　38
トラバント　Jürgen Trabant　152
トリュフォー　François Truffaut　131
トリリング　Lionel Trilling　153
ドレヴェーク　Peter Drewek　158
トレルチ　Ernst Troeltsch　159, 185

な　行

長尾十三二　269
ナチス　3
ナチズム　1-8, 16-17, 21, 129, 193f., 197-198, 236, 241f., 248, 269-271, 274-277, 280f., 284f., 292f., 298f., 302, 304, 307-309, 314, 330f., 336, 339-345, 348, 350f., 357, 359, 361, 363f., 367f., 374
ナチズム期　241, 277, 301f., 342, 345
ナチ党　（「NSDAP」も見よ）　236
『ニーダーザクセンの農家のいろりの火』（授業映画．1936）　314-315
ニーチェ　Friedrich Nietzsche　5, 25, 48, 56-60, 62-64, 108, 129, 154, 339, 344, 350
　〈美〉による正当化　56f.／　美も教育も芸術的に創造する主観の構築物　58／　教育的コミュニケーションのなかに不透明な「個人」が浮上　59f.／　レトリック的言語による捕捉　60f.／　特定の感覚・感情のパターンを練り込む　61／　能動性を駆り立てることで不透明な個人を刻印する　62f.／　映画と教育の接続可能性の先駆的構築　64, 339
人間形成　Bildung（「教養」も見よ）　5, 37, 41, 223, 235, 323, 357
人間形成論　Bildungstheorie　5, 27, 29f., 251, 385f.
　古典的――　27, 29, 41, 204
ノイ　Till Neu　214
『農家の家を造る』（授業映画．1934）　293
『農民の陶器づくり』（授業映画．1934）　334f.
能力付与　15f., 344
ノール　Herman Nohl　1, 156, 158f., 172, 182, 194, 198, 269
　シュライアマハー社交性論の再発見　37／　シュライアマハー社交性論に対する批判　40／「教育運動の三段階」説と〈嚙み合わせ〉の図式　175f.／　リット的な〈嚙み合わせ〉の図式とのズレ　186f.／　青年運動・民衆大学運動との関わり　183f.／「生活のスタイル」としての新たな教養　184f., 187／「下から」の教養　186／　映画に対する冷淡さ　194／「社交性のドイツ的理想について」（1915）　35, 39／「教育運動の統一性」（1926）　183-185／「新しいドイツ的教養」（1920）　185f.／

は　行

『ハジロコチドリ』（授業映画．1935）　311f.
ハーゼンクレーヴァー　Walter Hasenclever　105
ハートラウプ　Gustav Friedrich Hartlaub　167, 179, 182, 185, 189, 199, 340

児童中心主義の芸術教育論か？ 167f.／「子供の創造精神」は〈内なるもの〉ではない 168f.／〈美〉の次元を作るのは芸術ではなく対象との親密な関係 170／「限界」論議の影響 179f.／〈嚙み合わせ〉の図式への順応 180f.／ベンヤミンによる書評 182／『子供のなかの創造精神』第一版（1922） 167-171／「印象派，表現主義，新即物主義」（1927） 179f.／「芸術教育の限界」（1929） 179f.／『子供のなかの創造精神』第二版（1930） 180f.

ハーバーマス　Jürgen Habermas　34, 42, 357, 359, 370, 372
ハイゼンベルク　Werner Heisenberg　6
ハイダー　Fritz Heider　304
ハイデッガー　Martin Heidegger　8, 369
ハイト　Eleanor M. Hight　229, 235
ハイン　Peter Ulrich Hein　44, 115
バウアー　Kurt Bauer　1
ハウス　Andreas Haus　224
バウハウス　130, 190, 200, 201f., 292, 340, 242
バゼドウ　Johann Bernhard Basedow　138
バッハ　Johann Sebastian Bach　29
パフラート　F. Hartmut Paffrath　356
ハマン　W. Hamann　331-333
バラージュ　Béla Balàzs　107
バルトマン　Hans Bartmann　309
パンダー　Hans Pander　146
反ユダヤ主義　355, 366, 370, 372
ピアジェ　Jean Piaget　133
ヒース　Miep Gies　355
ピーパー　Lorenz Pieper　91-94
ピーチュ　Otto Pietsch　96
ヒッチコック　Alfred Hichcock　246, 252
美的教育　10, 27, 29, 31, 47, 222f.
ヒトラー　Adolf Hitler　11, 243, 270f., 281, 331, 351, 361-363
『ヒトラー青年クヴェックス』（シュタインホーフ，1933）　241, 243f., 283, 287
ヒトラー青年団　243, 245f., 254f., 270
〈美〉の次元　19f., 25, 30, 35, 41, 43f., 46f., 54, 56, 63, 64, 109, 125, 153, 164-166, 178f., 181, 189-191, 195f., 199, 244, 251, 253, 257f., 277, 279, 289, 294, 297, 340, 348
ヒューター　Jürgen Hüther　294f.
描画　48-50, 53, 63, 213
ビラン　135
ヒルカー　Franz Hilker　162f., 166, 189
『ビルトヴァルト』　Der Bildwart　67, 145-147
ファイニンガー　Lyonel Feininger　205
ファシズム　359, 367, 374
ファン・シェルペンベルク　Albert-Hilger van Scherpenberg　355
フィッシャー　Aloys Fischer　172
『フィルムと映像』　Film und Bild　67, 302, 318, 322f., 329f.
フーバー　Wilfried Huber　269, 278
フーコー　Michel Foucault　34
フォルヒ　Carl Forch　94f.
フォンターネ　Theodor Fontane　43
深川雅文　236
二上正司　210
フッサール　Edmund Husserl　211
不透明性　339, 343f.
『ブッデンブローク家の人々』　45f., 106
プラトン　Platon　152
フライ　Norbert Frei　367
フランク　Anne Frank　355
フランク　Otto Frank　355
フランクフルト学派　357f., 370, 373-375
フランス革命　27f., 69, 281
フリーデブルク　Ludwig von Friedeburg　357, 370
フリードリヒ大王　Friedrich II　28-29
フリットナー　Wilhelm Flitner　2, 158, 173, 182, 193, 198, 259
　『教育』誌に関する回顧 172／リットとの距離 182f.／ノールとの関係 183f., 187／素人敵視的な市民的教養 187／民衆の生活と一体となった「合唱的」芸術 188f.／芸術概念の捉え直し 189f.／生活のスタイルとしての芸術，そして教養 189f.／バウハウスへ

の言及 190／ リットからの想定される批判 190f.／ クリークの「ミューズ的教育」との異同 193f.／ クリークの「ミューズ的教育」への対応 192f.／ リット的立場への撤収 193／『素人教養』(1921) 187-190／「ミューズ的教育と時代状況」(1932) 194f.
ブルックナー Anton Bruckner 243
ブルンナー Franz Brunner 148f.
ブルンナー Karl Brunner 84
プレーブスティング Günter Pröbsting 309f.
フレーベル Friedrich Fröbel 222
プレスナー Helmuth Plessner 374
プロジェクト 272, 290, 299f.
フロム Erich Fromm 359
プロンジンスキー Andreas von Prondczynsky 139
プロパガンダ 64, 67, 144, 194, 241, 243f., 247, 251, 253, 257, 271, 279-283, 287f., 291, 297-300, 303-307, 312, 333, 336, 339-343, 345, 348-350, 364, 379
フンボルト Wilhelm von Humboldt 27, 29f., 222
ベイトソン Gregory Bateson 257
ヘーゲル Georg Wilhelm Friedrich Hegel 29f., 34, 384f.
ベートーベン Ludwig van Beethoven 42
ベーム Franz Böhm 360
ヘス Rudolf Höß 243
ペスタロッチ Johann Heinrich Pestalozzi 9, 25, 47, 48, 50, 53, 55, 56, 222, 318, 319, 320, 321
　　クリークによる援用 9f.／ 描画教育論 53f.／ ホフマンによる援用 318f.
ベッカー Hellmut Becker 384
ヘックナー Hilmar Höckner 164-166
ヘックマン Erwin Heckmann 163
ヘッケル Ernst Hoeckel 161
ペファー W. Pfeffer 79
ヘルヴィヒ Albert Hellwig 119, 143
ベルストラー Hanns Belstler 148f.
ヘルツォーゲンラート Wulf Herzogenrath 217
ヘルバルト Johann Friedrich Herbart 16, 20, 48, 53-56, 61f., 135, 138, 157, 342
　　精神が感覚に先立ち感覚を方向づける 54／「ハビトゥスとしての倫理」を支える知覚のパターン 55／ ペスタロッチ的「直観」に先立つ〈美〉の次元 56／ 教育の前提問題としての注意 138／「ペスタロッチの直観のABCの理念」(1802/04) 54-56／「教育中心任務としての世界の美的表現について」(1802) 54-56／『一般実践哲学』(1808) 55
ヘルマン Ulrich Herrmann 182
ベルンフェルト Siegfried Bernfeld 172
『ベルリン空港の定期航空便』(授業映画, 1937) 293
ベンヤミン Walter Benjamin 50, 97, 121, 182, 211, 235, 252, 258, 326, 345-349, 359
　　映画に対する「テストする態度」 97／ 現実への直接的接近を仮構する機械装置としての映画 121／ 映画受容がはらむ現代的な反美学 252／「経験の貧困」と「体験」の優位 211, 345-347／ モホイ＝ナジへの言及 234f.／ コパイの言う「事物の相貌」との照応 326／ 現代的経験をひらく映画の重要性 347／「注意」に関するクレーリーの議論との関連 347f.／「複製技術時代の芸術作品」(1936) 97, 121, 252／ ハートラウプ『子供のなかの創造精神』書評 (1929) 182／「写真小史」(1931) 235
ボイムラー Alfred Baeumler 3f., 8, 11-13, 16-18, 241, 344
　　教養人に対する民衆の優位 7／ 市民的教養理念批判の哲学的根拠：理論的人間に対する活動的・政治的人間の優位 8f.／ 概念に対するシンボルの優位 11f.／ 異質なものの排除 11f.／ 感覚・感情のレベルへの直接的作用をめざす 15／ 学校の教授的機能の再評価 16f.／ 社会統合機能への能力付与機能

の回収　17f.／『男子結社と学問』（1934）6-15／『教養と共同体』（1942）16f.
ボードリー　Louis Baudry　249
ホーマン　Christine Hohmann　298
ホッブズ　Thomas Hobbes　38
ホマーディング　Richard Hommerding　331-334
ホフマイスター　Richard Hofmeister　331
ホフマン　Arthur Hoffmann　318-323, 337
　　映画利用のメディア史的根拠づけ　318／　映画による注意の固定化　319／メディア的表象の現実への投射：『ドイツの西部国境I』をめぐって　320f.
ホフマン　Hans Hoffmann　219
ホルクハイマー　Max Horkheimer　42, 356f., 369, 372f., 376-380
ボルノウ　Otto-Friedrich Bollnow　323

ま行

マイスター　Richard Meister　147f., 150, 307
マイネッケ　Friedrich Meinecke　374
マイブリッジ　Eadweard J. Muybridge　137
マイヤー　Peter Meyer　89, 295
マルクーゼ　Herbert Marcuse　369, 373
マルクス　Karl Marx　30
マン　Thomas Mann　45
ミケランジェロ　Michelangelo Buonarroti　43
水田恭平　32
『道からはずれて』（NSDAP人種政策部, 1935）309
ミッチャーリッヒ　Alexander Mitscherlich　374f.
ミッチャーリッヒ　Margarete Mitscherlich　374
ミレイ　John Everett Millais　43
ミレー　Jean-François Millet　43
ミューズ的教育　160, 191-196, 223, 236
ミュラー　Fritz Müller　102-104
ミュラー　Johannes Müller　135

ミュンスターバーグ　Hugo Münsterberg　249
民衆　7, 12, 20, 37, 93, 95, 98
　　——教育／教養　Volksbildung　8, 79, 82, 160, 187, 193, 318
　　——大学　183f., 269
民主主義　2, 344, 355, 361f., 366-368, 376, 378f., 381f., 387
　　議会制——　378f.
民俗学　Volkskunde　308, 313, 329, 333, 351
『民族の祭典』（リーフェンシュタール, 1936）244
名望家政治　12f.
メーヌ・ド・ビラン　Maine de Biran　135
〈目覚めた観客〉　251-253, 256, 258
メッツ　Christian Metz　249-252
メディア　19-20, 36, 46-47, 52, 60-64, 121, 129, 194, 224-226, 229-232, 235, 242, 270-272, 276, 291f., 295f., 304, 313, 315-318, 321-327, 332, 336-338, 341, 350
　　——教育　89, 241
　　——教育学　269f., 295
　　——による透明な媒介　150
　　〈——〉の次元　25, 47, 109, 125, 197, 199, 258, 298-300, 340, 346
　　〈——・美・教育〉　3, 19-21, 25-26, 68, 126, 235, 237, 241, 339, 342f.
メラー　Otto Möller　163f.
メンツェ　Clemens Menze　27
『模型グライダーづくり』（授業映画, 1937）293
本村健太　204
モネ　Claude Monet
モホイ=ナジ　László Moholy-Nagy　130, 166, 201f.
　　「エレクトリック・バウハウス」の守護聖人　203／　非-新教育的な教育思想への展望　203f.／　芸術家としての活動　216／　教育者モホイに関する錯綜した情報　217／　イッテンの予備課程との連続性　217f.／　イッテンとの相違：体験の個別性ではなく共通性を探究　218-

221／「指導か放任か」という新教育的ジレンマの不在 221／ 芸術による人間の機能拡張 226／ 芸術も教育もメディアによるコミュニケーションの拡張をめざす 231f.／ ベンヤミンとの親近性と差異 234-236
モホイ＝ナジ Sibyl Moholy-Nagy 233
モムゼン Wolfgang J. Mommsen 45f.
森田伸子 153
モレンハウアー Klaus Mollenhauer 37, 204, 222, 234
　シュライアマハー「社交的振る舞いの理論の試み」について 37／ 教育論と現代的な美的経験との乖離 45／ バウハウスの教育理論 234
モンテッソーリ Maria Montessori 139f.

や行

ヤコービ Heinrich Jacobi 164-166
『野生の少年』（トリュフォー, 1970） 131
優生学 309f.
〈夢見る観客〉 248, 252, 258, 348

ら行・わ行

ライヒヴァイン Adolf Reichwein 241, 269f., 304, 311, 321, 323f., 327, 331, 333-338, 343-345, 348-351
　現代におけるライヒヴァイン評価 269f., 274, 298／ ティーフェンゼーでの実践 272-276／ 実践の新教育的側面はナチズムにとって利用可能 277f.／ 知覚のレベルへの関心 288-292／ バウハウスとの関連 292／ 知覚探究の自由空間をメディアが確保する 299f.／ 授業映画『ドイツの西部国境Ⅰ』について 321／ 授業映画『亜麻』を使った実践 333-336／ 『創り出す生徒たち』(1937) 288／『農村学校における映画』(1938) 269, 272, 278, 288／「作業の素材がともに形成する」(1941) 208／「学校と博物館」(1941) 299
ライプニッツ Gottfried Wilhelm Leibniz 135

ライヘ Eugen Reiche 146f., 149, 151
ラジオ 282-286, 296-297, 299, 300
ラファエロ Raffaello Santi 43
ラングベーン Julius Langbehn 223f.
ランゲ Konrad Lange 68, 109f., 161
　芸術教育運動「第一期」に綱領的表現を与える：「美的享受能力への教育」 110／ 芸術享受の本質は「意識的自己詐術」——そのためには「幻想阻害要因」が必要 109, 111／ シュトゥールマン法の機械的な描画訓練を批判 112-114／ 立体の印象の再現が目標 115／ 描画は意識的自己詐術の追遂行 117／ 幻想阻害要因をもたない映画は非-芸術 117-119／ 映画のメディア的特性を先駆的に認識 120f.／ 芸術の可能性をもつ映画ジャンルの特定 122-124／〈教育〉における〈美〉と〈メディア〉の峻別 125f.
ランデ Max Linder 72
ランペ Felix Lampe 148, 150
リーフェンシュタール Leni Riefenstahl 236, 244, 282
リクエストコンサート 283-287
『リクエストコンサート』（ボルソディ, 1940） 285
リシツキー El Lissitzky 216, 227-229
リッキ Corrado Ricci 160
リット Theodor Litt 1, 158f., 167, 171f., 181, 183, 185, 187, 193, 198f., 339, 344
　「教育的熱狂」への批判・能力付与的側面の重視 173f.／ 子供の固有権と教師の指導との〈噛み合わせ〉 175／ 急進的な芸術教育論に対する批判：芸術による共同体形成の願望に対する無効宣告 176-179／ リットの議論の脆弱性：既成文化の正当性の動揺 191, 199／ リットの慧眼と盲点 344／「現代の教育的状況とその要求」(1926) 178／「現代の教育的状況とその要求」(1927) 175f.／「教養の全体と芸術教育について」(1927) 176f.／「教育学の現状」(1928) 176f.／『指導か放任か』

索引　　　　　　　　433

(1927)　174f.
リヒトヴァルク　Alfred Lichtwark　43f., 69, 109f., 160f.
リヒター　Hans-Günther Richter　112-114, 167, 171
リヒター　Johannes Richter　110
リュミエール兄弟　Auguste et Louis Lumière　25, 252
リンゲルバッハ　Karl Christoph Lingelbach　275, 279, 280
ルーマン　Nilkas Luhmann　304
ルカーチ　Georg Lukács　106f.
ルスト　Bernhard Rust　301
ルソー　Jaen-Jacques Rousseau　27, 38, 152-154

ルビッチュ　Ernst Lubitsch　123
ルプレヒト　Horst Ruprecht　89, 303, 311
レールス　Hermann Röhrs　112
レッシング　Gotthold Ephraim Lessing　116
レナート　Marwine Rennert　92-95, 100
レムケ　Hermann Lemke　79, 86
ローゼンタール　Alfred Rosenthal　100
ロック　John Locke　152
ロッブ　Kevin Robb　38
ロトチェンコ　Alexander Michailowitsch Rodtschenko　227
ワイマール期　1-3, 5f., 13, 129, 154-156, 201, 241, 244, 339, 368

今井康雄

1955年生まれ．日本女子大学人間社会学部教授．博士（教育学）．広島大学大学院教育学研究科博士課程単位取得退学．広島大学講師，東京学芸大学助教授，東京都立大学助教授，東京大学大学院教育学研究科教授を経て現職．著書に『ヴァルター・ベンヤミンの教育思想』（世織書房，1998年），『近代教育思想を読みなおす』（共編，1999年，新曜社），『子どもたちの想像力を育む』（共編，2003年，東京大学出版会），『教育と政治』（共編，2003年，勁草書房），『メディアの教育学』（東京大学出版会，2004年），『キーワード 現代の教育学』（共編，東京大学出版会，2009年），『教育思想史』（編著，有斐閣，2009年），等．

メディア・美・教育
現代ドイツ教育思想史の試み

2015年9月10日　初　版

[検印廃止]

著　者　今井康雄
　　　　いまいやすお

発行所　一般財団法人　東京大学出版会
代表者　古田元夫
　　　　153-0041　東京都目黒区駒場 4-5-29
　　　　電話 03-6407-1069　FAX 03-6407-1991
　　　　振替 00160-6-59964
印刷所　株式会社暁印刷
製本所　誠製本株式会社

Ⓒ2015 Yasuo Imai
ISBN 978-4-13-051330-2　Printed in Japan

JCOPY 〈(社)出版者著作権管理機構 委託出版物〉
本書の無断複写は著作権法上での例外を除き禁じられています．複写される場合は，そのつど事前に，(社)出版者著作権管理機構（電話 03-3513-6969，FAX 03-3513-6979，info@jcopy.or.jp）の許諾を得てください．

メディアの教育学 今井康雄　　　　　　　　　　A5・5000円
　　──「教育」の再定義のために

キーワード 現代の教育学 田中智志・今井康雄（編）A5・2800円

子どもたちの想像力を育む 佐藤学・今井康雄（編）A5・5000円
　　──アート教育の思想と実践

ふたごと教育 東京大学教育学部附属中等教育学校（編）　46・2800円
　　──双生児研究から見える個性

カリキュラム・イノベーション　　　　　　　　　A5・3400円
　東京大学教育学部カリキュラム・イノベーション研究会（編）
　　──新しい学びの創造へ向けて

教育人間学 田中毎実（編）　　　　　　　　　　A5・4200円
　　──臨床と超越

教育人間学へのいざない　　　　　　　　　　　　A5・4500円
　　クリストフ・ヴルフ（著），今井康雄／高松みどり（訳）

ここに表示された価格は本体価格です．ご購入の
際には消費税が加算されますのでご了承ください．